本书系中国博士后科学基金第68批面上资助"新时代健全保障宪法全面实施的评价机制研究"（2020M681273）、教育部哲学社会科学研究重大课题攻关项目"加强宪法实施、教育和监督研究"（18JZ036）成果。

美国宪法变迁的价值取向研究

Study on the Value Orientation of American Constitutional Changing

——以"建国"到"重建"国家主义为视角

From the Perspective of Statism of *the Founding Era* to *the Reconstruction Era*

李晓波 ◎ 著

上海三联书店

序

　　托马斯·库恩在《科学革命的结构》中提出科学革命的本质是范式的转变。宪法学作为研究国家之根本法与部门法之"高级法"的学科,其发展同样也需要研究范式的不断革新。目前国内外宪法学研究根据研究范式可将其类型化为规范宪法学、政治宪法学、解释宪法学和宪法社会学等不同流派,这些流派在基本范畴、研究体系和研究方法上均体现了其独特属性,共同推动宪法学研究日臻繁荣。从宪法学总体发展趋势看,宪法学流派的建立,有利于从多个层面认识宪法属性和掌握宪法学发展规律,建立更加完善的宪法学理论研究体系。但是,这并不意味着宪法学研究方法业已穷尽。随着自然科学、社会科学和人文学科的迅猛发展,宪法学研究也需要不断吸收其他学科的研究成果,并在继承和发展前人研究的基础上创新范式,开创宪法学研究的新领域,提升宪法学研究的新境界。

　　李晓波副教授在其新著《美国宪法变迁的价值取向研究——以"建国"到"重建"国家主义为视角》一书中所创立的价值宪法学研究范式,正是对创新宪法学研究范式的一种积极回应和有益探索。晓波认为,价值宪法学是以宪法价值为核心范畴和研究对象的学科,宪法价值是主体的人与客体的宪法之间的意义和效应关系,这种关系体现了主体的人和客体的宪法之间需要与被需要,满足与被满足的关系。宪法价值关注的核心是"谁享有宪法价值"、"享有何种宪法价值"和"如何实现这种宪法价值"。据此构建的价值宪法学研究体系框架包括:宪法价值产生、宪法价值发展、宪法价值的结构、宪法价值的类型、宪法价值的冲突、宪法价值的实现和宪法价值的评价等。作为宪法学研究新范式,价值宪法学方法主要包括规范分析法和价值哲学分析法等。规范分析法要求一切宪法价值现象都必须立足于宪法规范,宪法规范承载了不同主体的需要,整个宪法就是这种需要制度化的最高形式。此外,这种需要最终通过宪法全面实施得以实现。因此,规范分析法基础上的"宪法教义学"是价值宪法学基本研究方法。而价值哲学分析法则是对规范蕴含的价值关系进行"澄明",意在揭示多元主体与宪法之间的意义和效应关系,因此,是价值宪法学的根本方法。

美国宪法作为民主宪政国家的典范文本,其蕴含了民主、共和、法治、自由和联邦主义等基本价值。在长达 200 多年的发展中,宪法在保持稳定性基础上,表现出了极强的适应力,体现了一种"活的宪法观",而这种"活的宪法观"的形成与宪法自身规定的多元变迁实现机制有关。当然这里的变迁并不是一般意义上宪法普通的变化形式,而是格奥尔格·耶利内克所说的宪法文本形式上不变而以非修改或者事实行为引起的宪法实质含义发生变化的情形,并且其还提出了以宪法解释为核心的古典宪法变迁表现形式(实现机制),这种表现形式(实现机制)提出后在大洋彼岸的美国大放异彩,成就了美利坚合众国"司法宪政主义"的传统。

美国作为司法至上国家,自 1803 年"马伯里诉麦迪逊案"(*Marbury v. Madison*)以来,联邦最高法院通过"司法审查"对宪法的解释已成为宪法变迁的主要方式。200 多年来,联邦最高法院的判决深深影响了美国"人民"的生活,甚至可以说塑造了合众国的整体面貌。从这个意义上讲,"建国"至今的美国历史就是一部以联邦最高法院宪法解释为主导的宪法变迁史。但是,美国宪法变迁在不同的历史阶段有着不同的价值取向,这种价值取向在总体上可以划分为三个阶段,即"建国"至"重建"的国家主义、"重建"到"新政"的自由经济主义和"新政"至今的公民权利保障等三个阶段,这三个不同阶段的价值取向反映了美国"人民"在不同历史阶段价值发展的总体趋向性。

本书主要选取美国"建国"至"重建"阶段的宪法变迁历史,在参考大量国内外文献的基础上,采用多种研究方法从本体论、原因论、实现论、评价论和意义论等方面围绕宪法变迁国家主义价值取向进行了深入系统的研究。本书认为"建国"至"重建"是美国历史上极其重要的历史阶段,这个阶段美国"人民"的历史任务是进行民族国家和帝国"双重构建",建立一个有高度凝聚力和整合性的政治共同体,因此,国家主义成为这个阶段"人民"的价值取向。为了实现国家主义价值取向,美国构建了以司法解释为主导的多元宪法变迁实现方式。在多元宪法变迁实现方式的保障下,联邦政府充分发挥国家能力构建了强大国家,国家主义的"权力宪政"紧紧围绕民主、法治、共和、自由和联邦主义等宪法基本价值,在遵循历史发展要求的基础上,实现了"权力宪政"(Constitutionalism of Powers)与"权利宪政"(Constitutionalism of Rights),权威和自由的统一。

十八届四中全会以来,以习近平同志为核心的党中央高度重视法治中国建设,并适时地提出了推进全面依法治国的战略,形成了"习近平法治思想"。推进全面依法治国核心是健全保障宪法全面实施的体制和机制,将国家的政治文明、物质文明、精神文明、社会文明和生态文明建设全面纳入法治轨道,从根本上实现依法治国、依法执政、依法行政共同推进和法治国家、法治政府和法治社会一体建设。在新的历史时期,实现中华民族伟大复兴和第二个百年目标,必须在坚持党的领导下,立足中国法治实践,构建以宪法解释为核心的宪法变迁多元实现机制,不失时机地将改革深化阶段"人民"的需要通过制度化形式予以表达和呈现,并通过宪法全面实施实现"人民"的需要。"人民"的需要实现,迫切要求我们必须强化宪法实施规律研究,创新宪法学研究范式,提高宪法实施的效果。

"文章本天成,妙手偶得之"。本书结构合理、内容丰富、论证严密、文献丰富、行文流畅,体现了作者扎实的学术功底和深厚的学术素养。此外,作者还拥有广阔的学术视野,能够熟练运用哲学、历史学来对美国宪法变迁的国家主义价值取向进行研究,尤其是运用亚里士多德的"四因论"范畴来分析"建国"到"重建"美国宪法变迁国家主义价值取向的原因,运用价值和历史"双重标准"对国家主义进行价值评价等都是本书的创新点所在。综合观之,本书在多个层面提出了新的理论和观点,就价值宪法学范式创立这一点来讲就很难能可贵。作者所提出的价值宪法学研究范式,希望引起更多学者的关注,以此共同推动宪法学研究迈向新的台阶。

　　晓波作为与我合作的博士后,很欣喜他所取得的重要学术成果,希望晓波未来在学术研究上更上一层楼,取得更大成就! 是为序。

范进学

2023 年 8 月 12 日于上海闵原

目　录

摘　要

　　"价值宪法学"是基于价值哲学范式来研究宪法的新兴学科,不同于"规范宪法学"和"政治宪法学"研究范式,其从主体和客体关系的角度来研究人和宪法之间的效应和意义关系,研究内容包括宪法价值的产生、宪法价值的结构、宪法价值的实现和宪法价值的评价等,以此来阐释宪法运动的内在发展规律。以往美国宪法侧重从规范宪法学和政治宪法学角度来研究,本书尝试从价值宪法学角度来研究"建国"到"重建"阶段美国宪法变迁的价值发展规律。

　　宪法变迁的价值取向是主体在实践中围绕宪法基本价值而呈现出的宪法价值发展的倾向性或趋向性,其不仅是一种价值认识活动,而且是价值实现活动。马克思主义历史唯物主义认为"人民"是历史的创造者和根本推动力量,他们的实践活动表现为具体历史阶段需要,这个需要推动了宪法发展变化。在"建国"到"重建"阶段,美国"人民"的中心任务是构建一个强大共和国实现自身自由,这要求联邦政府必须积极发挥国家能力,扩张中央政府权力来完成历史任务。"人民"需要迫使联邦政府在宪法赋予权力基础上,通过"多元"宪法变迁机制扩大权力,扫除了"州权主义"和"奴隶制"等结构性难题对国家整体利益的威胁,实现权威和自由平衡。在此过程中,宪法因事实压力引起的变迁也必然体现和实现这种国家主义价值取向,由于国家主义价值取向紧紧围绕宪法基本价值结构,接受基本价值的制约和调控,并接受历史标准的检验,从而确保了国家主义的"善"相,实现了"权力宪政"与"权利宪政"具体历史的统一。

　　"建国"到"重建"美国宪法变迁实现了"人民"在具体历史阶段提出的

规范性需求,化解了事实与规范之间的张力,确保了宪法的稳定性、权威性和适应性。尽管宪法变迁作为宪法价值实现较为理想的方式,成功地解决了主体"人民"与客体宪法之间的紧张关系,但是"建国"到"重建"的宪法变迁并没有成功解决"奴隶制"问题,这说明宪法变迁在化解规范与事实张力方面并不是万能的,在保持宪法稳定性、权威性和适应性方面也不是完美的。尽管如此,"建国"到"重建"的宪法变迁在相当长历史阶段内较好地体现和实现了"人民"的国家主义价值取向,比较成功地维护了宪法的稳定性、权威性和适应性。因此,从比较宪法学角度来讲,美国宪法变迁国家主义价值取向研究对于中国"价值宪法学"研究具有启发性意义,对完善中国宪法变迁实现机制和"后改革宪法时代"宪法变迁公民权利价值取向的确定也有重要实践意义。

本书在研究方法上采用规范分析、价值分析、历史分析和比较分析方法相结合的方法,提出了"宪法革命""宪法修改"和"宪法变迁"等宪法变化形态理论,采用了亚里士多德的"四因论"范畴来分析"建国"到"重建"美国宪法变迁国家主义价值取向的原因,运用价值和历史"双重标准"对国家主义进行价值评价,并构建一定的理论模型来分析宪法变迁具体实现机制等,这些都是本书创新点所在。本书根据"价值宪法学"研究体系来安排论文总体结构,主要分为六个部分:

第一章,宪法变迁和"价值宪法学"的一般理论。首先,阐述了"价值宪法学"的一般理论,主要从宪法价值的产生、宪法价值的结构、宪法价值的实现和宪法价值的评价等方面来论述,对"价值宪法学"的研究体系有一个交代。其次,研究了宪法变迁的含义、性质、实现机制、界限和逻辑结构。再次,论述了宪法变化形态理论,将宪法革命、宪法修改和宪法变迁这三种变化形态放在一起进行比较研究,明确各自内在规定性和宪法稳定性、权威性和适应性关系,以及宪法变化形态与宪法价值实现之间的关系。

第二章,美国宪法变迁价值取向的本体论。首先,研究了美国宪法基本价值结构,其包括民主、共和、法治、自由和联邦主义五个基本价值,它们一起构成基本价值结构。基本价值结构对于宪法变迁具有重要的调控功能,它能防止宪法变迁蜕变为"恶性变迁",确保宪法变迁价值取向的正当性。其次,比较了美国和德国宪法变迁的异同。美国宪法变迁不同于古典宪法变迁理论产生地的德国,通过比较明确美国宪法变迁的内在规定性。再次,分析了邦联条例与联邦宪法的整体性价值取向差异,意在从规范层面说明联邦宪法价值取向特点。美国宪法变迁的价值取向存在三种历史形态,即"建国"到"重建"的国家主义,"重建"到"新政"的自由主义经济学价值取向和"新政"至今的公民权利价值取向,这三个不同形态反映了美国"人民"在不同历史阶段价值观念发展的总体趋向性。

第三章,美国宪法变迁国家主义价值取向原因论。本章主要运用了亚里士多德的"四因论"来分析"建国"到"重建"国家主义价值取向的发生学原理,这四个原因分别是:规范与事实的质料因,渐进式宪法价值实现的形式因,"人民"对强大政治共同体需要的动力因和实现宪法稳定性、权威性和适应性的目的因。这四个原因从质料因、形式因、动力因和目的因的角度立体展现了这个历史阶段宪法变迁出现国家主义价值取向的诸种因素。

第四章,美国宪法变迁国家主义价值取向实现论。本章主要从宪法价值实现的维度来研究"建国"到"重建"历史阶段国家主义价值取向实现。首先构建理论模型分析宪法解释的具体实现机制,以此来揭示宪法变迁实现的一般原理。在此基础上,结合美国宪政实践,重点考察了司法解释、总统宪法惯例和政党惯例等三种宪法变迁实现机制如何实现国家主义价值取向的。从宪法修改与宪法变迁关系来理解"重建修正案",也是理解宪法变迁国家主义价值取向实现的重要维度,通过对"重建修正案"进行回溯研究可以清晰看到宪法变迁国家主义价值取向的形成脉络。

第五章,美国宪法变迁国家主义价值取向评价论。本章从宪法价值评价角度对"建国"到"重建"国家主义价值取向进行评价。价值评价是价值的再认识活动,其核心在于评价标准的确立,评价标准主要由价值标准和历史标准构成,价值标准是价值关系内部标准,历史标准是外部标准和"元标准"。通过正义和宪法基本价值这个价值标准,以及"价值进步"历史标准对国家主义进行价值评价,认为国家主义总体上是"善"的。

第六章,美国宪法变迁国家主义价值取向意义论。本章主要研究了"建国"到"重建"的宪法变迁国家主义价值取向研究对中国宪法学研究的理论意义和实践意义。在理论层面,本研究有利于拓展中国宪法学研究的新领域,进行"价值宪法学"研究初步尝试。在实践层面,有利于完善我国宪法变迁实现机制,确定"后改革宪法"时代宪法变迁的公民权利价值取向历史形态。

绪　论

　　1789年美国宪法实施之后,在长达200多年的历史发展中,宪法主动适应社会发展需要,在保持稳定性和权威性同时,适应性得到强化。宪法稳定性、权威性和适应性确保了美国社会发展的连续性,极大地消解了事实和规范性之间的张力,避免了社会发展中的震荡和断裂。尤其是在"内战"和"新政"这样的"宪法政治"时刻,宪法也没有遭到"废弃",①它仍然保持了自己的同一性和连续性。在这个意义上,美国宪法可以称之为一部"活的宪法",充分体现了美国宪法结构的开放性特点。② 因此,在长达200多年宪政实践中,激烈的宪法变化现象是没有的,通过修改使宪法发生变化的现象也是不多见的。迄今为止,美国获得批准正式生效的宪法修正案只有27条。在大部分时间里,宪法适应性是通过宪法变迁方式来进行的,即耶利内克所说的"在保持宪法文本形式上不变的前提下,非宪法修改或者事实行为引起的宪法实质含义的变化的情形"③。宪法变迁的显著特点在于在保持宪法文本不变的前提下,通过相应宪法机制使宪法规范含义能够随着时代发展而自我更新,实现具体历史阶段"人民"对于共同体实践规范的需要。

----

① 卡尔·施米特认为"宪法的废弃"是"废止现行宪法(不仅是一项或几项宪法律)的同时废除宪法由以产生的制宪权"。因此,"宪法的废弃"是本质上制宪权一次全新的政治决断。(参见[德]卡尔·施米特:《宪法学说》,刘锋译,上海人民出版社2005年版,第112—113页。)
② 季金华,金成富:《美国宪法的成长及其法律文化意义探析》,载《南京师大学报(社会科学版)》2001年第2期,第61页。
③ [德]格奥尔格·耶利内克:《宪法修改与宪法变迁论》,柳建龙译,法律出版社2012年版,第3页。

"人民"的规范需要要求宪法必须提供规范"供给",规范需求的"生产"依靠形式主义宪法显然是无法达到的,这就需要宪法变迁"出场"来弥补形式主义宪法规范"生产"不足这个缺陷。在美国宪政实践中,司法解释、总统和政党宪法惯例等宪法变迁实现机制的存在,弥补了形式主义宪法规范"生产"能力的不足,从多元角度满足了具体历史阶段"人民"的规范需要,实现"人民"需要事实性向有效性的转变,丰富了宪法价值体系。

"价值取向"是主体在实践关系基础上围绕价值目标而进行的价值活动过程,其反映了价值观念变化的总体趋向和发展方向。[①] 宪法变迁的价值取向是主体围绕宪法基本价值而进行的一系列价值认识和实现活动,是一个历史动态发展过程。在这个过程中,主体宪法价值认识和实现活动根据具体"情境"通过"自我"能力进行调节和优化,并与宪法基本价值结合起来寻找与现实生活之间的最佳结合点,从而选择实现宪法价值的最佳方式。因此,宪法变迁必然会与特定时期的价值取向紧密相连,其不仅由具体历史阶段"人民"的需要引起,而且它还必须以规范的形式确认、实现和评价这种价值取向。在此意义上,可以得出这样的结论:即具体历史阶段实践活动基础上的"人民"价值取向促使了宪法发生了变迁,宪法变迁以规范的形式确认、实现和评价这种价值取向,以此产生了宪法变迁价值取向这种宪法价值现象。

"建国"到"重建"时期,美国最重要的任务是民族国家构建,即在宪法构建的民主、共和、自由、法治和联邦主义基本价值框架内,充分发挥联邦政府的国家能力,构建一个强大民族国家。在这个过程中,国家构建最大的挑战来自"州权主义",该问题和"奴隶制"交织在一起成为国家发展中最重要的结构性难题,最终通过"内战"解决了这个结构性难题,美利坚民族的凝聚力和联邦共和国理念更加深入民心,国家重新整合从根本上确立了"联邦最高"原则。

在美利坚民族国家构建关键时期,作为历史发展主体的"人民"身上肩负着伟大使命,即如何从独立之后的十三个殖民地变成一个有凝聚力、

---

① 阮青:《价值取向:概念、形成与社会功能》,载《中共天津市委党校学报》2010 年第 5 期,第 62 页。

团结的、有自己文化内核的民族，如何在"旧欧洲"老牌帝国之中突出重围，进而成为权威和自由共存的"新罗马帝国"，实现这个历史阶段"人民"的总体价值取向。民族国家构建要求国家必须有强大力量和治理能力，去完成"人民"事业，这必然要求联邦政府充分发挥国家能力，扩大宪法权力实现国家主义价值，对国家能力强调就成为这个时期美国发展的主旋律，与民主和法治相比较，国家能力被放在优先的地位。① 从这种意义上讲，"建国"到"重建"阶段宪法变迁的价值取向体现为国家主义。

　　美国"建国"到"重建"国家主义价值取向研究，对中国宪治建设具有重大理论和实践意义。中国正在进行现代化建设和实现"中国梦"，也需要充分发挥国家能力，实现中华民族的伟大复兴。中国宪法 70 年，也在于为国家富强和民族振兴提供规范供给。因此，宪法变迁也体现为国家主义价值取向。以 1982 年为界，之前宪治实践都可以称为"革命宪法"，从《共同纲领》到 1978 年宪法，宪法中心任务是为国家政权构建提供合法性支持。1982 年宪法开启的"改革宪法"，在于为国家全面改革提供规范供给。因此，"革命宪法"和"改革宪法"目的都在于国家层面的整体构建，都体现了国家主义价值取向。

　　为了全面深化改革需要，1982 年宪法在 40 多年间进行了五次修改。预想在不久未来，随着改革进一步深化，宪法再次修改也是必然现象。除了频繁修改之外，中国宪法还存在大量宪法变迁现象，这主要体现在中国共产党政治实践中。大量宪法变化现象从侧面也印证了"人民"改革实践同宪法规范之间的结构性矛盾：一方面，"人民"需要一个强大民族国家实现民族复兴，重新树立民族自信；另一方面，"人民"权利迫切要求宪法在规范层面予以确认和保护，国家强大和公民权利的协调是宪法变迁价值取向中的难题。美国宪法变迁国家主义价值取向的研究为中国宪法发展提供了若干启示意义。

---

① 美籍日裔政治学家福山认为"国家能力""法治"和"民主"之间存在复杂关系。对于美国来讲，"国家能力"应该放在首位，"民主问责制"是美国政治优点，但"弱化"了"国家能力"，而"法治"作为程序民主产品同"民主"一起导致了政治秩序衰败。因此，强化"国家能力"是美国政治秩序延续的关键。（参见［美］弗朗西斯·福山：《政治秩序与政治衰败：从工业革命到民主全球化》，毛俊杰译，广西师范大学出版社 2021 年版。）

第一节　研究背景和意义

本书尝试用"价值宪法学"的范式研究宪法变迁价值取向,以区别于"政治宪法学"和"规范宪法学"范式。除此之外,对美国宪法的兴趣和长期关注,以及导师的学术影响都是重要背景。通过本研究,有利于构建"价值宪法学"研究体系,拓展中国宪法学研究新境界,从制度层面完善中国宪法和宪法变迁实现机制,并为"后改革宪法"时代宪法变迁价值取向奠定基础。

一、研究背景

美国宪法变迁价值取向研究与价值哲学研究宪法的必然性相关。对于中国宪法学来讲,在"政治宪法学"和"规范宪法学"之外,寻求新的研究范式,开拓宪法学研究的新境界是重要背景。除此之外,研究兴趣、学术基础和导师的影响也有一定关系。

(一)价值哲学研究宪法的必要性

科学研究一般分为自然科学和社会科学,对于自然科学研究来讲,最高层次研究就是上升到数学高度,用精确的数学公式来表达其意义,这是整个自然科学取得辉煌的基础。例如,近现代物理学之所以取得突飞猛进的发展,一个最重要的原因得益于高度发达的数学基础。[①] 正是利用数学基础,牛顿的古典力学、电磁力学、爱因斯坦的相对论和量子力学才能精确地表达其物理意义。[②] 如果离开数学,物理学不能获得实验验证,

---

[①] 生产力发展催生了数学学科的巨大发展,随着微积分、高斯定律、黎曼几何、非欧氏几何和矩阵数学等基础理论的发展,整个自然科学借助数学工具,极大地推动人类对自然世界的认识,自然世界基本上实现了"数学化",用数学公式来表达自然规律已成为普遍现象。

[②] 例如,牛顿第二定律(即加速度定律)$F = ma$、万有引力定律 $F = GMm/r^2$、光电效应 $Ek = h\nu - W_o$、质能方程 $E = mc^2$,此外,广义相对论、薛定谔方程等这些物理学规律基本上都是通过数学形式来表达的,其深刻地揭示了宏观和微观世界的运动规律。

其科学性就值得怀疑。而对于社会科学来说,只有上升到价值学高度,才能深刻揭示主体人与外在世界关系。价值学就是关于主体人和客体世界关系的学科,价值学的科学性在于它深刻揭示了主体与自然、社会、人之间的意义和效应关系。如果说数学是自然科学研究的"阿基米德支点",那么社会科学领域的"阿基米德支点"就是价值学。价值学要求研究立足人这个主体,从人的立场、人的视角和人的思维方式来看待一切社会问题,主体的"主体性"是价值学研究的关键。"主体性"突出体现在"对象化"过程中,"对象化"建构了一个与"自在世界"不同的人化世界,"主体参与对象的生成,直接表现为规范对象;主体参与自我的生成也同样表现为规范自我的身份和行为",①这对于宪法学研究同样是至关重要的。

社会中的人不仅是一种事实性存在,而且是一种价值性存在,因为"他"是人,"他"之所以为人,是因为具有人之为人的"主体性"。价值的人学性质,决定了价值与人的直接同一性。在科学研究中,必须从人出发,以人为本,以人与社会的自由和全面发展,超越"此在"向着更理想和更美好的境界提升为目标。明确肯定价值学的人学意义,具有重要的方法论和实践意义,它要求在实践中必须从具体历史的主体出发,以主体为中心来思考和研究一切社会问题,以人的价值原则来决定具体的评价标准,才能深刻揭示一切社会现象。宪法也必须上升到价值学高度,关注具体历史阶段主体的价值需要与宪法规范之间的认识、实现和评价等关系,才能从终极层面来解释宪法学的一切现象。

(二)"价值宪法学"研究的初步尝试

当前国内宪法学按照研究范式,可以类型化为"政治宪法学""规范宪法学""解释宪法学"和"宪法社会学"等若干学派,这些学派都建立了一系列核心范畴和研究范式。"政治宪法学"主张政治是朝向于建立并维持某种社会秩序——特别是国家的活动,②强调政治对宪法的优位,其主要代表人物是陈端洪、高全喜等教授。林来梵教授是"规范宪法学"的主要代

---

① 刘锡光:《主体的发生》,浙江大学出版社 2014 年版,第 61 页。
② Hans Kelsen, *What Is Justice? Justice, Law, and Politics in the Mirror of Science*, New Jersey: The Lawbook Exchange, Ltd., 2000, p.356.

表,其在《从宪法规范到规范宪法——规范宪法学的一种前言》中阐述了"规范宪法学"立场,其主张宪法对政治优位,强调宪法对权力的规制,从而把一切政治问题法律化,把一切法律问题技术化。"解释宪法学"从本质上讲属于"规范宪法学"分支,其重心在于法院的宪法解释,主张通过宪法解释澄清宪法规范意义,以此满足事实性提出的规范性需求。①

"宪法社会学"关注的是动态宪法,关注形式宪法制定和实施与各种社会力量的关系,以及宪法实施中对不同主体和社会产生的效果。"宪法社会学"将宪法看作是社会系统的子系统,强调社会对宪法产生、发展的影响力,其最终落脚点在于宪法的社会效果。② 从这种意义上讲,"'宪法社会学'是把宪法过程作为一种社会过程,对宪法规范、宪法制度、宪法意识、宪法关系、宪法运动等宪法现象与政治、经济、社会等其他社会现象之间的关联性做实证研究和分析的经验性科学"。③ 因此,"宪法社会学"主要研究的是宪法与社会的关系,其理论基础在于法社会学的分析方法,核心在于研究宪法动态过程,在宪法和社会的活动之间保持良性和适度的张力关系,最终目的在于以宪法实施社会效果来评价宪法总体运行状况。

上述各种宪法学派运用不同的范式来分析宪法现象,对于拓展宪法研究领域具有积极意义,但也存在一定缺陷。从概观上看,各派研究主要包括两个维度:事实和规范。"政治宪法学"强调宪法的政治维度,而对宪法规范强调不够或者根本不予重视;"规范宪法学"注重规范维度,将宪法限制在一个逻辑自洽的封闭规范体系之中,往往会陷入形式主义、条文主义和逻辑主义;"解释宪法学"注重规范维度,并寻求建立一种以解释方法为构成的宪法学,这难免会使宪法学变成了纯粹的方法论问题;"宪法社会学"由于注重对社会经验事实与宪法规范之间的动态关系研究,成功地

---

① "解释宪法学"以美国宪法解释理论为基础,主张运用各种方法对宪法规范进行解释,以此解决适应性难题。国内的代表人物是范进学,其代表作包括:《美国宪法解释方法论》《认真对待宪法解释》《宪法解释的理论建构》《法律原意主义解释方法论》等。

② "宪法社会学"主要理论来源于法律社会学,核心是系统论法学,代表人物包括尼古拉斯·卢曼和贡塔·托依布纳等,代表作包括《社会的法律》《法律:一个自创生系统》《宪法的碎片:全球社会宪治》等。国内"宪法社会学"代表人物是李忠夏,代表作为《宪法变迁与宪法教义学——迈向功能分化社会的宪法观》等;此外,还包括潘弘祥的马克思主义宪法社会学,代表作为《宪法的社会理论分析》等。

③ 〔日〕上野裕久:《宪法社会学》(上),劲草书房1981年版,第4页。

将社会学实证主义植入到宪法学研究之中,其对宪法学产生较大影响;但"宪法社会学"也只仅注意到社会宏观和微观的事实与宪法之间的张力关系,而没有深刻挖掘在此背后主体的内在需要与宪法之间的价值关系,并没有将它们之间关系上升到价值学高度,从主客体之间内在动态关系的角度揭示宪法的内在发展规律。

"价值宪法学"以价值哲学立场和范式来研究宪法现象,紧紧围绕"人"这个主体,关注"何种主体享有宪法价值""主体享有何种宪法价值"和"如何实现主体宪法价值"等主题,深刻揭示宪法价值的产生、实现和评价等现象背后的"人学"之维,并最终为宪法相关制度完善,建立一个正义的政治共同体奠定基础。因此,"价值宪法学"作为一种整全性学说,其可以从更高层面统合"政治宪法学""规范宪法学""解释宪法学""宪法社会学"等学派所要解决的宪法问题,提升宪法学研究的新境界,拓展宪法学研究空间。

(三)学术基础和研究兴趣

宪法本身是为了克服人性的弱点而存在的规则体系,体现了主体人和客体宪法的双重规定性。美国宪法构建的"有限政府""分权制衡"和"联邦主义",以及实践中的"司法审查"等制度,比较成功地确保了民主、自由和法治等宪法基本价值的实现。美国宪法的生命力秘诀在于"积极主动型"宪法发展观,它可以通过司法解释等变迁机制进行自我更新,与时俱进。"积极主动型"使得宪法在面对事实面前能够主动适应具体历史阶段"人民"的需要,并将"人民"价值取向纳入宪法体系,丰富宪法价值体系,并实现这种价值取向。美国成功的宪政经验增强了笔者对其宪政理论的兴趣,于是便围绕美国宪政阅读了大量文献,提高了认识和境界。

新中国的宪法历史比较短暂,而且受百年宪治历史经验主义的影响,宪法的政治和意识形态色彩还比较浓厚,宪法的权威性、稳定性和适应性还存在一定问题。尤其是"改革宪法"时代,宪法因社会转型引起的变化比较频繁,"改革宪法"自我适应能力相对不足,"人民"日益增长的规范需求与改革实践还存在张力关系。因此,中国宪法可从美国宪法变迁实践中吸取若干经验,从完善宪法规范入手,实现"被动回应型"向"积极主动型"宪法的转变,强化宪法的稳定性、权威性和适应性,实现宪法与具体历史阶段"人民"需要的统一。

二、研究意义

本书研究意义体现在两个层面:一是理论层面能够深化和拓展宪法学研究空间,构建"价值宪法学"研究范式。二是实践层面,这主要体现在对当代中国宪治实践提供经验借鉴,建立健全宪法全面实施体制机制。

(一) 理论意义

首先,进一步深化对宪法变迁的研究。宪法变迁来源于德国,其产生具有特定的历史背景。经过古典宪法变迁理论的发展,宪法变迁逐渐系统化。古典宪法变迁理论在发展过程中不断批判和修正。在《基本法》时期,康拉德·黑塞和 Stefan Voigt 等人进一步发展了宪法变迁理论。德国的古典宪法变迁理论对其他国家的宪法学者产生了影响,例如,英国的 K. C. 惠尔,日本的芦部信喜和小林直树等学者的宪法变迁理论基本上都受到德国的影响。而美国学者对宪法变迁研究集中在司法解释上,并没有形成系统的宪法变迁理论,这与德国宪法变迁系统化理论形成对比。中国学者对宪法变迁问题也进行了研究,但在宪法变迁概念、性质、实现机制和界限等方面还没有形成统一的意见,分歧比较大,对这些问题的澄清都需要进一步对宪法变迁进行研究。

其次,宪法变化形态和宪法价值实现关系理论。美国宪政特点集中在两个方面:一是美国宪法的"超稳定性",二是与时俱进的"活的宪法"观。"超稳定性"指的是宪法在长达 200 多年的历史中,宪法变化遵循着极其"节制"原则,宪法修正相对较少。在"内战"这样的时刻,美国宪法也没有发生激烈革命,"内战"之后的"重建"阶段也仅多了三条修正案而已。从这里可以看出,美国宪法是极其稳定的。"超稳定性"可能会产生宪法的适应性问题,有人认为"超稳定"可能会窒息宪法生命力,使得宪法成为僵死规范。但从美国宪政实践来看,宪法并没有演变为僵死条文,反而较好地适应了社会发展的需要,这种适应性依赖于宪法的"自我"调适能力,即宪法主动适应社会发展需要的能力,这种"与时俱进"的品质确保了美国宪法的高度适应性。因此,宪法作为政治共同体规则,保持高度的稳定性、权威性和适应性是其应有品质。宪法变化激烈程度与宪法的稳定性、适应性和权威性具有相互影响的关系,根据这种关系,宪法变化可以类型化为宪法革命、宪法修改和宪法变迁三种形态,它们与宪法稳定性、适应性和权威性的关系可以从动态的角度理解宪法变化规律,探索宪法价值不同实现方式,推动实证领域的宪法制度创新。

最后,构建"价值宪法学"研究范式。在宪法学研究领域,基本的格局就是由"规范宪法学"、"政治宪法学"和"解释宪法学"学派奠定的,这些学派从不同的视角来理解宪法,很大程度上推动了中国宪法学的发展。宪法内在规定性赋予了宪法多重的属性,从多个层面和维度来认识和理解宪法,不仅能深刻理解宪法本性,而且能够从其他学科之中吸取营养,拓展宪法学研究空间。宪法学的发展需要紧紧抓住实践这个主题,认真对待现实之中宪法学面临的难题,通过理论研究推动实践问题解决,然后通过宪法实践检验理论的正确性,这正是宪法学发展的规律。在这样的要求下,宪法学才不断更新研究范式,出现各种学派竞相发展的局面。

宪法不仅是一个独立的规范体系,而且是一个价值体系。只有将宪法放在价值关系中理解,才能从根本上揭示宪法学一切现象,"全然不相信个人价值或公义存在的可能性对宪法学研究是一个不幸的起点",[1]宪法价值的产生、实现和评价等现象不仅是宪法规范的动态运动过程,而且更是一种价值运动的过程。从这种意义上讲,只有从主体和客体相互关系的角度理解宪法,才能揭示宪法的内在发展和运动规律。本书研究立足美国宪法发展实践,以"建国"到"重建"国家主义为视角,运用价值哲学和规范分析等方法,阐述具体历史阶段"人民"与宪法之间的意义和效应关系,力图构建"价值宪法学"范式。

(二) 实践意义

本书研究为中国宪法发展提供经验借鉴,对于建立健全宪法全面实

---

[1] [英]A. W. 布拉德利,K. D. 尤因:《宪法与行政法》,程洁泽译,商务印书馆 2008 年版,第 8 页。

施体制机制具有启示意义。"建国"到"重建"时期，美国中心任务是民族国家构建。1789年随着新宪法的生效，美利坚民族国家并没有完全建立起来，国家凝聚力和整合性还存在问题，一些因素使得这个新成立的国家还处于不确定的状态之中。例如，"州权主义"和"奴隶制"问题。[①] 因此，新生国家的核心在于确立国家发展方向，而国家发展方向又与民族国家构建紧密联系在一起。民族国家构建解决的是统一的美利坚民族国家的国际身份认同问题，即如何在欧洲老牌国家之外建立一个独立的、统一的和强大的美利坚民族国家。在这个方向指引下，"人民"在联邦政府的带领下先后进行了"国内改进""工业革命"和"西进运动"等国家行为，并赢得"内战"胜利，最终完成民族国家构建，并迈入帝国行列。观察这个历史阶段，可以得到的结论是：宪法为国家构建提供了制度基础，国家能力在民族国家构建中具有关键性作用。

国家构建行为对国家利益的维护实现了具体历史阶段"人民"利益的协调和统一，这个协调和统一并不是非制度化的，而是制度化的。在国家构建过程中，具体历史阶段"人民"的国家主义价值取向对宪法施压促使宪法发生变迁，宪法通过多元机制积极回应"人民"需要提出的规范需求，并以变迁的方式确认和实现这种需求，最终完成具体历史阶段的"人民"需要与宪法之间的对接。这个过程同时也是宪法变迁围绕宪法，宪法价值取向围绕宪法基本价值之间的双向运动关系。宪法由制宪权制定之后，就会保持相对稳定性，但随着事实性因素介入，宪法和"人民"的需要都会随时间发生变化，这必然会在宪法规范与社会事实之间产生张力，如何消解宪法和"人民"、规范与事实之间张力关系是宪法学研究的关键问题。美国宪政实践启示：立足"人民"实践需要基础，适时地将"人民"需要以宪法变迁的方式进行确认和实现，才能比较好保持宪法的稳定性、权威性和适应性。

---

① "奴隶制"将国家划分为北方自由州和南方蓄奴州两大阵营，双方在各种层面展开的斗争大大消耗了国家凝聚力，并促使了各州的离心倾向，终于双方爆发了战争。"内战"结束后，尽管代表资本主义工商业的北方自由州取得了胜利，但是战争所造成的创伤使这个年轻的共和国元气大伤。如果不是"人民"支持，林肯所代表的北方自由州未必就会取得胜利，其结果很可能就是国家分裂。

中国百年宪治的主旋律是"救国图强"。早在洋务运动时期,先进的中国人已经开始学习西方宪法思想,并在 19 世纪末开始宪治改革,20 世纪初清政府的立宪运动将其推到高峰,后由于清廷灭亡而被迫中断。在北洋政府和南京国民政府时期,宪治改革基本上都受制于强权政治,形式意义大于实质意义。新中国成立之后,加上《中国人民政治协商会议共同纲领》,共存在过五部宪法文本。这五部宪法文本从总体上适应了中国革命和改革的需要,但宪法变化还是受到了中国百年宪治历史经验的影响,宪法变迁的国家主义价值取向也存在一些问题。新中国宪治历史经验表明,从"革命宪法"和"改革宪法"的"消极回应型"向"积极回应型"转变,提高宪法的稳定性、权威性和适应性,才能从根本上消解宪法与社会,规范与事实之间的张力,为"后改革宪法"时代宪法变迁公民权利价值取向奠定基础。

第二节　国内外研究现状

宪法变迁价值取向研究在国内是一个新课题,还没有人专门研究此方面问题。现有的研究也比较分散,并没有专门研究的学术成果。国内外研究主要集中在宪法变迁、宪法价值和价值取向研究上,下面分述之以阐明研究动态。

一、宪法变迁研究现状

宪法变迁是一个不同于宪法革命、宪法修改等其他宪法变化形态的范畴。古典宪法变迁含义是由耶利内克提出来的,后来许多中外学者在这个概念的基础上对宪法变迁理论进行了发展,形成系统的宪法变迁理论。

（一）宪法变迁理论研究

古典宪法变迁由耶利内克界定:即"宪法文本形式上保持不变,而是通过某些非已修改宪法为目的或者无意识的事实行为而对宪法所作的修改",并把宪法变迁类型化为六种类型。① 耶利内克宪法变迁理论是在批判德国实证法学的基础上提出来,其"事实规范力"突出了政治事实对宪法的改变,因而遭到了许多学者批判,徐道邻在批判耶利内克宪法变迁理论基础上,提出了宪法变迁和四种类型。②

卡尔·施米特将宪法变化分为宪法的废弃、宪法的废止、宪法的修改、宪法的打破、宪法的临时停止等五种类型。③ 但是,施米特的宪法变化理论涉及到宪法革命和宪法修改问题,没有提到宪法变迁。迪特尔·格林认为宪法变迁和宪法修改可以确保日常政治的稳定性、可控性和连续性。④ K. C. 惠尔将宪法的变化分为三种类型:即"正式的修正、司法解释和习惯和惯例",这些变化类型与"一些基本的力量"有关,例如,"战争、经济危机、福利国家、政党和选举,"以及"人民"的出场等。⑤ 1973 年,康拉德·黑塞(Konrad Hesse)在《宪法变迁的界限》中系统地阐述了宪法变迁理论与界限,强调宪法变迁内容和界限必须从规范意义上确定,超越变迁界限其合法性就会存在很大问题。⑥ 1999 年,斯蒂芬·瓦格特(Stefan Voigt)提出了"显性的宪法变化"(Explicit Constitutional Change)和"隐性的宪法变化"(Implicit Constitutional Change)"二元"宪法变化理论,将"显性宪法变化"等同于宪法修改,而"隐性的宪法变化"等同于宪法解释,⑦瓦格特将宪法变迁等同于宪法解释实际上缩小了宪法变迁范围和类型。

日本的芦部信喜继承了德国古典宪法变迁理论,认为宪法变迁是克

---

① [德]格奥尔格·耶利内克:《宪法修改与宪法变迁论》,柳建龙译,法律出版社 2012 年版,第 3 页。
② 参见王锴:《宪法变迁:一个规范与事实之间的概念》,载《北京航空航天大学学报(社会科学版)》2011 年第 3 期,第 63—67 页。
③ 参见[德]卡尔·施米特:《宪法学说》,刘锋译,上海人民出版社 2005 年版,第 112—113 页。
④ [德]迪特尔·格林:《现代宪法的诞生、运作和前景》,刘刚译,法律出版社 2010 年版,第 25 页。
⑤ 参见[英]K. C. 惠尔:《现代宪法》,刘刚译,法律出版社 2007 年版,第 99—117 页。
⑥ 参见王锴:《德国宪法变迁理论的演进》,《环球法律评论》2015 年第 3 期,第 112—126 页。
⑦ See Stefan Voigt, " *Implicit Constitutional Change-Changing the Meaning of the Constitution Without Changing the Text of the Document*," *European Journal of Law and Economics*, 1999,7(3):197 – 224.

服形式主义宪法稳定观缺陷而发生的现象,宪法变迁包括宪法的正文未做形式上的变更,而宪法规范的现实意义发生变化,以及宪法规范现实意义的变化是无意违反宪法等两个特征,对于宪法变迁造成的与形式宪法相违背情况,芦部信喜认为不能将其全部认为违宪而无效,只要符合国民同意(规范意识或社会心理),承认其规范价值这样的严格条件就是正当而有效的,其效力相当于习惯宪法,界限在于宪法修改。①

从国外宪法变迁研究现状来看,德国宪法变迁理论具有奠基作用,它提出了宪法变迁的概念、类型、性质和界限等,而日本和英国学者对其有一定的发展。尽管他们在宪法变迁的含义上取得了一致,但在宪法变迁的类型、性质和界限方面存在分歧,且对于宪法变迁的逻辑结构缺乏研究。

(二) 中国台湾学者论宪法变迁

台湾学者的宪法变迁主要指广义意义上的,指一切宪法变化类型。例如,邹文海把宪法文字含义自然变化、政治传统补充、宪法解释、宪法修改所引起的宪法含义的实质变化用"宪法成长"加以表述,例如,美国宪法中州际贸易管理权和总统战争权都属于此列。② 这里面除了宪法修改之外,其他类型实际上都属于古典宪法变迁范畴。荆知仁认为宪法变迁包括修改宪法、基本立法、行政措施、宪法判例或解释以及宪法习惯或者政治惯例等,③这里的宪法变迁主要是广义意义上的。

叶俊荣教授提出了宪法变迁的实质主义宪法观,其类似于美国宪法中的"活的宪法"(Living Constitution)概念,其具有特定实效性,与立宪机关制定的成文宪法或日常实践形成的宪法惯例等宪法规范具有不同意蕴,宪法实践中的政治权力运行和宪法没有明文规定的宪法文化,都具有指导整体宪政实践的规范效果。④ 实质主义宪法的提出是宪法变迁理论

---

① 参见[日]芦部信喜:《制宪权》,王贵松译,中国政法大学出版社 2012 年版,第 133—138 页。
② 参见邹文海:《比较宪法》,台北正中书局 1982 年版,第 33—57 页。
③ 荆知仁:《宪法变迁与宪政成长》,台北三民书局,第 197 页。
④ 叶俊荣:《美国宪法变迁的轨迹:司法解释与宪法修正的两难》,载《美国月刊》1989 年第 9 期,第 81—97 页。

发展过程中的重要概念，其具有不同于形式主义宪法的特征，准确概括了宪法变迁的内在规定性。

（三）国内宪法变迁研究概况

耶利内克将宪法变迁分为广义和狭义两种，广义的宪法变迁指一切宪法变化形态，包括宪法革命、宪法修改和宪法变迁，狭义的宪法变迁专指宪法文本未变而含义发生变化的情形。国内大部分学者一般是在广义意义上使用宪法变迁，并没有区分广义与狭义意义域，将一切宪法变化都归入宪法变迁的范畴。[①] 另外，在一些学位论文中，也可以看到一些论文在没有正确区分宪法变迁意义域的前提下使用宪法变迁这个概念。[②] 因此，在国内学界，宪法变迁使用出现一种泛化趋势，这并不利于从科学角度正确认识宪法变迁概念出现的历史背景和学术价值，也不利于深刻理解宪法变迁的规定性。

还有一部分学者准确把握了宪法变迁的规定性，能够正确认识宪法变迁与其他宪法变化形态的关系，例如，郭道晖就正确区分了宪法变迁和宪法修改的关系，不过使用的是"宪法演变"这个术语。[③] 韩大元对宪法变迁的概念、性质和界限进行了澄清。[④] 李海平则认为宪法变迁不同于宪法修改，其可以从经济基础论、政治动因论、思想根源论等层面对其进行证成，并主张宪法变迁只有在一定范围和程度之内才是正当的，宪法变迁必须遵循宪法原则、宪法规范的基本含义及社会现实的合理要求这三

---

① 例如，秦前红的宪法变迁就是广义意义上的，他认为宪法变迁可以从三个层面来理解："（1）指世界各国宪法，某种类型的宪法或者某个国家宪法产生、发展的过程；（2）指某国宪法修改的过程；（3）指宪法的自然变更或者说无形修改。具体来说，是指宪法条文本身没有发生任何的变化，但随着社会生活的变迁，宪法条文的实质内容发生了变化并产生一定的社会效果。也就是说，当宪法规范与社会生活发生冲突时，某种宪法规范的含义已经消失，在规范形态中出现了适应社会实际要求的新的含义与内容。"（参见秦前红：《宪法变迁论》，武汉大学出版社2002年版。）

② 参见：黄如玉：《韩国宪法变迁中的宪法修改研究》，复旦大学2009年硕士论文；董小涵：《埃及宪法变迁研究》，湘潭大学2012年硕士论文；周小明：《印度宪法及其晚近变迁》，华东政法大学2013年博士论文。

③ 参见郭道晖：《论宪法演变和修改》，载《法学家》1993年第1期，第39—41页。

④ 参见韩大元：《宪法变迁理论评析》，载《法学评论》1997年第4期，第17—20页。

重界限。① 刘国将宪法变迁分为文字文本与非文字文本两种类型,认为各国宪法文本受宪法传统和宪法理论等因素影响变迁的方式是不同的,其中宪法解释是宪法变迁的一种重要实现方式,宪法解释具有权威性、灵活性、渐变性、法律性和程序性特点,优点在于可以保持宪法的稳定性、适应性。② 同样的立场也出现在李忠夏关于宪法变迁观点中。③ 上述这些研究集中体现了国内研究动态。

(四) 美国宪法变迁研究现状

美国主流的宪法学是"规范宪法学",宪法变化研究集中在宪法修改和司法解释两种形态上,而司法解释又是重点研究对象。④ 除此之外,美国宪法研究形成了独特的宪法变化概念,即广义意义上的宪法变迁(the Constitutional Change),主要包括宪法修改,以及修改之外的宪法变化

---

① 参见李海平:《论宪法变迁的立论基础及其界限》,载《长白学刊》2005 年第 4 期,第 25—28 页。

② 参见刘国:《论宪法文本及其变迁方式》,载《广东社会科学》2009 年第 2 期,第 189—195 页。

③ 李忠夏认为:"社会转型时期,宪法规定与宪法现实经常会出现不一致的情况,因此需要面临宪法变迁的问题,而宪法变迁亦为宪法学提出了挑战,即宪法应如何保持与社会现实的结构相适性,而又不失其安定性的特质。应对宪法变迁问题,最重要的手段莫过于宪法解释,而当代价值多元主义的背景亦要求宪法解释任务的转变,即不再以客观和'唯一正确'为目标,而是致力于追求社会价值的整合,即在统一的宪法价值前提下保证宪法中可能冲突的各种价值能够共存于宪法的统一性当中。"(参见李忠夏《作为社会整合的宪法解释—以宪法变迁为切入点》,载《法制与社会发展》2013 年第 2 期。)

④ See: Harry H. Wellington, *Interpreting the Constitution: The Supreme Court and the Process of Adjudication*, New Haven: Yale University Press, 1992; Samuel A. Francis, *Good Behaviour: The Supreme Court and Article III of the United States Constitution*, Santa Fe: Sunstone Press, 2001; John V. Orth, *How Many Judges Does It Take to Make a Supreme Court? and Other Essays on Law and the Constitution*, Lawrence, Kansas: University Press of Kansas, 2006; Bernard H. Siegan, *The Supreme Court's Constitution: An Inquiry into Judicial Review and Its Impact on Society*, New Jersey: New Brunswick, 1987; Marcia Lynn Whicker, Ruth Ann Strickland, and Raymond A. Moore, *The Constitution Under Pressure: A Time for Change*, Westport, Conn.: Greenwood Press, Inc., 1987; Alexander M. Bickel, *The Least Dangerous Branch: The Supreme Court at the Bar of Politics*, New Haven: Yale University Press, 1962; Keith E. Whittington, *Political Foundations of Judicial Supremacy: The Presidency, the Supreme Court, and Constitutional Leadership in U. S. History*, Princeton, New Jersey: Princeton University Press, 2007, and so on.

形态。

例如,John R. Vile 将宪法修正和立法、行政和司法机关的宪法解释统一归结为宪法变迁。[1] Jerald A. Sharum 的宪法变迁涉及到纽约州的宪法修改实践。[2] Gerald Benjamin 等研究也主要是以 1997 年纽约州宪法修改为背景的。[3] 而 Jonathan L. Marshfield 的宪法变迁也是州层面宪法修改问题。[4] 从此意义上讲,宪法变迁指的是宪法修改这种变化形态。宪法修改之外的宪法变迁包括众多表现形式,例如,Dawn Oliver 等就认为宪法变迁不仅包括正式宪法修正,而且也包括政治实践、宪法惯例、宪法判决和法院解释,以及为了执行宪法而制定法律等若干行为。[5] Richard Albert 也认为宪法变迁不仅可以通过修正达到,而且还可以通过公共机构、司法解释、政治实践,习惯和公民自己等方式实现。[6] 与公民相关的宪法变迁与"人民主权"原则联系在一起,Brannon P. Denning 就认为宪法修改之外的宪法变迁根基在于被"人民"合法接受。[7] Michael Les. Benedict 则极力反对司法解释脱离宪法原意,因为宪法是"人民主权"的产物,"人民"的最初意愿应该得到尊重,[8]这里涉及宪

---

[1] See John R. Vile, *The Role of Constitutional Amendments, Judicial Interpretations and Legislative and Executive Actions*, New York: Praeger Publishers Inc1994, pp. 27 – 34.

[2] See Jerald A. Sharum, "*A Brief History of the Mechanisms of Constitutional Change in New York and the Future Prospects For the Adoption of the Initiative Power, an Interdisciplinary Examination of State Courts, State Constitutional Law, and State Constitutional Adjudication Perspectives: Ballot Initiatives and Referenda,*" Albany Law Review, 2007, 26(103): 63 – 77.

[3] See Gerald Benjamin, Henrik N. Dullea, *Decision 1997: Constitutional Change in New York*, Brookings Institution, 1997.

[4] See Jonathan L. Marshfield, "*Dimensions of Constitutional Change,*" Rutgers Law Journal, Vol. 43, 2013, pp. 593 – 616.

[5] See Dawn Olive, Carlo Fusaro, "*How Constitutions Change: A Comparative Study,*" Reviewed by Michael Bobeke, The Modern Law Review, 2012, 75(5): 945 – 950.

[6] See Richard Albert, "*Non-constitutional Amendments,*" Canadian Journal of Law & Jurisprudence, 2015, 22(1): 5 – 47.

[7] See Brannon P. Denning, "*Means to Amend: Theories of Constitutional Change,*" Tennessee Law Review, 1997, 155(65): 3 – 8.

[8] See Michael Les Benedict, "*Constitutional History and Constitutional Theory: Reflections on Ackerman, Reconstruction, and the Transformation of the American Constitution, Moments of Change: Transformation in American Constitutionalism,*" Yale Law Journal, 1999, 108 (8): 2011 – 2038.

法民主基本价值对司法解释的调控和制约作用。当然,宪法变迁与分权和制衡有着紧密关系,国会、总统和最高法院的政治结构是理解宪法变迁另一个重要维度,Dawn E. Johnsen 研究里根总统时期的宪法变化特点,进而揭示了最高法院、总统和国会之间的关系。①

宪法变迁与宪法基本价值法治、民主的关系则是宪法学界关注的另一个焦点。法治要想随着时间保持相对稳定性,就必须使"人民"既保留制宪权,又远离宪法,因此,不管宪法如何变化,都必须坚持法治,②这体现了作为宪法基本价值的法治对宪法变迁的调控功能。法治并不反对民主对宪法变迁作用,Ron Levy 认为加拿大的"公民大会"模式可能会为宪法变迁进程带来更大的公众信任。③ 公众政治认知对宪法变迁具有重要性,但必须遵守宪法第 5 条规定,第 5 条为公众参与宪法变迁提供了法治基础,这是 Ilya Somin 和 Neal Devins 的立场。④ 除此之外,宪法变迁与社会文化和社会运动之间的关系是 Reva B. Siege 研究的重点,他认为社会运动是美国宪法变化的建设性力量,它们使宪法保持活力。⑤ Arthur Selwyn Mille 则将宪法随社会变化的关系称之为"进化式宪法",这形象概括了美国宪法变迁的特点。⑥

宪法变迁的公众参与有导致"宪法革命"的危险性,宪法变迁应该掌握在最高法院的手中,在这里宪法变迁指狭义意义上的(the Constitu-

---

① See Dawn E. Johnsen, *"Ronald Reagan and the Rehnquist Court on Congressional Power: Presidential Influences on Constitutional Change,"* Indiana Law Journal, 2003,78(1):363 - 412.

② See James W. Torke, *"Assessing the Ackerman and Amar Theses: Notes on Extratextual Constitutional Change,"* Widener Journal of Public Law, 1994,229(4):5 - 6.

③ See Ron Levy, *"Breaking the Constitutional Deadlock: Lessons from Deliberative Experiments in Constitutional Change,"* Melbourne University Law Review, 2011,34(3): 805 - 838.

④ See Ilya Somin, Neal Devins, *"Can We Make the Constitution More Democratic?"* Drake Law Review, 2007,55(4):971 - 1000.

⑤ See Reva B. Siegel, *"Constitutional Culture, Social Movement Conflict and Constitutional Change,"* California Law Review, 2006,94(5):1323 - 1419.

⑥ See Arthur Selwyn Miller, *Social Change and Fundamental Law: America's Evolving Constitution*, Westport, Conn.: Greenwood Press, 1979, p.81.

tional Changing)。① Stephen M. Griffin 试图探索一种不同于司法解释的宪法变迁理论，即通过政治方式变革宪法的途径，Griffin 反对由最高法院主导宪法变化的观点，认为最高法院的弱点不能承担这项伟大的任务。② 另一方面，在宪法变迁模式问题上，Marcia Lynn Whicker 等认为宪法变迁的模式主要有政治精英发起和普通民众发起两种，而且还设计了发起模型和步骤。③

从以上文献看出，美国的宪法变化形态是"二元"结构的，即宪法修改和"非修改的宪法变化"（Non-constitutional Amendments），或正式变化和"非正式变化"（Informal Constitutional Change），④司法解释、宪法惯例、政治行为、公众力量、社会运动和政党引起的宪法变化都属于"非修改的宪法变化"或"非正式变化"范畴，狭义的宪法变迁（the Constitutional Changing）属于"非修改的宪法变化"，它与宪法修改一起构成美国宪法变迁（the Constitutional Change）的主要形态。

二、国内外关于宪法价值的研究

宪法价值属于法律价值的子系统，其与法的价值是一般与特殊的关系。法的价值可以通过各部门法得到体现，并通过具体的法律原则、规则得到实现。宪法作为根本法，集中体现了法的价值，也是实现法的价值的根本方式，这方面可以从国外和国内两个维度来进行梳理。

（一）国外宪法价值研究动态

宪法价值体现了宪法与主体之间的意义和效应关系。对于享有制宪

---

① See G. Edward White, "*Constitutional Change and the New Deal: The Internalist/ Externalist Debate*," The American Historical Review, 2005, 110(4): 1094 - 1115.

② See Stephen M. Griffin, "*The Problem of Constitutional Change*," Tulane Law Review, 1996, 2121(70): 7 - 10.

③ See Marcia Lynn Whicker, Ruth Ann Strickland, and Raymond A. Moore, *The Constitution Under Pressure: A Time for Change*, Westport, Conn.: Greenwood Press, Inc., 1987.

④ See Stephen M. Griffin, "*Understanding Informal Constitutional Change*," Rei-Revistaestudos Institucionais, 2015, 1(1): 1 - 10.

权的"人民"来讲,其通过制宪权将自己的价值心理凝结为价值目标,并最终上升为宪法规范,实现价值目标的规范化。西方宪政实践在宪法价值领域,有两个重要的传统:即德国的"客观价值秩序"和美国司法实践对宪法价值的拓展。

Edward J. Eberle 在研究德国和美国两种不同宪政文化基础上,提出了德国《基本法》是以尊严为核心和美国以自由为核心两种不同的宪法基本价值结构,进而认为以尊严为基础的自由和以自由为基础的自由之间所体现的宪法基本价值秩序的差异性。[1] 为此,Eberle 关注了德国《基本法》的"客观价值秩序","'客观的价值秩序'是德国宪政主义的核心概念",《基本法》以尊严确立了法治国、民主、共和、社会国和联邦主义等宪法基本价值,立法、行政、司法行为必须符合这个基本价值秩序,宪法法院也必须遵循这个价值秩序来解释宪法。[2]

Donald P. Kommers 认为《基本法》包括一个具有高低层级的价值体系,这些价值体系不是制宪者的主观价值偏好,也不是司法实践的产物,而是体现着宪法本身固有的基本价值观,宪法法院和国会制定法律都必须以这个"客观的价值秩序"为基础。[3] 在宪法法院实践中,《基本法》被认为是实质性价值的整体结构,对其解释必须遵循"客观价值秩序",即"一个来自联邦宪法法院已对基本法律文本解释形成的概念","这些基本价值是客观的,因为它们在宪法中是一个独立存在。它们强加于政府机构义务,并监督它们如何实现这些价值"。[4]

宪法原则与宪法价值的关系是阿列克西(Robert Alexy)研究的中心,他强调宪法原则在司法实践中对公民具体个体权利的重要影响,宪法

---

[1] See Edward J. Eberle, *Dignity and Liberty: Constitutional Visions in Germany and the United State*, New York: Praeger Publisher, 2002, p.21.

[2] See Edward J. Eberle, "*Public Discourse in Contemporary Germany*," 47 Case W. Res. L. Rev. 797(1996 - 1997).

[3] See D. Kommers, *The Constitutional Jurisprudence of the Federal Republic of Germany*, Durham: Duke University Press, 1989, pp.185 - 186.

[4] See Donald P. Kommers, "*German Constitutionalism: A Prolegomenon*," Emory Law Journal, 1991,40(2):837.

原则可以基于比例原则实现公民个体权利的最大化。① 沃尔特 F. 墨菲（Walter F. Murphy）从人的尊严和民主价值角度来研究美国宪法价值秩序，从而认为美国宪法的基本价值是人的尊严。② 除此之外，墨菲还把尊严和民主价值放在一起来观察宪法的价值位序，认为民主是实现个体尊严的手段，尊严处于优位位置。③ 宪法价值在司法实践中运用的最多，Ian Bartrumr 借用库恩的科学理论来分析宪法解释中的价值选择和判断问题，从而将宪法价值和司法实践联系起来。④ McCauliff 探讨了美国宪法第一修正案的宪法价值，认为其为具体司法解释提供了明确目的、范围和特定宪法保障意义。⑤ Carmen M. Twyman 则提到了南非宪法实践中的价值问题，强调司法判决对南非宪法价值实现的重要作用。⑥

从上述研究可以看出，国外宪法价值研究的重点在于德国基本法中的"客观价值秩序"，即《基本法》中尊严统摄下的民主（Demokratie）、共和（Republik）、社会国（Sozialstaat）、联邦国家（Bundesstaat）以及实质的法治国（Rechtsstaat）等价值之间关系，这些基本价值对宪法解释具有内在制约作用。另一个研究重点是美国宪法中民主、法治、自由、共和和联邦主义等基本价值，以及最高法院司法解释与宪法价值丰富问题。这些研究不仅关注宪法价值理论层面，而且也关注宪法价值的实现与司法实践

---

① See Robert Alexy, *A Theory of Constitutional Rights*, Translated By Rivers, New York: Oxford University Press, 2002, p. 31 - 47.

② See Walter F. Murphy, "*An Ordering of Constitutional Value*," 53 S. Cal. L. Rev. 703 1979 - 80.

③ Walter F. Murphy 认为民主和人的尊严并不矛盾，相反，民主政府比其他政府更加有利于保护尊严。民主鼓励公民参加国家治理过程而体现人的尊严和权利，一方面，个人权利对政府的限制是为了保护个体自由；另一方面，宪法是人民自治制度。美国政治是民主和宪政主义两种不同政治理论的产物，民主强调大多数人统治和规则制定过程，宪政强调个人自由和有限政府，宪政通过保护个人尊严而成为基本价值，虽然民主并不反对这个价值，但民主制度将对个人和其他价值的保护留给公民参与过程。可是对于宪政来讲，纯粹民主过程仅是决定一项政策合法性的基础之一，而并不必然会保护自由和个人尊严。

④ See Ian Bartrum, "*Constitutional Value Judgments and Interpretive Theory Choice*," 40 Fla. St. U. L. Rev 259(2013).

⑤ See C. M. A. McCauliff, "*Constitutional Jurisprudence of History and Natural Law Complementary or Rival Modes of Discourse?*" 24 Cal. W. L. Rev. 287(1987 - 1988).

⑥ See Carmen M. Twyman, "*Finding Justice in South African Labor Law: The Use of Arbitration to Evaluate Affirmative Action*," 33 Case W. Res. J. Int'l L. 307(2001).

关系。

(二)国内宪法价值研究概况

国内关于宪法价值研究散见于在一些著作和论文中。[①] 宪法价值界定是学术界一直探讨的问题,但在此问题上并没有达成一致,大多数学者将宪法价值等同于宪法功能或作用,例如,董和平认为宪法价值以宪法功能的形式表现出来,为宪法制定和实施提供范围和方向,然后通过宪法原则和宪法规范具体化。[②] 朱福惠认为宪法价值具有政治权力分配、规范国家权力、预防社会混乱和调节利益关系的功能。[③] 马雁则认为宪法价值包括为市场经济制度发展提供社会氛围,创建公共价值规范,调动社会主义事业的建设力量,合力促进社会发展。[④] 显然,上述研究主要从宪法功能层面来界定宪法价值,侧重于宪法的工具价值。

另一个问题就是关于宪法价值的构成。宪法价值并不是抽象的,而是以具体结构呈现出来的。宪法价值具体构成,主要集中在民主、法治和自由这些基本价值关系之上。例如,李龙认为国家价值、社会价值、法律价值共同构成宪法的基本价值。[⑤] 张千帆认为现代宪法的基本价值包括法治与分权、民主、权利与自由、联邦,并认为人的尊严走向了宪法价值的统一。[⑥] 周叶中认为宪法的基本价值由人民主权、宪法秩序、社会发展和社会正义构成,其核心价值是"民主和人权"。[⑦] 殷啸虎则将经济价值、政治价值、法律价值看成是宪法的基本价值,其核心价值在于人权。[⑧] 从这里可以看出,宪法的基本价值根据不同的标准,其构成也是不同的,在国

[①] 参见:陈雄:《宪法基本价值研究》,山东人民出版社 2007 年版;胡伟:《宪法价值论》,载《法律科学》1997 年第 2 期;范毅:《公平:宪法的基本价值取向》,载《中国人民大学学报》1999 年第 1 期;董和平:《论宪法的价值及其评价》,载《当代法学》1999 年第 2 期;吴家清:《论宪法价值的本质、特征与形态》,载《中国法学》1999 年第 2 期等。

[②] 董和平:《宪法》,中国人民大学出版社 2010 年版,第 47 页。

[③] 参见朱福惠:《宪法价值与功能的法理学分析》,载《现代法学》2002 年第 3 期。

[④] 参见马雁:《宪法价值的社会实践意义》,载《学术探讨》2011 年第 11 期。

[⑤] 参见李龙:《宪法学理论》,武汉大学出版社 1999 年版,第 211—236 页。

[⑥] 张千帆:《宪法学导论——原理与应用》,法律出版社 2004 年版,第 57 页。

[⑦] 参见周叶中:《宪法》,高等教育出版社 2002 年版,第 152—160 页。

[⑧] 参见殷啸虎:《宪法学要义》,北京大学出版社 2005 年版,第 94—96 页。

内并没有形成统一的观点,这都是需要进一步研究的地方。

三、"建国"到"重建"国家主义相关研究

"建国"到"重建"宪法变迁国家主义价值取向研究,并没有系统的专著,也没有相关论文,仅有文献主要集中美国史、宪法史、司法判决中关于国家主义立场的阐述,下面分述之。

(一) 联邦党人与国家主义

制宪"建国"是一个复杂的政治实践,联邦宪法本身被认为是联邦党人与反联邦党人斗争的产物,但国家主义的联邦党人获得了胜利。Alan Brinkley 认为 1787 年美国宪法是以汉密尔顿为代表的国家主义的和杰斐逊为代表的自由民主之间的冲突,但是联邦党人占了上风。① 联邦党人为了支持宪法的批准,进行了广泛的全国动员,展开了为宪法辩护的斗争,他们列举了邦联条例的种种缺陷,力主构建中央集权的国家政府来克服国家能力不足带来的危机。② John Fisk 将联邦宪法看成是挽救合众国内外危机的关键性制度。③ 但是 Charles A. Beard 却认为宪法仅是有产者之间的游戏,邦联政府也许是一个令人满意的政府。④ Beard 的观点影响到众多历史学家,Merrill Jansen 在 20 世纪 50 年代还坚持认为宪法是一部分经济利益者制定的文件。⑤ 有很多人对 Beard 的观点产生了质疑,认为宪法并不是经济利益的产物,而是确保中央和地方利益的平衡。例如,Forrest Mcdonald 就认为个人经济利益与宪法关联并不大,人们对新

---

① See Alan Brinkley, *American History: A Survey,* New York: McGraw-Hill, 2003.
② See Alexander Hamilton, James Madison, John Jay, *The Federalist Books*, New York: Bantam Classics, 1982.
③ See John Fisk, *The Critical Period of American History1783 to 1789*, Whitefish: Kessinger Publishing, 2007.
④ See Charles A. Beard, *An Economic Interpretation of the Constitution of the United States*, New Jersey: Lawbook Exchange, Ltd., 2011.
⑤ See John Morris, *The New Nation*, Whitefish: Kessinger Publishing, 2007.

体制的见解更多的反映了地方利益。[①]

Jackson Tuner Man 从党派意识形态角度将联邦党派看成是重商主义的国家主义者，而反联邦党派则是地方农业主义的反中央集权者。[②] Gregory Payan 从"第一政党体制"联邦党人和反联邦党人的形成历史来分析两党所代表的利益，进而认为联邦党人是经济国家主义，反联邦党人则是保守的小农主义者。[③] 联邦党人的经济国家主义主要体现在汉密尔顿的"财政和金融计划"中，这包括建立国家银行、发展制造业和恢复公共信用等方面。[④] Gordon Wood 则将联邦派看成是少数权贵，他们通过宪法来推行他们所谓的低度民主企图。[⑤]

制宪者是想建立一个集权的中央政府，还是创立一个非集权的政府体制，Jack N. Rakove 认为这二者兼而有之："麦迪逊是一个坚定的国家主义者，认为只有强大的中央政府才能带来国家的稳定，反对狭隘的派别活动。麦迪逊和汉密尔顿一样将宪法看作是保证秩序和财产使国家免受过度自由的威胁，他们同样担心自由太少，这使得他们采纳了反联邦党者强烈要求的保护人权提议，由此才有了《人权法案》。"[⑥]这个观点未必正确，汉密尔顿是坚定的国家主义者，而麦迪逊是相对的国家主义者，他后来就投向了杰斐逊的阵营。联邦党人的国家主义立场也是不断变化的，不能一概将其看成是国家主义者。但是，"建国"时代联邦党人国家主义立场以及对宪法"宽泛解释"态度在"第二政党"和"第三政党"时期得到某种程度的延续，这里面政党意识形态发挥了重要作用。

---

① See Forrest Mcdonald, *We the People: The Economic Origins of the Constitution*, New Jersey: Transaction Publishers, 1991.

② See Jackson Tuner Man, *The Anti-Federalists,* Chicago: University of Chicago Press, 1985.

③ See Gregory Payan, *The Federalists and Anti-federalists: How and Why Political Parties Were Formed in Young America*, New York: Rosen Pub Group, 2003.

④ See Robert E. Wright, *Hamilton Unbound: Finance and the Creation of the American Republic*, New York: Praeger Publishers Inc., 2002.

⑤ See Gordon Wood, *The Creation of American Republic, 1776 - 1787*, Chapel Hill: The University of North Carolina Press, 1998.

⑥ See Jack N. Rakove, *Original Meanings: Politics and Ideas in the Making of the Constitution*, New York: Alfred A. Knopf, 1996.

（二）领土扩张和国家主义

"建国"到"重建"是美国历史上最为关键的时期,这个时期美国通过扩张基本上奠定了今日美国的疆域版图。Linda Thompson 将美国领土从 13 个州变为 50 个州的过程看成是国家主义的重要体现。[①] 领土扩张是由杰斐逊从 1803 年"路易斯安那购买"开始的,尽管宪法没有授予总统有购买领土的权力,但杰斐逊为了国家利益成功将"路易斯安娜"收入囊中。Ramiro Y. Sanchez 透露了美国从西班牙手中夺取佛罗里达的内幕,以及美国对拉丁美洲的扩张欲望。[②] 门罗总统发表"门罗宣言"将美洲纳入到美国的"势力范围",Jason M. Colby 试图将这种国家扩张描述为一种纯粹的"经济帝国"行为,[③]这仅是揭示了问题的一个方面,地缘政治可能是更加重要的原因。地缘政治在美国兼并"德克萨斯"问题上表现的最为明显,"德克萨斯"为美国和墨西哥之间构建了一个宽阔的战略屏障。[④]"加利福尼亚"建州则与美国国家战略和国内"奴隶制"问题有关,《1850 年妥协》就是明显例证。[⑤]

美国的领土扩张不是一个独立的历史事件,而是和"西进运动"和"工业革命"等国家构建行为同时进行的,"西进运动"实际上就是领土的扩张和殖民的过程,土著印第安人在此过程中付出了高昂的代价。[⑥]"西进运动"的动力来自淘金热、宗教运动、土地渴望,以及交通等原因,但这离不

① See: Linda Thompson, *United States Territories*, Florida: Rourke Publishing, 1988; Christy Steele, *America's Westward Expansion*, New York: Gareth Stevens Publishing, 2005; Mehmet Kosa, Murat Yilmaz, "*The Design Process of a Board Game for Exploring the Territories of the United States*," Press Start, 2017, 4(1): 36–52, and so on.

② See Ramiro Y. Sanchez, *The Territorial Expansion of the United States: At the Expense of Spain and the Hispanic-American Countries*, Lanham, MD: University Press of America, 2002.

③ See Jason M. Colby, *The Business of Empire: United Fruit, Race, and U.S. Expansion in Central America*, Ithaca: Cornell University Press, 2011.

④ See Christy Steele, *Texas Joins the United States*, Milwaukee: World Almanac Library, 2005.

⑤ See Christy Steele, *California and the Southwest Join The United States*, Milwaukee: World Almanac Library, 2005.

⑥ See William H. Truettner, *Painting Indians and Building Empires in North America, 1710–1840*, California: University of California Press, 2010.

开联邦政府支持。① 除此之外，"工业革命"为"西进运动"注入了先进技术，加快了联邦政府在西部的扩张，提高了国家整体经济发展速度，但对传统的印第安文明来讲则是毁灭性的。② 显然，美国的国家扩张主义符合了国内"人民"的利益，但对其他"人民"和国家带来了伤害，为此 Frank Ninkovich 将这种国家主义称之为"帝国主义"。③ 美国领土扩张和国家主义紧密相连，在领土扩张中宪法变迁是不可避免的，总统缔约权等相关权力也必然随之扩张来适应国家利益需要。④

（三）"内战"和"重建"中的国家主义

台湾学者林立树认为"建国"到"重建"的国家主义趋势很明显："1812年的美英战争，使得合众国更加自信和强大。在 1815 年到 1840 年，美国的国家主义和地方主义并存，但是，国家主义逐渐占据优势，并不断进行各种形式国家主义的扩张。而'内战'使得北方获得胜利，不仅是在军事上，而且是在各个层面。北方象征着一个共和、民主的国家诞生。"⑤ "内战"和"重建"过程中联邦政府无疑发挥了相当重要的作用，共和党控制的联邦政府充分调动国家机器，打赢了这场战争，维护了联邦的统一，将"联邦最高"理念扩展到南方，Jean Harvey Baker 等的《内战和重建》为该领域研究奠定了高标准，被大家称之为深入和可靠研究"内战"的权威著作，

---

① See Greg Roza, *Westward Expansion*, New York: Gareth Stevens Publishing, 2011.

② See Edward W. Stevens, *The Grammar of the Machine: Technical Literacy and Early Industrial Expansion in the United States*, New Haven: Yale University Press, 1995.

③ See Frank Ninkovich, *The United States and Imperialism*, New Jersey: Wiley-Blackwell, 2001.

④ See: Thomas E. Cronin, *The State of the Presidency*, Boston, Mass.: Little, Brown and Co., 1980; William A. McClenaghan, *Magruder's American Government*, 1998, New Jersey: Prentice-Hall Press; Leonard C. Meeker, *The Legality of U.S. Participation in the Defense of Vietnam*, Department of State Bulletin, 28 March 1966; Harold W. Stanley, Richard G. Niemi, *Vital Statistics on American Politics*, 3rd Edition, Washington, D.C.: Congressional Quarterly Inc., 1992; Lawrence Baum, *The Supreme Court*, 4th ed., Washington, D.C.: Congressional Quarterly Press, 1992; *The Cambridge History of American Foreign Relations*, by Warren I. Cohen Edited, 4 Vol., New York: Cambridge University Press, 1993, and so on.

⑤ 参见林立树：《美国通史》，中央编译出版社 2014 年版。

该著作探讨了"内战"起源的全方位因素,尤其是对"奴隶制"起源和发展作了客观描述,从而将"奴隶制"看作是一个纯粹的经济问题,而且认为"奴隶制"比欧洲的诸如英国更加人性化,奴隶获得了较好的对待和治疗,这与奴隶属于种植园主的私人财产有关。因此,林肯并不是解放奴隶的英雄,总统的最初目的甚至是通过保持"奴隶制"维护联邦统一,林肯只能称得上共和党内部温和派,而不是激进的"废奴主义者",如果能够减少"奴隶制"在国家内的蔓延,战争也许是可以避免的。①

Allen C. Guelzo 将"内战"放在了全球政治来比较,其认为"内战"显示了美国共和国在以君主政体为主导的世界中的"脆弱性","内战"爆发体现了联邦政府的无能和软弱。但战争中总统权力、封锁权力的扩张,以及在国际法领域的建设性影响彰显了联邦政府捍卫国家统一的决心。② "重建"和"内战"时期的法律变化与社会和政治变革的关系是怎样的? Christian G. Samito 认为"内战"和"重建"期间的社会改革迫使联邦政府和"人民"重新认识总统权力的范围和战时公民自由的界限,共和党掌控的国会采取国家主义的立法来促进了中央集权和联邦政府权力的扩张,强化了政府权威和对公民权利的保护,"重建修正案"和其他立法开启了美国公民权利在全国范围内的扩张。③ 联邦政府中心任务是重塑公民和政治关系,联邦机构诸如军队和自由民局试图协助华盛顿释放人口和解决大规模的非洲裔移民造成的社会问题。④ Laura F. Edwards 则认为"内战"对国家法律秩序造成了破坏,联邦政府对"奴隶制"和种族政策,以及"重建修正案"是这个时期最大的法律变革,这种变革渗透到法律制度各个层面,它改变了人们的"法律观"和对正义价值的重新思考,国家政府

---

① See Jean Harvey Baker, David Herbert Donald, Michael F. Holt, *The Civil War and the Reconstruction*, New York: W. W. Norton & Company, 2000.

② See Allen C. Guelzo, *"Fateful Lightning: A New History of the Civil War and Reconstruction,"* Civil War History, 2013,99(4):1248 - 1249.

③ See Christian G. Samito, *Changes in Law and Society During the Civil War and Reconstruction*, Carbondale: Southern Illinois University Press, 2009.

④ See Robert Harrison, *Washington During Civil War and Reconstruction: Race and Radicalism*, New York: Cambridge University Press, 2011.

推动了公民权利扩张,这是许多普通美国人所提倡的集体目标。①

　　而另有一部分学者对"重建"持否定态度,认为"重建"是北方利用国家名义推行共和党价值观。William A. Dunning 认为"重建"是共和党利用联邦政府名义对南方的报复。② 这个观点从局部看可能是一定道理,但是从历史角度来看,北方共和党确实代表了整个合众国的利益而不仅是党派利益。"重建"使南方重新回到了白人至上的时代,这表明了北方共和党主导的"激进重建"是以国家为幌子来推行政党利益,而没有兼顾南方各州利益。③ Andrew L. Slap 则将战后"重建"失败认为是共和党内部发生分裂的结果,共和党在国会选举中大量的腐败加剧了此种结果。④ A. J. Langguth 也对"内战"和"重建"持消极态度,尽管联邦政府赢得了战争,却失去了和平,南方重新开始了漫长的种族动乱时期。⑤ 这种动乱在州层面展开,例如,德克萨斯州南部保守的民主党人、"三 K 党"和北部共和党争夺州控制权,而极端"州权主义"分子对共和党发起游击战争试图对抗国家政府,德克萨斯因此成为"重建"战争最早的战场之一,⑥路易斯安那州也陷入了动乱和恐怖主义之中,保守的民主党抵制国家"重建"。⑦ 但是,在一些州的内部,一些拥护国家统一的"人民"始终站在国家政府一方,支持国家的"重建",阿拉巴马州就是明显的例子。⑧ 这些研究大多看到了南部各州局部动乱,而没有从整个国家发展历史来看

---

① See Laura F. Edwards, *A Legal History of the Civil War and Reconstruction: A Nation of Rights*, New York: Cambridge University Press, 2015.

② See William A. Dunning, *Reconstruction, Political and Economic, 1865 - 1877*, New York: Kessinger Pub Co., 2010.

③ See Thompson C. Mildred, *Reconstruction in Georgia: Economic, Social, Political 1865 - 1872*, New York: Kessinger Pub Co., 2007.

④ See Andrew L. Slap, *The Doom of Reconstruction: The Liberal Republicans in the Civil War Era*, New York: Fordham University Press, 2006.

⑤ See A. J. Langguth, *After Lincoln: How the North Won the Civil War and Lost the Peace*, New York: Simon & Schuster, 2014.

⑥ See Kenneth W. Howell, *Still the Arena of Civil War: Violence and Turmoil in Reconstruction Texas, 1865 - 1874*, Denton: University of North Texas Press, 2012.

⑦ See Frank J. Wetta, *The Louisiana Scalawags: Politics, Race, and Terrorism During the Civil War and Reconstruction*, Baton Rouge: Louisiana State University Press, 2013.

⑧ See Margaret M. Storey, *Loyalty and Loss: Albama's Unionists in the Civil War and Reconstruction*, Baton Rouge: Louisiana State University Press, 2004.

待"重建"对国家政治、经济和文化所具有的积极意义,尤其是"奴隶制"终结所带来的宪法变革。

除此之外,还有众多文献对 1789 年至 1877 年美国政治进行研究。在这个阶段,历史学家关注 1787 年宪法制定,"建国"初期的国家政策,以及若干国家活动,例如,"西进运动""工业革命""国内改进",以及"内战"和"重建"。[①] 从这段历史之中,可以感觉到一条主线,即美国"人民"构建强大民族国家的渴望,国家通过各种战略逐渐走向"人民"希望的强大和自由。另外,"建国"到"重建"司法判例中也汇聚了国家主义价值取向,这可以从最高法院判例集中得到印证。[②]

第三节　相关概念界定

概念在历史进程中表现出的时间性和多重性对于研究具有关键作用,通过研究概念在时间和空间中的移动、接受、转移和扩散来解释具体概念与社会和政治关系,是理解历史现象的重要维度。概念所包含的意义维度和语言使用方式之间存在紧密的关系,语言表达不仅局限于表达本身,在本质上讲是在用这样的修辞方式为某种概念存在的合法性进行辩护或解构。概念具有特定的历史变迁轨迹,其与具体历史阶段的社会变化紧密相连。当一个社会改变了其基本价值或者实践方式的时候,其规范性语言也会同时改变。因此,历史背景下的概念有自己的历史"踪迹",每个词语都有其产生、发展和消亡的过程,必须对概念进行界定,明

[①] 参见:[美]霍华德·津恩:《美国人民》,潘国良等译,上海人民出版社 2013 年版;卢瑟 S. 路德克:《构建美国——美国的社会与文化》,王波、王一多译,江苏人民出版社 2006 年版;林立树:《美国通史》,中央编译出版社 2014 年版;何顺果:《美国历史十五讲》,北京大学出版社 2007 年版;何顺果:《美利坚文明论:美国文明与历史研究》,北京大学出版社 2008 年版;何顺果:《美国文明三部曲》,人民出版社 2011 年版;张弘、熊沐清:《美国简史》,吉林摄影出版社 2004 年版;张友伦:《美国西进运动探要》,人民出版社 2005 年版;岳西宽:《美国 1774—1824:弗吉尼亚王朝兴衰史》,红旗出版社 2013 年版;李庆余:《美国的崛起与大国地位》,生活·读书·新知三联书店 2013 年版等。

[②] See *The Supreme Court and the Constitution: Readings in American Constitutional History*, By Stanley I. Kutler Edited, New York: W. W. Norton & Company, Inc., 1984.

确其存在时空域。

一、美国宪法

从法律意义上讲,美国宪法含义至少包括:(1)美国宪法典。既包括1787年制定的宪法文本,而且还包括后来的27条修正案,从这个意义上讲,特定历史时期美国宪法所指的意义域是不同的。修正案个数与时间有直接关系,在不同历史时期,由于修正案的不同,美国宪法的含义是不同的。例如,在1789年到1877年这个历史阶段,美国宪法修正案仅仅只有前15条,因此,"建国"到"重建","重建"到"新政"和"新政"至今,美国宪法的意义域是不同的。(2)1787年宪法文本,而不包括宪法修正案。这个意义上的美国宪法,主要是与《邦联条例》相对的一个范畴,这是一种极其狭义的用法。(3)美国国境之内所有的宪法,在此意义上的美国宪法是极其广泛的用法,不仅包括1787年宪法,而且还包括先前的《邦联条例》和27条修正案,以及各州宪法。(4)1787年宪法典、27条修正案、司法判例、宪法惯例等的结合,这种用法主要从形式宪法与实质宪法综合维度阐述其意义。

从总体上看,美国宪法含义基于不同场景而并不相同,其意义在"极窄"到"极宽"区间之内变动。但是,在特定的研究对象中,美国宪法含义却是可以确定的。在本书中基于研究需要,主要采用第四种意义,即美国宪法包括1787年宪法典、27条修正案、司法判例、宪法惯例等。

二、宪法变迁

宪法变迁概念是由耶利内克正式提出和系统化,他坚持了新康德主义的"二元论",主张经验世界和"物自体"世界的分离。在法学领域,主张"是"和"应当"的区分。在传统实证主义国家法学的基础上,耶利内克将社会学理论注入到国家法学领域,主张从社会功能和结构的角度来研究国家法学。社会学意义上的国家是作为社会有机体而存在的,它有自己的生命、意志和决断能力。因此,国家法学应该重视两个维度:实证和社会学的维度，只有从这两个维度来研究国家法学，才能深刻理解国家法学的本质。耶利内克主张社会因素对国家法学的拯救，力图在实证主义之外寻求国家法学解释，宪法变迁概念的提出就集中体现了耶利内克的反实证主义倾向。

耶利内克认为宪法变迁具有两层意义：一是广义意义上的，主要指一切宪法变化形态；二是狭义意义上的，即宪法文本未发生变化而实质含义发生变化的情形。耶利内克认为狭义宪法变迁是由无意识的修改和事实因素引起的宪法意义发生变化的情形。另一位德国公法学家 Stefan Voigt 将狭义宪法变迁称之为"隐性的宪法变化"（Implicit Constitutional Change），而中国学者秦前红将其称之为"无形修改"。本书的"宪法变迁"主要是在狭义意义上，专指宪法文本没有变化，而宪法含义随着社会事实、释宪等行为发生变化的情形。

三、国家主义

国家主义（Statism）是近代民族国家兴起的范畴，其主要关注国家主权、国家利益与国家安全，其核心在于立足国家整体利益。国家主义认为国家具有价值优先性，提倡国家在某种程度上控制国家政治、经济和文化政策，发挥其国家能力，维护整体"人民"公共利益，国家主义的本质价值皈依是国家这个社群。

在历史上，国家主义存在许多表现形式，其极端的就是纳粹主义等集权主义。国家主义的温和形式则广泛存在于当今世界中。国家主义一直以来被人们所诟病，认为其对国家利益的强调和对国家权力的重视是对自由主义的破坏。对国家主义进行错误的评价可能来自于人们头脑中根深蒂固的国家负面形象，除此之外，政治哲学之中对"国家肖像"的描述也要负一定的责任。[①] 众多学者对国家主义持批判立场，例如，无政府主义

---

① 例如，圣·奥古斯丁（Saint Augustine）在《上帝之城》之中罪恶的"世俗国家"；托马斯·霍布斯（Thomas Hobbes）的利维坦；而现代主权学者让·博丹（Jean Bodin）把国家享有的主权看成是绝对的、最高的和不可分割的；卡尔·施米特（Carl Schmitt）则认为国家是区分敌我之后的同质性的共同体。

者巴枯宁的《国家主义和无政府》，①汉娜·阿伦特《极权主义的起源》，②诺齐克的《无政府、国家和乌托邦》，③都对国家主义大加鞭挞。

实际上，国家主义作为一种现代政治意识形态有着丰富内容，其正当性要和具体国家性质结合在一起分析。从政治哲学角度来讲，国家主义是一个中性范畴，它可以和任何制度结合，例如，自由主义的国家主义，极权主义的国家主义等。在与具体政治制度结合的时候，国家主义就会呈现一定的价值取向，自由主义的国家主义倡导"消极"国家观，主张国家中立化；而极权国家主义强调"积极国家观"，主张国家强权性。因此，具体国家主义存在"善"与"恶"两种面相。

国家主义具有自我属性：一是国家是独立行为主体，它是与社会相对的公共权力组织，具有自己的意志、自主性和能力。彼得·埃文斯在《找回国家》中就高度提倡国家的自主性、国家能力和国家构建功能，认为"国家作为经济发展和社会再分配的促进者、国家是跨国关系的主导者和国家是解决社会冲突的能力者"。④国家主义强调国家维护秩序、和平和安

---

① 米哈伊尔·亚历山大罗维奇·巴枯宁(Mikhail Alexandrovich Bakunin)认为国家本性对外在于扩张和侵略，对内实行独裁和专制。因此，国家对个人只会造成奴役，从而使个体失去自由。国家意味着统治，统治意味着奴役，奴役意味着无自由；有国家必然有统治，有统治必然有奴役，有奴役即无自由。因此，消灭国家就要不断进行革命和暴动，然后建立一个绝对自由的没有国家和政府的社会。（［俄］巴枯宁：《国家制度和无政府状态》，马骧聪、任允正、韩延龙译，商务印书馆 2013 年版。）

② 汉娜·阿伦特(Hannah Arendt)认为极权主义为殖民帝国主义树立了榜样，极权主义是国家主义极端左倾化和右倾化的形式，其典型表现就是希特勒的纳粹德国和斯大林的苏联。（See Hannah Arendt, *the Origins of Totalitarianism*, Cleveland: The World Publishing Company, 1958.）

③ 罗伯特·诺齐克(Robert Nozick)倡导一种极端的自由主义，主张建立最弱意义的国家。他认为个人自然权利不同于法定权利，政府的一切立法、行政和司法活动都不能危及个人自然权利。在个人与国家关系上，其认为个人权利永远优于国家，个人权利是绝对的和不能侵犯的领域，个人的权利决定国家的性质、合法性及其职能，国家只能在个人权利之外发挥作用，任何对个人权利侵犯都是非正义的，这包括国家为了任何利益和福利的动机进行的行为。（See Robert Nozick, *Anarchy, State, and Utopia*, New York: Basic Books, 2012.）

④ 彼得·埃文斯(Peter Evans)是"新国家主义"的代表，其通过比较分析的方法强调国家在国内外事务中的积极建设作用，并在比较政治学领域主导了"找回国家"的国家中心主义范式的转变。（参见［美］彼得·埃文斯等：《找回国家》，生活·读书·新知三联书店 2009 年版；Peter Evans, *Embedded Autonomy: States and Industrial Transformation*, Princeton, NJ: Princeton University Press, 1995.）

定的能力,卡尔·施米特的"质的总体国家"就强调国家的上述主权功能,主张国家的"威权主义"维度。[①] "威权主义"对国家能力的重视,尤其是在"紧急状态"时的决断、保障秩序、和平和安定,以及实施法律方面都体现主权特点。在此意义上,"每个国家按照定义都是'威权主义'的","由于美国政府行政部门的下属机构行使巨大的权力,因此这个国家(典型的资产阶级自由主义国家)可以被认为是'威权主义'的"。[②] 二是主张国家不仅是权力的合法垄断者,而且是公共产品的提供者和管理者。理性国家要求国家能够根据公共利益需要,选择合适政策对社会进行必要干预,维护共同体的存续。三是国家和社会并不是完全对立的,而是"国家在社会中",[③]国家来自社会,能够将社会发展的需要制度化,通过相应的宪法实践机制从法律角度实现这些需要。四是历史维度。国家主义不是抽象的而是具体历史的,其可以和不同国家类型相结合。例如,发展型国家的国家主义往往和"民族主义"和"威权主义"交织在一起,而发达国家的法国就是国家主导增长的,德国就是保护主义的,美国则是自由主义的。

国家主义和联邦主义是两种不同的政治学说,在许多方面具有差异性,其中最重要的在于二者所坚持的立场和达到的政治目的是不同的。国家主义坚持以国家为本位,主张通过强有力的国家机器实现国家意志,并以此强化国家能力。可见,国家主义将国家价值放在了首要的地位。而联邦主义坚持"有限政府"理念,主张在中央政府和地方政府权力平衡基础上适当强化中央政府集权。通常而言,联邦主义是自由主义国家类型,国家政府的权力范围有限且存在的目的在于实现公民自由。因此,联邦主义作为分权制衡机制的重要组成部分,其目的在于保障公民自由。

但是,国家主义与联邦主义的差异又不是绝对的,二者在内涵上具有重合的一面。例如,二者都强调普遍性国家政府的权力;重视共和主义价值;赋予中央政府实质性权威;加强民族团结等。对于美国而言,联邦主

---

① George D. Schwab, *The Challenge of the Exception: An Introduction to the Political Ideas of Carl Schmitt Between 1921 and 1936*, New York: Greenwood Press, 1989, p.184.

② George D. Schwab, *The Challenge of the Exception: An Introduction to the Political Ideas of Carl Schmitt Between 1921 and 1936*, New York: Greenwood Press, 1989, p.239.

③ See Joel S. Migdal, *State in Society: Studying How States and Societies Transform and Constitute One Another*, New York: Cambridge University Press, 2001, pp.3 - 27.

义在一定程度上体现了国家主义价值,这主要体现在其主张某种程度的中央集权,强调全国政府的实质性权威,保障"人民"自由。美国在"建国"和"重建"时期的政治哲学就是国家主义的,尤其在"建国"之后的阶段,基于稳定政权和国家构建需要,国家主义成为"人民"的主流价值取向。

四、宪法变迁的价值取向

宪法变迁是一个规范与事实之间的概念。宪法变迁的功能在于化解规范与事实之间的张力,弥补形式主义宪法的缺陷;动力在于"人民"的实践需要。价值取向是主体在实践活动中而呈现的价值倾向性,具体历史阶段的"人民"价值取向是各种不同具体主体价值取向综合作用的结果。[①] 从这里可以看出,价值取向体现了主体之间价值共识基础上的一种价值抉择,其本身是一种价值认识和判断活动。

从价值取向内涵看,其呈现出以下特点:首先是倾向性,这种属性可以直接影响和调控主体的实践活动,尤其是能否与"人民"价值取向保持一致,将会直接决定主体实践的性质和效果。其次是实践性,其可以决定、支配主体的价值选择,这个过程是通过"对象化"关系体现出来的,即价值取向必须通过实践活动以一定的载体呈现出来。最后,价值取向不同于价值目标,其具有明显的动态趋向性和受动性。价值目标是主体实践中相对稳定的价值认识和判断,而价值取向是价值实现过程中围绕价值目标而产生的一种价值观念和实践活动,在实践中表现为围绕价值目标的动态趋向性。从价值目标和价值取向的相互地位来看,价值目标处于主动地位,决定价值取向的性质和发展方向;在实现方式上,价值目标对价值取向具有调节作用,价值取向必须根据具体历史阶段的价值目标进行调整,并寻找最佳实现方式。

宪法变迁价值取向既体现了价值取向的一般性,也体现了宪法变迁的特殊性。宪法变迁的价值取向本质上属于宪法价值范畴,指宪法变迁过程中主体基于宪法认识进行价值判断而形成的一种价值倾向性,这种

---

① 袁贵仁:《价值学引论》,北京师范大学出版社 1991 年版,第 350 页。

倾向性具有规范性特点,对共同体实践中主体权利和义务关系具有重要影响。宪法变迁的价值取向体现了宪法变化与主体价值发展的辩证统一,宪法由于社会实际必要性而发生变迁,宪法变迁体现和实现主体价值取向。在此意义上,可以将宪法变迁的价值取向界定为主体在实践基础上围绕宪法基本价值而呈现出宪法价值发展的倾向性或趋向性,它是宪法价值认识、实现和评价活动的统一。

宪法变迁的价值取向和宪法价值是既有区别又有联系的概念,宪法变迁的价值取向属于宪法价值范畴,但又不同于宪法价值。在宪法价值和宪法变迁价值取向关系上,有两点需要注意:一是宪法价值和宪法变迁价值取向根据不同情况,可能会出现同向或者逆向运动情况;二是宪法基本价值对宪法变迁价值取向的调控和制约作用。宪法变迁价值取向必须紧紧围绕宪法基本价值,而不能偏离这个方向。在宪法基本价值的调控和制约下宪法变迁价值取向会在较长时间内正确反映"人民"实践需要,保持了宪法变迁的价值取向的"善"相。

从上述可以看出,宪法变迁价值取向具有以下特点:一是宪法变迁价值取向是宪法价值认识、实现和评价等活动的统一。宪法变迁价值取向产生于主体实践基础上的规范需要,这种需要促使了宪法发生了变迁,宪法变迁以规范形式体现、确认这种价值取向,并通过一定机制和标准来实现和评价这种价值取向。二是宪法变迁价值取向具有规范性。不同于实践中的一般价值取向,宪法变迁价值取向具有规范有效性,其是主体价值取向宪法化的一种结果,可以决定或影响主体实践活动中的权利和义务关系。三是宪法变迁价值取向是较长一段历史时期宪法价值运动的总体趋势或倾向性,反映的是趋势性的宪法价值发展规律。因此,宪法变迁价值取向在较长时间内呈现出一定稳定性,是可以认识和把握的宪法现象。

五、时间域的界定

宪法变迁是具体和历史的,其前提基础是宪法规范的存在(实质意义上,而不是形式意义上的)。1787 年到 1789 年之间的阶段,合众国仍然是按照《邦联条例》构建的体制运行的,1787 宪法只有到了 1789 年才会正式生效。因此，1789 年宪法通过生效是研究宪法变迁的逻辑起点。

关于"重建"结束时间，采用了史学界公认的时间界定，即 1877 年为"重建"结束时间。在历史上，"内战"和"重建"是一个连续历史事件，而不是两个独立历史事件，1861 年"内战"开始到 1865 年结束，前后共经过 4 年时间。在"内战"中，林肯就开始了战时"重建"，在"内战"结束之后，国家进入了漫长的战后"重建"阶段。因此，"内战"和"重建"存在紧密的联系。历史学界公认 1877 年随着共和党人海斯当选美国总统和"1877 年妥协"的发生，标志着"重建"结束。[①] 从这个角度来讲，"重建"结束也标志着"内战"真正意义上的结束。

第四节　研究思路和方法

本书遵循逻辑线索和"价值宪法学"体系，从本体论、原因论、实现论、评价论和意义论等方面阐述美国宪法变迁的价值取向。本体论部分论述了美国宪法变迁价值取向的一般理论；原因论部分探讨了"建国"到"重建"宪法变迁国家主义价值取向的发生学原理；实现论部分从价值实现角度阐述了"建国"到"重建"国家主义价值取向的实现机制；评价论部分运用评价理论对国家主义价值取向进行价值评判；而意义论部分则论述美国宪法变迁国家主义价值取向对中国宪法变迁的理论意义和实践意义。本书根据研究内容需要，主要采用价值哲学方法、历史分析方法、比较分析方法、规范分析方法、"大宪法观"方法、实证模型方法和案例研究方法等综合方法，以下对其分述之。

[①] 学术界关于"内战"之后"重建"结束的历史时间，诸多学者认为以 1877 年为标志，这点基本达成共识。（参见：Robert L. Lineberry, George C. Edwards Ⅲ, and Martin P. Wattenberg, *Government in America: People, Politics, and Policies*, 5th Edition, New York: HarperCollins Publishers, 1991; James West Davidson, Michael Castillo, *The American Nation*, New Jersey: Prentice-Hall, Inc., 2000；王希：《原则与妥协——美国宪法的精神和实践》（增订版），北京大学出版社 2014 年版等。）

一、价值哲学方法

价值哲学方法主张从主体与客体关系的维度来解释社会现象。人作为主体是一种实践性存在,"他"通过"对象性"活动将人的尺度体现在客体身上,从而实现主体尺度和客体尺度具体历史的统一。现实的人是具有"对象化"功能的主体,现实的对象是主体参与生成的客体,宪法就是主体的人"对象化"的产物。宪法变迁价值取向的产生、实现和评价等都反映了主体和客体宪法之间的实践关系。

马克思主义主张从主体层面去理解世界,而价值哲学就是关于人的主体地位的学问。在任何情况之下研究社会问题,都应该是以人的尺度评价世界。人是一切价值的终极来源地,是一切价值现象的根据和标准,是现实世界价值的创造者、实现者和享有者。客体价值因主体不同而不同,客体价值基于主体而定,具体历史阶段的主体是理解一切社会现象的最终根源。现实的人是具体的和历史的,社会价值取向也是具体和历史的,没有一成不变的主体,也没有永恒的社会价值取向,主体和客体处于动态变化之中,价值当然也处于变化之中。价值哲学要求必须从价值关系立场出发,首先是因为作为价值之前提和基础的实践是一种关系存在,在实践中主体不仅改造客观世界,而且改造主体自身。其次,价值不是一种事实存在,而是一种关系现象,关系是理解价值的关键维度。价值不是客体独立的属性,也不是主体本身的属性,单独的主体和客体都不是价值。价值是主客体在实践中所建立的"对象性"关系。因此,对宪法变迁价值取向的研究,也必须从主体的"人民"与客体宪法之间的关系进行理解。

二、历史分析方法

世界上一切事物都有其产生和发展的过程,这个过程遵循着历史规律。宪法不是抽象和静态的,而是一个过程。宪法现象的产生和发展都有其历史根源和因果关系,有其自身矛盾本质和运动规律。马克思主义历史方法要求在研究宪法问题时,必须把宪法放在具体历史中加以考察:

一是把宪法放在具体的时空场域中进行分析,研究其历史发展规律;二是历史地认识宪法现象,从历史发展规律中把握宪法发展的内在规律。这要求宪法研究必须考虑整个社会发展变化因素,把宪法放在整个和具体历史空间中进行观察,以此来把握宪法的本质、发展动向和内在规律性。三是要站在历史高度对宪法现象进行再认识,每一个时代宪法都有自己不同内容,都必须考虑具体历史条件对宪法的影响。

美国历史实际上为一部宪法历史。在 200 多年宪法历程中,美国特殊的宪政传统和宪法文化,以及宪政发展规律得以呈现。因此,美国宪法研究必须结合历史,详细考察宪法和历史发展之间动态关系。宪法本身不是一个封闭的逻辑自洽的系统,而是能够主动适应具体历史发展的需要,将具体历史阶段"人民"需要通过相应宪法机制体现和实现,以此实现"人民"需要与宪法之间的具体历史的统一。

三、比较分析方法

比较方法是对事物之间有着某种联系的具有相同性质的方面进行对比,以揭示事物内在规律的方法。比较方法是法律学科中常用的方法,其不仅要对具体国家法律制度进行比较,而且还要对世界上不同国家的法律制度进行比较,以此揭示法律制度的内在属性。从内容上讲,比较法学不仅要关注规范层面,而且还要关注其他因素对法律的影响。

从比较宪法学视角来讲,不同宪政秩序之间的比较是重点。在全面依法治国的背景下,比较宪法学的意义在于为中国宪治问题提供经验借鉴并进行相关完善。因此,比较宪法学具有强烈的现实问题意识。在宪法研究领域,比较分析方法应重点从以下方面展开:一是必须重视比较目的的设定,为具体宪法问题解决提供建议;二是比较视野中的宪法并非仅指形式上的宪法,而且还包括一切具有效力的实质宪法;三是除了规范层面比较之外,还需要研究规范差异形成的背景和原因,这就需要对国外宪法制度和发展规律有一定的认识和理解,然后还要对国外宪法与本国宪法相关制度的差异进行总结。在此基础上来探究国外宪法秩序与本国宪法秩序对共同问题采取不同解决路径的原因,进而考虑国外相关制度引进的可能性以及本国的制度构想。

四、规范分析方法

法律是一种规范体系,法学是一门规范的科学。凯尔森认为,作为一种秩序的法律是规范的体系,这个体系有着复杂的结构:即基本规范、一般规范和个别规范,其区分的标准就是效力的大小和产生的依据,基本规范是一个不能从更高规范中引出其效力的最后规范,[①]它具有最高的国内法效力,是其他规范产生依据的规范;而一般规范指的是立法机关根据基本规范制定的规范,包括成文法、判例法和习惯法;个别规范指的是具体执法行为表现出来的规范。因此,一国的法律体系是以基本规范为基础的有着高低效力等级的规范体系,这个理论是现代实证法律体系的基础。对于现代而言,具体国家法律秩序是以宪法为基础的规范体系。

法律的规范属性决定了规范分析法是法学研究最基本的方法。规范分析法要求在研究中必须对法律原则、法律规则和法律概念等内容进行系统分析。法律规范分析的目的在于明确其规范意义和规范价值,这必然会涉及到法律规范的多重意义和多元价值,这里面法律文本的意义和法律发展的意义是两个重要方面。对宪法而言,在宪法文本基础发展出的"活的宪法"也是遵守宪法文本和发展宪法的必然要求。宪法变迁是一个规范与事实之间的范畴,这决定了必须首先对宪法进行规范分析,然后才能结合社会现实发展,根据特定时代的"人民"的实践需要丰富宪法的含义。因此,宪法规范分析最终是为揭示宪法规范价值性与社会实际必要性之间的内在关系而服务的。

五、"大宪法观"方法

宪法有其产生、发展和变化的过程,历史方法是研究宪法的重要方

---

① Kelsen, *The General Theory of Law and State*, Cambridge, Mass.: Harvard University Press, 1945, p.111.

法,"大历史观"属于历史分析方法,但同时又与传统的历史分析方法有明显的不同。传统历史方法主要采用系统宏观视角,从历史纵向和横向总体联系上研究某一阶段的历史,此种方法可以概括为把握是宏观的,研究内容仍是微观的。历史学家黄仁宇认为历史研究要从较长时段观察历史,注重历史的结构性变动和长期发展趋势,这种研究方法关键在于能够从整体上把握历史发展的脉络和因果关系,即一种"大历史观"的方法。

"大历史观"可以概括为:在长时间范围内,综合考察决定历史的各种因素,通过分析和比较来探究历史的真实面目,发现其中的规律,从而获得真正的历史知识。宪法研究可以采用"大历史观"方法,建立起一种"大宪法观"。所谓的"大宪法观"就是对于宪法研究,可以选取宪法发展的一段时间段作为研究对象,综合考察这段时期内宪法发展的内在规律,并考察影响宪法发展变化的社会主流价值观念、政治和经济等因素对宪法发展的影响。宪法作为根本法是社会多元力量妥协的产物,代表的是"人民"主体的价值信念和价值目标。宪法首先是"人民"通过制宪权进行的一次政治决断,通过决断决定共同体存在形式,将"人民"追求自治、自由和自尊生活制度化,这决定了宪法必须保持稳定性。稳定性并不意味着宪法是僵死的条文,而是具有适应力基础上相对稳定性。宪法稳定性与权威性和适应性紧密相关,这是同一的过程。

每个国家在不同历史阶段的发展战略是不同的,这决定了作为主体的"人民"的需要也是不同的,"人民"的需要会通过社会主流价值观念形式表现出来,并进而对宪法提出规范要求。宪法必须适时地对具体历史阶段"人民"需要作出回应,并通过多元宪法机制确认和实现这些价值。从这个意义上讲,宪法离不开社会发展,其必须考虑共同体的历史生活的变化,并通过适当的机制积极适应这种变化,从而与具体历史阶段的社会发展保持一致。因此,宪法研究必须综合考虑社会政治、经济和文化对宪法变化的影响,这就是"大宪法观"的立场。

六、实证模型方法

实证模型方法在于构建一定实证模型来论证事物之间的相互关系,

并揭示事物之间本质联系的方法。从哲学来讲,客观事物或现象不是独立的,而是处于与其他事物和现象的外部联系,以及客观事物或现象内部联系之中,是内部联系和外部联系的统一体。在统一体内部,各种不同的要素形成了不同的关系,构成客观事物或现象的各要素之间是相互影响和制约的关系,但这种关系并不是简单的线性关系。因此,为了分析各要素之间相互作用的机制,揭示客观事物或现象之间的内部规律,就可以构建相关的模型进行分析。

实证模型本身虽然是构建的产物,但其在本质上反映了客观事物或现象之间的本质联系,省略了不必要的枝枝节节,对被研究对象进行了直观和形象地描述,揭示了客观事物或现象的属性。一般而言,这种模型是对事物或现象一种理想状态的描述,其超越了时空限制,但是其变量和参数却是具体的,正因为这样的缘故,实证模型在科学研究中被广泛运用。社会科学的研究引入实证模型具有必要性,其可以强化论证效果。

七、案例研究方法

案例是在法律适用过程中形成的,它的产生遵循传统的"三段论"演绎思维,实现了抽象性法律规范到具体事实的运用,体现了从一般到特殊的法律思维。但是,当把案例作为第一手材料的时候,这时候思维方式刚好是逆过来的,即从具体案例向抽象的法律规范回归,这是一个归纳思维的过程。法学研究中案例分析经常被用来说明抽象的法律原理,是广泛采用的研究方法。

美国宪法学研究,司法判例是重中之重,宪法学由案例孕育,并发展出了以案例为中心的"司法宪法学"。司法解释是宪法变迁的重要实现机制,通过研究特定历史阶段的判例,可以深刻理解美国宪法变迁的发展规律。"建国"到"重建"这个历史阶段,民族国家构建历史任务决定了联邦最高法院对国家整体利益的高度关切,这也决定了"司法国家主义"占据了宪法变迁的主题,这可以从这一阶段联邦最高法院强化中央政府权力的案例体现出来,这在本书不同章节都有所体现。

本章小结

　　本章主要包括研究背景和意义，国内外研究现状和研究方法。研究背景和意义交代了选题缘由和研究的理论和实践意义；研究现状从学术史角度总结了宪法变迁、宪法价值和价值取向等国内外研究现状；研究方法交代了涉及到的具体方法：价值哲学方法、比较分析方法、历史研究方法、规范研究方法和案例研究方法等。另外，还提到了两种新方法，即实证模型方法和"大宪法观"方法。此外，本章还对涉及的主要概念进行了界定，以此为后续研究提供基础。

第一章

"价值宪法学"和宪法变迁
的理论概述

美国宪法变迁价值取向研究涉及到两个核心的宪法学概念,即宪法变迁和价值取向。宪法变迁的价值取向本质属于宪法价值范畴,而宪法价值是"价值宪法学"的核心范畴。"价值宪法学"是关于宪法价值的产生、实现和评价等为内容的学科,本章为了研究需要对"价值宪法学"和宪法变迁的一般理论进行阐述。

第一节 "价值宪法学"的一般理论

"价值宪法学"不同于"规范宪法学"和"政治宪法学",其主要采用规范分析和价值哲学方法对宪法进行研究,核心范畴是宪法价值问题。"价值宪法学"内容包括宪法价值的产生、宪法价值的结构、宪法价值的实现和宪法价值的评价等。"价值宪法学"主张将一切问题上升到主体和客体之间关系的角度来理解宪法现象。因此,宪法价值是一个关系范畴,是具体历史主体与客体宪法之间发生的意义和效应关系。

一、宪法价值的产生

宪法价值产生有两个前提性条件,即主体的人和客体的宪法。从任何意义上看,主体只能定格在人身上,但人的范围较为广泛,其不仅包括具体的人,而且还包括各种人的集合形式:人类、集体、法人、国家、团体和社会组织等。对于宪法价值主体而言,具体历史阶段的"人民"以及个体的人是最重要的主体。除了主体之外,宪法价值的产生也离不开客体的宪法,但理解宪法价值的关键在于主体的"主体性","主体性"从实践哲学的角度呈现了主体的内在规定性,这是对宪法价值发生科学认识的前提。

"价值宪法学"从主体和客体的角度来追寻宪法价值发生的实践哲学基础,这无疑具有最深刻的意义。宪法价值发生深厚的根源在于实践哲学中主体的"主体性","主体性"赋予人以内在规定性,内在规定性决定了人的实践活动是按照自己设定的实践规范进行的,实践规范解决了人们在实践中的身份和地位问题,身份和地位在规范层面是表征其权利和义务的范畴,而在所有实践规范中只有法律规范能为人们实践活动中的权利和义务关系提供制度化基础。

宪法作为实践规范的最高形式,其通过确定公权力和私权利范围来确保共同体的存在和健康发展,这是人类实践水平发展到最高层次对实践规范需要的产物。因此,宪法是基于人们的价值共识而形成的,共同体的存在依赖于具体历史处境中每个主体所赞成的条款,这种处境就是每个自由和平等、理性和合理的实践主体得到公平对待。而宪法一旦产生,其必然会通过适当的中介(意识和物质中介)与主体的实践发生价值关系,这是由主体社会性本质决定的。社会性本质高度体现了主体存在是感性和现实的生活过程,是不断通过"对象化"而满足自己需要,实现自我的过程。而整个人类实践也不过是在更高的水平上进行"对象化",满足共同体需要的过程。

因此,通过整个宪法价值发生的过程可以得出的结论就是:宪法价值关系产生的主体、客体、中介和动力机制都是实践哲学的产物,尤其是主体的产生,本身就是在实践之中不断进行建构获得自身属性和自我规定的过程,这个过程同时也是具体和历史的"对象化"过程,而客体宪法正是主体对实践规范需要"对象化"的产物。因此,宪法价值发生本质上是一种主体性的实践哲学,只有紧紧抓住主体的规定性,才能深刻理解宪法价值发生的根源。

二、宪法价值的结构

从哲学上讲,结构表征的是整体和部分之间关系的范畴,一般指的是组成整体的要素以及各要素之间的关系,以及各要素与整体的关系。宪法价值结构,即宪法价值是由哪些价值组成的,它涉及到宪法价值体系或价值构成问题。在学术界对宪法价值结构关注最多的就是宪法基本价值的构成问题。宪法价值与宪法基本价值是两个不同的概念,宪法价值包含宪法基本价值,宪法基本价值只是宪法价值的一个子系统。宪法价值不仅包括宪法基本价值,而且还包括非宪法基本价值。

宪法基本价值是制宪权创制的稳定和恒久的政治价值,一般认为民主、法治、自由和地方自治等共同构成宪法基本价值。宪法基本价值之外的价值对主体的实践也很重要,它们会随着主体实践需要而不断产生和发展出来,例如,安全和发展等非基本价值。在此意义上,宪法价值基本上是由宪法基本价值和非宪法基本价值构成的。除此之外,宪法价值还可以类型化为显性价值和隐性价值、动态价值和静态价值、个体价值和群体价值等。

但是,不管是基本价值和非基本价值、显性价值和隐性价值、动态价值和静态价值,还是个体价值和群体价值,宪法终极价值只有一个,那就是正义。正义作为宪法的终极价值,体现了宪法对每个主体利益和需要的满足状态。在样态上看,宪法价值结构呈现的不是"金字塔型"的字典式位序,而是呈现以正义为圆心的同心圆结构,宪法基本价值处于与正义最近的同心圆,次之是非宪法基本价值。当然,这种排列只是形象的表达了宪法价值的结构关系,实际上的相互关系要具体复杂得多。

三、宪法价值的实现

宪法学核心问题在于宪法价值的实现,宪法学的一切现象都可以说是围绕宪法价值实现展开的。宪法价值一般可以从两个方面来理解:一方面是静态意义上,例如,"对象化"在宪法中的民主、自由、法治和地方自治等基本价值。这些基本价值体现了"人民"价值目标的"对象化"和对优良共同体的绝对超越指向,是宪法原则和宪法实施的基础。静态意义上的宪法价值应该被理解为一种内容上实质性的统一体和一种基础的实在法秩序存在的价值原则。例如,德国《基本法》中的共和制、民主制、社会国、法治国和联邦主义等基本价值不仅是宪法原则,而且也是整个德国法秩序统一的基础,[①]所有实在法体系都应该处于这些基本价值统摄之下。静态意义上的宪法价值对于政治共同体的存在和存续具有重要意义,其从规范角度确认了政治共同体的存在形式,从而为生活其中的共同体成员追求和实现自治、自由和自尊的生活方式奠定根本基础。

另一方面,宪法价值还指实然状态的价值,即实现了的宪法价值。与静态意义上宪法价值不同,这是一种动态的宪法价值,是宪法实施的一种结果。相比于静态宪法价值,动态宪法价值对主体具有更大的现实意义。对于共同体实践活动而言,动态宪法价值能够从根本上影响主体权利和义务关系。宪法价值的实现关键必须依赖于具体法律制度,通过一系列法律制度实现主体的宪法价值。从世界各国宪政实践来讲,宪法价值实现的具体制度包括:权力的分立和制衡;中央和地方的分权;基本权利体系,确认和赋予广泛的公民自由,使得公共权力不得侵犯这些自由;对立法、执法、司法等法治实施体系中自由裁量权的限制性规定;违宪审查,确保有限政府和人权的维护;以及其他相关机制。

四、宪法价值的评价

哲学上的评价具有认识论和价值论的双重属性。认识论上的评价指主体对客体是否能满足其需要关系的反映;价值论上的评价则指主体对客体是否能满足其需要关系的把握及其评判状况。评价是一种认识活动,主要是从主体在观念世界中建构价值世界的活动,目的在于揭示主客体之间的价值关系。当然,这种认识活动本质上也是一种价值活动,体现了主客体之间的意义和效应关系。因此,评价活动是认识活动和价值活

---

① 参见《德意志联邦共和国基本法》,第20条、第28条。

动的统一。从评价的认识论和价值论内涵看,评价关系必须具备评价者、评价对象和评价标准三个要素,即评价活动是在主体的认识能力和判断能力的基础上,在遵循一定评价标准的前提下对客体属性的一种认识和判断活动,目的在揭示主体需要、能力和客体属性之间的意义和效应,并最终在实践的基础上实现主客体的统一。

根据一般评价结构来看,评价关系由评价者、评价对象和评价标准构成。价值评价本质上是一种价值认识活动,它是建立在主体一定认识能力和判断的基础上对现存价值关系进行评价,价值评价一般是应然性评价,它存在"好"与"坏"和"善"与"恶"之分。价值评价必须满足两个前提性条件:一是主体的认识和判断能力,二是客观存在的价值关系。在这两个前提条件下,一个价值评价活动才有可能发生。价值评价还要遵循一定的评价标准,评价标准为评价活动提供了参照物或"尺度",有什么样的评价标准,就会存在什么样的价值评价。但是,评价标准的主观形式并不代表评价标准就是主观和不确定的,价值评价标准应该具有客观基础和依据,这个基础和依据有两点:一是主体的客观需要和能力;二是客体本身的尺度。评价标准的确定首先在于主体的需要和能力,需要和能力是客观存在的,主体在正常需要和能力范围内选择评价标准,而不是超出需要和能力选择评价标准。另一方面,客体尺度也会对主体评价标准确定产生影响。客体的规定性,以及各种可能性和不可能性,以及主体对这种可能性和不可能性的认识和把握能力就成为评价标准另一方面的内容,"评价标准是主体的需要、能力和客观现实之间的统一的客观性"。①

宪法价值评价是宪法价值主体根据一定的评价标准对宪法价值所持的一种评价,这种评价是宪法价值认识活动和判断活动的综合体。宪法价值评价作为一种价值评价,体现了主体对现存宪法价值关系的一种认识和判断活动。在宪法运行过程中,主体与宪法之间时刻都在发生价值关系。宪法制定之后,宪法是否真正满足了主体需要,就会产生对宪法实际运行的评价问题。宪法价值评价的难点在于确定评价标准,评价标准

---

① 李德顺:《价值论》,中国人民大学出版社 2013 年版,第 176 页。

根源于价值标准。宪法是人类实践规范的最高形式,其满足了"人民"对一个优良政治共同体的需要,在这个共同体之中,如果个体成员的利益和需要得到满足,这就是一个正义社会,我们就会说这个宪法是"好"的,相反,宪法就是"恶"的。从这里可以看出,宪法价值评价的终极标准在于正义,符合正义标准的宪法就是良宪,反之,就是恶宪。当然,除了正义这个终极评价标准之外,宪法规范、宪法原则和宪法基本价值都可以充当宪法评价的标准。宪法价值评价标准成为衡量一切宪法价值现象的价值原则,而正义作为终极标准统摄整个宪法价值评价标准体系。

宪法价值评价标准在于解决宪法价值评价的尺度问题,为宪法价值评价活动提供客观依据。宪法价值评价标准本身也是一种价值,只不过这种价值具有相对稳定性和客观真理性,承担了度量宪法价值现象的"尺子"功能,对宪法运行具有判断、预测、选择和导向功能。除此之外,宪法价值评价标准还具有协调多元宪法价值评价标准的功能。

在宪法实施过程中,由于多元主体的存在以及宪法多重属性的存在,使得对宪法价值现象的评价也是多元的,甚至多个主体对同一部宪法在同一历史阶段的价值也会做出不同评价和相反的评价,这些都是正常的价值评价现象,体现了评价的"多元主义"。宪法价值评价中"多元主义"体现了不同主体对宪法价值的认识能力和判断能力的差异,也为宪法价值评价标准的形成和运行提供了基础。因此,无论从宪法价值反思,还是协调不同主体的宪法价值评价,还是从宪法价值评价体系的整合来讲,都需要确立宪法价值评价标准。而对于政治共同体而言,只有正义能协调各种不同主体的评价和统摄宪法价值评价体系并形成最终的价值共识。因此,正义是宪法价值评价的最终标准。

从政治哲学维度看,正义作为共同体成员的"重叠共识",其本身就是一种衡量良善共同体的价值标准,其为政治共同体提供了根本的规范框架。① 从这个意义上讲,正义是宪法价值的内在标准。但是,从外部视角

---

① 参见:[美]罗尔斯:《正义论(修订版)》,何怀宏、何包钢、廖申白译,中国社会科学出版社 2009 年版;[美]罗尔斯:《政治自由主义》,万俊人译,译林出版社 2002 年版;龚群:《罗尔斯政治哲学》商务印书馆 2006 年版;[美]桑德尔:《民主的不满》,曾纪茂译,江苏人民出版社 2008 年版。

看,宪法价值还必须符合历史规律这个外在标准,这决定了具体历史阶段的宪法价值必须符合历史发展规律,促进生产力发展,满足"人民"的根本利益和先进文化的前进方向。因此,宪法价值评价标准是内在标准和外在标准的统一,它们一起成为宪法价值评价的"双重"尺度。

"价值宪法学"作为一个体系,除了宪法价值的产生、宪法价值的结构、宪法价值的实现和宪法价值的评价等内容之外,还包括宪法价值的冲突、宪法价值的变化等内容。宪法价值的冲突涉及到具体宪法价值的协调和解决问题,而宪法价值的变化则涉及到宪法价值的演变问题。鉴于研究需要,本书"价值宪法学"其他内容就不详加赘述了。

第二节　宪法变迁的理论概述

耶利内克提出古典宪法变迁概念具有特殊的历史背景,承载了特定的宪法意义。宪法变迁理论是宪法变迁价值取向的核心范畴,正确认识宪法变迁的含义、性质、实现机制、界限和逻辑结构,有助于正确理解宪法变迁内在规定性。

一、宪法变迁的含义

宪法变迁古典含义来源于格奥尔格·耶利内克的界定:"宪法文本形式上保持不变,而是通过某些非已修改宪法为目的或者无意识的事实行为而对宪法所作的修改",从而将其与"通过以变更宪法为目的的意识行为对宪法文本进行修改"的宪法修改区分开来。[①] 另一位德国公法学家斯蒂芬·瓦格特(Stefan Voigt)将宪法变迁看作是"隐性的宪法变化(Implicit Consitutional Change)",瓦格特认为:"宪法变化通常被认为是显性的宪法修改,即宪法文本的变化。但是,隐性的宪法变化指的是宪法

---

① ［德］格奥尔格·耶利内克:《宪法修改与宪法变迁论》,柳建龙译,法律出版社 2012 年版,第 3 页。

文本未发生变化而含义发生变化的情形。"①瓦格特所指的"隐性的宪法变化"实际上指的就是古典意义上的宪法变迁。而芦部信喜的宪法变迁受耶利内克的影响比较大,他认为宪法变迁与形式宪法的弱点相关,"如果宪法表达简洁、又特别难以修改,即使宪法的正文维持不变,通过制定和修改宪法附属法、国家权力对宪法作出不同解释、成立宪法习惯和惯例等,使宪法规范的现实意义随着时代而发生实质的变化,这种现象也是不可避免的。宪法变迁就是这种宪法规范意义的现实意义发生变化的现象"。②

美国的宪法变化由"二元"格局构成,即宪法修改和"非修改的宪法变化"(Non-constitutional Amendments),宪法变迁属于"非修改的宪法变化"范畴。中国学者韩大元认为:"宪法变迁是宪法规范的变动形式之一,一般是指宪法条文本身没有发生任何变化,但随着社会生活的变迁,宪法条款的实质内容发生变化并产生一定的社会效果。"③因此,从宪法变化的外在形态来看,宪法变迁可以称之为"无形修改"。④

从宪法变迁的概念可以看出,其有以下特征:第一,宪法变迁是一种实质主义宪法观。耶利内克强调宪法变迁的"事实规范力","事实规范力"指的是由于习惯等事实被反复为之,而在社会心理层面被意识为规范所具有的法的效力,即事实行为而产生的法,这体现了一种"活的宪法"观。第二,宪法变迁属于一种"无意识"行为。⑤穗积陈重将这种"无意识"行为称为"无形法",认为"无法形之法,谓之无形法",表达的就是包括法律规范的一种自然演进过程。⑥这种"无意识"自然演进过程指的是非

---

① Stefan Voigt, *"Implicit Constitutional Change-Changing the Meaning of the Constitution Without Changing the Text of the Document,"* European Journal of Law and Economics, 1999,7(3):197.

② [日]芦部信喜:《制宪权》,王贵松译,中国政法大学出版社 2012 年版,第 134 页。

③ 参见韩大元:《宪法变迁的理论评析》,载《法学评论》1997 年第 4 期,第 17—20 页。

④ 秦前红:《宪法变迁论》,武汉大学出版社 2002 年版,第 2 页。

⑤ 在学术界,有学者认为宪法解释作为宪法变迁重要表现形式,是一种"有意识"的使宪法含义发生变化的情形。实际上,这是混淆了"有意识"的真正所指,这里的"有意识"主要指的是有权主体主动通过一定程序解释宪法的行为,这种行为是为了特定目的而主动为之的行为。

⑥ 参见[日]穗积陈重:《法律进化论》,黄遵三等译,中国政法大学出版社 1997 年版,第 8—23 页。

以修改宪法为目的的事实行为,也就是哈耶克所说"进化式法治"。"无意识"的行为也决定了宪法变迁本质上是无意违反宪法的,其主要是为了顺应社会变化而含义发生的变化,"隐性变化"恰当地表达了这种"无意识"的意蕴。第三,宪法变迁属于宪法"无形修改"范畴。秦前红认为宪法修改可以分为"有形修改"和"无形修改",宪法变迁属于"无形修改"。因此,宪法变迁和宪法修改都属于宪法修改范畴,但这却是两种性质完全不同的修改行为,体现了两种不同的宪法观和宪法实施方式。

二、宪法变迁的性质

宪法变迁性质与其含义紧密相关,古典宪法变迁理论的创始人拉班德和耶利内克倾向于认为宪法变迁是一个事实性范畴,这可以从耶利内克的"事实规范力"范畴看出。但是,随着宪法变迁理论发展,有学者也认为宪法变迁是一个规范性范畴,着重从规范主义立场来看待宪法变迁现象。也有学者采取折衷立场,认为宪法变迁兼具事实性和规范性,是事实与规范之间的概念。宪法变迁性质的认定关系到宪法变迁的实效性,即对社会现实是否具有实效的问题。如果宪法变迁属于事实性范畴,其就会存在合法性危机。如果宪法变迁属于规范性范畴,那么其与形式主义宪法观又不相符合。因此,将其界定为事实与规范之间的概念是比较合适的,①即不能简单地认为宪法变迁是一种违反宪法的事实现象,也不能将其看作是一种规范现象,而是要根据具体的情势进行判断和评价宪法变迁性质。

宪法变迁处于规范与事实之间可以从两方面来理解:一方面,宪法变迁不同于宪法惯例,宪法惯例属于宪法规范,且属于宪法变迁众多实现机制中的一种,其并不能准确概括宪法变迁属性。宪法变迁不同于宪法惯例之处在于其是一种客观事实,具有事实属性。另一方面,宪法变迁又不完全等同于客观事实,如果这样宪法变迁就会完全"堕落"为纯粹的政治

---

① 参见王锴:《宪法变迁:一个事实与规范之间的概念》,载《北京航空航天大学学报(社会科学版)》2011年第3期,第63—67页。

行为。因此,宪法变迁作为一种客观的宪法现象,其必须要受到宪法基本价值的约束和调控,以保持其应有的规范性。

从"价值宪法学"立场来看,宪法变迁必须要接受宪法基本价值的约束和调控,只有这样才能保证宪法变迁不会向政治事实投降,并最终蜕变为"恶性变迁"。宪法变迁的规范性并不是指违宪状态在整体意义上具有的宪法规范性质,而是指具有类似于宪法惯例的效力,效力相同并不意味着性质相同。从效力看,宪法惯例具有形式宪法相同的效力,但其并不能改变成文宪法。宪政实践中并不存在也不允许通过宪法习惯或惯例的方式来变更成文宪法。因此,宪法变迁在其效力上仅和宪法惯例相同,但在其性质上仍然是两种不同的宪法现象。

在此意义上,因宪法变迁而产生的违宪状态具有规范力并不具有普遍意义,仅存在于事实和规范张力不太大的情况下,即社会实际必要性大于宪法规范价值性,而宪法文本有解释空间的时刻。这种社会实际必要性来自于集体性主体实践的规范要求,以全体国民的规范意识和社会心理的认同为基础,因此具有正当性。但是,与创制宪法明示的政治决断不同,这种认同以默示形式承认了宪法变迁的正当性,发挥了类似"隐性"政治决断的功能。

三、宪法变迁的实现机制

宪法变迁有多元实现机制,耶利内克将这种机制称之为表现形式,认为包括"(1)议会、政府或法院的解释;(2)政治上的必要;(3)习惯法和宪法惯例;(4)国家权力的不行使;(5)填补宪法的漏洞;(6)因宪法根本精神或基本制度变化"等。[①] 耶利内克对宪法变迁实现机制的分类具有重要意义,但也存在一些问题,例如,第二类出于"政治必要"引起宪法变迁可能会走向"恶性变迁",第六类因宪法的根本精神和基本制度而产生的宪法变迁意味着宪法可能已经走向"废弃",[②] 在现实中可能就需要通过制

---

① 参见〔德〕格奥尔格·耶利内克:《宪法修改与宪法变迁论》,柳建龙译,法律出版社 2012 年版,第 13—92 页。

② 参见〔德〕卡尔·施米特:《宪法学说》,刘锋译,上海人民出版社 2005 年版,第 112—113 页。

宪权决断来再次创制宪法。

徐道邻在批判和继承耶利内克宪法变迁实现机制基础上,提出了四种不同的宪法变迁实现机制:"(1)形式上未伤及宪法规范的国家实务运作所产生的宪法变迁;(2)宪法条文所规定的权限无法行使所产生的变迁;(3)因违宪的国家实务运作所产生的宪法变迁;(4)经由宪法解释所产生的宪法变迁。"①徐道邻的宪法变迁实现机制与耶利内克有一定不同,其分歧在于宪法习惯是否是实现机制之一。徐道邻认为宪法变迁和宪法习惯是两个不同范畴,习惯法是经过惯例反复用之而形成的稳定秩序,而宪法变迁过程刚好相反;另一方面,宪法惯例和宪法变迁也并不等同,依惯例而形成的宪法变迁只是英国的特殊现象,并不具有普遍性。此外,徐道邻也不同意耶利内克的填补宪法漏洞而产生的变迁,认为形式上宪法典漏洞并不能完全等同于宪法规范漏洞,将宪法典漏洞等同于宪法漏洞实际上掩盖了形式主义宪法和实质主义宪法的区别。徐道邻还认为耶利内克第六种实现方式在实践中存在可能违宪现象,或者尽管不违背宪法字面意义却违背宪法基本价值,这种变迁基本上已经破坏了整个宪法体系,已经走向了"恶性变迁",这种变迁实际上为强权政治打开了方便之门,应该坚决抛弃。

显然,徐道邻的批判具有合理之处,但有矫枉过正之嫌。在法治实践中,尽管习惯法和宪法惯例并不等于宪法变迁,但却是宪法变迁的重要实现方式之一,而且宪法惯例并不是英国才有的现象。现代宪法以来,大多数成文宪法国家一定程度上都存在宪法习惯和惯例。而对于违宪的宪法变迁也需要具体问题具体分析,当违宪的宪法变迁反复用之,或者达到了"国民同意(规范意识或社会心理)、承认其规范价值这样的严格条件",②其并不能排除其法上的正当性。

宪法变迁的实现机制还有一类就是随着社会发展而宪法含义发生变化的情形,即宪法含义的自然演进。例如,美国宪法中的"人民"和"州际贸易",中国宪法的"国有经济"就属于这类。从这里可以看出,宪法变迁

---

① 参见王锴:《宪法变迁:一个规范与事实之间的概念》,《北京航空航天大学学报(社会科学版)》2011年第3期,第63—67页。

② [日]芦部信喜:《制宪权》,王贵松译,中国政法大学出版社2012年版,第137页。

形成了以宪法解释为中心的多元实现机制,从不同维度消解规范与事实之间的张力,维护了宪法的稳定性、权威性和适应性。

四、宪法变迁的界限

在绝大多数成文宪法国家,宪法变迁之所以会存在,主要在于"刚性"宪法修改程序和宪法解释等机制的存在,"刚性"修改程序阻碍了频繁修宪的可能,只能通过宪法解释和宪法惯例等变迁方式消解规范与事实之间的张力,解决形式主义宪法的僵局。宪法解释是建立在宪法文本基础上的一种解释行为,无论采取何种方法和技术其都不能偏离宪法文本具有的规范价值空间,它需要遵守宪法的既定原则和意义域,然后将社会实际必要性赋予规范力,实现事实性向有效性的转变。

然而,对于宪法解释之外的大部分宪法变迁方式,例如,宪法惯例、基于政治必要、习惯宪法和填补宪法的漏洞等并不一定都具有规范依据,有的甚至是违背宪法的行为,对此就不能一概认为其违反宪法,或者说"良性违宪",[①]这是形式主义宪法在面对社会实际必要性时必然会出现的问题。由于立宪技术和语言的问题,宪法无法完全对所有情况都有清晰的预见和明确规定,规范就存在滞后问题,当一些违宪行为经过长期发展并保持常态化,这种行为就会产生事实上的规范力。因此,宪法变迁坚持的是一种实质主义宪法稳定观,此种"事实规范力"之所以不同于违宪行为,在于其社会实际必要性符合了国民同意(规范意义或社会心理)这个标准,这是一个最重要的界限。

除此之外,宪法变迁还要遵从宪法基本价值结构的调控。耶利内克将"无人表示异议或主张违宪"看作是宪法变迁的价值标准,这个标准容易导致宪法向政治投降,蜕变为"恶性变迁"。康拉德·黑塞(Konrad Hesse)认为避免"恶性变迁"在于从规范意义上确定宪法变迁内容与具体

---

① 改革开放以来,面对大量不符合宪法规定却符合社会实际必要性的事例,有学者将其称之为"良性违宪",认为此类事件虽然违宪却符合国家利益,应该加以肯定。(参见郝铁川:《论良性违宪》,载《法学研究》1996 年第 4 期。)

步骤，[①]实践中这种内容和具体程序主要是通过司法实践、宪法解释和宪法判例确定的。从规范立场明确宪法变迁界限，以此来保证宪法变迁的正当性，目的在于通过宪法内在规范价值来保障宪法变迁的"善"相。因此，宪法变迁的内在界限可以总结为国民同意（规范意义或社会心理）、宪法原则、宪法基本价值体系、规范内容和程序等；外在界限主要与宪法革命和宪法修改有关，宪法变迁的极限是宪法修改，但是在类似英国这样的国家，宪法变迁的穷尽之处就是宪法革命。

第三节　宪法变迁的逻辑结构分析[*]

宪法变迁作为一种客观现象，具有内在规定性。从宪法变迁的含义、性质和实现机制来看，宪法变迁并不是在任何条件下都可以发生，这与其特定逻辑结构有关。一般来讲，宪法变迁发生的基本要素包括：实质主义宪法观、"刚性"修宪程序、实现机制和事实性要素，其中前面三个要素称之为规范性要素，后面一个是事实性要素，规范和事实构成的逻辑结构是由宪法变迁的规范性与事实性之间的属性决定的。

一、实质主义宪法观

宪法变迁问题与两个前提性的认识有关：首先是基于实质主义宪法观，或者称之为"活的宪法"（Living Constitution），是指导宪政运作的整体规范，与立宪机关制定的成文宪法或宪法惯例等形式宪法并不相同。[②] 换言之，"宪政运作的实际制度以及非宪法明定的宪法文化，由于

---

[*] 本节内容发表于《经济与社会发展》2017 年第 1 期，出版时略有修改。
[①] 参见王锴：《德国宪法变迁理论的演进》，《环球法律评论》2015 年第 3 期，第 112—126 页。
[②] 参见王锴：《宪法变迁：一个事实与规范之间的概念》，载《北京航空航天大学学报（社会科学版）》2011 年，第 3 期，第 63—67 页。

都具有指导宪政运作的规范功能,都属于这种实质宪法"①。

　　实质主义宪法观的产生与形式主义宪法的缺点紧密相连,形式主义宪法要求具有高度的稳定性和适应性,这要求在立宪技术层面必须采取简洁的语言和"刚性"的修改程序。② 宪法作为根本法,决定了它只能规定一些最基本的东西,这要求用简洁语言。除此之外,宪法还要保持一种历史性,即宪法规范的事实是一种历史性生活。因此宪法只能在有限程度上,尽量避免用具体化、特定化和明确化语言。而简洁语言的高度抽象性会使宪法可以涵摄最多的规范对象,但却不能涵摄所有对象,语言的"所指"和"能指"永远是无法同一的。当事实与规范出现裂痕的时候,唯一选择就是改变规范来适应事实,而不是相反,但这样做只能使宪法处于频繁变动之中,宪法稳定性难题就会产生。

　　为了消解宪法的稳定性难题,制宪者就发明了第二个立宪技术,即"刚性"宪法修改程序。但"刚性"修改程序又会产生因修改困难引起的宪法适应性难题。面对这种难题,形式主义宪法观是无能为力的,它在大多数情况下会将与宪法不符的事实界定为违宪行为,或者进行频繁修改宪法,而这些做法对保持宪法的稳定性、权威性和适应性都是极其不利的。因此,保持宪法稳定性、权威性和适应性的统一,协调事实与规范之间的张力关系就是宪法学亟待解决的问题。

　　在宪政实践中,宪法惯例和宪法解释则弥补了形式主义宪法适应力的不足,它们通过若干机制将事实转化为规范,重新续造宪法规范,确保了宪法的同一性和连续性。耶利内克将违宪或在宪法之外的一种实效性称之为"事实规范力"。"事实规范力"的出现至少表明形式主义宪法出现了问题,"事实规范力"根源于主体实践需要,其本质上是主体实践中形成的实践规范。因此,它不能僭越实践,让实践强制服从于规范,正确做法应当是实践规范遵守实践行为。当然,这种遵守并不是毫无根据服从和遵守,其要受到共同体整体主体实践影响,即政治共同体基本价值,这个

---

① 参见叶俊荣:《美国宪法变迁的轨迹:司法解释与宪法修正的两难》,载《美国月刊》1989 年第 9 期,第 75—83 页。

② 参见[日]芦部信喜:《制宪权》,王贵松译,中国政法大学出版社 2012 年版,第 133—134 页。

基本价值代表的是共同体主体的意志,根源于国民的规范意识和心理认同。在事实反复出现而又被国民同意的基础上,具体历史的事实就不能完全说是违法宪法的。比起失去适应性的僵死的宪法而言,与其让这些"无能"的规范失去效力,还不如适当承认这些事实所具有的规范力,让其发挥对政治共同体实践的规范作用,消解事实和规范的张力。

在宪政实践中,大量的宪法惯例、宪法解释和宪法含义自然变更的出现,从实质意义上弥补了形式宪法的不足,它们赋予形式主义宪法以新的生命力。因此,宪法变迁现象的必备性前提是一种实质主义宪法观,而不是形式主义宪法观。

二、"刚性"的修改程序

纵观世界各国宪法,为了保障宪法稳定性,通常会设置"刚性"的宪法修改程序。"刚性"修改程序首先体现与一般立法机关制定法律的差别性,它的修改程序比普通的法律更加严格,有时甚至是严格到无法改变的地步,类似这种情况就是"刚性"的极致。[①] 但"刚性"修改程序是相对的,例如,苏联宪法的修改只要求最高苏维埃每院的 2/3 的多数,而美国、瑞士和澳大利亚的宪法修正是不能由议会单独完成,它还必须要求其他机构(地方州政府)或者"人民"的合作和同意。因此,美国、瑞士和澳大利亚的修正程序与苏联相比较就要"刚性"一些。而另外一些国家宪法修改程序和普通法律一样,这通常存在于"柔性宪法"国家,最典型的代表是新西兰宪法。

一般来讲,为宪法设置"刚性"的修改程序具有以下目的:"第一,宪法的变化,只能审慎为之,不可轻率或反复无常;第二,在宪法变化完成之前,应给'人民'表达意见的机会;第三,在联邦制中,各成员州和中央政府的权力,不可由任何一方单独变更;第四,个人或共同体的法权——例如

---

① 例如,美国《邦联条例》规定条例修改需要全部 13 个邦一致同意,这就是一种极其"刚性"修改程序。由于各邦发展差异,大邦和小邦存在利益分歧和冲突,《邦联条例》修改基本上是不可能的。因此,这种"刚性"修改程序引起了适应力难题,最终也被"人民"抛弃。

少数民族在语言、宗教或文化上的法权——应受到保障。"[①]"刚性"的宪法修改程序需要同时达到这四个目的,但第一个目的通常是最根本的,因为宪法是根本法,必须保持稳定性,这同时是政局稳定的需要,而不能随时处于变化之中。稳定性意味着宪法不能随意和容易地被修改,杜绝此种宪法变化的重要手段之一就是在规范上为宪法设置"刚性"修改程序。因此,在许多国家,宪法修改程序都比一般议会立法要困难,这种困难程度主要是通过三个方面来体现的:第一,设置比一般议会立法更难通过的程序和条件;第二,在第一个条件基础上,设置"人民"或者选民团这个额外程序。[②] 第三,在联邦制国家,修宪不仅需要国会"刚性"程序,还增加了各州修宪影响力。当然,宪法"刚性"修改程序的存在是有条件的,即它必须以宪法整体存在为前提。正如宪法通过政治决定而产生一样,它也可以通过政治决定而被修改。另一方面,宪法规定了禁止修改的规定,修改不能突破基本价值秩序,"刚性"修改程序能够确保宪法同一性的基本原则并保持长期效力。

从上述看出,设置"刚性"的修改程序有着复杂因素,此种程序设计不仅体现了一种宪法技术,更多的体现了宪法的根本法属性。因此,"刚性"的修改程序必然会带来宪法某种程度上的"僵化",但同时"刚性"修改程序也阻止了通过频繁修宪方式来改变此种"僵局"的可能性,这就为宪法变迁提供了空间。

三、宪法变迁实现机制

宪法变迁是通过相应机制来实现的(耶利内克将这种实现机制称为表现形式),如果宪法在面临变迁临界点的时刻而没有以适当方式来完成,那么宪法变迁只能停留在理念层面,而无法和具体历史的生活联系起来。宪法只有通过人的行为以及在人的行为中被实践出来时,一个活生

---

① 参见〔英〕K. C. 惠尔:《现代宪法》,刘刚译,法律出版社 2007 年版,第 78—79 页。

② 例如,比利时宪法规定修宪议案提出之后,立法机关的两院都必须解散,再重新选举两院代表之后,由新组成的两院各院的 2/3 多数通过修正案,且各院必须保证有 2/3 的多数议员出席才能使得修正案正式通过。

生、塑造形成历史事实的秩序才能现实地存在,也才能在共同体的生活中发挥其功能。

当宪法规范价值无法容纳社会事实必要性的时刻,宪法变迁的临界点就来临了,采取何种机制来实现变迁需要根据具体情况来定。一般情况下,在宪法规范具有较大解释空间的时候,就可以选择宪法解释这种机制,但解释宪法不是任意的,而是要遵守一系列规范要求,例如,解释主体、解释程序、解释方法和解释权力等。在具体的解释活动中,对宪法含义"意义域"遵守就很重要。对于具体宪法语言来讲,其含义包括"核心区域"和"边缘区域",宪法解释的最低限度是"边缘区域",不能突破这个界限,否则就会突破了宪法规范的价值空间而走向违宪。宪法解释还必须遵守"整体性原则",宪法解释不能以牺牲其他单项规范为代价,而是要将被解释的规范放在其存在于其中的结构关系中加以考量,这样可以避免与其他规范发生冲突,确保宪法解释与宪法基本价值之间的一致性,避免了对某一规范重视而对其他规范的牺牲。因此,宪法解释是规范性和价值性活动的统一,"在宪法解释的过程中,宪法却是持续不断地被更新现实化着"。[①]

另外一种常用机制就是宪法惯例。宪法惯例一度被称之为英国宪法变迁的专利,[②]但现代宪政实践表明,宪法惯例广泛存在于世界上大部分国家。宪法惯例生成遵循自然主义的演进机制,其存在能够弥补宪法规范的漏洞,强化宪法适应力。除此之外,宪法判例在不成文宪法国家,因"遵循先例"原则,其也被看成是宪法惯例的另一种表现方式。因此,宪法惯例可以说是宪法解释之外最重要的宪法变迁实现机制。

四、宪法性事实

如果宪法变迁仅具备前三个要素,宪法变迁是不能发生的。因为前三个要素仅是规范层面的,其并不能引起一个宪法变迁现象。在规范领

---

① [德]康拉德·黑塞:《德国联邦宪法纲要》,李辉译,商务印书馆 2007 年版,第 36 页。
② 例如,徐道邻就不同意耶利内克将宪法惯例看作是宪法变迁范畴,认为宪法惯例在于通过反复的习惯行为而逐渐趋向于一种稳定的法规范,而宪法变迁刚好是破坏宪法稳定性,改变宪法稳定的行为。因此,其认为宪法惯例是英国宪法特有的现象。

域,如果没有事实要素的压力,宪法会永远保持在一个"超稳定"结构之中。因为,不论是"形式意义"上的宪法,还是"实质意义"上的宪法,如果不存在任何外在事实性要素介入,它们会永远保持原初面貌,在那里静静地完美存在着。然而,宪法规范永远是建立在事实基础上,现实中宪法经常受到事实挑战,事实就是它规范的对象,如果连事实都不存在,规范当然没有任何存在必要。

但是,首先这里的事实不是自然事实,而是主体实践构成的社会存在。主体实践是一个具体历史现象,主体实践活动构成了具体社会形态。主体实践活动的相互交织形成了共同体实践,主体共同实践活动必然会对宪法规范提出要求,宪法必然会发生变迁。但并不是所有社会事实都会对宪法提出规范要求,只有涉及到共同体权力和基本权利的事实才会对宪法产生压力。而对于宪法变迁来说,引起变迁的事实才是需要关注的对象,宪法事实是一个外在应激性条件。

综上所述,宪法变迁既需要规范要素,又需要事实性要素。规范性要素包括实质主义宪法、"刚性"的宪法修改和宪法变迁机制,而事实性因素指宪法性事实。其中实质性宪法是前提,"刚性"修改程序是基础,实现机制是关键,而宪法事实则是动力因素。只有在具备规范性要素和事实性要素的前提下,才有可能引发宪法变迁。但这种逻辑结构分析只是从结构功能主义的视角来考察宪法变迁的内在规定性,并不是说宪法变迁发生就必须具备这些要素,上述要素只是宪法变迁发生的充分条件,而非必要条件。

第四节　宪法变化形态理论[*]

宪法变化形态理论在学术界存在系统性和明确性问题。"规范宪法学"注重对宪法修改和宪法解释的研究,而对其他宪法变化现象则给予很少关注。与此相关的是,宪法变化形态理论被宪法史所代替,宪法史从历

---

* 本节内容发表于《甘肃政法学院学报》2017 年第 1 期,出版时略有修改。

时性角度展现了宪法变化，但很少能揭示宪法变化的内在规定性。宪法变化过程中所呈现的不同形态，反映了实践中政治共同体规范与具体历史社会事实之间的张力关系。

一、宪法变化的诸种学说

"如果说，宪法是它们时代的产物几乎是最普通的常识，那么，时代是会变的就是不言而喻的真理。"[①]宪法是否能够与时俱进，主动适应社会发展需要，这不仅是一个理论问题，而且是实践问题。宪法应该怎样变化呢？K. C. 惠尔认为宪法的变化应该包括"正式的修正、司法解释和习惯和惯例"。[②]迪特尔·格林认为宪法设定了自我机制确保宪法基本原则的持久性，保持宪法原则同一性和连续性依赖于"宪法变迁"和"宪法修改"这两种形态。[③]

卡尔·施米特将宪法变化分为宪法的废弃、宪法的废止、宪法的修改、宪法的打破、宪法的临时停止等形态。[④]"宪法的废弃"指"在废止现行宪法同时废除宪法由以产生的制宪权"，实际上指的是一次全新的政治决断创制新宪法的过程；"宪法的废止"指"在废止现行宪法的同时保留宪法由以产生的制宪权"；"宪法的修改"指在保留制宪权的情况下修改宪法的行为，包括"废除个别宪法法规、采纳个别新的宪法法令"。从这里可以看出，"宪法的废止"和"宪法的修改"都是在保留制宪权基础上的宪法变化形态，不同的是变化程度不同，前者指全面变化，后者指部分变化。"宪法的打破"指"针对一个或几个特定的个别事例违反宪法法规，但这是例外，其前提条件是被打破的宪法法规在其他特定情形下仍一如既往地有效，因而既没有被永久地废除，也没有临时失效，""宪法的打破"包括无视宪法情况下的打破和在尊重宪法情况下的打破，前者是违反宪法规范而

---

① ［英］K. C. 惠尔：《现代宪法》，刘刚译，法律出版社 2007 年版，第 66 页。
② 参见［英］K. C. 惠尔：《现代宪法》，刘刚译，法律出版社 2007 年版，第 78—130 页。
③ ［德］迪特尔·格林：《现代宪法的诞生、运作和前景》，刘刚译，法律出版社 2010 年版，第 25 页。
④ 参见［德］卡尔·施米特：《宪法学说》，刘锋译，上海人民出版社 2005 年版，第 112—114 页。

不考虑修宪程序的打破,而后者指宪法规范准许这种打破和遵循了修宪程序的打破。[①] "宪法的临时停止"指"临时宣布一项或几项宪法法规无效",同样也可分为无视宪法的"临时终止"和尊重宪法的"临时终止"。[②]

施米特的"宪法的打破"和"宪法的临时终止"既有相同点又有不同点。相同点在于它们是在保留制宪权基础上的宪法变化现象,在形式上并没有减少和增加宪法规范,也没有改变宪法含义,都可以从无视宪法规范和遵守宪法规范两个层面来理解,而区别在于发生条件和实效性不同。从宪法变化层面来看,这两种现象实际上算不上宪法变化,因为不管是形式上还是实质上它们都没有改变宪法规范或者含义,只是宪法规范在特定条件下一种暂时失效现象。综上所述,施米特五种宪法变化理论,实际上主要涉及宪法革命和宪法修改两种形态,其他变化形态只是从这两种变化中衍生出来的。

美国宪法学的宪法变化形态主要集中在宪法修改和司法解释上,他们将宪法修改之外的宪法变化形态称之为"非修改的宪法变化"(Non-constitutional Amendments),这种形态实际上包含了宪法修改之外的所有变化形态。例如,詹姆斯 W. 托克(James W. Torke)把"立法、行政和司法机关对宪法的解释"看作是宪法修正之外最重要的变化形态。[③] 奥利弗(Oliver)等认为除了宪法修改之外,政治实践和宪法惯例,以及宪法判决和解释,为了实施而制定的法律都是"非修改的宪法变化"。[④] 因此,美国宪法变化形态是宪法修改和"非修改的宪法变化"的二元结构,宪法修改之外的诸种变化属于"非修改的宪法变化"范畴。

上述关于宪法变化的诸种学说为理解宪法变化形态提供了启发性意义,其涉及到的宪法变化类型基本上涵盖了宪法变化的基本形态,但对于宪法变化的总体把握还不够明确。根据明确性要求,可以把宪法变化类型化为宪法革命、宪法修改和宪法变迁三种形态。下面分别对其进行阐

---

① 参见〔德〕卡尔·施米特:《宪法学说》,刘锋译,上海人民出版社 2005 年版,第 112—113 页。

② 参见〔德〕卡尔·施米特:《宪法学说》,刘锋译,上海人民出版社 2005 年版,第 113—114 页。

③ See James W. Torke, *"Assessing the Ackerman and Amar Theses: Notes on Extra-textual Constitutional Change,"* Widener Journal of Public Law, 1994, 229(4):5 - 6.

④ See Dawn Oliver, Carlo Fusaro, *"How Constitutions Change: A Comparative Study,"* The Modern Law Review, 2012, 75(5):945 - 950.

述,并揭示其内在关系和宪法稳定性、权威性和适应性关系。

二、宪法革命:激烈的宪法变化

宪法革命指通过暴力革命方式推翻旧的政治共同体存在形式,并同时夺取制宪权对政治共同体存在形式进行全新的决断,从而建立新的宪政秩序的过程。这个过程往往存在于新旧社会转型的阶段,其典型特征是通过暴力革命"扬弃"旧宪政秩序,将制宪权从旧的主体转移到新的主体过程。

宪法革命实际上并不是全新概念,卡尔·施米特提到的"宪法的废弃"指的就是此种变化形态,施米特认为此种宪法变化形态的核心在于"在废止现行宪法的同时废除宪法由以产生的制宪权",①经过一场革命,不仅废除了旧的宪法,而且实现制宪权类型的更迭,彻底将旧的宪法根基连根拔起。在封建主义向资本主义转变,以及资本主义向社会主义转变的历史阶段,制宪权就发生了根本性转移,例如,1789年和1793年,法国资产阶级废除国王,以及1917年的俄国革命。在以革命方式实现宪法变化的形态中,宪法变化的强度是最高的,因为谁都不愿意失去制宪权,谁失去制宪权谁就意味着其不能参与政治共同体存在形式的决断,就极有可能被区分为政治上的敌人。因此,宪法革命本质上是政治事实过程,而不是一个规范行为。

宪法革命发生与规范与事实之间的紧张关系有关。当宪法和事实之间的张力无法通过一切宪法机制解决,即穷尽了所有的方法都无法弥合规范与事实之间裂痕的时候,宪法革命就会来临。对于一种现存的宪政秩序而言,它建立的基础在于占统治地位生产关系总和,因此,宪政秩序构建的一切目的都在于强化这种经济基础及其所代表的阶级利益。但是,经济基础是一个具体的历史的范畴,建立之后会随着新的生产关系而发生变化,这种新的生产关系一旦在总和上达到一定的程度,就会发生质的变化而取代旧的经济基础,而旧的经济基础依靠既有的上层建筑力量

---

① [德]卡尔·施米特:《宪法学说》,刘锋译,上海人民出版社2005年版,第112页。

做殊死的挣扎,这决定了这个过程的激烈性。一旦新的经济基础及其所代表的阶级取得胜利,他们就掌握制宪权对政治共同体的存在形式进行决断,这同时宣告了新宪法的诞生和旧宪政秩序退出历史舞台。

在现代民主革命时期,宪法作为"人民主权"的产物,决定了"人民"是享有制宪权的唯一主体,但这个主体是具体和历史的。资产阶级民主革命构建的国家是通过对君主制绝对主义的否定而建立起来的,社会主义革命建立的民主国家则恰恰又是对资产阶级民主国家的否定。尽管资本主义的宪法革命和社会主义的宪法革命通过制宪权决断构建的都是一种民主的政治共同体,但这里享有制宪权主体的"人民"含义有着本质的不同,一个是代表资产阶级的经济基础,另外一个代表的是工人阶级的经济基础。因此,在宪法革命这种激烈的宪法变化形态中,制宪权主体类型是应当特别注意的问题。

古典自由主义将宪法看作是一种社会契约,"契约式宪法观"抽掉了宪法的政治性,抹杀了制宪权主体的阶级性,将制宪权主体看作是抽象的"人民",它实际上是对市民社会抽象人性观的反映,并没有认真区分制宪权主体的具体历史类型,最终会走向"福山式的历史终结论"。宪法可以通过无休止的商谈达到"重叠共识",政治决断被无限期的拖延,这本质上杜绝了"人民"通过革命再次建立新的政治共同体存在形式的可能性。

三、宪法修改:显性的宪法变化

斯蒂芬·瓦格特(Stefan Voigt)在继承德国古典宪法变迁理论的基础上提出了形象化的二元宪法变化形态概念,即"显性的宪法变化"(Explicit Constitutional Change)和"隐性的宪法变化"(Implicit Constitutional Change)。瓦格特认为:"显性的宪法变化通常被认为是宪法修改,隐性的宪法变化是宪法文本没有变化而含义变化的情形。"[1]瓦

---

[1] Stefan Voigt, *"Implicit Constitutional Change-Changing the Meaning of the Constitution Without Changing the Text of the Document,"* European Journal of Law and Economics, 1999,7(3):197.

格特将宪法修改称之为"显性"的,主要是从形式上来判断的,即宪法文本发生变化是可以从实证角度观察到的。在宪政实践中,"显性的宪法变化"指的是按照既定修改程序对宪法规范进行的全面、部分或者个别修改的宪法变化形态,此种变化的外在表征是非常明显的。从这种意义上讲,将宪法修改称之为"显性的宪法变化"是恰当的。

卡尔·施米特将宪法修改称之为"修改迄今有效的宪法律的条文,也包括废止个别的宪法法规、采纳个别新的宪法法令",并将宪法修改分为"无视宪法的宪法修改"和"尊重宪法的宪法修改"。① "无视宪法的宪法修改"在实践中对宪法破坏是巨大的,其一般存在于强权政治国家或者"例外状态"情况下;而"尊重宪法的宪法修改"指的是一种严格遵守宪法既定程序的规范行为,是规范意义上的宪法修改。

从宪法变化形态来看,宪法修改指的是规范意义上的一种政治判断,即修改宪法本质上是建立在一定理智和丰富政治经验基础上的政治判断行为,这种判断能够准确把握社会发展的规律,预见未来发展形式的变化。正因为如此,才能在修宪过程中准确把握"人民"需要,并适时地通过程序将这种需要转化为宪法规范,从而实现"人民"需要的宪法化。宪法修改这种政治判断显然并不同于一般的政治行为,其必须建立在遵守宪法基本原则和宪法基本价值的基础上,对那些不符合社会需要的地方进行修正,目的在于消解事实与规范之间的张力,对未来发展趋势作出预测,以增强宪法的适应力,这决定了宪法修改最终会以宪法规范形式表现出来,但这种规范基础上的政治判断背后蕴含着多元政治力量的讨价还价,远比想象的要复杂得多。

尽管宪法修改作为政治判断和宪法革命的政治决断都是一种政治行为,但二者是不同性质的政治行为,前者是一种规范行为,其力量强度和意志比宪法革命都要弱;而后者是纯粹的政治行为,是一种始源性的创制宪法的行为,其力量强度和意志性都是最高的,这是"人民主权"原则的集中体现。

① 参见[德]卡尔·施米特:《宪法学说》,刘锋译,上海人民出版社2005年版,第112—113页。

四、宪法变迁:隐性的宪法变化

耶利内克将宪法变迁分为两种:广义的宪法变迁指一切宪法变化,包括各种形态的宪法变化;而狭义宪法变迁专指宪法文本没有变化而含义发生变化的情形。瓦格特的宪法变迁理论继承了耶利内克的观点,将狭义的宪法变迁称之为"隐性的宪法变化",实际上"隐性的宪法变化"主要指宪法解释。在古典宪法变迁理论中,宪法解释是宪法变迁的重要实现机制,耶利内克就将"基于议会、行政和司法解释"看作是宪法变迁的重要方式。① 宪法解释机制的存在使得宪法在保持形式不变的前提下改变其实质含义,"隐性的变化"指的就是这种情况。但是瓦格特将"隐性的宪法变化"等同于宪法变迁实际上缩小了宪法变迁的范围。尽管宪法解释是宪法变迁的重要实现方式,但却不是唯一方式。除了宪法解释之外,宪法惯例、习惯宪法、国家权力不行使、政治必要和宪法含义的"自然演进"等方式都满足了"隐性的变化"这种静悄悄自然进化的特征。

综上所述,宪法变迁有自己的内在规定性和特定含义。耶利内克等古典宪法变迁理论创立者提出该概念的时候,就是为了处理宪法文本没有改变,而实质含义发生变化这样一种宪法变化形态,目的在于克服形式主义宪法稳定观的局限,建立一种实质主义宪法稳定观,强调宪法的实效性。

五、宪法革命、宪法修改和宪法变迁的关系

宪法的三种变化形态应该将其看成是统一的历史过程,即宪法革命、宪法修改和宪法变迁统一存在于宪法的发展过程之中,在具备相应条件情况下,这三种宪法变化形态可以实现相互转化。在相互转化的过程中,核心是三者在什么条件下可以转换,这涉及到转换的"临界点"问题,即宪

---

① 参见[德]格奥尔格·耶利内克:《宪法修改与宪法变迁论》,柳建龙译,法律出版社 2012 年版,第 14—15 页。

法革命、宪法修改和宪法变迁之间的界限，这是理解宪法变化形态之间相互关系的关键。

（一）宪法变化形态和制宪权、修宪权、释宪权

宪法变化形态体现的是一种历史的宪法观，它不仅是宪法革命、宪法修改和宪法变迁具体历史的统一，而且也是制宪权、修宪权和释宪权的统一。[①] 一方面，宪法革命是对于宪法创制的历史表达，它通过革命宣告了一种全新宪法历史的开始。在此之后，宪法历史进入了"日常政治"时期，事实和规范之间的张力要求宪法必须面对事实的规范需求，并进行规范"产出"，因此，宪法修改和变迁就是必然的。宪法通过不同变化形态满足事实提出的规范"需求"，在化解事实与规范之间张力的同时，自身不断更新和完善。与此同时，在宪法变化过程中实现了制宪权、修宪权和释宪权的具体历史的统一。

宪法变化形态之中的制宪权、修宪权和释宪权，它们的性质、地位和功能，以及享有的主体是不同的。制宪权是一种始源性权力，它是修宪权和释宪权来源的基础，在本质上是"人民"最高政治意志的外化和表达过程，它确立了宪法基本价值结构，决定了政治共同体存在形式，这个权力也只能由"人民"享有。修宪权和释宪权是由制宪权赋予和派生出来的权力，它们相对于制宪权处于从属的地位，但二者也是不同的。修宪权是制宪者们设计的特殊规范权能，"不是一种常规权限，即不是一种受规约、受限定的职责范围……不是一种常规的国家职能，而是一种特殊的权力"，[②]这个特殊权力开启了"二元民主制"和"人民"参与宪法变化的进程，在保持宪法同一性和连续性的前提下，对宪法进行全面、部分或者个别修正，以纠正制宪者考虑不周或缺乏远见，这决定了它在某种程度上会对宪法权力和权利进行新的分配，正是如此特殊，决定了该项权能行使必须受到特殊程序的限制，以体现其与其他宪法权力的不同。因此，"修宪

[①] 这里需要注意的是，宪法革命、宪法修改和宪法变迁和制宪权、修宪权和释宪权并不是一一对应关系，宪法解释只是宪法变迁实现机制之一，除宪法解释涉及释宪权之外，其他的诸如宪法惯例、政治必要、权力不行使和宪法文字自然变更等众多方式并不涉及到释宪权问题。

[②] ［德］卡尔·施米特：《宪法学说》，刘锋译，上海人民出版社 2005 年版，第 116 页。

权只是一种在保持宪法的条件下,按照宪法律规定的程序作出变更、补充、增删的权力,而不是一种制定新宪法的权力。它也不能变更、扩展修宪权自身的依据,或者用别的根据来取代这个根据"。①

释宪权也是制宪权赋予和派生出来的权力,但与修宪权这一项特殊权能不一样,它与制定法律和执行法律等权力一样是一项普通权力。释宪权为"日常政治"宪法成长提供了机制,它可以通过解释宪法来明确宪法含义,为宪法实施提供监督。除此之外,"司法宪政主义"还要求该项权力在具体宪法诉讼中保护公民权利。因此,在大多数情况下,释宪权与"违宪审查"制度联系在一起,是宪法实施的关键性保障权力。释宪权可以在保持宪法原则和基本价值的前提下,通过解释宪法来满足事实提出的规范需求,进而不断丰富和完善宪法的价值体系。② 最后,修宪权和释宪权享有的主体都由宪法明确规定,是"人民退场"之后"法律宪政主义"之下的主体。

一般来讲,修宪权的主体是民主的代议机关,但对一些国家来讲,宪法修改还要涉及到"人民"意见,"人民"或者选民团(Electorate)应当有一定发言权,这是"人民主权"学说和"人民"有为自己制定或赋予自己一部宪法权力的必然逻辑。③ 具体而言,单一制国家修宪权由中央政府代议机关享有。而在联邦制国家,修宪权在中央政府和构成部分政府之间分享,并不是中央政府或构成部分政府代议机关任何单方面行为。宪法解释主体在各国是不同的,有的国家由立法机关享有,有的由司法机关享有,有的由专门机关享有,或者同时由几个机关享有。

---

① [德]卡尔·施米特:《宪法学说》,刘锋译,上海人民出版社 2005 年版,第 116 页。

② 例如,20 世纪 70 年代,美国联邦最高法院在"里德诉里德案"(*Reed v. Reed*)和"弗朗提罗诉理查德森案"(*Frontiero v. Richardson*)发展出了性别平等权;1983 年,德国联邦宪法法院创造了新的"信息自决权"的基本自由权;瑞士联邦法院补充了宪法中三项基本权利:言论自由权、集会自由权和财产权;欧洲法院赋予了欧洲条约没有创设的一系列基本权利。

③ 例如,爱尔兰共和国、丹麦、澳大利亚和瑞士在议会通过宪法修正案之后,还要提交给"人民",美国大部分州也采取了此种程序。在比利时,一项修宪建议提出之后,议会两院必须解散,并在重新选举的基础上产生新的两院,修正案批准需要新的两院以各 2/3 多数通过,且必须保证至少 2/3 的多数议员出席。在法国,宪法的修正案如果没有被下院以 2/3 的多数通过或被两院分别以 3/5 的多数通过,就必须提交给"人民"公决。而且在类似瑞士这样的国家,"人民"可以提出修正案,美国有一部分州也允许"人民"提出宪法修正案。

修宪权和释宪权在宪法变化中并不是总是处于"和谐"的关系,它们存在某种程度的竞争关系,释宪权受到修宪权的制约,宪法修改可以推翻宪法解释的效力,在美国,"国会曾经五次通过宪法修正案的方式推翻了最高法院的判决(第 11、14、16、19、26 修正案)"。[①] 释宪权对修宪权也存在某种程度的制约,在可以通过宪法解释的方式解决事实与规范之间冲突的前提下,如果强行行使修宪权来修改宪法也是不允许的。因此,在修宪权不可能频繁行使的空间内,释宪权在某种程度上对修宪权具有制约作用。

(二)宪法变化形态之间的相互运动关系

宪法变化形态侧重于从动态角度理解宪法,将宪法看作是一个生命体成长过程,成长动力因素来自事实与规范之间的张力关系。因此,各种形态之间的相互运动关系就是重点分析的内容。假设在立宪主义国家,政治权力严格按照孟德斯鸠"三权分立"学说构建,"宪法政治"和"日常政治"期间的宪法成长关系主要体现为各种形态之间的相互运动关系,这个关系可以用以下的系统图表示:

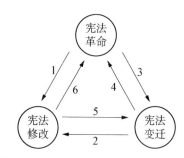

图 1-1　宪法变化形态之间的运动关系

如图 1-1 所示,宪法革命、宪法修改和宪法变迁三种变化形态处于正三角形构成的系统结构里面,任何一种形态都可能向另一种形态进行运动,而且这种运动并不是单向的,而是双向和开放的系统。正三角形的三个顶角是随机排列的,三种变化形态都可以处在任何一个顶角位置,它

---

① See Eugenia Toma, *"Congressional Influence and the Supreme Court: The Budget as a Signaling Device,"* Journal of Legal Studies, 1991,20(1):131-146.

们之间没有高低之分。假设有一种情况如上图 1-1 所示:宪法革命位于正三角的顶角位置,左下角是宪法修改,右下角是宪法变迁。首先来看宪法革命和宪法修改的相互运动关系。如 1 和 6 所示,宪法革命和宪法修改处于双向的相互运动关系之中:一方面,宪法革命赋予宪法生命之后,宪法的成长历程就开始了,面对历史性生活对规范需求的挑战,宪法必须对此种需求提出规范"供给",以此来消解事实对规范的挑战关系。在宪法修改程序缺乏"刚性"的情形下,宪法变化就从宪法革命形态迈向宪法修改形态,通过全部、部分和个别修改,宪法满足了历史性生活的需要,适应性和稳定性得以确保。[①] 宪法修改也可以转向宪法革命,如 6 所示,当一部宪法通过修改程序仍然无法满足事实提出的规范需求,社会实际必要性超出了宪法价值性容纳的范围,规范与事实彻底决裂的时刻,宪法就会迈入革命的领域,通过制宪权进行全新的政治决断从而创制一部新宪法。

如 2 所示,宪法经过修改之后,规范与事实之间的紧张关系得到缓解,但这种缓解是暂时的,事实与规范之间新的张力关系会不断形成,这在实践中就要求宪法发生变化来应对事实提出的新挑战。但是,这种新的张力关系并不需要立刻启动修宪程序,或者说启动修宪程序非常困难,或者时机不成熟,在实践中这样的情况是普遍存在的,例如,在 1800 年到 1860 年,美国联邦政府想通过修宪方式来消除"奴隶制"引起的宪政危机,但由于"刚性"修改程序的限制,导致历次的修正建议在参议院被否决,直到"内战"之后的"重建修正案"才真正解决了这个问题。而在"重建修正案"之前,宪法已经经过了若干次修改,形成了十二条修正案,在第十二修正案与第十三修正案之间的漫长历史区间里,宪法变化主要是以司法解释为主导的宪法变迁形态体现出来的。因此,每次宪法修改之后到下一次宪法修改之前,都为宪法变迁留下了广泛的空间。与此相对应的如 5 所示,当宪法经过较长时间变迁,规范与事实之间的张力达到一定"度"的时刻,就必须通过宪法修改以正式修正案的方式进行确认社会实际必要性,完成宪法变迁向宪法修改的转变,这是宪法变迁长期量变积累的必然要求。

---

① 在宪政实践中,缺少"刚性"或者"刚性"程序不足,宪法面对事实挑战很容易走向修宪程序。中国 1982 年宪法在短短 40 年间,由于"刚性"程序相对不足,进行了 5 次修改,修改应该比较频繁了。

如 3 所示,宪法变化直接从变迁形态跃迁至宪法革命形态,这也是完全有可能的。在英国这样的不成文宪法国家,规范与事实之间张力的化解主要是通过宪法变迁实现的,尤其是议会立法解释和宪法惯例的广泛存在,构成了英国宪法变化最主要的特点。但是,如果在某个历史时刻,议会立法解释和宪法惯例等宪法变迁机制无法真正解决规范与事实张力引起的宪政危机,宪法革命的出现也是完全有可能的。而如 4 所示,宪法革命向宪法变迁的运动则广泛存在于宪政实践之中,这是宪法变化形态相互关系的常态,现代宪法都会为宪法修改设置相对"刚性"的程序来限制修宪权的频繁使用,以避免引起的宪法稳定性和权威性的丧失。在此情况下,宪法革命之后的变化形态就自然转向宪法变迁,通过宪法解释和宪法惯例等一系列变迁机制消解事实与规范之间的张力,实现规范的"供给",这样典型的国家就是美国。

实践中宪法变化由于其他各种因素的参与,增加了宪法变化形态之间关系的复杂性。[①] 在当今大部分成熟的民主国家,宪法革命这种变化形态是可以排除的,宪法变化形态的总体趋势是在宪法修改与宪法变迁二种形态之间交替进行或同时进行,[②]因此,宪法变化应重点关注宪法修改和宪法变迁这两种形态之间的关系。

六、宪法变化与宪法稳定性、权威性和适应性

宪法变化的形态和宪法的稳定性、权威性和适应性具有直接和内在关系。宪法稳定性指宪法在较长历史时期内保持相对不变的状态,而不是不变状态,"稳定性的因素不应被视为是发展与进化的阻碍,否则发展与进化便会摆脱法规范的约束而信马由缰"。[③] 稳定性表征的是在相对

[①] 在实践中,一些例外力量的出现都会影响到宪法变化,使得宪法变化形态之间关系呈现出更加复杂的局面。例如,一次战争就有可能使一个国家不需要任何变化,直接发生宪法革命,阿拉伯世界的宪法变化就受到了西方势力的介入,这些因素都加剧了宪法变化的复杂性。

[②] 实践中这种宪法变化形态的典型代表就是美国,宪法变化呈现出宪法修改和宪法变迁相互交替式的变化特征。一般而言,宪法经过较长时间变迁,然后进行宪法修改,修改结束之后又会经过较长时间变迁。

[③] [德]康拉德·黑塞:《德国联邦宪法纲要》,李辉译,商务印书馆 2007 年版,第 27 页。

长历史空间中,宪法强大的调试功能适应了社会发展需要而保持相对安定的一种状态。宪法稳定性由其根本法和高级法属性决定,稳定性对立宪技术的要求很高,要求运用简洁和概括性语言来规范"日常政治"生活,因为对于广泛国家生活,"宪法也只能通过或多或少内容上具有宽泛性与不确定性的规则而对其进行规范",[①]这可以使宪法内容保持相对开放性和宽泛性,因为只有它们才能使社会生活关系的历史变迁与差异性得以正确恰当形成。由于具有拘束力的固定内容,能够在其稳定性功效中创造出相对稳定的连续性,这样就保障了共同体生活在持续不断和不可预见变化中存续。但是,相对于立宪技术,一国宪政传统和政治状况对宪法稳定性更具决定意义。

宪法权威性指宪法通过实施在全社会被普遍遵守的状态,权威性意味着政治共同体处于以宪法为中心的规范体系统治,这是一种高级法治状态。权威性与宪法实效性相关,实效性获得来自"违宪审查"和相应宪法监督制度。从各国来看:稳定性通常会带来宪法权威性。宪法稳定性有利于宪法实施,如果宪法变化过于激烈和频繁,就不利于宪法对政治共同体的规制和整个法秩序的统合,而这是宪法实施获得权威性的基础。宪政实践也证明,宪法的稳定性和权威性存在正相关关系,宪法稳定性强的国家,其权威性程度也较高;反之亦然。[②]

宪法适应性指宪法能够主动适应社会发展需要,通过适当宪政机制消解规范与事实之间张力,使二者关系达到相互和谐的状态。宪法的适应性表征的是宪法"自我调节"能力。适应性使得宪法充满弹性和活力,能够积极主动应对事实的挑战,这就是"积极主动型"宪法。"积极主动型"宪法通常与成熟的立宪技术和政治智慧有关,美国宪法中的"弹性条

---

① 〔德〕康拉德·黑塞:《德国联邦宪法纲要》,李辉译,商务印书馆 2007 年版,第 19 页。
② 据统计,法国从"1789 年大革命"到"1958 年第五共和国"一共存在过 15 部宪法:即《人与公民权利宣言》,1791 年宪法(法兰西第一共和国宪法),1793 年宪法(共和元年宪法),1795 年宪法(共和三年宪法),1799 年宪法(共和八年宪法),1801 年宪法(共和十年宪法),1803 年宪法(共和第十二年元老院整体决议案),1814 年宪章、1830 年七月王朝宪法、1848 年宪法(法兰西第二共和国宪法),1852 年宪法、1870 年宪法(法兰西第三共和国宪法),1875 年宪法、1946 年宪法(法兰西第四共和国宪法),1958 年宪法(法兰西第五共和国宪法)。上述这些宪法既有资产阶级性质的,又有封建性质。法国宪法的频繁变化衬托出其政治秩序的极端不稳定性。

款"就是典型例子,①这些条款使得宪法能够在事实面前保持相当主动地位,保持宪法的生命力。相反,如果宪法缺乏适当机制,不能主动适应社会发展需要,只能被动对社会事实作出反应,一旦社会出现变动宪法也就随之变动,这就是"被动回应型"宪法。宪法适应性不足的最大特点就是宪法修改频繁,稳定性和权威性面临挑战。

　　宪法的稳定性、权威性和适应性是相互影响的关系。宪法稳定性是前提,权威性是基础,适应性是保障,稳定性本身就蕴含着权威性和适应性,而权威性有利于巩固宪法稳定性和适应性,适应性确保了宪法的稳定性和权威性。从宪法变化形态来讲,宪法革命、宪法修改和宪法变迁所表征的宪法变化强度是依次递减的,而呈现的宪法稳定性、权威性和适应性则刚好相反,呈现出逐渐增强的趋势,即宪法的变化形态和宪法稳定性、权威性和适应性是一种负相关关系,它们之间的关系可以从下图1-2得到体现:

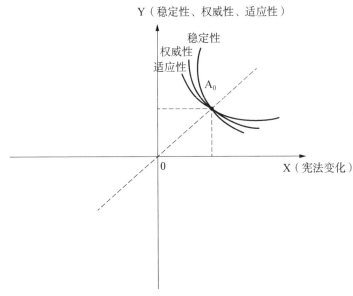

图1-2　宪法变化形态与宪法稳定性、权威性和适应性关系

────────────

① "弹性条款"主要包括"适当与必要条款""贸易条款"和"正当程序条款",这些条款对于保障宪法适应性具有重要功能。

假设这里的宪法是立宪主义的,"日常政治"秩序相对比较稳定。X轴表示的是宪法变化这个"自变量",从左向右宪法变化强度是依次递增的,而 Y 轴表示的是宪法的稳定性、权威性和适应性这个"因变量",由下至上是依次递增的。随着宪法变化逐渐增强,宪法的稳定性、权威性和适应性是逐渐递减的。反之,随着宪法变化的逐渐递减,宪法的稳定性、权威性和适应性逐渐递增。实际上,随着宪法的变化,宪法的稳定性、权威性和适应性是三个函数模型,在这里为了论证的需要,将它们放在一个函数模型中,以增强其论证的效果。在 A_0 点,宪法的变化和宪法的稳定性、权威性和适应性运动达到一种最佳的平衡状态。至于 A_0 点的平衡状态,这里的宪法变化形态既有可能是宪法变迁,也有可能是宪法修改。对于英国这样的不成文宪法国家,宪法变迁就足以实现宪法稳定性、权威性和适应性,这时候的 A_0 点就是宪法变迁。

宪法变迁固然有利于保持宪法的稳定性、权威性和适应性,但并不是唯一能达到 A_0 的最佳选项,宪法修改在具体历史的阶段与宪法稳定性、权威性和适应性也可以达成最佳的平衡状态。[①] 宪法修改之所以能在 A_0 点达到平衡最优,其重要原因在于实现平衡过程中,宪法变迁发挥了重要作用,长期变迁为宪法修改在 A_0 处实现平衡奠定基础。如果宪法经过长期变迁还不能实现规范与事实之间的协调,这就需要通过修宪来保持宪法的稳定性、权威性和适应性。从这里看出,A_0 点不可能是宪法革命,宪法革命是一种强度最高的宪法变化,其稳定性、权威性和适应性是最低的,其不可能在 A_0 点实现平衡。对于复杂的宪法变化来讲,在某个特定历史时刻,这三种变化形态是可能同时出现的。在当代民主国家,宪法变迁和宪法修改这两种形态交替出现于 A_0 点是常态。

对于上图函数模型,只是形象表达了宪法变化形态与稳定性、权威性和适应性的关系,在实践中该函数模型更加复杂,其"自变量"也会更多,

---

① 《美利坚合众国宪法》的变化主要是以宪法变迁形式体现出来的,宪法变迁在保持宪法稳定性、权威性和适应性层面具有优势。但是,在"奴隶制"问题上,宪法变迁重要方式之一的司法解释并没有化解"奴隶制"产生的宪政危机,反而在"斯科特案"(*Dred Scott v. Sandford*)中加剧了这种危机,引起了"内战",最终通过"重建修正案"才消解了此种宪政危机,维护了宪法的法稳定性、权威性和适应性。

这也决定看待宪法变化形态和宪法稳定性、权威性和适应性关系,要采用全面、联系和发展的眼光。而且这里只想表达的是趋势性的关系,在实践中由于多种因素影响,在具体情境中它们之间的"负相关"关系并不具有绝对适用力。例如,在某个特定状态下,宪法修改有可能比宪法变迁形态更能强化宪法的稳定性、权威性和适应性,这里宪法变化形态与宪法稳定性、权威性和适应性在具体情形中却呈现出正相关关系。尽管如此,宪法变化形态与宪法稳定性、权威性和适用性之间的关系为实证领域分析宪法实施仍具有建设性意义。

宪法变化形态从动态的角度揭示宪法实施的内在规律。宪法一切变化形态都归结于规范与事实之间的张力关系,即有效性与事实性之间的矛盾运动:事实性只有具备有效性才能具有规范意义,而有效性最终必须转化为事实性才能真正实现,这种张力关系的复杂性必然会通过宪法的变化形态表现出来。宪法变化通过不同的形态来消解规范与事实的紧张关系,最终的目的是赋予事实以正当的有效性,事实正当的有效性一方面要求宪法必须在规范层面保持稳定性、权威性和适应性,另一方面又要求宪法能够在实质上能够满足事实提出的规范需要,具有正当性基础。因此,宪法的变化形态必然与宪法的稳定性、权威性和适应性存在直接的互动关系。

本章小结

本章从"价值宪法学"和宪法变迁一般理论入手,对宪法价值的产生、宪法价值的结构、宪法价值的实现和宪法价值的评价进行了阐述,目的在于对"价值宪法学"研究体系做一个基本交代。另一方面,研究了宪法变迁含义、性质和实现机制、逻辑结构等理论。在本书中,宪法变迁指宪法文本没有变化而含义发生变化的情形,坚持的是"狭义的宪法变化"。宪法变迁与相邻的宪法修改、宪法革命等变化形态关系是研究的另一个重点。宪法变化形态理论涉及到宪法价值实现的三种不同形式,宪法变化形态与宪法的稳定性、权威性和适应性有着紧密的关系,这些是理解宪法变迁价值取向的前提。

第二章

美国宪法变迁价值取向
的本体论

美国宪法变迁价值取向是宪法变迁价值取向一般理论在美国宪政的具体运用。本章主要从美国宪法的基本价值结构入手,在分析比较美国邦联条例和联邦宪法的价值取向,以及德国宪法变迁和美国宪法变迁异同基础上,根据美国历史发展阶段性特征,将美国宪法变迁价值取向"类型化"为"建国"到"重建"的国家主义取向,"重建"到"新政"的经济自由主义取向,以及"新政"至今的公民权利取向三种历史形态。

第一节 美国宪法的基本价值结构

价值取向是主体在实践中围绕价值目标而表现出来的价值倾向性。在宪法层面上,价值目标就是稳定和恒久的宪法基本价值,是不同主体价值信念、价值目标经过协调和凝结形成的价值共识,是所有共同体成员价值的最大公约数,其对于共同体的存续具有导向、调控和建构作用。美国宪法基本价值主要包括民主、共和、自由、法治和联邦主义,宪法基本价值对于宪法变迁价值取向具有根本调控作用,其可以防止宪法变迁价值取向偏离良善方向。本节结合美国宪法规范对其基本价值结构进行论述。

一、宪法基本价值之一:民主

民主作为政治哲学价值,在古典希腊时期主要指的是"多数人的统治"，后来随着发展含义逐渐发生了变化，民主的政治实践相也产生了诸多新的形态。但是，"多数决"却是民主基本的含义。从民主实践看，民主主要表现在国体、政体和公民权利三个方面，即林肯所讲的"民有""民治"和"民享"。美国宪法也集中体现了这三个层面的民主价值。宪法序言开篇就说"我们人民"制定了宪法，[1]这表明"人民"才是国家主人，享有国家主权，国家由"人民"产生。其次，国家是按照民主原则建立起来的政体，政府权力是有限的，这主要是通过"分权和制衡"来实现的。例如，《美利坚合众国宪法》第一条第 8 款授予国会的权力（见表 2 - 1），同时宪法第 9款又对国会的权力进行了限制（见表 2 - 2）：[2]

表 2 - 1

1	课征直接税、关税和其他税
2	借款
3	管制同外国、各州间的贸易
4	制定归化法和破产法
5	铸造货币、规定其价值及伪造货币的罚则
6	规定度量衡的标准
7	设立邮政局和建立邮政道路
8	向发明家和作者颁发专利证和版权证
9	设立低于最高法院的法院
10	确定和惩罚在公海上所犯的海盗罪以及违犯国际法的犯罪
11	宣战
12	招募和保持陆军和海军，制定统辖陆海军条例
13	成立民兵（任命民兵军官和按照国会的条例训练民兵的权力由各州保留）

---

[1] 《美利坚合众国宪法》序言规定："我们美利坚合众国的人民，为了组织一个更完善的联邦，树立正义，保障国内的安宁，建立共同的国防，增进全民福利和确保我们自己及我们后代能安享自由带来的幸福，乃为美利坚合众国制定和确立这一部宪法。"

[2] Marcia Lynn Whicker, Ruth Ann Strickland, and Raymond A. Moore, *The Constitution Under Pressure: A Time for Change*, Westport, Conn.: Greenwood Press, Inc., 1987, p. 41.

续　表

14	对于联邦政府所在地（即哥伦比亚特区）行使专有的立法权；对于合众国购置用于修建要塞、武器库、兵工厂和海军造船厂以及其他必需的建筑物的地方行使同样的权力。
15	制定为行使上述各项权力和本宪法授予合众国政府的一切其他权力所必要和适当的所有法律

表 2-2

1	No prohibitions upon immigration to the states prior to 1808
2	No suspension of writ of habeas corpus
3	No ex post facto laws
4	No bills of attainder
5	No taxes on interstate commerce
6	No preferential treatment of ports in different states
7	No federal treasury expenditures without appropriations
8	No granting of titles of nobility

　　除此之外，行政分支的总统还可以对国会行使"立法否决权"，1789年到1990年之间，总统"常规否决"（Regular Vetoes）有1431次，"否决"被推翻（Vetoes Overridden）有103次，"口袋否决"有1054次。[1] 而国会也可以对总统权力进行制约，例如，总统缔约权要经过参议院同意。最高法院通过"司法审查"对国会和总统行为进行审查，而最高法院同时也要受到国会和总统制约，例如，联邦法院系统的设立，法官任命就需要国会同意，而联邦最高大法官的产生首先要经过总统提名，然后要经过参议院批准。

　　在国家结构层面实行联邦制，国家权力在纵向上被分为联邦和州两个部分，联邦政府享有列举性权力，未列举的权力则由各州和"人民"保留。[2] 联邦政府只能在宪法授权范围内活动，而不能干预州的内部事务；而州对联邦

————————

① Harold W. Stanley, Richard G. Niemi, *Vital Statistics on American Politics*, 3rd Edition, Washington, D.C.: Congressional Quarterly Inc., 1992, p.276.

② 《美利坚合众国宪法》第10修正案规定："本宪法未授予合众国、也未禁止各州行使的权力，保留给各州行使，或保留给人民行使之。"

政府制约是通过国会来进行的,国会参议院和众议院的结构确保了联邦政府必须尊重各州利益,不能侵害各州自治。当然,各州也可以通过"司法审查"对联邦侵害行为进行救济。因此,国家权力之间的横向配置和纵向分割,以及相互之间的制衡关系,确保"民主"治理的政体。

在公民权利方面,民主主要体现在宪法前 10 条《权利法案》之中,《权利法案》对公民的保护可分为四大类:公民自由、联邦政府权力限制、法院正当程序,以及联邦和州治安权边界的界定(见表 2 - 3):①

表 2 - 3 **The Bill of Rights**

AMENDMENTS PROTECTING CIVIL LIBERTIES	
first	Protected freedom of religion, speech, press; guaranteed rights to assemble and petition the government; prohibited the establishment of a government sanctioned religion
ninth	Protected non-enumerated citizen rights
AMENDMENTS RESTRICTING THE USE OF NATIONAL GOVERNMENT	
second	Right to bear arms; the necessity of a militia for state security
third	No quartering of soldiers without consent
fourth	No unreasonable searches and seizures; no warrants without probable cause
AMENDMENTS CLARIFYING POLICE POWERS AND COURT PROCEDURES	
fifth	Required grant jury trials for capital crimes; protected against self-incrimination and double jeopardy; assured due process of law; just compensation required for taking of private property for public use
sixth	Right to a speedy and just public trial by an impartial jury; rights to be informed of the accusation, to confront witnesses, and to have counsel
seventh	Right to jury trial in common law cases
eighth	No excessive bail or fines; no cruel and unusual punishment

---

① Marcia Lynn Whicker, Ruth Ann Strickland, and Raymond A. Moore, *The Constitution Under Pressure: A Time for Change*, Westport, Conn.: Greenwood Press, Inc., 1987, p. 24.

AMENDMENT CLARIFYING STATE AND FEDERAL POWERS	
tenth	Reserved non-delegated powers for the states

除此之外，"内战"之后的"重建修正案"废除了奴隶制，扩大了公民权保护范围。尽管《权利法案》和"重建条款"真正发挥实效是在 20 世纪，但"重建修正案"为 20 世纪的民权运动奠定了基础。因此，美国宪法从国体、政体和权利等三个维度体现了"民主"的基本价值，从根本上体现了"人民"对"自治""自由"和"自尊"生活的追求，以及对良善共同体的要求。

二、宪法基本价值之二：共和

宪法制定的思想意识渊源、现实政治局势、制宪者们的共和主义哲学、宪法结构等体现了制宪者们对古典共和主义的继承和发展。美国宪法构建的共和国宣扬一种共和主义精神，倡导一种整体主义下的和谐和均衡的政治力量之美。

（一）宪法建立的共和思想意识渊源

在"建国"历史时期，欧洲的启蒙思想在殖民地得到普遍传播，制宪者对古典时期希腊和罗马宪政、英国的君主立宪政治思想具有很强的认知，尤其是洛克和孟德斯鸠的思想深深影响了制宪者们的思想。戈登·伍德在研究建国历史时期的文献后强调共和主义对"建国"的重要性，"共和主义对美国人来说要比简单地铲除国王、建立一套选举制度意味着更多的内涵。它为与英格兰相分离的政治补充了道德维度和乌托邦式的深刻意义—关涉到他们社会真正特性的深刻意义"。[①] 这种深刻特性意义就在于对包括大众民主在内一切专断权力的防范与限制。因此，宪法采纳了共和主义政治意识形态。

---

① 参见［美］戈登·伍德：《美国革命的激进主义》，傅国英译，北京大学出版社 1997 年版，第98—99 页。

共和主义政治意识形态可以归纳为"人民主权"和"有限政府"两个层面。"人民主权"具有反对王权的革命性。但是,制宪者们担心"人民主权"会走向"雅典式民主暴政"。一方面,制宪者们对人性和对民主制度不信任,另一方面又必须在"人民主权"基础上构建国家制度。制宪者既不想背弃共和主义,又不想违反"人民主权",乔治·梅森的言论真实反映了这种立场:"尽管民主政治有压迫和不公正,但民众精神的民主倾向又是必须考虑的,过于民主使我们不审慎走向另一个极端。"①这种观点道出了 18 世纪在思想界普遍流行的"休谟式论断",即人性普遍是不值得信任的。民主并不是想象的那样建立在人性普遍完善的基础上,而是掌握在一群无知的人手中。因此,只有设计一种适当制度,形成一种协调的相互抑制的制度,使国家的各个阶级之间、利益集团之间、政党之间和政府各部门之间达到制衡,从而实现一种力量均衡的和谐局面。

制宪者们并木将自己看作是贵族政体的代表者,而是把自己看作是站在"极左"和"极右"之间的一种力量,即:"把自己看作是站在两个政治极端之间的温和主义者。"②这种立场来源于 18 世纪开国先辈们自己阶级意识、国家主义意识和温和的共和哲学。共和哲学强调权力的分立和制衡,主张由多个有根本性区别的机构对国家权力分享。为此,制宪者们通过竞争性政治机制构建了一个"有限政府",这个"有限政府"是一种节制和均衡的政体,即将殖民地经验、传统、社会需要和思想渊源结合起来的,以自然与人为、必然与选择共同作用结果的基础上的共和主义精神。③ 而这种共和主义精神则来自亚里士多德和波里比阿时代,体现了制宪者们建立一个平衡政府的思想。④

在共和主义意识形态的影响之下,制宪者构建了共和主义国家,这种国家在力量均势的基础上实现了各种利益的平衡和对民主的限制。共和

① [美]理查德·霍夫施塔特:《美国政治传统及其缔造者》,崔永禄、王忠和译,商务印书馆 1994 年版,第 10 页。

② [美]理查德·霍夫施塔特:《美国政治传统及其缔造者》,崔永禄、王忠和译,商务印书馆 1994 年版,第 18 页。

③ 刘晨光:《自由的开端:美国立宪的政治哲学》,上海人民出版社 2012 年版,第 24 页。

④ [美]理查德·霍夫施塔特:《美国政治传统及其缔造者》,崔永禄、王忠和译,商务印书馆 1994 年版,第 12 页。

对民主的修饰，不仅可以保护国家团结、稳定、和谐，而且通过培养公民德行确保"人民"权利实现。在联邦共和国下，联邦与各州、各利益集团、各个阶级、政党派别共同享有国家权力，奠定了多元权力中心对抗的格局，确保联邦能在这一部宪法保障下走向持久稳定。

（二）现实政治局势造就了共和局面

在"建国"历史时期，合众国面临着险恶的国内外局势。从大英帝国独立出来的那一刻起，以英国为首的殖民者从来也没有放弃对合众国的武力干涉和经济封锁。独立战争和"英美八年战争"，大大消耗了殖民地元气，再加上西方殖民者的经济制裁和封锁，殖民地处于独立以来最艰难时期。更致命的问题是，随着外敌压力的减轻，各殖民地独立战争期间所建立起来的团结精神也随之消失，取而代之的是各州内部的利益斗争。

从总体上看，各州有着不同的发展情况。北部各州发展资本主义工商业，而南部各州发展"隶农制"种植业，生产方式和经济利益的差别使各州采取了不同的政策，有时甚至是敌对政策。各州之间的矛盾随着制造业、商业、航运、金融、公债、农业（种植园和奴隶主）等利益集团利益分化更加激烈。[1] 在制宪会议期间，伦道夫便对《邦联条例》缺陷作了理性分析，并强调建立强大联邦政府的必要性。[2] 鉴于内忧外患的现实政治局势，以华盛顿为首的国父们在整体上达成了共识，即必须反对大众民主的"暴民统治"，建立一种利益集团相互制约的政治体制，实现国家权威和公民自由的双重目的。

综上所述，美国宪法就是在这种复杂的现实政治局势下，为了摆脱各种利益集团的控制和制约，协调各利益集团之间的矛盾而制定出来。制

---

① 李道揆：《美国政府和美国政治》（上册），商务印书馆1999年版，第18页。
② 伦道夫认为邦联缺陷包括："（1）邦联无法提供安全、制止外来入侵；（2）邦联政府无法制止各邦之间争持，无法制止任何一邦内发生的叛乱，既没有宪法授予的权力，也没有宪法规定的手段，来对付紧急局势；（3）征税和商业管制权力的缺乏；（4）联邦政府没有能力捍卫自己，无法使自己的权力不被各邦政府蚕食；（5）邦联条款甚至并不高于各邦宪法，不像许多邦的宪法那样，经过批准手续。"（参见［美］麦迪逊：《辩论：美国制宪会议记录》（上册），尹宣译，辽宁教育出版社2003年版，第14—15页。）

宪者对政治哲学做了现实主义的运用,很大程度上促使了共和局面的形成,即建立在多元力量基础上的政治力学平衡。

(三)《联邦党人文集》中的共和哲学

《联邦党人文集》意图在于阐明建立中央相对集权的联邦政府,以保证政治统一,国内安宁,经济繁荣和"人民"自由。《联邦党人文集》第一篇就提出了建立共和政府的目的,即修正邦联条例缺点,建立一个具有实质性权威的政府,[1]邦联体制已经威胁到合众国存续,面对国内外危机,只有在一个具有权威和效率政府的领导下才能克服目前的困难。[2] 因此,"联合一个有效的全国政府是必要的,他可以使他们处于和保持在一种不致引起战争,而有助于制止和遏制战争的状态"[3]。

以汉密尔顿为首的联邦党人强调了共和政体的优势,认为共和政体比民主政体具有更大优势,这种优势主要包括:一个由公民选举少数公民组成的政府;共和政体管辖的人数和国土面积较大;共和政府在控制党争方面优于民主政体。[4] 而且共和政体有着自己建立的原则,即一种不同于古典希腊直接民主的"代议制民主",[5]这种共和政府不仅可以保证联邦强大,而且有利于各州的繁荣,实现国家的稳定和和谐。更为重要的是,在共和政体下,可以真正实现政府立法、行政和司法三种权力的分立和制衡,而民主政体是做不到这一点的。

共和主义克服了民主多数主义暴政,实现了民主的节制。因此,《联邦党人文集》的宗旨就是倡导建立一个崭新的、真正的共和体制,这个共和国是一种混合政体,统一的统治、法治、人民主权、民兵武装、精英统治、有限政府、分权制衡、社会福祉(公共善)、公民教育、节俭朴素,中央政府强而有力,最终实现合众国的繁荣和稳定。

---

① See *The Federalist* No.1.

② See *The Federalist* No.3.

③ See *The Federalist* No.4.

④ See *The Federalist* No.51.

⑤ See *The Federalist* No.39.

（四）宪法中的共和制度

大多数制宪代表认为：" '共和'应是其唯一的选择。"①制宪者们不仅提出了共和，而且以多种政治制度来保证共和精神的实现。尤其是最高法院的"司法审查"制度，从制度上保护了少数人的利益，消解了"多数人的暴政"。

1. 联邦制

联邦和各州权力关系问题一直是宪法的中心议题，"制宪会议上争议的最核心问题，也就是它要解决的最主要问题，即主权问题，或者说新组建的联邦政府与州政府的关系问题"②。美国联邦建立在州的基础上，殖民地时期的地方自治传统在殖民地时期已经得到普遍盛行，最初的邦联体制就最准确反映了各州初始主权地位。但后来的实践证明，邦联无法面对外部威胁和内部争斗，建立一个强大的中央政府，同时又保持了各州相对独立主权必须走向整合程度更高的联邦体制。"联邦政府和州政府事实上只不过是'人民'不同的代理人和接受委托的单位；它具有不同的权力，旨在达到不同的目的……首要的权力不管来自何处，只能归功于'人民'；不管两种政府中的哪一个以牺牲对方来扩大其权力范围，这不只取决于两者的野心或处事方式的比较。实际上和形式上都要求，在每种情况下事情应该决定于他们共同选民的情感和许可。"③联邦制实际上要消除各州"人民"之间的区域界线和差别，使各州"人民"属于一个共同政治实体。

总之，联邦制不仅有一个强大中央政府的存在，而且保留了各州的原始主权。更重要的是，"联邦制可以防范民众的骚扰或多数人统治、代议制、贵族统治和民主的相互制约"的优点，④使得联邦制最大程度地实现

---

① Marvin Meyers, ed., *The Mind of the Founder: Sources of the Political Thought of James Madison*, Hanover: New England University Press, 1981, p.76.
② 刘晨光：《自由的开端：美国立宪的政治哲学》，上海人民出版社 2012 年版，第 83 页。
③ See *The Federalist* No.46.
④ 参见[美]理查德·霍夫施塔特：《美国政治传统及其缔造者》，崔永禄、王忠和译，商务印书馆 1994 年版，第 12—13 页。

了共和价值。

2. 两院制

两院制体现了联邦制下的"双重代理"原则。州政府和联邦政府权力都直接来自"人民",都直接代表"人民"。在两院制中,众议院按照各州人口比例选举产生,而参议院平等代表原则照顾了各州利益,尤其是小州的利益。从政治实践看,两院制的形成是大州和小州之间利益妥协的结果,众议院有利于大州利益,而参议院平等代表权有利于维护小州利益。众议院直接由"人民"选举产生,在州议会里也是一样,他们以同样的比例和原则选派代表,从这个意义上讲,联邦政府就体现了国家政府的性质。另一方面,参议院作为政治平等的以州为主权单位的主体,根据平等原则选派代表,又体现出非国家政府的性质。① 国会中的两院制结构,不仅可以从制度层面维护联邦制,而且可以对代表民主力量的众议院实行有效制约,代表"人民"的立法机关权力如果得不到有效制约,共和国就会走向专制和暴政的危险。汉密尔顿、麦迪逊等代表的联邦党人谙熟洛克和孟德斯鸠的分权和制衡之道,在立法机关内部构建了分权和制衡制度以此确保权力的对抗性,以此维护共和政体稳定性。

3. 总统制

宪法中总统制度的建立完全是为了维护政治体制平衡的需要,根本上体现了古典共和主义的政治力学平衡之美。按照古典共和主义的政体观,"混合政体"实现了权力平衡,是最优良政体。在"混合政体"中,君主地位所体现的权力性质就是总统所代表的行政权力。尽管在制宪会议这期间,反联邦党人对类似君主的总统权力反感,认为其会走向君主式的专断。但是,联邦制下的总统与共和制度很好融合在一起,因为,"优良政体的真正检验标准应是其能否有助于治国安邦"②。因此,宪法赋予总统行政权力,既可以在战争期间免遭外国侵犯,又能有效的执行法律,更能抵御野心家、帮派和无政府状态的混乱局面。从政治上看,管理不善的政府,不论理论上有何措辞,在实践上就是一个坏政府。总统作为行政分

---

① See *The Federalist* No. 39.
② See *The Federalist* No. 69.

支,必须强而有力,一个强有力的行政部门就需要统一、稳定法律支持和足够的权力等几个因素。只有这样,总统才能获得"人民"支持,承担起保障国家和"人民"自由的义务。

如果仅从总统权力来讲,的确有类似君主的地方。但是,总统权力并不是无限的,而是要受到国会、最高法院,以及职位自身的规范限制,例如,总统任期、国会对总统立法权制约、国会弹劾、总统选举程序等,从制度上确保总统不会成为专制暴君,而是给国家带来和平和安全的行政首脑。

4. 司法审查制度

美国宪法建立了立法、行政和司法三权分立制衡制度,但是,这三个部门之间司法分支权力是最弱小的。"司法部门既无军权、又无财权,不能支配社会的力量与财富,不能采取任何主动的行动。故可正确断言:司法部门既无强制、又无意志,而只有判断;而且为实施其判断需借助行政部门的力量。由以上简略分析可以得出一些重要的结论。它无可辩驳地证明:司法机关为分立的三权中最弱的一个。"[1]但司法部门的判断权又是极其重要的,其通过对行政部门和立法部门的制约来保障"人民"自由。

宪法中司法部门的建立,不仅仅是为了完善宪法设计的权力分立制衡制度,更重要的是对代表多数人的立法部门权力的担忧。在制宪者看来,立法机关作为人民的代表机关与"人民"存在本质区别,人民的意志高于代表意志,人民权力高于代表权力。根据洛克社会契约理论,如果"人民"不满现存政府,可以运用反抗权更换政府。宪法作为全体人民公意的体现,是全体"人民"主权意志的体现。而作为宪法产生的联邦政府,立法分支、行政分支和司法分支必须遵守宪法,遵守全体"人民"的意志。既然"人民"是意志的最终来源,那么当立法机关在违反或损害"人民"利益的时候,"人民"自行解决是否更好呢? 甚至说当"人民"认为宪法违背了"人民"幸福的时候,"人民"是否有权修改或废除宪法呢?

在这个问题上,联邦党人坚持认为:"除非'人民'通过庄严与权威的立法手续废除或修改现行宪法,宪法对'人民'整体及个别部分均同样具

---

① See *The Federalist* No.78.

有约束力。在未进行变动以前,'人民'的代表不论其所代表的是虚假的或真正民意,均无权采取违宪行动。但值此立法机关在社会多数派的舆论怂恿下侵犯宪法之时,法官欲尽其保卫宪法之责实需具有非凡的毅力,这也是明显之理。"①即只有"人民"和人民代表的所有行为都在宪法确立的规范内,也就是说遵守全体"人民"公意的时候,才能防范"多数人的暴政"。而法院作为裁判机关,其拥有根据宪法裁决各级政府(州政府、地方政府和联邦政府)的法律违反宪法的权力,②实际是用全体"人民"意志来反对大多数人的意志,"人民"永远高于人民代表的立法机关,立法机关不能篡夺"人民"整体意志。法院的司法审查权不仅作为三权中的制衡力量存在,更重要的在于反对"多数人暴政",维护了少数人利益,具有明显的共和精神。

5. 妥协:共和的艺术

美国宪法是一系列政治妥协产物,③"对于参加 1787 年制宪会议的美国'国父们'来说,制宪的目的不是创造一个十全十美的、正义民主的、能够流芳百世让后人和他人景仰的政治体制,而是为了寻求一种现实的、有效的政治途径,以及时挽救正在走向失败边缘的美利坚联邦"。④ 从这个意义上讲,宪法制定和通过完全是一个妥协的政治艺术。

从宪法制定和通过整个过程看,妥协是基本的基调。其中各州在全国立法机构中的代表权是最重大的妥协,⑤无论从"弗吉尼亚方案"到"新泽西方案",以至最后的"康涅狄克大妥协"和"3/5 妥协",都是政治妥协的产物。从政治层面看,妥协意味着不是按照多数人的意志行事,而是在原则基础上大家利益的协调和平衡,即不仅要照顾大州利益,更要兼顾小州利益,只有这样才能实现国家构建。政治是妥协的艺术,要想实现既定目的,双方都要有所节制和退让,才不至于酿成僵局,这就是美国宪法中所见到的情景:一方面是唇枪舌战、剑拔弩张;另一方面却分享着共和国

---

① See *The Federalist* No.78.
② 〔美〕加里·沃塞曼:《美国政治基础》,陆震纶等译,中国社会科学出版社 1994 年版,第 27 页。
③ 〔美〕加里·沃塞曼:《美国政治基础》,陆震纶等译,中国社会科学出版社 1994 年版,第 18 页。
④ 王希:《原则与妥协——美国宪法的精神和实践》,北京大学出版社 2000 年版,"前言"第 5 页。
⑤ 〔美〕加里·沃塞曼:《美国政治基础》,陆震纶等译,中国社会科学出版社 1994 年版,第 27 页。

的荣耀，"种种利益协调之外，有着比商业冲突和关税更深层次的冲突——在私囊荷包之外，整个国家都感到另外一种情愫——一种骄傲的感觉。逐渐增长的见识，那就是这部有关政府组织的新宪，对美国，甚至或许对全世界，都有这种特殊的意义"①。

但是妥协不是没有原则的，更不是没有责任感，而是有底线的，②正是由于妥协底线和原则的存在，决定了制宪者采取了更加务实的态度，如果不在某些问题上进行妥协，就无法实现最终的目的，美利坚宪法和合众国将不复存在。从这种意义上讲，妥协从实践层面诠释了共和价值。

三、宪法基本价值之三：自由

自由作为美国宪法的基本价值，体现在宪法产生和发展的始终。尽管宪法之中自由二字出现频率非常之少，但所有制度都是紧紧围绕自由而构建的。联邦宪法吸取了邦联条例的经验和教训，构建了一个相对集权和具有实质权威的联邦政府。但是，联邦政府并没有破坏"人民"的自由，相反，联邦政府建立目的在于实现"人民"的自由。联邦党人认为一个具有权威的政府是保障自由的重要方式，"弱"政府不能保障自由，甚至无力保护"人民"的自由。因此，建立一个完善联邦就必须强化全国政府权威，将政府权威直接建立在个人之上。全国政府权威的强化，需要自身具有良好的品质才能发挥保障自由功能，这种品质只有通过分权和制衡原则，在权力分立基础上构建"权力的对抗性"机制，防止任何机关对权力的垄断才能实现。

美国是典型的"限权"宪法，"在宪法中对政府权力的限制有两种类型：宪法界定和限定了每个层次的政府权力范围。在第 1 条第 8 款，宪法明确了国会的权力，但没有直接列举州政府的权力，联邦和州政府的权力都是受限的。第 1 条第 9 款列举了对国会权力的限制，第 10 款列举了对

---

① ［美］凯瑟琳·德林克·鲍恩：《民主的奇迹》，郑明萱译，新星出版社 2013 年版，第 283 页。
② 美国宪法妥协原则包括："(1)制宪会议不能一事无成；(2)国家不能分裂，必须联合和统一；(3)联合和统一，不能通过战争，只能通过谈判。"(参见易中天：《费城风云》，上海文艺出版社 2018 年版。)

州政府权力的限制"(见表 2 - 4)^①。

表 2 - 4　Article I Limits on Government Power

SECTION 8. FEDERAL LIMITS
No prohibitions upon immigration to the states prior to 1808
No suspension of writ of habeas corpus
No ex post facto laws
No bills of attainder
No taxes on interstate commerce
No preferential treatment of ports in different states
No federal treasury expenditures without appropriations
No granting of titles of nobility
SECTION 10. STATE LIMITS
No state may enter into a treaty or alliance with foreign country
No granting of letters of marquee and reprisal
No coining of money by states
No bills of attainder
No ex post facto laws
No violation of contract obligation
No granting of titles of nobility

Congressional consent is required for：
     Import or export taxes
     Duty on shipping tonnage
     Keeping troops or war ships in peacetime
     Interstate agreements or compacts
     Agreements with foreign powers
     Engaging in war，unless invaded

---

① See Marcia Lynn Whicker, Ruth Ann Strickland, and Raymond A. Moore, *The Constitution Under Pressure: A Time for Change*, Westport, Conn.： Greenwood Press, Inc., 1987, pp. 40 - 41.

宪法第 2 条则将行政权授予总统,第 3 条将司法权授予联邦最高法院。分权目的是让雄心抑制雄心,防止权力的垄断。在此基础上,三种权力的混合制约机制通过一个部门对另一个部门的监督实现政治力量平衡。"通过权力分离与混合而产生的各种机构,实际上是分享政府全部权力的各个部分。每部分都需要其他部门的合作才能使政府运作,而每部分也都愿意制约与平衡其他部分的权力。"①分权与制衡的设计在于控制政府滥用权力,以"互相抑制"的权力达到权力的有限性。

二是宪法授予政府有限权力的同时,还通过《权利法案》限制政府权力。"除了第 10 修正案将非列举的权力保留给州之外,整个《权利法案》列举了对政府行为的限制。《权利法案》的核心和古典自由主义的核心被认为是同一的和一样的。"②《权利法案》既作为主观权利又作为客观法是公民自由的基本防御阀。

四、宪法基本价值之四:法治

法治意味着"已制定的法律获得普遍的服从,而大家所服从的法律又应该本身是制定得良好的法律"③。法治的全部理论建立在一种对所有人都普遍适用,并且在原则上以及任何时候都有效的规则统治。法治是个人自由权的前提,它意味着在全社会实现法律的统治,国家的一切行为都必须严格按照既定规范来运行,不允许有个人专断和权力垄断,只有如此才能有效控制公权力和保障个体自由。为了确保法治正义维度,就必须对立法机关进行限制。比起行政机关和司法机关而言,立法机关的腐败会从源头上损害法治精神,断送"人民"的自由事业。因此,法治必须对一切立法行为进行限制,在此意义上的法治之法本身是不同于立法者所制定的法律的那种意义上的法,而是最高的宪法,宪法是法治的最高

---

① 〔美〕加里·沃塞曼:《美国政治基础》,陆震纶等译,中国社会科学出版社 1994 年版,第 24 页。
② See Marcia Lynn Whicker, Ruth Ann Strickland, and Raymond A. Moore, *The Constitution Under Pressure: A Time for Change*, Westport, Conn.: Greenwood Press, Inc., 1987, pp. 40 - 41.
③ 〔古希腊〕亚里士多德:《政治学》,吴寿彭译,商务印书馆 1995 年版,第 199 页。

形式。[①]

美国宪法用列举性的方式规定了国会、总统和最高法院的权力,三者对权力的分享和制衡关系确保了"有限政府"的理念;未列举权力则由各州和"人民"保留,而各州权力并不是无限的,宪法第1条第10款对各州的权力进行了限制,因此最终剩余的权力则由"人民"保留。然而,这样的宪法结构仍然无法摆脱"多数人暴政"弊端,国会权重使其极有可能产生暴虐和专断危险。历史上美国占统治地位的白人就制定了歧视少数族裔权利的众多法律限制和剥夺其选举权就是典型例子。面对国会"多数人暴政",宪法设置了两套防范机制:一是总统和联邦最高法院对国会权力的制衡;二是联邦最高法院的司法审查机制,即通过普通法院对国会立法的审查来制约代议机关权力,进而遏制"民主暴政"和实现公民自由。"司法审查"的出发点是美国宪法所代表的"有限政府"原则,即包括立法权在内的所有政府权力都是有限的。[②]

宪法建立的"有限政府"反对任何政府部门对权力垄断,尤其是代表民主的立法机关是重点防范对象。对立法机关制约最重要的机制就是"司法审查"制度。据统计,联邦最高法院在长达200多年的宪政实践中,一共宣布126部国会法律违宪,而对州立法审查则高达多达1151部。(见表2-5)[③]

表2-5　1789—1990年最高法院宣布联邦和州法律违宪的统计

Years	Federal	State and local
1789—1799	0	0
1800—1809	1	1
1810—1819	0	7
1820—1829	0	8

---

① 张千帆:《宪法学导论——原理与应用》,法律出版社2004年版,第14页。
② 张千帆:《宪法学导论——原理与应用》,法律出版社2004年版,第160页。
③ See Lawrence Baum, *The Supreme Court*, 4th ed., Washington, D. C. : Congressional Quarterly Press, 1992.

Years	Federal	State and local
1830—1839	0	3
1840—1849	0	9
1850—1859	1	7
1860—1869	4	23
1870—1879	7	36
1880—1889	4	46
1890—1899	5	36
1900—1909	9	40
1910—1919	6	118
1920—1929	15	139
1930—1939	13	93
1940—1949	2	58
1950—1959	5	60
1960—1969	16	149
1970—1979	20	193
1980—1990	18	125
Total	126	1151

"有限政府"原则意味着政府权力要受到公民基本权利的限制。这一原则基于这样的立宪政府思想:"人民"把宪法列举的权力和职责授予了政府,同时把剩余权力留给自己,这项政治协定意味着政府的行动必须依据法律规定,而法律是得到了被管理者的同意(虽然是间接的)而批准的。① 在"有限政府"理念下,宪法真正实现了对国家权力的控制,尤其是对立法权的防范,杜绝了"民主暴政",使得政府

---

① [美]加里·沃塞曼:《美国政治基础》,陆震纶等译,中国社会科学出版社 1994 年版,第26 页。

权力不管在形式上还是在实质上都受到了约束,这就是法治作为宪法基本价值的真谛。

五、美国宪法的基本价值之五:联邦主义

"联邦主义涉及到联邦和各州之间权力和责任的划分问题",[①]美国建国时期开始,联邦和州之间的关系就是宪法的中心问题之一。"作为一种宪法政府形式,联邦制度是一种处于更加分权的邦联制度和更加集权的单一制度之间的一种制度",[②]在联邦制下,联邦政府和各州之间的权力有着明确界限,联邦政府和州之间都可以根据自己宪法制定对个人行为产生影响的法律,并通过相应的行政机关和司法机关来执行法律和适用法律。从功能上看,联邦主义通过中央和地方之间权力的纵向配置,来确保中央与地方分权及相互制衡关系,保障"人民"自由。

联邦主义兼顾了联邦政府统一管理和各州自治的需要,通过权力在联邦和在各州之间分散实现权力分立和制衡,可以防止权力过分集中到中央政府。联邦主义的优势体现在:"(1)州政府比起广大中央政府而言,覆盖地理疆域要小得多。宪法界定了州政府权力,多变的联邦政府不能武断地废除或取消州政府存在,这为州政府提供了接近'人民'的机会。由于州政府与'人民'的亲近,它们更加容易感受公众意见。(2)联邦主义为公民提供了多种切入点,增加了公民向有关官员有效表达意见的可能性。联邦主义有很多参与路径,'双层政府'比单一中央政府提供了更加多的切入点,公民不能在州政府的部门解决的问题可以在联邦层面寻求救济。(3)联邦主义政府是一个麦迪逊等联邦党人主张的充满制衡的机构,它会强化对公民自由的保护并阻止中央政府对公民权利的侵害。复合制政府减少了党派和派别对整个政府运行的破坏,反对派可以通过周期性的选

---

① Bernard H. Siegan, *The Supreme Court's Constitution: An Inquiry into Judicial Review and Its Impact on Society*, New Jersey: New Brunswick, 1987, p.1.

② See Marcia Lynn Whicker, Ruth Ann Strickland, and Raymond A. Moore, *The Constitution Under Pressure: A Time for Change*, Westport, Conn.: Greenwood Press, Inc., 1987, pp. 48-49.

举制度来减少一党制所带来的弊端。"①因此,联邦制呈现出显著的宪法特征。②

联邦主义基本原则是对权力的自治与分享。③ 从结构上讲,联邦主义涉及到个体、群体和持久的政体之间的联系和局部的联合。在联邦制下,联邦成员可以根据宪法赋予的权力参与国家决策和管理,并同时保持高度自治性。在决策层面,国家政策通过协商方式来进行,从而确保各个层次主体都可以分享这种制度的决策和执行过程,可以使得各级政府在宪法权限内发挥最佳效率。

联邦主义是美国宪法的基本原则。根据宪法规定,国家权力在联邦政府和州政府之间进行分配,体现了主权的分享性质。联邦政府和州政府都可以对人民施加直接影响,都有自己独立的权力范围。联邦主义原则实际上也是妥协的产物,"起草宪法的人们别无选择,在他们心目中,松散的邦联从来没有搞好过,而集中一切政府权力不可能为当时各州政府所接受。于是,联邦制就成为治理一个地区差别很大、通信不方便的大国最合乎情理的原则。这也是使宪法能获得各州批准,在政治上唯一现实的办法"④。当然,美国的联邦制之所以会出现,另一个重要的原因在于州的初始性地位,合众国是由 13 个初始性的州让渡主权的结果。因此,无论出于对州原初性主权的尊重还是出于尊重历史,联邦宪法中必须体

---

① See Marcia Lynn Whicker, Ruth Ann Strickland, and Raymond A. Moore, *The Constitution Under Pressure: A Time for Change*, Westport, Conn.: Greenwood Press, Inc., 1987, pp. 49 – 50.

② 李帕特将联邦制的特征概括为五点:"(1)一个明确的说明分权并保证中央和地方政府所分的权力不能够被剥夺的书面宪法;(2)一个两院制的立法机关,其中一个议院代表大多数人,另外一个议院代表联邦政府的组成单位;(3)在两院制的立法机构中,联邦政府议院里较小的组成单位的代表人数超出比例;(4)组成单位拥有参与联邦宪法修订过程的权力以及单方面更改自己宪法的权力;(5)分权的政府,也就是说,地方政府在联邦政府中享有的权力与中央集权国家地方政府相比较拥有的权力更多。"(See Arend Lijphart, "*Non-Majoritarian Democracy: A Comparison of Federal and Constitutional Themes*," Publius, 1989, (4): 177 – 179.)

③ 联邦制的自治和共享包括:(1)规定权力分享;(2)缩减主权问题;(3)补充但并不寻求或减少它们赖以生存的过去的组织联系。(Deniel J. Elazar, *Exploring Federalism*, Tuscaloosa: The University of Alabama Press, 1987, p.15.)

④ 〔美〕加里·沃塞曼:《美国政治基础》,陆震纶等译,中国社会科学出版社 1994 年版,第 25 页。

现这种地位。

美国联邦主义包括两个方面：一是"联邦最高"原则，这是由宪法第6条规定的，本条是联邦政府富有权威的基础；二是保证州政府的独立性，宪法第10修正案明确规定中央政府剩余的权力由各州或人民保留，州的实质上的保留权力主要包括管理地方政府、市政府，管理州内商业和贸易，监督教育以及"警察权"。关于联邦政府和州政府的权力结构，可从下图体现（见图2-1）：①

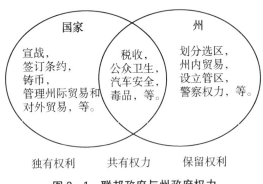

图2-1　联邦政府与州政府权力

从上图可以看出，联邦政府享有"独占权力"，这体现在宪法第1条第8款国会的权力清单上，主要包括宣战权、缔约权、铸币权和管理州际贸易权等。州政府享有"保留权力"，②这个权力主要指的是州划分选区、州内贸易、设立管区和保护州人民安全的"警察权"。而联邦政府和州政府还享有共有权力，这些权力包括税收、公共卫生、汽车安全和毒品管制权等。但是，由于宪法第6条的"联邦最高"原则，决定了联邦政府和州政府的权力存在内在的冲突，而这种冲突可以通过联邦最高法院以司法的途径来解决，但这种解决并不是一劳永逸的。联邦政府与州政府冲突最终以"内战"形式体现出来，这标志着冲突的顶点。尽管最终联邦政府取得了胜利，"联邦最高"原则得以维护。

---

① 参见［美］欧文·L.莱文，埃尔默·E.小康韦尔：《美国政府概论》（第2版），麦克米伦公司1972年版。
② 从宪法权力结构看，州政府的"保留权力"是对州初始主权地位的承认。当然这个权力相对于联邦政府的"独占权力"而言，实际上也可以称之"独占权力"。

然而,"内战"后的联邦政府与州政府之间的关系仍然存在冲突,但这种冲突远没有"内战"之前的冲突那样严重,"内战"后确立联邦政府实质性优势地位已经使得州政府更多寻求与联邦政府的合作,这种"合作式联邦主义"诠释了联邦政府和州政府之间的多重混合关系,有学者将这种关系称之为"花样奶油蛋糕"。①

综上所述,美国宪法呈现出以民主、共和、自由、法治和联邦主义为结构的基本价值结构,这种结构为宪法变迁提供了基本基准。在宪政实践中,宪法变迁紧紧围绕宪法的基本价值结构,确保了宪法变迁价值取向保持正确的方向,不会损害"人民"利益。

第二节 德国和美国宪法变迁比较分析*

宪法变迁概念来源于德国,②其产生与国家法学中的实证主义、理性国家哲学传统和"德国问题"有关,③宪法变迁事实性色彩浓厚,耶利内克的"事实规范力"集中体现了这种特点。耶利内克之后,德国公法学界对古典宪法变迁理论进行了批判性发展,注重从规范性和正当性层面强化宪法变迁的规范底色,最终奠定了事实性和规范性相协调的宪法变迁格局。与德国宪法变迁发展不同,美国并没有系统性的宪法变迁理论,但却拥有以司法解释为中心的发达宪法变迁实践。德国和美国的宪法变迁理论和实践根源于两国不同的宪政传统,体现了两种不同的宪法变迁传统。但《基本法》之后,德国以宪法法院为核心的变迁与美国以法院为核心的变迁又走向了趋同性。

---

* 本节内容发表于《学术研究》2017年第7期,出版时略有修改。

① 〔美〕加里·沃塞曼:《美国政治基础》,陆震纶等译,中国社会科学出版社1994年版,第25页。

② "宪法变迁"(the constitutional changing)古典含义来自格奥尔格·耶利内克论述:即"宪法文本形式上保持不变,而是通过某些非以修改宪法为目的或者无意识的事实行为而对宪法所作的修改。"(〔德〕格奥尔格·耶利内克:《宪法修改与宪法变迁论》,柳建龙译,法律出版社2012年版,第3页。)

③ "德国问题"是学术界对近代德国一个特殊阶段的历史阐释。自"神圣罗马帝国"以来,德国一直处于邦国林立和四分五裂的局面,因此,结束分立实现德国的统一就成为近代德国转型的历史重任。在19世纪中后期,俾斯麦等政治家终于通过"王朝战争"形式完成了德国统一。

一、德国宪法变迁的历史流变

德国国家法学经历了第二帝国、魏玛德国和《基本法》时期,但实证主义国家法学在第二帝国之前就开始发端。最早奠定国家法学实证主义传统的是施塔尔(Stahl),随后的布隆奇利(Bluntschli),基尔克(Gierk),卡尔·弗里德里希·冯·格贝尔(Carl Friedrich Von Gerber),保尔·拉班德(Paul Laband)和格奥尔格·耶利内克(Georg Jellinek)等逐渐完成了国家法学的实证化。魏玛时期,汉斯·凯尔森(Hans Kelsen)将国家法学实证化发展到顶峰。此后,经过鲁道夫·斯门德(Rudolf Smend),赫尔曼·黑勒(Hermann Heller),康拉德·黑塞(Konrad Hesse)和恩斯特·沃尔夫冈·博肯福尔德(Ernst Wolfgang Böckenförde)等改造,国家法学在实证化基础上更加注重正当维度。

德国国家法学的实证主义造就了古典宪法变迁理论,政治权力引起的宪法变迁是国家法学发展的主要特点。1895年,拉班德在《德意志帝国宪法的变迁》中认为,宪法可以在不改变文本的前提下因事实而发生变化。[①] 1906年,耶利内克正式提出古典宪法变迁概念,认为宪法变迁是宪法文本形式上保持不变,而是通过某些非以修改宪法为目的或者无意识的事实而对宪法所做的修改,并将宪法变迁类型化为政府各分支解释、政治上的必要、宪法惯例、国家权力不行使、填补宪法漏洞和宪法根本精神或基本制度变化而产生的变迁等表现形式。[②] 耶利内克对宪法变迁的界定和类型化完成了德国宪法变迁的体系化。但宪法变迁范围过于宽泛,[③]因此也招致许多学者批判。例如,徐道邻就不同意耶利内克六种宪

---

① 王锴:《德国宪法变迁理论的演进》,载《环球法律评论》2015年第3期,第113页。
② 参见[德]格奥尔格·耶利内克:《宪法修改与宪法变迁论》,柳建龙译,法律出版社2012年版,第13—92页。
③ 例如,第二类出于政治必要引起的宪法变迁是根据政治需要产生的,在根本上会损害宪法整体性;第六类变迁,如果宪法根本精神和基本制度发生变化,意味着宪法已经走向破碎,在现实中就需要通过再次政治决断来制定新宪法。

法变迁类型,①将宪法习惯、填补宪法漏洞排除出宪法变迁范围。② 而且,徐道邻认为耶利内克所说的违宪变迁是"恶性变迁",并认为无人表示异议或主张违宪的宪法变迁判断标准并不能将宪法变迁与违宪现象进行区分。徐道邻对耶利内克的批判有合理之处,但有矫枉过正之嫌。例如,对于违宪的宪法变迁,也不能一概说违宪,而要具体分析,如果一些违宪的宪法变迁反复用之,或者达到了"国民同意(规范意识或社会心理)、承认其规范价值这样的严格条件",③并不能排除具有规范力的可能。

1973 年,康拉德·黑塞对先前的宪法变迁理论进行了批判,认为拉班德和耶利内克的宪法变迁将规范与事实进行严格分离和对立,从而将宪法变迁等同于政治事实变化,这种方法过于注重宪法变迁的事实层面,而忽视了其规范属性。据此黑塞认为,宪法变迁必须采用宪法规范的结构学说,即规范与事实之间的辩证法,通过事实的规范化来实现事实性向有效性转化,规范化可以不改变宪法文本,在宪法价值框架内通过解释使宪法发生变迁。

1993 年,伯肯弗尔德将宪法变迁重新类型化为两种:一是政治事实;二是宪法解释。这两种类型的分界在于是否存在宪法裁判制度,前者缺乏宪法裁判制度,宪法变迁成为政治进程的附庸;而后者具有宪法裁判制度,使宪法变迁规范属性得以补强。尽管伯肯弗尔德反对前者,但其也对宪法法院解释宪法的垄断权保持了足够的警惕:如果将宪法变迁完全掌控在宪法法院手中,宪法变迁就完全被宪法解释涵射,其存在的价值和宪法学功能就会大大弱化。海因里希·阿玛德斯·沃尔夫(Heinrich Amadeus Wolf)就认为《基本法》背景下宪法变迁呈现"萎缩"趋势就与宪法法院存在有关。

1999 年,斯蒂芬·瓦格特(Stefan Voigt)进一步发展了古典宪法变

---

① 徐道邻把宪法变迁类型化四种:(1)形式上未伤及宪法规范的国家实务运作所产生的宪法变迁;(2)宪法条文所规定的权限无法行使所产生的变迁;(3)因违宪的国家实务运作所产生的宪法变迁;(4)经由宪法解释所产生的宪法变迁。
② 王锴:《宪法变迁:一个规范与事实之间的概念》,载《北京航空航天大学学报(社会科学版)》2011 年第 3 期,第 64 页。
③ [日]芦部信喜:《制宪权》,王贵松译,中国政法大学出版社 2012 年版,第 137 页。

迁理论,提出了"二元"宪法变化结构:"显性的宪法变化"(Explicit Constitutional Change)和"隐性的宪法变化"(Implicit Constitutional Change)。"显性的宪法变化"指形式上宪法文本发生变化的宪法修改;而"隐性的宪法变化"特指宪法文本未变而含义发生变化的宪法解释,并且构建一定的理论模型来阐述其运行机制,认为在分权体制下宪法解释可以由所有政府分支发起,立法机关通过立法,行政机关通过执法,司法机关通过裁决都可以解释宪法,不同分支解释要受到其他分支"偏好"的直接制约,以及利益集团的间接制约。①

在实践层面,在"神圣罗马帝国时期",德国建立了帝国最高法院、帝国宫廷法院和特别仲裁机关来解决宪法与事实之间的张力问题。而1818年《萨克森宪法》规定国事法院解释宪法;1849年的《法兰克福宪法》将解释宪法任务交给了联邦最高法院;1879年建立的帝国最高法院通过"司法审查"解释宪法。"魏玛时期","联邦高等法院"负责解释宪法,化解宪法与国家发展之间的张力。② 但是,直到"二战"之前,德国政治权力引起的宪法变迁是其典型形态,而宪法解释由于缺少实质意义上的宪法裁判制度一直处于非典型地位。《基本法》时期,德国建立了实质的宪法法院,宪法法院的宪法解释成为宪法变迁的典型形式。③

综上所述,德国宪法变迁在理论层面具有体系化特点,而在实践层面以《基本法》为界,前期以政治权力引起的变迁为主,后期以宪法解释产生的变迁为主。德国宪法变迁呈现出历史主义和实证主义的传统,它由事实与规范之间的张力引起,而又一直徘徊在事实与规范之间,整合事实与规范之间的紧张关系一直是其中心任务之一。

---

① See Stefan Voigt, "*Implicit Constitutional Change-Changing the Meaning of the Constitution Without Changing the Text of the Document*," European Journal of Law and Economics, 1999,7(3):197 - 224.

② 参见李晓波:《再论宪法的守护者——兼论中国的宪法守护者问题》,《河南财经政法大学学报》2016年第1期,第43—44页。

③ See: *Party Tax Deduction Case*, 8 BVerfGE 51; *Party Finance Case*, 20 BVerfGE 56; *West Media Case*, 14 BVerfGE 121; *Radical Groups Case*, 47 BVerfGE 198; *Socialist Reich Party Case*, 2 BVerfGE 1.

二、美国宪法变迁的理论和实践

美国宪法变迁理论不同于建构性的德国,其特色在于宪法变迁的司法化,体现了普通法的经验主义传统。因此,美国宪法变迁理论的系统性方面存在不足。但是,从实践层面看,以司法解释为核心的宪法变迁实践却异常发达。美国宪法变迁研究文献中对这种发达进行了回应,文献中频繁出现宪法变化(the Constitutional Change)概念就是例子。但是,宪法变化具有典型的美国意义,其表达的是广义宪法变迁,即囊括所有宪法变化形态的一个范畴,并不指狭义的宪法变迁(the Constitutional Changing)。

在理论上,包括法院对具体案件引起的司法解释在内的狭义宪法变迁被称之为"非修正的宪法变化"(Non-constitutional Amendments)或"非正式变化"(Informal Constitutional Change)。[1] 例如,约翰·R. 瓦伊尔(John R. Vile)将宪法修正和立法机关、行政机关和司法机关宪法解释统一归结为宪法变迁。[2] 詹姆斯·W. 托克(James W. Torke)把立法机关、行政机关和司法机关的解释看作是宪法修正之外的宪法变化。[3] 道恩·奥利弗(Dawn Oliver)等则把政治实践、宪法惯例、宪法判决和解释等都看作是"非修正的宪法变化"。[4]

除此之外,美国(广义)宪法变迁还关注发起力量。罗恩·利维(Ron Levy)认为公众参与可以引起宪法变迁,但同时强调这种参与必须在宪法

---

[1] Stephen M. Griffin, *"Understanding Informal Constitutional Change,"* Rei-Revistaestudos Institucionais, 2015,1(1):1.

[2] See John R. Vile, *The Role of Constitutional Amendments, Judicial Interpretations and Legislative and Executive Actions*, New York: Praeger Publishers Inc., 1994, pp. 27 - 34.

[3] See James W. Torke, *"Assessing the Ackerman and Amar Theses: Notes on Extratextual Constitutional Change,"* Widener Journal of Public Law, 1994,229(4):5 - 6.

[4] See Dawn Olive, *"Carlo Fusaro, How Constitutions Change: A Comparative Study,"* The Modern Law Review, 2012,75(5):945 - 950.

第五条之内进行。① 因为"一个宪法修正案是民意非凡表达和刚性修改程序之间的聚合。就像只有一个非凡的立法机关或大众多数制定宪法一样,也只有与大多数代表的刚性宪法修改程序保持一致才能修改宪法"。② 宪法修正从某种程度上是对司法解释纠正,因为非民选的"最高法院不能足够承担宪法变化这样伟大的任务"③。因此,总统和国会通过政治途径在宪法修正程序之外发起变迁就是重要补充。例如,玛西亚·琳恩·惠克(Marcia Lynn Whicker)等就认为政治精英和普通民众都可以发起宪法变迁,"政治精英发起的宪法变迁对其他政治家和精英产生了影响,在国家制度层面产生了政治聚合力和共识,普通民众发起的变迁则由民众通过科学技术进步唤醒大众政治态度和宪法意识,以群众政治运动形式表现出来"④。实际上,惠克等提到的宪法变迁就是宪法修正,属于(广义)宪法变迁范畴。

除此之外,美国(广义)宪法变迁还关注与法治关系。法治要想随着时间保持相对稳定性,就必须使"人民"既保留制宪权,又远离宪法。因此,不管宪法如何变化,都必须坚持法治价值,这体现了宪法基本价值的法治对宪法变迁的调控功能。法治并不反对"人民大众"的政治认知对宪法变迁的作用,但必须遵守宪法第5条,宪法第5条为公众参与宪法变迁提供了法治保障,这是伊利亚·索明(Ilya Somin)等人的立场。⑤ 另外,瑞娃·西格尔(Reva Sigel)关注宪法变迁与社会运动之间的关系,他认为

① See Ron Levy, "*Breaking the Constitutional Deadlock: Lessons from Deliberative Experiments in Constitutional Change,*" Melbourne University Law Review, 2011, 34(3): 805 - 838.

② See Richard Albert, "*Non-constitutional Amendments,*" Canadian Journal of Law & Jurisprudence, 2015, 22(1): 5 - 47.

③ See Stephen M. Griffin, "*The Problem of Constitutional Change,*" Tulane Law Review, 1996, 2121(70): 7 - 10.

④ Marcia Lynn Whicker, Ruth Ann Strickland, and Raymond A. Moore, *The Constitution Under Pressure: A Time for Change,* Westport, Conn.: Greenwood Press, Inc., 1987, p. 109.

⑤ See Ilya Somin, Neal Devins, "*Can We Make the Constitution More Democratic?*" Drake Law Review, 2007, 55(4): 971 - 1000.

社会运动是美国宪法变化的建设性力量,它们使宪法保持活力。[1] 当然,也有部分学者提到了狭义的宪法变迁,例如,怀特(White)认为公众参与有可能引起"宪法革命"的危险,宪法变迁应该掌握在最高法院手中,这里的宪法变迁具有狭义意蕴。[2]

在实践层面,美国(狭义)宪法变迁主要以司法解释和宪法惯例形式存在的。联邦最高法院通过"司法审查"解释宪法,不断丰富宪法规范价值;而总统通过"固有"权力使宪法发生的实质变迁和政党惯例则发挥了对司法解释的补充功能。以司法解释为中心的多种宪法变迁机制化解了规范与事实之间的紧张关系,保持了宪法的稳定性、适应性和权威性。

三、德国和美国宪法变迁的异同

上述德国和美国宪法变迁理论和实践的梳理,可以发现德国和美国宪法变迁在学术传统、哲学基础、历史背景和实现机制等方面存在一定差异。但是,二者也具有一定相同性,例如,《基本法》时期,德国宪法法院主导的变迁模式与美国法院主导的变迁模式的趋同性,以及宪法惯例和宪法基本价值对宪法变迁的调控等。

(一) 德国和美国宪法变迁的差异性

德国宪法变迁受实证主义、理性主义和"德国问题"影响,宪法变迁国家主义价值取向比较浓厚,实现机制上也与美国不同,体现了"政治宪政主义"特色。美国宪法变迁受普通法经验主义的塑造,司法解释是宪法变迁主要实现机制,体现了"司法宪政主义"传统。

1. 实证主义和规范主义

德国和美国宪法变迁与两国不同的宪政传统相关。德国宪法变迁产生于古典哲学基础上,宪法变迁受理性主义国家哲学辐射,实证领域内政

---

[1] See Reva B. Siegel, "*Constitutional Culture, Social Movement Conflict and Constitutional Change: The Case of the De Facto Era*," California Law Review, 2006,94(5):.1323-1419.

[2] See G. Edward White, "*Constitutional Change and the New Deal: The Internalist/Externalist Debate*," American Journal of Ophthalmology, 2005,110(4):1094-1115.

治权力引起的变迁是主要特点。早期的拉班德和耶利内克都重视政治因素对宪法含义的改变，耶利内克甚至将"基于政治的必要"作为宪法变迁表现形式之一，并且还将"无人表示异议或主张违宪"看作是宪法变迁的判断标准。显然，这种实证主义法律观忽视了"法治国"的实质正当性和必备的道德基础。① 因此，《基本法》之前，德国宪法变迁因缺少实质道德原则和宪法基本价值调控而蜕变为政治权力的事实性科学，宪法变迁为强权政治打开了便利之门。

规范主义是美国宪法科学主导性范式。自"建国"以来，美国就继承了英国的普通法院制度。1803年随着"司法审查"制度的确立，宪法变迁就一直围绕着法院进行，形成了以司法解释为中心的宪法变迁实现机制结构。从历史维度看，美国的宪法变迁从一开始就注重从规范主义立场来消解事实与规范的张力关系，强调在宪法规范范围内更新宪法含义，实现社会实际必要性向有效性的转化。由于司法解释遵循宪法整体原则，并受到宪法基本价值的调控，因此走向"恶性变迁"的几率较低，在这点上《基本法》之前的德国就要逊色很多。

综上所述，在不同宪政文化传统影响下，德国宪法变迁更加注重"事实"维度，而美国的宪法变迁更注重"规范"维度。尽管实证主义和规范主义都同意形式法治的重要性，但实证主义缺少"正当性"维度，而规范主义由于宪法基本价值调控，其能在相当程度上确保宪法变迁"善"相。

2. 理性主义和经验主义

德国系统的宪法变迁理论与欧洲大陆的理性主义哲学传统有关。在欧洲大陆，宪法学的中心任务是发展出一套内在融贯的理论结构，在学术内进行宪法概念创造，推演出一般性的概念和结构，并且将它们作为内在运作于法律体系中的话语加以认识，从而追求系统化。从这种意义上，欧洲宪法学发展呈现出在司法发展之外运用系统化的法理概念和结构来规训宪法司法发展的趋势，宪法学一直试图保持宪法作为"法律人"文件的内在整合性，从而确保宪法系统性和自治性。在这种传统影响下，德国学

① 实证主义法律观认为法律就是国家意志的规范化表达，只要具备形式上的合法性，法律就是具有实效的。这种法律观容易走向条文主义、规则主义和逻辑主义，其正当性证成不足。

者立足时代任务,运用理性主义哲学构建了一种高度体系化的宪法变迁理论。《基本法》时期,随着宪法法院的建立,宪法变迁逐渐发展出一套以宪法解释为中心的理论体系,宪法变迁在古典理论的基础上得到进一步拓展。

美国继承了经验主义的普通法体系,宪法发展在保持宪法学自治领域的同时,更加重视宪法的司法发展。美国宪法学者认为宪法学在维持自治性的同时,还应该对社会需求作出持续和及时的回应,从外部来维持其正当性,以此实现宪法的内在整合性与外在"正当性"的统一。因此,"美国宪法不仅是法律人的文件,它还是生活载体,它的精神也总是时代精神"[1],宪法与时代精神对接,使宪法能够积极主动适应具体历史阶段"人民"需要,并能够将"人民"需要转换成宪法规范,不断丰富宪法规范价值体系,这个任务是由最高法院来完成的。纵观整个宪政历程,可以发现"宪法在最高法院与美国'人民'之间政治斗争的拉锯之中得以发展",[2]"最高法院几乎所有重要判决都会开启在最高法院与'人民'及其代表之间的对话"。[3] 通过对话,美国人所希望的宪法稳定性与宪法所能传达的根本政治认同得到相互统一。司法决策与大众之间持续和频繁互动,确保了"宪法发展与变动不居的社会关系、利益和信念的一致性"[4]。因此,美国以司法解释为中心的宪法学是宪法变迁的特色,"遵循先例"的基本准则是普通法宪政的精华,它体现了经验主义哲学对宪法原则的规训。

3. 国家统一与民族国家构建

德国宪法变迁从一开始就是为解决"德国问题"服务的。近代德国一直处于邦国林立的分裂状态。19 世纪后期,德国才由俾斯麦通过"王朝

---

[1] Woodrow Wilson, *Constitutional Government in the United States*, New York: Columbia University Press, 1908, p.69.

[2] See Robert C. Post, Reva B. Siegel, "*Roe Rage: Democratic Constitutionalism and Backlash*," Harvard Civil Rights-Civil Liberties Law Review, 2007,42(2):373 – 433.

[3] Alexander M. Bickel, *The Supreme Court and the Idea of Progress*, New Haven: Yale University Press, 1970, p.91.

[4] Armin Von Bogdandy, "*The Past and Promise of Doctrinal Constructivism: A Strategy for Responding to the Challenges Facing Constitutional Scholarship in Europe*," International Journal of Constitutional Law, 2009,7(3):364 – 400.

战争"完成统一,而此时的其他大国如美国、法国和英国都基本上都完成了现代国家转型和构建。国家统一的任务决定了国家法学必须服从政治需要,通过政治事实发生变迁来满足国家统一需要就成为一种经常的现象。但这些变迁由于缺少"正当性"维度和宪法基本价值约束,极易服膺强权政治,蜕变为"恶性变迁"。从历史经验看,国家统一是宪政秩序存续的前提,缺乏"正当性"的宪法变迁抛弃了立宪主义精神,蜕变为权力合法性的修辞。实践也证明,德国宪法变迁适应了"德国问题"解决的需要,但也直接促成了"第二帝国"和"第三帝国"对国家权力的攫取。

美国并不存在所谓的"德国问题",①如果英国能够采取适当措施,北美殖民地革命基本上是不会发生的,美国宪法本质上是原则与妥协的结果。② 从这个意义上讲,美国革命与法国大革命相比具有"保守主义"特质,弗里德里希·根茨更是从"合法性的来源、举措的特征、目标的性质、抵抗的程度"等四个方面加以说明。③ 因此,美国"建国"之后,在没有沉重历史包袱的压力下,构建强大民族国家就成为迫切任务。为了适应民族国家构建需要,美国构建了以司法解释为中心的宪法变迁实现机制,以满足民族国家构建的规范需要。除此之外,总统利用宪法赋予的权力,不失时机通过宪法惯例树立宪政领导权,尤其是类似华盛顿、杰斐逊、林肯等"创业型总统"通过行政权扩张引起的宪法变迁对国家构建的影响。④ 司法解释和宪法惯例等宪法变迁的存在,为"西进运动""工业革命""国内改进"等一系列国家构建行为提供规范支持,使美国在 100 年时

---

① "德国问题"的核心是将一个邦国林立的松散实体转变为一个统一的民族国家,而美国建立在13 个殖民地基础上,核心是在摆脱大英帝国殖民统治之后的联合方式问题,即 13 各殖民地采取何种方式构建一个民族国家,这个问题与"德国问题"有着根本不同。

② 参见:[美]詹姆斯·麦迪逊:《辩论:美国制宪会议记录》,尹宣译,译林出版社 2014 年版;[美]凯瑟琳·鲍恩的《民主的奇迹》,郑明萱译,新星出版社 2013 年版;王希:《原则与妥协——美国宪法的精神和实践》(增订版),北京大学出版社 2014 年版等。

③ 参见[德]弗里德里希·根茨:《美法革命比较》,刘仲敬译,上海译文出版社 2014 年版。

④ "创业型"总统是与"守业型"总统相对的一个范畴,"创业型"总统最大特点在于能够利用宪法权力空间重塑"政治信念"和政治体制。在一定历史阶段,他们(总统)能够通过自己能力推翻旧体制,并按照自己设想重新解释宪法重建国家体制,这主要是因为总统代表了全体"人民",他们必须肩负起重新思考基本的实质性政治价值并重新配置现存的制度安排,这些实质性主张的政治力量增强了总统权力,强化了总统的制度形象,开启"权力宪政"(Constitutionalism of Power)。

间里迅速从美洲一个区域性国家转变为世界强国。两个国家不同的历史任务也致使两国宪法变迁呈现出不同的历史功能主义倾向。

4. 宪法变迁实现机制结构的不同

德国古典宪法变迁构建了系统的实现机制结构。在《基本法》之前，德国宪法变迁实现机制主要由"议会、行政和司法解释""基于政治必要""宪法惯例""习惯宪法""国家权力不行使""填补宪法漏洞"和"宪法含义自然变更"等构成，其中"基于政治必要"等政治行为发起的变迁处于典型地位，而"基于议会、行政和司法解释"实现机制处于非典型地位。《基本法》之后，德国总结了历史经验教训，构建了以尊严为基础的"客观价值秩序"，并以此构建了民主国、法治国、社会国和联邦主义等价值，以此来统摄宪法变迁实践，这使得宪法法院也必须在遵循"客观价值秩序"前提下进行宪法解释，以此确保宪法的同一性和连续性。

美国宪法变迁实现机制形成了以司法解释为中心，以宪法惯例为补充的多元结构。司法解释体现了美国"司法宪政主义"传统和"保守主义"宪法观，它在遏制"大众民主暴政"的同时，确保了宪法的稳定性、权威性和适应性。尽管司法解释承担了宪法变迁实现的重任，但仅依靠司法解释是无法满足社会实际必要性提出的规范需求的。而且将所有变迁重担都托付给非民选的最高法院，依靠一套司法决策程序解决权利冲突也回避了政治决策的理由，在政治上缺乏民主政治代表，也不负责任，可能会沦为少数精英主导的暴政。司法程序设计无法满足权利共识性质的理性结果，这就需要通过总统、政党等其他力量来弥补司法解释存在的缺陷，将规范生产引入实质性的政治参与进程。因此，总统和政党宪法惯例一直是美国宪法变迁实现机制的重要构成部分。

尽管，德国《基本法》之后的宪法解释和美国司法解释都是宪法解释，但本质上是两种截然不同的宪法变迁实现机制结构，这源于宪法解释和司法解释的不同性质。宪法法院的宪法解释必须严格遵守《基本法》和《联邦宪法法院法》等相关规定，而普通、行政、财政、劳动和社会审判权，由联邦法院、联邦行政法院、联邦财政法院、联邦劳动法院和联邦社会法院等行使，它们并不享有宪法解释权。而美国通过 1803 年的"马伯里案"（*Marbury v. Madison*）将宪法解释权赋予了普通法院，而联邦最高法院享有最终的解释权,其他分支必须遵守和服从,除非通过宪法修正案推翻。然而并不能就此认为司法分支享有全部宪法解释权,只是享有最终的解释权。从这里可以看出,司法解释并不等于宪法解释,其他政府分支在宪法规定范围内也具有相应解释权,"司法审查"和宪法解释的范围呈现负相干关系。实践也证明,尽管美国司法解释具有最高性和最终性,但不可否认的是国会和总统在"固定"职权范围内仍然保有"固有"的宪法解释权。

(二) 美国和德国宪法变迁的相同性

尽管德国和美国宪法变迁在多个维度呈现出一定的差异性,但二者在历史任务、宪法惯例,以及宪法基本价值的调控方面又具有某种趋同性。

1. 历史任务:国家发展战略的规范供给

德国和美国宪法变迁都是为了化解规范与事实之间的张力而出现的。尽管美国并不存在与德国相类似的"德国问题",通过一场并不激烈的革命就获得了独立,再加上地缘政治优势,民族国家构建的历史包袱比较轻。但"建国"之后,美国却面临着与德国相同的历史任务,即国家发展战略问题,即新生共和国的发展方向问题。经过联邦党人和反联邦党人的多次论战,美国最终确定了工业立国基本方向。而德国在 19 世纪末统一之后,同样确立了工业化国家发展战略。同样的国家发展战略迫切需要宪法在规范层面给于支持,在宪法修正无法满足这种规范"生产"情形下,宪法变迁出现就是必然现象。在工业化过程中,国家构建行为引起的"权力宪政"不断向宪法提出挑战,宪法以变迁形式进行回应,扩大联邦政府权力,例如,美国"建国"之后 100 年里面,总统缔约权、战争权、紧急状态权的变迁,国会利用征税权、建造驿站、专利权等权能积极扩大中央政府权力,以及联邦最高法院利用"必要和适当条款"和"贸易条款"强化中央司法权,都是适应国家发展战略的需要。

德国统一之后,也走上了工业化道路。根据 1871 年《德意志第二帝国宪法》规定,德意志皇帝的权力包括:宣战权、缔约权、联邦议会和帝国议会的召集、延会、闭会权;法律的建议权、颁布权和监督执行权;官吏的任免权、宣布紧急状态权;且帝国首相还要对皇帝负责。从这里可以看出,帝国时期的国家全部大权集中于中央,而中央权力又集中到皇帝手中。德皇巨大的权力以及存在的"政治裁量权"满足了民族主义国家统合性需要,宪法因政治权力的变迁也为国家发展提供了规范支持。在中央政府大力支持下,德国启动了"第二次科技革命",通过奖励科技发明、保护专利、构筑国家交通网络、大力发展重工业等一系列措施,在较短时间内迅速实现了工业化,并迈入世界强国之列。19 世纪末,随着这两个国家先后向帝国主义转型,国家发展战略同时走向了对外扩张,从民族国家向"帝国"的转型又为国家权力扩张奠定事实基础,又迫使宪法以变迁的方式来满足国家发展战略的规范需求。

2. 宪法惯例:共同的宪法变迁实现机制

美国和德国宪法变迁有一个共同现象,即宪法惯例作为宪法变迁实现机制广泛存在于两国宪政实践中。宪法惯例并不是英国宪法特有的现象,实际上在宪法没有具体规定的情况下,因权力反复行使而形成的规范力就通常以习惯宪法形式表现出来。宪法惯例在德国宪法中被称之"任意宪法",可以随时适应不断变化的政治关系,但违反这些"任意宪法"并不能算是违法,惯例本身也可以随时变化,但变化并不像法律条文那样进行明文修改,而美国主要通过总统和政党宪法惯例体现出来。

宪法惯例之所以是这两个国家共同的宪法变迁实现机制,其原因在于形式宪法的功能缺陷。尽管宪法和法律对政府分支权力进行了明确规定,但宪法和法律不可能对行使这些权力作出详细安排,这就为政府的权力裁量留下了法上自由。因此,"在那些缺乏制定法规范,且无实质法律对之进行调整的地方,其存在和作用则是基于任意宪法,这些任意宪法作为一个流动因素填补成文宪法规范产生的巨大空间"[①]。宪法惯例的存在弥补了成文宪法产生的巨大漏洞,在那些缺乏制定法规范,且无实质规范对国家政治生活进行调整的地方,宪法惯例的存在就为国家生活提供了基本准则,它在一定程度上消解了规范阙如带来的宪政危机。但是,宪法惯例作为宪法变迁实现机制,其本身的规范性是一个问题。

---

① [德]格奥尔格·耶利内克:《宪法修改与宪法变迁论》,柳建龙译,法律出版社 2012 年版,第44 页。

3. 宪法基本价值：宪法解释共同遵守的准则

宪法基本价值是在立宪时刻，人民通过行使制宪权以政治决断方式固化在宪法文本中稳定的、恒久的、根本的价值取向，这种价值取向是全体人民公意的集中体现，集中表达了全体人民建立一个"自治""自由""自尊"优良共同体的愿望。德国《基本法》和美国宪法都明确形成了自己的基本价值体系。

《基本法》之前，德国宪法变迁由于缺少"正当性"维度和宪法基本价值的双重制约，宪法变迁容易走向"恶性变迁"。《基本法》之后，经过康拉德·黑塞和伯肯弗尔德的矫正，宪法变迁的事实性和规范性逐渐相互统一，宪法法院司法程序对宪法变迁的"点化"功能得到强化。宪法解释逐渐围绕"尊严"基本价值体系展开，这个价值体系不是制宪者主观价值偏好，也不是司法实践产物，而是宪法本身固有基本价值，"宪法法院和国会制定法律都必须以这个客观的价值秩序为基础"，[1]而不能破坏"客观的价值秩序"。在具体案件中，宪法法院对《基本法》的解释必须遵循实质性价值统一结构的"客观价值秩序"，"这些基本价值是客观的，因为它们在宪法中是一个独立存在。它们强加于政府机构义务，并监督它们如何实现这些价值"。[2]"客观价值秩序"确保了宪法变迁能够在《基本法》基本价值涵射的范围内展开，协调和统一宪法变迁的规范性与事实性属性。

美国司法解释不能脱离原意，"为了应对社会、经济、文化，或者道德哲学的变化，司法机关脱离宪法的原意进行解释是值得争议的"[3]。宪法原意意味着司法解释要遵守宪法的民主、自由、法治、共和和联邦主义等基本价值结构，这个基本价值结构是制宪者在宪法制定时刻通过政治决

---

① See D. Kommers, *The Constitutional Jurisprudence of the Federal Republic of Germany*, Durham: Duke University Press, 1989, pp.185 - 186.

② See D. Kommers, *"German Constitutionalism: A Prolegomenon,"* Emory Law Journal, 1991,40(2):837.

③ See Michael Les Benedict, *"Constitutional History and Constitutional Theory: Reflections on Ackerman, Reconstruction, and the Transformation of the American Constitution, Moments of Change: Transformation in American Constitutionalism,"* Yale Law Journal, 1999,108 (8):2011 - 2038.

断固化在文本中的基本政治价值,司法解释不能脱离基本价值去解释宪法。宪法基本价值在确保宪法变迁"善相"的同时,也保持了宪法稳定性、权威性和适应性。尽管德国和美国宪法解释的机关不一样,但在解释宪法的过程中都必须遵守宪法基本价值结构,这是《基本法》之后德国和美国宪法变迁发展呈现出的趋同性的一面。

在宪政实践中,实证宪法中的规范价值性和社会实际必要性存在永恒张力。宪法规范的价值性不可能永远涵摄社会实际必要性,在规范价值性无法容纳社会实际必要性时刻,而又存在"刚性"修改程序前提下,就需要通过宪法变迁将社会实际必要性纳入规范体系,消解事实与规范之间张力关系。德国前期宪法变迁受实证主义和理性国家哲学影响,宪法变迁事实性色彩浓厚,"事实规范力"往往堕落为"恶性变迁"代名词;而《基本法》时代的宪法变迁遵从了宪法"客观价值秩序"的调控,宪法法院对社会实际必要性的"点化"确保了宪法变迁的正当性。

美国宪法变迁也存在社会实际必要性的"点化"问题,但其从一开始就没有挣脱普通法的法治传统,社会实际必要性的司法化轻松解决了事实性向有效性的转化难题。事实性向有效性转化赋予了社会实际必要性以合法性,而这种合法性又通过司法程序完成正当性证成。宪法法院和最高法院的证成突出了司法技术方式对社会实际必要性的"点化"功能,这是两国宪法变迁又一趋同性。

第三节　邦联条例和联邦宪法的价值取向比较分析[*]

邦联条例是各邦之间协议的产物,构建了"邦权至上"体制,各邦保留了大量的初始性主权,邦联政府仅有一些象征性国家权力。邦联条例不能直接约束各邦"人民",而只能通过各邦间接对"人民"发挥影响,这决定

---

[*]　本节内容发表于《西部法学评论》2015 年第 4 期,原文标题为《论邦联条例到联邦宪法价值取向的转变》,出版时略有修改。

了邦联政府的松散联盟性质。而联邦宪法直接建立在"人民"基础上,政治权力具有"双重来源",即政治权力不仅来自各邦让与,而且还源自"人民"直接授权,而正是后者赋予联邦宪法崇高的权威性。分析邦联条例和联邦宪法之间结构性差异产生的价值取向不同,[①]有利于对联邦宪法价值取向有整体性认识。

一、邦民"一元身份"与国民"二元身份"

邦联条例是各主权邦为了各自利益而缔结的协议,缔约主体是整体身份的邦,这些邦具有抽象化法律人格,而"人民"当然也被包含于邦的法律人格之内。因此,在邦联条例下,"人民"内化在各邦里面,以邦的法律人格身份体现出来,"人民"不是美国"人民",而是某邦"人民"。当"人民"以各邦公民身份出现的时候,决定了各邦"人民"并不具有美国"人民"的成员资格和公民资格,他们仅享有本邦宪法规定的权利。如果权利受到侵害,只能在邦的司法机关解决。由于各邦经济发展和法律制度差异,公民享有的权利实质上是不同的。

邦联条例第 4 条是各邦之间为了自己利益,相互之间达成的给予对方公民与本邦公民相同的权利和豁免权,以及对犯罪的本州公民的"引渡"条款。[②] 这些规定,与今天主权国家之间相互给予的"国民待遇"和"引渡"条款有很大的相似性。这从另一层面表明邦联条例下"人民"并不具有统一的国民身份,而是分属于 13 个邦,合众国"人民"首先是弗吉尼

---

① 邦联条例和联邦宪法结构差异性包括:"(1)列举性权力;(2)弹性条款;(3)政治权力来源;(4)保证性条款;(5)宪法修改和批准等。"(See Douglas G. Smith, *"An Analysis of Two Federal Structures: The Articles of Confederation and the Constitution,"* San Diego Law Review, Vol. 34, 1997, p. 249.)

② 《邦联条例》第 4 条第 1 款规定:"为完善确保及巩固本联盟各邦'人民间之相互友谊与交往,每邦之自由居民、穷人、流浪者及逃亡者,得享受各邦自由居民所享有之所有权利和豁免权;每邦之人民有自由进出任何他邦之权利,并享有他州之所有贸易与商业权,亦受相同之抽税与限制,但此项限制不得禁止将国外输入之财产移往任何一邦以及财产所有者居住之任何其他邦;任何一州亦不得对合众国或各州之财产抽税或加以限制。"第 2 款规定:"凡在任何一邦触犯或被控以叛国罪、重罪或其他次重罪而逃出该邦司法权外,并在他邦被发现者,他邦应即根据该罪犯所逃出邦行政首长之请求,将该罪犯交出,并移解至对该罪犯有司法权之邦。"

亚人、马塞诸塞人、康涅狄克人、新泽西人、宾夕法尼亚人、马里兰人……，其次才是美国人。[1]"邦民"身份从深层次表明各邦"人民"对邦的认同感。实际情况也是如此，"人民"的一切社会关系都是在本邦内展开的，"邦政府每天都以某种方式触及我们生活"。[2]

与此相反，"联邦所统治的不是各州，而只是各州公民"。[3] 联邦宪法序言提到"我们人民"制定了宪法，这种"人民"是一种"国民"意义上的，而不是各州意义上的。正是这种"人民"赋予了宪法正当性，使得"人民主权"的宪法原则得以体现。在"人民主权"基础上，宪法实现了"双重契约"基础上权力的"双重来源"。一方面，宪法是"人民"之间签订契约相互之间让渡部分权利，并共同遵守规则构建的政治共同体；另一方面，宪法也是各州之间让渡主权进行局部联合的协议。不管是"人民"之间协议，还是各州之间契约，宪法权力来源都是"人民"，而不是州。"人民"可以将一部分主权让与州政府，另一部分让与联邦政府，在这种意义上，"人民"和州政府产生了宪政意义上的分离，他们不再是某一州的公民了，他们同时成为了联邦公民并有权与联邦政府缔结更高层次的政治契约。因此，"人民"才是国家权力的最终所有者。

宪法的"双重契约"决定了合众国公民的"双重公民"身份，即宪法之下的"人民"是州的公民和合众国公民身份的"叠加"。"双重公民"身份决定了他们不仅享有各州权利，同时还享有联邦宪法权利。"人民主权"在整体上被分割为两部分，分别由普遍全国性政府和各州政府享有，整体性"人民"身份蕴含于各州公民之中，并通过各州公民身份得到体现，从而实现了从单一"邦民"身份到"国民"双重身份的转变。

合众国统一"人民"身份构建，对消除各州"人民"之间的界限和差别，强化美利坚的民族认同，增强国家凝聚力，培养公民德性具有重要意义。公民身份的转变，可以为公民权利提供更加有效救济，"公民在州政府的

---

① [美]查尔斯·弗雷德：《何为法律：美国最高法院中的宪法》，胡敏浩等译，北京大学出版社2008年版，第13页。

② Ann O. Bowman, Richard C. Kearney, *States and Local Government*, Boston: Houghton Mifflin Company, 1993, p.34.

③ [法]托克维尔：《论美国的民主》（上），董果良译，商务印书馆1997年版，第176页。

一个部门解决不了问题可以转向另一个部门，在联邦政府的一个部门解决不了可以向另一个部门寻求帮助。相同的是，在联邦层面不能解决的问题，也可以转向州政府寻求帮助"。① 另一方面，公民的"双重身份"进一步明晰联邦和州之间的权力界限，对纯粹的州内公民事务，州可以自主制定相关法律。但是，如果涉及到联邦问题，联邦政府权力就可以适用到全体公民。因此，联邦司法与行政能够直接作用到个人身上，对他们进行救济。

二、"松散联盟"与"合众统一"

邦联条例和联邦宪法与其构建的邦联政府和联邦政府紧密相关，这两种政府享有的权力数量和质量具有根本不同。邦联制和联邦制都属于国家结构中的"复合制"范畴，主要区别在其分权程度。在邦联制度下，构成单位有权力规制个人行为，全国性政府受构成成员较大制约，并且受制于它们。联邦制度下，全国性政府和构成成员有着明确的权力划分，二者都有权力规制个人行为和制定法律，都拥有自己的立法机关、行政机关和司法机关。② 从这个意义上讲，联邦政府相对于邦联政府而言，更像一个全国性政府，整合性程度更高，更具有权威。

邦联条例由 13 个主权邦缔结，处理 13 个主权邦之间的宪法性事务。邦联条例第 2 条确立了各邦主权地位，以及享有各项实质权力的宪法基础；第 3 条规定了邦联条例的联盟性质，③即"邦联体系只不过是独立的主权邦之间的友好和联盟条约"④。第 4 条对各邦公民资格和享有权利

---

① Marcia Lynn Whicker, Ruth Ann Strickland, and Raymond A. Moore, *The Constitution Under Pressure: A Time for Change*, Westport, Conn.: Greenwood Press, Inc., 1987, p. 49.

② Marcia Lynn Whicker, Ruth Ann Strickland, and Raymond A. Moore, *The Constitution Under Pressure: A Time for Change*, Westport, Conn.: Greenwood Press, Inc., 1987, p. 48.

③ 《邦联条例》第 3 条规定："基于共同安全，确保自由与增进各邦彼此间及全民福利，各邦一致同意成立坚固之友谊联盟，相互约束，协助抵御所有武力侵略，或以宗教、主权、贸易或任何其他借口而发起之攻击。"

④ Marvin Meyers, ed., *The Mind of the Founder: Sources of the Political Thought of James Madison*, Hanover: University Press of New England, 1981, p. 60.

进行规定,邦联条例规定合众国公民属于各邦,公民法律资格由各邦法律来规定,各邦保证相互之间给予类似于主权国家之间的"国民待遇",以及对罪犯的"引渡",这些行为都不需要邦联政府的法律程序。第5条到第9条规定了邦联国会权力,诸如,国会可以宣战;同外国缔结条约;接受外国使节和与外国结盟;有权造币和统一度量衡等,①这些权力大部分涉及到各邦公共利益,这些关系各邦公共利益的决策需要13个邦中的9个邦同意,否则邦联不允许行使相关权力。因此,邦联国会权力基本上是为各邦服务的,并没有享有类似征税权、管理邦际和外贸的实质性权力。更重要的是,邦联政府并没有行政机关,"由于缺少一个行政机构,邦联条例为各邦服务的任务更加突出了",②许多法律和决策都要依靠各邦来贯彻执行,这严重影响了邦联政府效率。因此,在邦联体制下,全国性政府只扮演一个协调者角色,在处理邦际和邦联事务时完全没有与之相应的权威,甚至对各邦违反国会的行为,也没有相应机制来惩罚。因此,邦联政府无法将各邦真正凝聚在一起,建立一个稳定有序,拥有权威的政府,更无法应对合众国面临的内外困境。

与邦联政府相比,联邦政府在很大程度上改变了全国性政府的负面形象。联邦宪法第1条到第3条明确列举了联邦政府的立法权、行政权和司法权,③除此之外,宪法为了使联邦政府能够灵活使用宪法所赋予的权力,还设立了"弹性条款",④"弹性条款"为联邦政府权力的扩张奠定了宪法基础。另外,宪法第4条"保证条款"的存在,⑤使得联邦政府能够以保证各州共和政体义务之名,将联邦政府的权力渗透到各州内部。

联邦宪法的目的是建立一个强大的联邦政府来管理成员的共同防务,维持公安,对付国内动乱抵抗外国进攻,管理国际贸易和州际贸易,管

---

① 参见《邦联条例》,第5条、第6条、第7条、第8条和第9条。
② [美]孔华润(沃伦·I.科恩)编:《剑桥美国对外关系史》(上),王琛等译,新华出版社2004年版,第56页。
③ 参见《美利坚合众国宪法》,第1条、第2条和第3条。
④ "弹性条款"也指"概括性条款",主要包括"必要和适当条款""州际贸易条款"和"正当程序条款"。
⑤ 《美利坚合众国宪法》第4条第4款规定:"合众国应保障联邦各州实行共和政体,保障它们不受外来的侵略;并且根据州议会或州行政部门的(当州议会不能召集时)的请求,平定其内部的叛乱。"

理同外国的政治交往和商业往来，①"因此其结果是，全国政府的管理、政治计划和司法决定都会比各州更明智、更系统、更适当，从而使其他国家更为满意，对我们自己也就更安全"②。美国"人民"选择了一个有效的全国性政府，其不仅可以有效地处理国内问题，而且也可以应对国际困境。只有内政和外交都得到有效处理，"人民"自由才能得到保障，而这在邦联政府体制之下是无法得到保障的，邦联政府的松散联盟性质不仅会增加合众国分裂的危险，而且根本上不利于"人民"自由的维护。

三、"邦权主义"与"联邦主义"

邦联条例是"邦权主义"的，合众国并不是一个主权统一的国家。邦联并不能直接将权威直接达至"人民"，也不需要对"人民"负责，它仅对各邦政府负责。国会没有独立财权、军权以及处理邦际贸易的权力。虽然，邦联条例要求各邦遵守国会决定，但并没有相应机制对不遵守国会决定的邦实施处罚，甚至许多邦不派代表参加国会日常活动。究其原因在于各邦以绝对主权自居，邦联政府的实质运作在各邦意志下进行，各邦之间是主权国家之间的关系，这正是"邦权主义"的意愿。

"'邦权主义'者反对建立一个强大的全国性政府，不愿意各邦政府的权力受到削弱。在他们看来，只有各邦政府而非某个巨大的中央政府才能有效的保障'人民'自由。"③从这个意义上讲，邦联条例体现了美国"人民"特定时期的联邦观念，这种联邦观念起源于邦的初始主权地位，联合起来的国家政府只能管理各邦公共事务，主要治理任务应该由各邦政府来完成，这基本上沿袭了孟德斯鸠的"复合制共和国"观点。因此，"邦联的制度设计体现了建国者反对强大的国家权力，维护'人民'自由的革命理想"。④

---

① See *The Federalist* No. 23.

② See *The Federalist* No. 3.

③ See Calvin Jillson, *Constitution Making: Conflict and Consensus in the Federal Convention of 1787*, New York: Agathan Press, Inc., 1988, pp. 49 - 61.

④ Bernard Bailyn, *The Ideological Origins of the American Revolution*, Cambridge, Mass.: Belknap Press of Harvard University Press, 1992, p. 77.

"把邦联政府的法律扩大到个别的美国公民身上",[1]唯一的办法就是将州政府这个中介消除掉,让宪法直接面对"人民"。联邦政府和各州政府一样,它必须具有州政府所有的一切手段,并有权采用州政府所行使的一切方法,以执行委托给它的权力。[2] 因此,宪法赋予了国家政府广泛的列举性权力。除此之外,"弹性条款"和"保证条款"等宪法机制的存在,奠定了联邦最高之下"人民主权"、各州自治、联邦和睦和有限政府的"联邦主义"原则,[3]意味着美国不再是一个由各主权邦组成并对各主权邦负责的联盟实体,而是一个统一的民族国家。在这个国家之内,联邦政府和各州政府在宪法的范围内享有各自主权,而且这种权力在各自宪法范围内都是最高的。从这个意义上讲,从邦联条例到联邦宪法的转变,使得合众国从一个联盟走向了一个相对集权、整合性程度更高、更具有权威的联邦共和国,这种转变不仅是政体形式的变化,而且体现了合众国"人民"对建立一个拥有实质性权威全国性政府的需要。

四、"民主主义"与"共和主义"

邦联条例仅仅是各主权邦之间协议,邦联政府构建的一院制的国会完全掌控在各邦手中,各邦通过多数票来决定邦联重大事务,而对邦联条例的修改则需要全部 13 个邦的同意。[4] 一院制的国会由各邦派遣代表组成,"邦联议会决议各项有关合众国之问题时,每邦均持有一票投票权",[5]所有重大的事项均需 9 个邦多数票通过表决决定,这些事项包括:战争和和平时期颁发逮捕证和报复特许证;签订条约、缔结同盟;铸造货币并规定其价值;核定国防或任何一州防务及全民或任何一州"人民"之福利费用;发行债券;以国家信用举债、拨款;或议定应建造或购买战舰数

---

① See *The Federalist* No.23.

② See *The Federalist* No.16.

③ 参见张千帆:《宪法学导论——原理与应用》,法律出版社 2004 年版,第 213—221 页。

④ 参见《邦联条例》,第 3 条、第 5 条、第 9 条和第 13 条。

⑤ 参见《邦联条例》,第 5 条第 4 款。

量及征召陆海军之数量;任命陆海军总司令等。① 邦联条例第 6 条以列举方式赋予国会大量权力,但这些权力是以"禁止"方式规定的,而第 9 条又以"肯定"方式赋予邦联政府若干权力,但有相当多实质权力却由各邦保留。第 13 条规定邦联国会作出的决议,各邦有义务绝对遵守。从邦联条例结构看,全国性政府实际上是邦联国会,并没有行政执法和司法机关,邦联政府构建了一种类似于"议会主权"的政治体制,但与英国的"议会主权"体制又相去甚远。

全国性政府的构建受到各邦政治影响比较大,各邦普遍建立了"人民主权"基础上的权力分立政治体制。② 但在各邦政府的权力结构中,各部门的权力和地位又不是平等的。"革命以后,殖民地人民为抵制英国总督的权力而建立州议会,使之成为州政府最重要的部门。"③而是英国式的"议会主权"政府,此种体制下各邦议会享有大部分政府权力,而总督和司法权都从属于议会。殖民地时期"人民"对英王任命的总督权力时刻保有戒心,因此,在制定宪法的时候,宪法加强了对邦行政权的制约。在独立之后的邦联条例下,各邦延续对行政权限制传统,使得各邦权力中心逐渐转移到议会手中。殖民地在独立过程中的经验告诉他们总督代表的是君主制,只有将权力掌握在"人民"的手中,才能维护自己自由。另一方面,"尽管革命并非民主化的开端,但革命后各州的立法机关在极大程度上实现了大众民主,议会的代表人数增多,选民人数迅速扩大",④尤其是各邦废除了英国的"实质代表权"作法,规定议会的代表按人口和选区分配,这种做法扩大了选民范围,增强了政府的社会基础。而各邦政府也极力降低财产限制,采取最民主的选民资格,各邦政权的"民主主义"色彩深刻影响了邦联政府构建。

联邦宪法解决的核心问题是建立一个既有足够权威来保护和发展各州共同利益但又不损害各州主权和"人民"利益的全国性政府,这样的政

① 参见《邦联条例》,第 9 条第 6 款。
② 邦联条例下各邦"民主主义"体制主要体现在三个方面:"(1)采用了'人民主权'学说;(2)承认保护'人民'的民主权利和自由;(3)确立了分权原则。"(参见李世安:《美国州宪法改革与州和地方政治体制发展》,人民出版社 2009 年版,第 2—3 页。)
③ [美]加里·沃塞曼:《美国政治基础》,陆震纶等译,中国社会科学出版社 1994 年版,第 16 页。
④ 姜峰:《立宪选择中的自由和权威:联邦党人的政治与宪法思想》,法律出版社 2011 年版,第 16 页。

府必须能很好地处理联邦和州、自由和权威,以及中央、地方和个人的关系。制宪者们根据历史经验,创造性地发展了孟德斯鸠的"复合制共和国"理论,构建了"联邦共和国"。这种共和国以共和主义为原则,其不追求社会意见和意志的统一,而是允许各种意见和意志在一种有秩序的体制中妥协共存,最终实现国家利益、社会利益和个人利益的统一。新的"联邦共和国"享有来自"人民"的实质性权力,能够自主决定国家内政和外交,建立稳定国内秩序和和平的国际环境。在政治体制上,联邦宪法将政府权力进行了分割:在横向上,国家政府权力由国会、总统和最高法院享有,三个部门相互制衡,而国会两院的组成方式,在民主制度内部形成节制;在纵向上,国家权力由联邦政府和各州政府共同享有,联邦政府权力是列举性的,剩余权力由各州和"人民"保留,这种共和体制以权力分立和制衡维持政治平衡,打破权力垄断。

权力垄断是专制根源,不管掌权者是国王还是"人民"。各州大众民主力量如果不受到制约,就会像"谢斯起义"一样,对"人民"自由造成威胁。因此,在制宪者思想里,大众民主会导致"雅典式的暴政",其破坏性比专制君主丝毫不逊。麦迪逊指出政府不稳定在于有利害关系的占压倒多数的超级势力,[1]政府部门权力失衡,[2]以及国会对权力垄断的危险,[3]这些根源都在于民主多数力量的不当行使。联邦党人对人性有着清醒的认识,不管是君主,还是贵族,甚至平民,都想垄断权力。因此,制宪者深思熟虑建立一种代议制共和制度,才能真正保证国家的强大和"人民"的自由。

综上所述,邦联条例和联邦宪法结构差异性集中体现了宪法价值取向的变化。邦联条例之下邦民的"一元"身份决定了各邦享有绝对主权,这是"民主主义"和"邦权主义"价值取向基础,而邦联政府通过制度形式集中体现了以上价值取向,邦联条例以上价值取向完整地呈现了邦联的松散联盟性质。而联邦宪法以美国"人民"身份为基础,体现了"人民"合众统一、联邦主义和共和主义的价值取向,其集中表达了"人民"在独立之后对建立一个强大国家政府,维护国家利益和"人民"自由的需要。

---

① See *The Federalist* No. 10.

② See *The Federalist* No. 66.

③ See *The Federalist* No. 63.

第四节　美国宪法变迁价值取向的历史形态

美国历史分为"建国"到"重建","重建"到"新政",以及"新政"至今三个阶段。在每个阶段,宪法随外部事实压力不断地发生变迁,而这些变迁现象从整体上表现出一定价值趋向性。[①] 尽管在微观阶段,宪法变迁价值取向可能与历史阶段价值取向不一致,有时甚至是相反,但这并不能违背"人民"实践基础上价值发展的整体趋势。

一、"建国"到"重建":国家主义

"自 1776 年独立之后的近一个世纪,美国核心的宪法问题是州和联邦政府权力的划分问题。州权问题以一种或另一种形式几乎贯穿于内战前所有的思想意识或政治讨论中。"[②]因此,"建国"到"重建"这个历史阶段美国国家发展战略的中心问题是联邦和州,中央和地方之间的国家结构问题。尽管,宪法第 6 条规定联邦地位高于州,各州必须遵守联邦宪法和法律的"联邦最高"原则,但"州权主义"却时刻对"联邦最高"原则提出挑战,而这个问题无一例外又与"奴隶制"这个重大问题交织在一起,又增添了联邦与州之间关系的复杂性。[③]

---

① 根据学者王希的观点,这三个阶段可以按照"权力"与"权利"的关系,划分为第一宪政秩序阶段、第二宪政秩序和第三"权利宪政"三个时期。第一宪政秩序阶段,即州对联邦主权的掣肘,这一阶段价值取向主要是围绕联邦与州的关系展开;第二宪政秩序阶段,通过"内战"和"重建"构建的"权力宪政"战胜了"权利宪政",各州主权被彻底击溃,无法与联邦抗衡;第三个阶段则完全是以公民权利为取向的"权利宪政"时代。(参见王希:《原则与妥协——美国宪法的精神和实践》(增订版),北京大学出版社 2014 年版。)

② Richard E. Ellis, *The Union at Risk: Jacksonian Democracy, States's Rights and Nullification Crisis*, New York: New York Press, 1987, p.1.

③ 在"奴隶制"问题上,美国逐渐形成了代表资本主义工商业发展模式的北方自由州和代表"奴隶制"生产关系的南方蓄奴州,北方自由州希望建立统一的自由主义资本主义生产关系,建立强大的全国经济网络,把国家变为一个具有高度凝聚力民族国家;而南方蓄奴州为了州的局部利益,顽固坚守"州权至上"原则,并在新成立的州上推行"奴隶制","奴隶制"与"主权主义"的耦合推动了联邦与州,中央与地方关系的复杂化。

在"州权主义"看来,"奴隶制"存废是各州内政,联邦政府无权干预。而联邦党人认为联邦政府作为全国政府有权干预"奴隶制"问题,限制"奴隶制"扩张。双方围绕联邦和州的主权问题形成了各自的阵营和党派,即初期的联邦党人和反联邦党人。尽管后来联邦党人退出历史舞台,但联邦党人经过分化组合形成了新的共和党,其继续秉承联邦党人的政治立场和意识形态,同代表南方蓄奴州利益的民主党进行斗争。因此,"建国"到"重建"历史阶段国家核心问题就是确立"工业立国"方针,充分发挥国家能力,建立一个拥有凝聚力的美利坚合众国。因此,宪法变迁的价值取向就是国家主义。

(一)"建国"到"重建":共和国的扩张和再造

"建国"到"重建"这段时期是美国民族国家形成的重要时期,这一时期的显著特点就是国家扩张和重生。国家扩张基调源于建国初期联邦党人的国家发展战略。"建国"初期,以汉密尔顿为首的联邦党人主张建立一个强有力的"大政府",谋求中央政府权力集中。大多数联邦党人都是宪法制定的参与者,他们认为新国家要想在国内外险恶的环境中生存,就必须建立一个拥有高度权威性的国家政府,享有广泛的征税、管理州际贸易和外贸、发行国债和处理外交事务等权力。除此之外,国家政府还必须拥有广泛的管理社会经济事务的权力,鼓励资本主义工商业的发展,才能最终建立一个强大的美利坚民族国家,确保"人民"自由和幸福。

在宪法观上,汉密尔顿为首的国家主义者主张对宪法进行"宽泛解释",认为联邦政府不仅享有宪法赋予的列举性权力,而且还享有"弹性权力",即一切"适当和必要"的权力。联邦政府在推行国家政策方面应该大刀阔斧,不应该受到宪法过分的约束,衡量一项政策是否违反宪法,主要看"这些措施是否与特定的目标相关的手段。如果这些措施与特定的目标有明显的关联,而又没有为宪法的任何特别规定所禁止,它就可以明白无误地被认为是属于国家权限以内的"。① 宪法目的不是限制联邦政

---

① Andrew Lenner, *The Federal Principle in American Politics, 1790-1833*, Lanham, MD: Rowman and Littlefield Publishers, Inc., 2001, p.9.

府的权力,而是授予其权力去履行国家职能。

对于联邦党人而言,宪法所确立的联邦制在很大程度上就意味着国家主义。联邦政府是一个国家的中央政府,代表全体"人民"利益,在联邦和州的关系中联邦应处于优越地位。联邦党人的国家观遭到了以杰斐逊为代表的"民主共和党"的反对,1800 年随着杰斐逊成为合众国第三任总统,意味着以汉密尔顿为首的国家主义者暂时退出了历史舞台。但是,具有讽刺意义的是,随着国内经济和政治形势发展,"民主共和党"力图建立一个权力和规模受到限制的共和国理想面临巨大的现实挑战,这个挑战迫使"民主共和党"接受了联邦党人的国家主义政策,例如,杰斐逊任内的"路易斯安那"领地购买案;1812 年第二次"英美战争"爆发,麦迪逊总统建立了合众国第二银行;1823 年门罗总统的"门罗主义"等。[①] 从这里可以看出,联邦党人的国家主义立场客观上已经超出了党派斗争的因素,其已经变为美国"建国"之后占主导地位的国家观。

为了实现国家主义,美国开始了一系列的国家构建行为,例如,"建国"之后延续了独立之前的"西进运动",在联邦政府强有力的支持下,"西进运动"变得更加有计划和组织性。与"西进运动"同时进行的,还有1801—1833 年的"国内改进"和大规模的领土扩张,以及"工业革命",这些国家构建行为相互交织在一起,共同锻造了一个强大的美利坚合众国。1861—1877 年的"内战"和"重建"彻底解决了困扰美国多年的奴隶制问题,粉碎了南方"州权主义"者分裂国家的企图,从政治上打击了"州权主义"的力量,消灭了抗衡中央的地方势力,维护了国家的统一和完整,重塑了合众国。

(二)"建国"到"重建":宪法变迁的国家主义价值取向

1789 年到 1877 年的美国历史呈现的是一个扩张主义的民族国家形象,在扩张中现代美利坚民族国家公民群体构建得以完成,公民身份和国家核心价值,以及公民对国家的认同感随着国家发展得以确立。因此,国家权力和公民权利同步增长,自由和权威得到统一。随着国家发展,美国

[①] 黄绍湘:《美国历史》,中国大百科全书出版社 2013 年版,第 20 页。

宪法经过将近一个世纪发展仍然保持的高度的稳定性、权威性和适应性，其奥秘在于以司法解释为中心的宪法变迁等实现机制的运用。除了新增加 15 条修正案满足国家发展提出的规范性需求之外，在大部分历史时期，宪法更多是通过司法解释来保持适应力的。司法解释生产了社会实际必要性提出的刚性规范"需要"，消解了事实与规范之间的张力。在这个阶段，最高法院经过了"马歇尔法院""坦尼法院""蔡斯法院"和"韦特法院"等四个时期，最高法院的判决在把握"人民"实践需要的基础上，兼顾社会发展的总体发展趋势而做出判决。因此，最高法院的判决是这个历史阶段宪法变迁国家主义价值取向的主要实现方式。

1789 年到 1877 年最高法院的判例准确反映这一时期国家主义价值取向。例如，"马歇尔法院"时期的"马伯里诉麦迪逊案"（*Marbury v. Madison*），"麦卡洛克诉马里兰州案"（*McCulloch v. Maryland*）和"吉本斯诉奥格登案"（*Gibbons v. Ogden*）等都反映了"绝对国家主义"价值取向。"坦尼法院"时期的"查尔斯河桥公司诉华伦公司案"（*Charles River Bridge v. Waren Bridge*）"纽约诉米利恩案"（*New York v. Miln*）"布里斯科诉肯塔基州银行案"（*Priscoe v. Bank of Kenducky*）和"库利诉费城港务局案"（*Cooley v. Board of Wardens of the Port of Philadelphial*）等案中体现的则是"相对的国家主义"价值取向。尽管"马歇尔法院"和"坦尼法院"判决体现的国家主义价值取向有"绝对"和"相对"之分，但总体上都体现的是一种国家主义价值取向，只不过前者是联邦至上的国家主义，而后者是注重联邦与州的权力平衡的国家主义。

在这个时期，国家主义价值取向另一实现方式是总统外交事务权扩张。在领土扩张和战争权领域，总统权力发生了实质性变迁。例如，1793 年，"法国大革命"爆发，为了国家利益，华盛顿总统就没有经过国会咨询与同意就宣布对欧洲事务的"中立政策"，并且使用军队维护其中立政策，华盛顿开创的宪法惯例被其继任者亚当斯和杰斐逊纷纷仿效。1799 到 1800 年，约翰·亚当斯总统事前未经过国会的批准，"不宣而战"发动对法战争。杰斐逊总统不经国会同意，派兵与北非伊斯兰国家作战；事先未经宪法授权，也没有宪法修正案规定，更没经国会同意从法国手中购买"路易斯安那"。在"内战"期间，林肯为了保卫国家，创造性地利用"紧急状态权"等行政特权和宪法第 4 条"保证条款"对南部叛乱各州宣战,而共和党控制的国会也通过相关立法支持总统行为,最高法院也以司法解释对林肯"战时"权力给予确认。上述总统在外交领域的权力扩张都是总统权力扩张的典型例子。

在这个阶段,美国两党在不断整合过程中经过三次大演变,逐渐形成稳定的共和党和民主党两党政治体制,政党变迁主线也是围绕"建国"之初的国家发展战略展开,联邦党人的"大政府观"被两党继承,[①]这集中体现在总统"关键选举"之后,[②]执政党意识形态的国家化和对"人民"价值取向的吸纳。总统宪政领导权和政党政治引起的宪法变迁现象广泛存在于"建国"至"重建"这个历史阶段,这些宪法变迁为民族国家构建的需要提供规范支持,满足了"人民"对强大国家的愿望。

二、"重建"到"新政":经济自由主义

"内战"之后,随着"奴隶制"废除,北方工业资本主义迅速向南方推广,为自由资本主义在全国范围内的发展创造了有利时机。"重建"结束之后,联邦政府掀起了新一轮的国家发展浪潮。国内制造业和机器制造业迅速发展,利用横贯国土的四条铁路系统,"西进运动"进一步向纵深发展,这些因素都促成了国内统一市场的形成。此时,美国又利用第二次科技革命机遇,大力进行科学和技术创新,为国家经济高速发展提供了支持。在此背景下,美国经济处于发展的"黄金时期",经济繁荣一直持续到"新政"前期。在这个阶段,美国国家方向转向了经济自由主义,在政治上就要求尽可能减少国家干预,收缩国家权力。因此,这个时期宪法变迁的

---

① 美国两党是从联邦党人和反联邦党人中演化而来,两党意识形态在微观层面有一定分歧,例如,联邦与州的关系,但分歧远没有现在这样大。"建国"之后建立一个有权威的联邦政府是两党基本共识,这个共识的形成除了复杂的阵营演化之外,两党政治精英的公心和大局意识发挥了作用,这与当代两党蜕变为"利益集团"的工具有明显不同。

② "关键选举"(Critical Election)指的是在选举中,某一政党的总统候选人得到几乎各个阶层、各个社会群体选民的广泛支持并且这种支持一直持续到此后近 20 年的选举中,由一次选举而建立起的稳定的、较持久的选民联盟的选举就叫"关键选举","关键选举"确立了某个多数政党同时控制国会和总统的局面。(See: V. O. Key, Jr., *"A Theory of Critical Elections,"* The Journal of Politics, 1995, 17(1):4.)

价值取向主要表现为经济自由主义。

宪法为了适应自由主义经济发展需要，就必须通过变迁方式为经济发展提供宪法保护。例如，"洛克纳时代"（1897—1937），联邦最高法院利用宪法第 5 修正案和第 14 修正案的"正当程序"条款，构建了经济实质性正当程序宪法理念，以此实现对经济自由主义的保护。[1] "内战"之后联邦政府对生产关系进行了大范围调整，随着垄断资本主义的出现，社会财富和经济权力越来越集中于许多大型和跨国企业手中，这些"巨型企业"对国家经济影响越来越大。面对此种情况，联邦和州政府不得不通过大范围立法来应对生产关系新的变化。这些新的经济立法在规制垄断资本主义的同时，同时也对个人的宪法经济权利进行了干预，"最高法院开始面对越来越多的来自个人或者法人组织对这些立法的宪法挑战诉求"。[2]

最高法院在这个历史阶段对联邦和州政府经济立法的"实质性审查"可以从一些著名案件中体现出来。例如，联邦国会在 1887 年通过了《州际贸易法案》（Interstate Commerce Act），并构建"州际贸易委员会"（ICC）赋予广泛职权，这些职权包括受理申诉、监督铁路运行记录和账户和举行听证等，可以对任何违反"州际贸易委员会"的法律和利率的承运人发布终止令的权力。1890 年，联邦国会又通过了《谢尔曼反垄断法》（Sherman Anti-Trust Act），对国家经济进行限制和干预。在"州际贸易委员会西厅新奥尔良与德克萨斯太平洋铁路公司案"（*Interstate Commerce Commission v. Cinti., New Orleans & Tex. Pac. Ry. Co.*）和"州际贸易委员会诉伊利诺伊中央铁路公司案"（*Interstate Commerce Commission v. Illinois Central Railroad Co.*）这两个案件中，联邦最高法院对州际贸易委员会的权力进行了限制。在前案件中，最高法院认定"'州际贸易委员会'没有诸如对不合理的价格发布终止令和制定新的价目表取代被停止实行的价格的'立法'意义上的权力"；而在后案中，最高法院坚持认为"法院可以撤销'州际贸易委员会'的事实认定或

---

[1] 黄绍湘：《美国历史》，中国大百科全书出版社 2013 年版，第 28 页。

[2] 付瑶：《契约自由的宪法保护：以美国宪法史上的"洛克纳时代（1897—1937 年）为中心"》，中国政法大学出版社 2012 年版，第 28 页。

者可以认定新的事实",①从而限定了"州际贸易委员会"认定事实的功能。在"州际贸易委员会诉布雷默森案"(*Interstate Commerce Commission v. Brimson*)中,最高法院虽然支持了"州际贸易委员会"拥有强迫证人作证和对私人权利的最终决定权,但实际上却有效遏制了"州际贸易委员会"对贸易发展的影响力范围。

最高法院对《谢尔曼反垄断法》的回应与对《州际贸易法案》态度具有类似性,在反垄断领域确立了州际贸易管制的"直接相关"原则,即联邦政府贸易管制权不能肆意扩展到贸易开始之前和结束之后,只能在与贸易直接相关的领域具有管制权。在"联邦政府诉美国炼糖公司案"(*Federal Government v. American Sugar Refining Company*)和"美利坚合众国诉耐特公司案"(*United States v. E. G. Knight Co.*)这两个关联性案中,贸易的"直接相关"原则得到了充分体现。尽管,《谢尔曼反垄断法》规定"任何契约、以托拉斯或者其他形式作出的联合或共谋,如旨在限制州际间或对外贸易或商业,均属非法",②联邦政府也宣称垄断是一种对州际贸易的限制行为,会导致非自然的高价。但是,最高法院对"贸易"作了狭义的技术处理,这完全违反了在"吉本斯诉奥格登案"(*Gibbons v. Ogden*)中对"贸易"宽泛解释作风,即并不是任何生产行为都会对贸易不利产生影响,生产和贸易是不同的两种行为,只有生产并不必然会产生垄断。尽管糖制造业垄断影响到了州际贸易,但这种影响毕竟是间接的,因而不属于联邦调控范围。最高法院最终判决糖业托拉斯是一种妨碍制糖业发展的垄断行为,但同时宣布这并不是"州际贸易"的一部分。在 1918 年的"禁止童工案"(*Child Labour Cases*:*Hammer v. Dagenhart*)和 1922 年的"童工税案"(*Bailey v. Drexel Furniture Co.*)两个案件中,最高法院却无视联邦政府为适应生产关系调整而做出的对市场干预的努力,固守自由主义的司法立场,判决 1916 年联邦政府颁布的《联邦童工法》(the

---

① See:*Interstate Commerce Commission v. Cinti.*,*New Orleans & Tex. Pac. Ry. Co.* 167 U. S. 479(1879);*Interstate Commerce Commission v. Illinois Central Railroad Co.* 215 U. S. 452(1910).

② 参见美国《谢尔曼反垄断法》,第 1 条。

Keating-Owen Bill)违宪,[①]并认为联邦政府借用"州际贸易条款"达到干涉企业自主经营权的目的是违反宪法的。

1935 年,在"谢克特家禽公司诉合众国案"(*Schechter Poultry Corp. v. The United States*)中,联邦最高法院宣布联邦政府颁布的《全国工业复兴法》(又称《国家工业复兴法》(National Industrial Recovery Act of 1933))违宪。[②] 1936 年的"卡特诉卡特煤业公司案"(*Carter v. Carter Coal Company*),联邦最高法院"对贸易的直接影响和间接影响两个相关概念作了区分,并质疑'美利坚合众国诉耐特公司案'(*United States v. E. G. Knight Co.*)中联邦政府对州事项管制的合法性,并进而对联邦政府对生产活动、劳动和价格的过度管制,宣布新政的《烟煤规章》的合宪性"。[③] 而同年"合众国诉布特勒案"(*United States v. Butler*)中,最高法院对 1933 年《农业调整法》(Agricultural Adjustment Act)的合宪性提出质疑,认为"该法案只是财政开支项目而非征税项目。对农业的管制违反了宪法第 10 修正案,侵犯了宪法所赋予州的保留权力,是违反宪法的行为"。[④]

"重建"到"新政",联邦政府的中心任务已经从国家构建转向了经济扩张,这种扩张同时在国内市场和国际市场层面展开。联邦最高法院通过"正当程序条款"发展出的"实质性正当程序"维护经济自由,[⑤]推动了经济的快速发展。也就是在这个阶段,美国经济度过了历史上的"黄金时期",迅速走向世界强国之列。为了适应经济自由主义实践的需要,联邦政府权力进行了适当收缩和调整,最高法院的奉行"克制主义"是其主要特点,以司法解释为中心的宪法变迁体现了经济自由主义价值取向。

---

① 《联邦童工法》(the Keating-Owen Bill)是联邦政府制定的第一个童工法,又称《基廷·欧文法》,1996 年在总统的敦促下由国会通过,该法规定禁止在州际商务装运中雇佣 14 周岁以下童工的工厂产品,禁止装运雇佣 16 岁以下童工的矿山产品,禁止装运雇佣 16 周岁以下童工上夜班或每天工作时间超过 8 小时的任何企业的产品。(参见杨生茂,张友伦:《美国历史百科辞典》,上海辞书出版社 2004 年版。)

② See *Schechter Poultry Corp. v. the United States*, 295 U.S. 495(1935).

③ See *Carter v. Carter Coal Company*, 298 U.S. 238(1936).

④ See *United States v. Butler*, 297 U.S.1(1936).

⑤ 参见〔美〕杰罗姆·巴伦,托马斯·迪恩斯:《美国宪法概论》,刘瑞祥等译,中国社会科学出版社 1995 年版,第 102—108 页。

三、"新政"至今:公民权利

"重建修正案",尤其是第 14 修正案为黑人公民权利的发展扫除了法律障碍。但是随着战后南部各州保守势力重新掌握权力,各州制定了诸多歧视黑人的法律,使得黑人再次沦落为被歧视的境地。黑人再次被歧视有着深刻的缘由,一方面是由于第 14 修正案的特权和豁免权条款未能成为将联邦宪法制约扩大到州的一种媒介,相反,该修正案中的"正当程序条款"却成为把《权利法案》的各种基本保证"加以并入"和使之适用于各州的手段。① 而"平等保护条款"又太过于原则,这使得在处理黑人权利问题上,州占据了主导地位。另一方面,此时的最高法院还沉浸在"洛克纳时代"(1897—1937)对经济保驾护航之中,再加上"新政"过程中最高法院在与罗斯福总统斗争中处于下风,这使得民权问题还没有成为联邦最高法院所关注的核心问题。

正是由于上述原因,最高法院在"新政"之前做了一些关于民权问题的裁决都显示出了"克制主义"的立场。例如,1896 年"普莱西案"(*Plessy v. Ferguson*)确立了"隔离但平等"原则,这个原则直到 20 世纪 50 年代"布朗案"(*Brown v. Board of Education*)才彻底推翻。但是,这种推翻离不开立法分支和行政分支前期工作的支持。例如,1936 年,北方黑人以选票支持民主党,促使罗斯福和杜鲁门总统对黑人权利作出了积极回应。② 战后在民权运动中,联邦政府迫于国内外压力最终从法律上废除了带有种族歧视法律,并陆续颁布了《民权法案》和《选举法》,这些法律为黑人公民权利提供了保护。

在这个过程中,最高法院为了回应社会层面的变化也积极行动起来,从之前注重"经济自由主义"向更加关注"公民权利"转变,这时期的"沃伦法院"也充分发挥"司法能动主义",彻底废除了"隔离但平等"原则,将公

---

① [美]杰罗姆·巴伦,托马斯·迪恩斯:《美国宪法概论》,刘瑞祥等译,中国社会科学出版社 1995 年版,第 100 页。

② 王希:《原则与妥协——美国宪法的精神与实践》(增订版),北京大学出版社 2014 年版,第 428 页。

民权利扩大到包括黑人、妇女和其他族裔等广大群体,对涉及公民权利的州法律也采用严格的审查基准,加大了对公民言论和新闻自由的保护力度,并确认了宪法对"隐私权"的保护。[①]

(一) 一般公民权保护

一般公民权的保护主要涉及到通过正当法律程序对公民财产权、隐私权,以及表达自由和宗教信仰自由等基本权利的保护。"正当程序条款"不仅包括《权利法案》的程序保证,还包括《权利法案》的实质性限制。"[②]在"重建"到"新政"时代,正当程序条款主要在经济领域,其典型的就是"洛克纳案"(*Lochner v. New York*)等对契约自由的维护。"洛克纳案"中正当程序的运用奠定了 20 世纪早期最高法院的裁判基调,即在经济领域保持相对克制,采用"理性基础审查基准"来分析基于正当程序的理由受到质疑的法律的合宪性,有时会自动放弃司法审查,而这样做就意味着法律总会得到维护。[③] 但是,当法律妨碍到公民基本权利问题时,在经济领域内适用的审查方法就不适用了。

在"新政"后,最高法院在公民基本权利问题上放弃了经济领域内适用的"理性基础审查基准",而采用了更为严格的审查基准。这就意味着当公民的基本权利受到联邦法律、州的法律限制的时候,尽管该法律与所允许的政府目标有理性关系,且是为了应对"紧急或重大"政府利益而做出的,法院也会对此类立法采取严格审查基准,以维护公民基本权利。但是,严格审查基准也并非总是一贯的,只是针对大部分权利是这样的,在其他一些基本权利领域,审查的基准可能较为宽松。在司法实践中,审查基准的"严格"或"宽松"随着对被保护权利施加的压力程度而发生变化,

---

① "沃伦法院"完善了美国政治制度,改变了美国的社会价值观,确立了新的宪法原则。"沃伦法院"是继"马歇尔法院"之后又一个创造性的法院,其使得美国迈向了更加平等的民主和多元的社会。(参见[美]莫顿·J.霍维茨:《沃伦法院对正义的追求》,信春鹰等译,中国政法大学出版社 2003 年版。)

② [美]杰罗姆·巴伦,托马斯·迪恩斯:《美国宪法概论》,刘瑞祥等译,中国社会科学出版社 1995 年版,第 102 页。

③ [美]杰罗姆·巴伦,托马斯·迪恩斯:《美国宪法概论》,刘瑞祥等译,中国社会科学出版社 1995 年版,第 107 页。

压力程度越大就越强烈地要求政府申述理由,审查就越严格,压力程度越小,审查相对宽松。①

1. 财产权

根据洛克的观点,财产权属于基本权利范畴。财产的重要意义在于为自由提供了物质保障,因此,对财产权的保护成为法院的重要任务。在财产权保护中,法院的一项任务是对财产的界定。例如,在"州立学院校务委员会诉罗思案"(Board of Regents of State Colleges v. Roth)中,最高法院法院认为财产仅限于目前享有的权利或利益,而不是申请的期待性利益。② 但是,在"佩里诉辛德曼案"(Perry v. Sindermann)中,最高法院将职位中"事实上的一种终身制"这种依法享有的职位利益也纳入到财产范畴。③

而在其他案例中,财产权保护的客体呈多元化趋势。例如,在"斯奈亚达奇诉贝维尤家庭金融公司案"(Sniadach v. Family Finance Corp. of Bay View),"北佐治亚整修公司诉迪切姆公司案"(North Georgia Finishing Inc. v. Di-Chem, Inc.),"戈尔德贝格诉凯利案"(Goldberg v. Kelly),"戈斯诉洛佩斯案"(Goss v. Lopez)、"贝尔诉伯森案"(Bell v. Burson)和"洛根诉齐默尔曼刷制品公司案"(Logan v. Zimmerman Brush Co.)等案中,最高法院将政府的协助讨债、工资扣押、协助做判决的没收、使用和享用物品、中止法定福利费、休学、中止雇佣等行动中体现的利益都纳入财产权范围。④

最高法院在上述判决中涉及到州政府创设一项利益同时又规定了终止该利益的程序,或以其它方式对该利益设置了附加条件,对此类案件审查的重点放在了政府承认某人合法地享有某种利益而形成的可期待的利益不得任意被终止这个问题上。总之,最高法院对财产的保护除了传统的有形财产之外,还涉及到"依法享有的权利"而衍生的可期待利益,以此

① 〔美〕杰罗姆·巴伦,托马斯·迪恩斯:《美国宪法概论》,刘瑞祥等译,中国社会科学出版社1995年版,第110页。

② See Board of Regents of State Colleges v. Roth, 408 U.S. 564(1972).

③ See Perry v. Sindermann, 408 U.S. 593(1972).

④ 〔美〕杰罗姆·巴伦,托马斯·迪恩斯:《美国宪法概论》,刘瑞祥等译,中国社会科学出版社1995年版,第130页。

扩大对财产权的保护范围。

2. 隐私权

宪法中并没有隐私权。但是,最高法院在"格里斯沃尔诉康涅狄格州案"(*Griswold v. State of Connecticut*)中发展出了隐私权,认为禁止使用、禁止帮助使用或禁止鼓励使用避孕药物或工具的刑法是违反宪法隐私权的。[①] 显然,隐私权一开始与女性婚姻家庭关系联系在一起,是夫妻婚姻关系而产生一种结社权利,是宪法第 14 修正案自由条款隐含的传统价值标准。但是,在"艾森施塔特诉贝尔德案"(*Eisenstadt v. Baird*)和"罗伊诉韦德案"(*Roe v. Wade*)中,隐私权已经扩大到非婚姻关系和个人的性隐私活动。[②] 在隐私权问题上,最高法院通常会采用严格的审查基准,扩大隐私权保护的范围。

3. 表达自由

表达自由属于政治自由范畴,主要包括言论自由、结社和信仰自由。表达自由的基础在于宪法第 1 修正案。[③] 言论自由是表达自由的重要体现,一开始主要是针对联邦政府的。但是在"吉洛特诉纽约州案"(*Gitlow v. New York*)中,最高法院认为第 14 修正案的"正当程序条款"对表达自由的保护同样适用于各州。[④]

最高法院对表达自由的保护建立在一系列原则之上,其中最重要的原则是"内容控制与间接限制"。"内容控制"指的是将一些言论明确排除保护之列,或给予较低程度的保护,这是"查普林斯基诉新罕布什尔州案"(*Chaplinsky v. State of New Hampshire*)中所确立的。[⑤] "间接限制"采用了"加权形式的平衡检验标准",以此标准来确定政府对言论内容的控制是否构成对言论自由不能容许的"限制"。[⑥] 在"间接限制"中,最高法院通常会对相冲突的言论与政府利益之间进行价值衡量,以此判断政

① See *Griswold v. State of Connecticut*, 381 U.S. 479(1965).
② See: *Eisenstadt v. Baird*, 405 U.S. 438(1972); Roe v. Wade, 410 U.S. 113(1973).
③ 参见《美利坚合众国宪法》,第 1 修正案。
④ See *Gitlow v. New York*, 268U.S. 652(1925).
⑤ See *Chaplinsky v. State of New Hampshire*, 315 U.S. 568(1942).
⑥ [美]杰罗姆·巴伦,托马斯·迪恩斯:《美国宪法概论》,刘瑞祥等译,中国社会科学出版社 1995 年版,第 188 页。

府限制是否过当。例如,在"柯尼斯堡诉加利福尼亚州律师协会案"(*Konigsberg v. State Bar of California*)中,最高法院认为政府制定偶尔限制公民任意发表而不是限制言论内容本身的法律,并不是宪法第1条和第14修正案所说的"法律",这种法律并没有违宪,但政府基于正当利益考虑应当证明这些法律是正确的,这是合宪性前提。①

最高法院在诸多案件都体现了利益衡量方法。例如,在"萨伊阿诉纽约州案"(*Saia v. New York*)中,最高法院裁决一项赋予警察过大裁量权来管理汽车噪音涉及面广的法令是违宪的。② 而在"科瓦克斯诉库珀案"(*Kovacs v. Cooper*)中,另一项禁止在大街上大声鸣笛和喧闹涉及面较窄的法令则是合宪的。③ 与此相类似的是,最高法院对涉及言论内容本身进行控制的法律采取了严格审查,这类法律由于全面禁止到住宅游说、散发传单和拉顾客,以及给官员过分裁量权管制这种游说活动内容而违宪。④ 但最高法院对保护房主隐私的合理限制的法令却得到维护。⑤

表达自由中的出版自由则涉及到"事先限制原则"。"事先限制原则"指的是禁止对还未发行的印刷品等出版物进行检查,至于出版发行后所引起的违法行为则是表达之后的事情,应对这两个过程进行区分。"事先限制原则"要求法院去审查各种形式表达发生前实施的限制行为,当然也包括法院发布的某项负有保护表达自由之具体责任的指令。⑥ 除此之外,"间接限制"还加持着"明显而现实的危险原则",该原则由"申克诉合众国案"(*Schenck v. United States*)奠定。霍姆斯大法官在本案中认为:"当一种出版物所使用的文字是在某种特定的情况下使用,并具有某种性质,以致造成明显而现实的危险,带来国会有权阻止的实质性后果时,就

---

① See *Konigsberg v. State Bar of California*, 366 U.S. 36(1961).
② See *Saia v. New York*, 334 U.S. 558(1948).
③ See *Kovacs v. Cooper*, 336 U.S. 77(1949).
④ See: *Martin v. Struthers*, 319 U.S. 141(1943); *Hynes v. Mayor and Council of Oradell*, 425 U.S. 610(1976).
⑤ See: *Breard v. City of Alexandria, La.*, 341 U.S. 622(1952); *Rowan v. United States Post Office Dept.*, 397 U.S. 728(1970).
⑥ See: *Near v. Minnesots Ex Rel. Olson*, 283 U.S. 697(1931); *Walker v. City of Birmingham*, 388 U.S. 307(1967).

可以对这一出版物定罪。"①在"惠特尼诉加利福尼亚州案"(*Whitney v. California*)中,最高法院进一步强化了"明显而现实的危险原则"的运用,且在更大程度上保护了表达自由的领域。② 但是,直到 1951 年"丹尼斯诉合众国案"(*Dennis v. United States*),最高法院才对"惠特尼案"确立的"明显而现实的危险原则"进行正式支持。③ 但是,最高法院内部存在分歧,"明显而现实的危险原则"遭到某种程度的质疑。而在"耶茨诉合众国案"(*Yates v. United States*)中,这种质疑声才逐渐消散。④ 最终,在"布兰登堡诉俄亥俄州案"(*Brandenburg v. Ohio*)中该原则发展的更加完整和充分,但在表述方面却更为隐晦。此外,表达自由保护原则在"象征性行为"领域也有所运用,⑤这是表达自由的延伸。

此外,在"全国有色人种协进会诉亚拉巴马州案"(*N.A.A.C.P. v. Alabama*)中,最高法院还认为结社和信仰自由也属于表达自由范畴。⑥ 但是,最高法院认为不存在广义的结社权,只有符合第 1 修正案目标有表达意义的结社才是需要保护的,诸如,保护成年人和未成年人在一起跳舞的权利不属于保护类型。⑦ 而且最高法院还区分了结社中的"会员资格"和"结社行动",认为不能仅根据参加某一组织就给予惩罚,而应该根据"结社行动"标准来判断。在"斯凯尔斯诉合众国案"(*Scales v. United States*)中,最高法院确定了三个标准:"(1)知道该社团的非法目标;(2)有促进这些非法目标的打算;(3)是'积极'会员。"⑧其中第二个条件,即必须证明该团体有非法行动的具体打算则是实质标准。⑨

---

① See *Schenck v. United States*, 249 U.S. 47(1919).

② See *Whitney v. California*, 247 U.S. 357(1927).

③ See *Dennis v. United States*, 341 U.S. 497(1951).

④ See *Yates v. United States*, 354 U.S. 298(1957).

⑤ See: *West Virginia State Board of Education v. Barnette*, 319 U.S. 624(1943); *United States v. O'Brien*, 393 U.S. 900(1968); *Tinker v. Des Moines Independent Community School Dist.*, 393 U.S. 503(1969); *Spence v. Washington*, 418 U.S. 105(1974); *Clark v. Community for Creative Non-violence*, 468 U.S. 288(1982).

⑥ See *N.A.A.C.P. v. Alabama*, 357 U.S. 449(1958).

⑦ See *City of Dallas v. Stanglin*, 490 U.S. 19(1989).

⑧ See *Scales v. United States*, 367 U.S. 203(1961).

⑨ See *Noto v. United States*, 367 U.S. 290(1961).

信仰自由则指的是个人有权不让外人知道自己加入的社团和信仰情况,这涉及到公民的政治信仰倾向和态度等系列隐私问题。最高法院对此类案件的处理经过了一个转变过程,在早期极其尊重基于国家安全提出的立法理由,例如,在"巴伦布拉特诉合众国案"(*Barenblatt v. United States*)中,最高法院认为如果拒绝回答国会委员会提出的结社问题则会成立"蔑视罪"。① 但是,对于一些涉及"合法团体"的案件,最高法院就会采取严格审查标准来保护结社和信仰自由。例如,在"吉布森诉佛罗里达州立法调查委员会案"(*Gibbons v. Florida Legislative Investigation Committee*)和"布朗诉社会主义工人党案"(*Brown v. Socialist Worker'74 Campaign Committee*(*Ohio*))中,最高法院认为从事思想和信仰自由交流的团体,保护其成员名单秘密的重要结社利益不应受到实质性侵犯,除非州政府能举出实质性证据。②

结社和信仰自由相关的另一个问题是"不结社权",公民的"不结社权"是结社和信仰自由的应有之义,"承认这些推断出来的权利在某种程度上反映了对良心自由的关注"③。例如,在"伍利诉梅纳德案"(*Wooley v. Maynard*)中,最高法院认为政府在制定公民改变宗教、政治和意识形态信仰制度的同时,必须保证与此相关的拒绝促进这些信仰的权利。④ 然而,这些与此相关的权利不是绝对的,一定程度上要受到政府"急需考虑的利益"的限制,但这种限制必须与思想压制无关,且这些利益不可能通过对结社自由限制较少的方式来获得。⑤ 在"阿布德诉底特律教育委会案"(*Abood v. Detroit Bd. of Educ.*),最高法院在裁决中阐释了有关此类案件的核心要义:"第1修正案的核心是个人应当自由地确定自己的信仰,在自由社会中人们的信仰应取决于自己的思想和良心,而不是由国家来强制。"⑥

---

① See *Barenblatt v. United States*, 360 U.S. 109(1959).

② See: *Gibbons v. Florida Legislative Investigation Committee*, 372 U.S. 539(1963); *Brown v. Socialist Worker'74 Campaign Committee(Ohio)*, 459 U.S. 87(1982).

③ [美]杰罗姆·巴伦,托马斯·迪恩斯:《美国宪法概论》,刘瑞祥等译,中国社会科学出版社1995年版,第210页。

④ See *Wooley v. Maynard*, 430 U.S. 705(1977).

⑤ See *Roberts v. United States Jaycees*, 468 U.S. 609(1984).

⑥ See *Abood v. Detroit Bd. of Educ.*, 431 U.S. 209(1977).

4. 宗教自由

宪法第 1 修正案规定了宗教自由,主要包括"信教自由"和"不得确立国教"两个方面,这两部分内容都已通过第 14 修正案的正当程序条款适用于各州。"信教自由"在于防御政府干扰个人按照自己的良心支配信仰、崇拜和表达自己思想的权利。[1] 最高法院在许多案件中都在表达一种立场,即持有宗教信仰和见解的自由是绝对保护的权利,[2]但根据所信仰的宗教行事的自由不能是绝对的,而且必须遵循一种审查标准。例如,在"布朗费尔德诉布朗案"(Braunfeld v. Brown)中确立的"直接限制"和"间接限制"原则。[3]

"信教自由"保护中的"直接限制"指的是政府针对"信教自由"本身进行的限制,这种限制对公民宗教自由造成了严重伤害,例如,政府直接规定公民不得信仰某种宗教,或直接宣布某个宗教非法;而"间接限制"指的是因对其他与宗教信仰有关行为的限制而引起的对"信教自由"的压制,例如,在"布朗费尔德案"中"禁止星期日停业法"对东正教商人经济的限制,以及"舍伯特诉弗纳案"(Sherbert v. Verner)中对基督教富临安息日教友发放州失业救济金的规定,[4]上述由经济限制而引起对宗教自由影响就是"间接限制"。

一般而言,最高法院对"直接限制"会持严格审查立场,而对"间接限制"较为宽容。但是,在"舍伯特案"中,最高法院仍然废除了不给基督教富临安息日教友发放州失业救济金的规定,主要原因在于经济限制是间接的,但该规定却产生了对"信教自由"本身的限制。在"托马斯诉印第安纳州就业安全处审查委员会案"(Thomas v. Review Bd. of Indiana Employment Sec. Div.)中,最高法院维持了"舍伯特案"中对"间接限制"进行严格审查的态度。[5]

"不得确立国教"不能简单理解为禁止政府赞助教会,或者要求平等

---

[1] See Wallace v. Jaffree, 472 U.S. 38(1985).

[2] See: Braunfeld v. Brown, 366 U.S. 599(1961); Torcaso v. Watkins, 367 U.S. 488(1961).

[3] See Braunfeld v. Brown, 366 U.S. 599(1961).

[4] See Sherbert v. Verner, 374 U.S. 398(1963).

[5] See Thomas v. Review Bd. of Indiana Employment Sec. Div. 450 U.S. 707(1981).

对待宗教,而是普遍地禁止援助一种宗教,援助所有宗教,或偏袒某一宗教和歧视另一宗教。① 在"不得确立国教"问题上,最高法院在"莱蒙诉库尔茨曼案"(*Lemon v. Kurtzman*)中提出了"三部分检验"的审查基准:(1)法律必须具有世俗的立法目的;(2)法律主要的或首要的影响必须是不促进也不限制宗教;(3)法律不得助长"政府过分卷入宗教"。② 但是,"莱蒙案"的检验基准遭到了"严格审查检验"等基准的挑战,但目前仍是最高法院常用的审查基准。

除了上述基本权利之外,最高法院在选举权、州际迁徙、请求权、文化教育权等方面都有相应建树,这些一般公民权利保护都会涉及到《权利法案》以及"重建修正案",尤其是第 14 修正案的"正当程序条款"的运用。在此过程中,最高法院发展出了众多的司法审判原则和审查标准,有力地促进了民权的发展。

(二)黑人民权保护

在平等权领域,传统保护实践包括两个方面:一是司法部门的自我克制;二是在尊重立法部门意见的同时,对司法部门进行限制。最高法院在涉及传统平等保护时,一般遵循的是理性检验标准,即政府根据一种分类是否建立在某种同立法目标有"相当大的实质性关系"差异的基础上,换句话说这种分类必须具有正当的利益,同法律目标具有合理联系,法律的目标本身不能违反宪法。③ 但在种族平等问题上,当政府故意根据种族或民族血统进行可疑或准可疑分类时,最高法院会抛弃理性检验标准,转而采取更加严格的审查基准。但是,最高法院这种态度转变经过了一个曲折过程。

1883 年,最高法院通过"民权系列案"(*Civil Rights Cases*)对《民权法案(1875)》进行回应,④该法案目的在于实施第 14 修正案中的"平等保护"条款。但最高法院宣布其违宪,裁定只有在涉及到各州违反第 14 修

① See *Everson v. Board of Education of Ewing Tp.*, 330 U. S. 1(1947).
② See *Lemon v. Kurtzman*, 403 U. S. 602(1971).
③ [美]杰罗姆·巴伦,托马斯·迪恩斯:《美国宪法概论》,刘瑞祥等译,中国社会科学出版社 1995 年版,第 140 页。
④ See *Civil Rights Cases, In Re*, 109 U. S. 3(1883).

正案时,国会才能通过此类法律,否则国会无权针对个人权利直接制定法律,只有各州才能制定此类法律。这意味着联邦政府在保护黑人民权问题上的退却,南部各州重新回到了白人至上时代。在"民权系列案"鼓励下,南方各州通过了一系列限制黑人权利的法律。

在政治层面,随着南方和北方政治妥协,南方白人重新进入国会,"内战"后众多涉及黑人公民权利法律也被逐渐取消。1896 年的"普莱西诉弗格森案"(*Plessy v. Ferguson*)是黑人民权历史上"至暗"判决,最高法院通过该案正式确立了"隔离但平等"原则。[①] 1899 年"卡明诉里士满郡教育委员会案"(*Cumming v. Richmond County Board of Education*)对黑人的歧视进一步扩展至学校。而在 1907 年的"伯里亚学院诉肯塔基州案"(*Berea College v. Kentucky*)中,最高法院支持肯塔基州的法律禁止黑人和白人在私立学校一起接受教育,[②]从而使各州私立学校歧视黑人的行为合法化。

在"普莱西案"之后半个世纪,"隔离但平等"原则一直是法院判决的立场。"平等"基础上的"隔离"原则,使得黑人学校、政府提供的服务和其他公共设施都和白人的服务和设施存在明显差异。20 世纪 30 至 40 年代,随着"新政"时期的"宪法革命",最高法院开始用批判目光看待"种族歧视"行为,其焦点主要集中在"平等"设施上。1938 年的"合众国诉卡罗林物产公司案"(*United States v. Carolene Products Co.*),斯通(Stone)大法官通过著名的"脚注 4"直接表达了最高法院的这种态度,认为应该对个别和孤立少数族群的偏见法律进行严格的审查,判断其分类的正当性。[③] 同时期的"密苏里州代表盖恩斯诉卡纳达案"(*Missouri ex rel. Gaines v. Canada*)也反映了这种变化,最高法院称由于密苏里州未提供黑人学习的法学院,因此允许黑人到白人的法学院学习。

除了学校之外,黑人选举权等政治权利方面也开始出现转机。此前

---

① 最高法院在"普莱西案"(*Plessy v. Ferguson*)中认为:各州规定种族隔离的法律对黑人和白人产生同等的影响,没有给任何一方造成不平等;各州制定"隔离但平等"法律时,还可以以公共安定秩序所必需为理由。(See *Plessy v. Ferguson*, 163 U.S. 537(1896).)

② McDonald Forrest, *We the People: The Economic Origins of the Constitutions*, Chicago: University of Chicago Press, 1958, p.154.

③ See *United States v. Carolene Products Co.*, 304 U.S.144(1938).

民主党在南部各州剥夺黑人选举权的一个方法是实行全白人初选，以此将黑人选民排除在民主党初选之外。1944年，在"史密斯诉奥尔莱特案"（Smith v. Allwright）中，最高法院认为民主党只是社会组织，应该服从宪法第15修正案，禁止进行"只有白人"参与的由政党推选大选候选人的初选，南方白人将投票权延伸到种族隔离制度是违宪的。本案的意义在于通过推翻民主党在德克萨斯州的全白人初选，进而否定了其他使用该规则的州剥夺黑人选举权的行为，禁止进行"只有白人"参与的由政党推选大选候选人的初选。[①]

20世纪40到50年代，最高法院对黑人民权态度基本上沿袭了"密苏里州代表盖恩斯诉卡纳达案"的判决，一些对研究生教育与职业教育领域中的种族隔离持否定态度的判决体现了这种转变。[②] 1948年的"塞普尔诉俄克拉何马大学董事会案"（Sipuel v. Board of Regents of the University of Oklahoma），最高法院判决俄克拉何马州为黑人妇女提供"隔离但平等"的法学院，并强调为此提供相应的设施；1950年的"麦克劳林诉俄克拉何马州立大学校董会案"（McLaurin v. Oklahoma State Regents），最高法院明确抨击了"隔离但平等"原则，[③]最高法院认为"隔离原则"阻碍了黑人学生同其他学生交流思想的机会，为黑人提供必备设施是优良教育必备的。1950年的"斯韦特诉佩因特案"（Sweatt v. Painter）进一步对研究生教育与职业教育领域中的种族隔离提出疑问。[④]

除此之外，教育领域之外也出现了对"隔离但平等"原则的不满。例如，1946年的"摩根诉弗吉尼亚州案"（Morgan v. Virginia），最高法院判

---

① See Smith v. Allwright, 321 U. S. 649(1944).

② See: Sipuel v. Board of Regents of the University of Oklahoma, 332 U. S. 631(1948); Sweatt v. Painter, 339 U. S. 629(1950); Mclaurin v. Oklahoma State Regents for Higher Education, 339 U. S. 637(1950).

③ 在"麦克劳林诉俄克拉何马州立大学校董会案"（McLaurin v. Oklahoma State Regents）中，俄克拉何马州已经允许一个黑人学生参加一个白人的研究生院，但又通过隔离的图书馆、咖啡厅和教室把他从其他学生中分离出来。

④ 最高法院在"斯韦特诉佩因特案"（Sweatt v. Painter）中不仅确定德克萨斯州新创办的一所专供黑人就读的法学院比只有白人就读的德克萨斯大学法学院要差，而且还裁定审案法院应该在确定隔离的学校条件是否相等时，既要将有形的因素，也要将无形的因素，即那些无法客观衡量但却与一所法学院的地位相关的因素（如该校的声誉）一并考虑进去。

决禁止在跨州汽车客运中实行隔离制度;1947年的"巴顿诉密西西比州案"(*Patton v. Mississippi*),最高法院排除了非裔美国人陪审团不得给非裔美国人被告定罪的传统。① 1948年,最高法院还通过"谢利诉克雷默案"(*Shelley v. Kraeme*)判决州法院禁止向黑人出售房地产是违宪的。② 而在60年代的"博因顿诉弗吉尼亚州案"(*Boynton v. Virginia*)中,最高法院下令取缔长途汽车站及其他为跨州旅客服务设施中的隔离制度。③ 从一系列案件看,"普莱西案"确立的"隔离而平等"原则受到越来越大的挑战。在这种情况下,最高法院从开始对"隔离"转向强调该原则中"平等"部分,开始为逐步废除"隔离但平等"原则奠定基础。但是,最高法院并没有完全推翻"普莱西案"确立的原则。与此同时,行政分支和北方各州对种族隔离的政治行为也同时出现了转变。④ 相比之下,立法分支的国会在民权领域却无所作为,而此时这种转变在司法分支的最高人民法院集中予以反映。

20世纪50年代的"布朗案件"(*Brown v. Board of Education*)是反映这种转变的标志性判决。在"布朗Ⅰ案"(*Brown v. Board of Education Ⅰ*)中,最高法院判决"隔离"本质上就是一种不平等,必须废除由"普莱西案"开创的"隔离但平等"原则,该原则剥夺了黑人受教育权而违反了美国宪法第14修正案第1款的平等保护条款。⑤ "布朗Ⅰ案"最重要的意义不仅在于否定了学校领域的种族歧视,而且在于彻底废除了"隔离但平等"原则。次年,最高法院邀请各州司法部长和联邦司法部长讨论执行"布朗Ⅰ案"问题,经过多方讨论,最高法院裁决将所有关于类似公立学校种族隔离教育的法律争议案件重新发还各级地方法院,并责令各级法院

---

① See: *Morgan v. Virginia*, 328 U.S. 373(1946); *Patton v. Mississippi*, 332 U.S. 436 (1947).

② See *Shelley v. Kraemer*, 334 U.S. 1(1948).

③ See *Boynton v. Virginia*, 364 U.S. 456(1960).

④ 例如,1941年罗斯福总统发布行政命令,禁止在政府雇用雇员时实行种族歧视,以确保行政分支的种族平等;1948年,杜鲁门总统又通过法令又废除了军队中的种族隔离。

⑤ 《美利坚合众国宪法》第14修正案第1款规定:"所有在合众国出生或归化合众国并受其管辖的人,都是合众国的和他们居住州的公民。任何一州,都不得制定或实施限制合众国公民的特权或豁免权的法律;不经正当法律程序,不得剥夺任何人的生命、自由或财产;在州管辖范围内,也不得拒绝给予任何人以平等法律保护。"

必须依照"布朗 I 案"精神进行审查和判决,这就是"布朗 II 案"(*Brown v. Board of Education II*)。然而,最高法院并没有规定各地完成废除种族隔离的时间,仅指示必须以十分谨慎的速度废除种族隔离措施,南部各州学校中的种族融合则主要由下级法院加以监督,①这就造成了南方各州废除种族隔离的工作异常缓慢。此外,"布朗 II 案"还涉及到公立学校之外的种族隔离废除问题,这主要是通过相关种族和民权案件判决来实现的,②这些案例体现了最高法院在各领域废除种族隔离的决心。③

最高法院为了加快废除"隔离"进程,又进行一些重要判决。1967 年的"洛文诉弗吉尼亚州"(*Loving v. Virginia*)涉及到种族之间的婚姻问题。④ 最高法院在本案中裁决弗吉尼亚州宪法构成"基于种族而分类"的差别歧视,构成"嫌疑归类",应受严格审查。⑤ 在公立学校领域,最高法院在"格林诉新肯特县教育董事会案"(*Green v. County School Board of New Kent County, Va.*)中采取了不同于"布朗案"的激进立场,重新审视了学校中的种族隔离,认为"单靠消除种族歧视性做法是不够的,州政府有义务积极努力地废除学校中的种族隔离制度",⑥从而加速了各州在教育领域废除种族隔离进程。1970 年,为了达到种族融合目的,在"斯旺诉夏洛特·梅克伦堡教育委员会案"(*Swann v. Charlotte-Mecklenburg Board of Education*)中,最高法院判决校车在接送学生时禁止采取种族

---

① Wilkinson III, J. Harvie, *From Brown to Bakke*, New York: Oxford University Press, 1979, p.79.

② See: *Shelley v. Kraemer*, 334 U.S. 1(1948); *Holmes v. City of Atlanta*, 124F. Supp.290 (N.D. Ga. 1954); *Mayor and City Council of Baltimore City v. Dawson*, 350 U.S. 877 (1955); *Schiro v. Bynum*, 375 U.S. 395(1964).

③ 此类案件涉及到城市滨海设施、公园、公共体育活动和城市公交路线上的种族隔离废除情况;白人和黑人之间房屋买卖合同限制性条件的废除;州际运输中种族隔离的非法性;保护黑人的投票权;推翻对民权运动领导人的判决,以及以法院"令状"形式保护民权示威活动等。

④ See *Loving v. Virginia*, 388 U.S. 1(1967).

⑤ "有嫌疑类别"是法院认为除非有相反证据,否则对它的歧视就是违反了宪法第 14 修正案的"同等保护"原则,因而需要法院干涉的那些类别。然而,政府仍能通过适用于某些公民而不适用于其他公民的法律,问题是对联邦与州政府将公民分类并制定有关他们的法律权限的限制边界在哪?法院对政府行为的一个重要限制被称为"有嫌疑类别",这是由政府证明他们需要受到保护的类别,在涉及"有嫌疑类别"的法律或行动时,政府必须证明这些行动确有利害关系。

⑥ See *Green v. County School Board of New Kent County, Va.*, 391 U.S. 430(1968).

隔离。① 而 1974 年的"米利肯诉布拉德利案"(*Milliken v. Bradly*),最高法院又驳回了底特律市交叉区域的校车隔离计划。②

最高法院起初之所以支持种族隔离制度,是因为对"同等保护"的法律语义进行了政治化理解。在种族隔离问题上,"同等保护"的真实意义指的是实行种族隔离但同等设施(如学校和公共交通)并不违反第 14 修正案。在实践中,即使不存在真正同等设施,最高法院也会认为是平等的。直到"布朗案"之后,最高法院裁定种族隔离的学校违反第 14 修正案"平等保护"原则,这种理解才得以根本转变。在此背景下,法院严格审查与种族类别相关法案,并在州与联邦通过涉及种族法律时,将其归为"有嫌疑类别"。从法律上来讲,并不是所有关于种族类别分类的法律都违反第 14 修正案的"平等保护"原则,在政府基于种族分类方法执行法律时候,就不能以该条款来防止法律分类的禁令,因为对处境不同的人和事进行"差别化"处理是法律实质正义的要求。③ 在涉及种族分类的案件时,法院会坚持认为法律相对于分类目标而言,必须是合理的分类,这类案件涉及到黑人民权"种族配额"(Racial Quotas)和"平权法案"(Affirmative Action)问题。④

"种族配额"和"平权法案"在于通过就业措施补偿过去对黑人歧视,帮助他们达到平均生活水准。但是,在司法实践中,最高法院并没直接用"配额制度"来消除过去的歧视,而是通过间接方式实现的。1978 年的"加州大学董事会诉巴基案"(*Regents of the University of California v. Bakke*)就涉及到"平权法案"引起的"反向歧视"问题。本案中最高法院

---

① See *Swann v. Charlotte-Mecklenburg Board of Education*, 402 U.S. 1(1971).

② See *Milliken v. Bradly*, 433 U.S.267(1974).

③ 例如,法律规定对于男人和女人、成人和儿童、外国侨民和本国公民,不必总是给予相同的待遇。但也很明确,不能任意给予这些类别的人以不同的待遇。

④ "种族配额"(Racial Quotas)指在就业和教育中给一些特殊种群留给一定名额,具体做法是政府将工作或入学人数进行固定,然后将这个比例转化为一个特定数量,"种族配额"在《1964 民权法案》之后开始实行。而"平权法案"(Affirmative Action)始于 19 世纪中叶有关人种问题的司法判决,其宪法基础在于第 14 修正案的平等条款,目的在于保护黑人公民权利。"平权法案"的合宪性具有三条标准:合理基础;观点中立;审查严格。"平权法案"在实践中可能会引起"反向歧视"问题,即出于善意的目的给予某些人享有庇护或优待的行为,而这种优待直接导致了使人遭到退化的消极影响,这种支持在该情况下是一种倒向歧视。

支持了"平权法案"给予大学的招生处以灵活录取少数民族裔学生的权利,不过判决中对一些特定程序也产生了质疑,如认为加州大学戴维斯分校医学院在每 100 个招生名额中必须留 16 个少数族裔学生配额的规定可能并不适当。①

尽管最高法院宣布学校中种族隔离是非法的,并下令校区实行种族融合,但大学招生中"平权法案"实施的合法性问题尚未得到解决。支持者认为用这样措施来补偿过去对黑人歧视是必须的,而反对者则认为这样的措施违反了宪法第 14 修正案的"平等保护"条款,这会造成新的种族歧视。1979 年的"凯撒铝业和美国钢铁工人联合会诉韦伯案"(*Kaiser Aluminum and United Steelworkers v. Weber*)就涉及这个问题,本案中最高法院维持了一家公司及其工会共同做出的决定,即将 50% 的培训名额留给黑人,直到少数族群员工所占百分比接近于少数族群在当地劳动力中所占的百分比。② 1984 年的"孟菲斯消防队员诉斯科特案"(*Memphis Firefighters v. Scotts*)涉及到黑人雇员的资历问题,最高法院允许雇主解雇资历较浅的工人,尽管黑人通常都是最后被解雇的,但还是会影响黑人雇员比例。"平权法案"和"种族配额"会引起新的"反向歧视"问题带来了新的挑战,"结果就是支持和否定'平权法案'和'种族配额'案件数量都同样多"。③

除了黑人之外,其他少数族裔也逐渐加入到民权运动之中。例如,对西班牙裔公民权利的保护。在学校种族融合过程中,许多校区将西班牙语裔移民并入黑人学校,"在 70 年代,许多公立学校的西班牙语裔孩子大约占到所有少数族裔的学生 90% 左右"。④ 由于历史和政治原因,西班牙裔美国人和黑人一样,除了在法律上受到不平等待遇之外,自身生存能力

① See *Regents of the University of California v. Bakke*, 438 U. S. 265(1978).

② See *Kaiser Aluminum and United Steelworkers v. Weber*, 443 U. S. 193(1979).

③ Marcia Lynn Whicker, Ruth Ann Strickland, and Raymond A. Moore, *The Constitution Under Pressure: A Time for Change*, Westport, Conn.: Greenwood Press, Inc., 1987, p. 84.

④ Guadaloupe San Miguel, Jr., "*Mexican American Organizations and the Changing Politics of School Desegregation in Texas*, 1945 to 1980," Social science quarterly, 1982,63(4): 701-715.

也遇到较大问题,无法和拥有良好教育背景的白人进行竞争。在大部分情况下,他们和非裔黑人一样居住在贫民窟。由于公立学校是靠地方税收来支持的,因此,西班牙语裔等少数族裔的学校经常缺少资金和老师,而现存学校设施和师资条件也不是很理想。

1973 年的"圣安东尼奥独立校区诉罗德里格兹案"(*San Antonio Independent Schools District v. Rodriguez*),西班牙语裔美国人孩子家长认识到学校设施和师资短缺问题,并向最高法院寻求救济。最高法院审理后坚持认为,各州没有将资金平均分配到不同地区学校的义务,分配教育资金是各州事务,这与地方财政和税收有关。[①] 这意味着西班牙语裔美国人不能享受到优质的教育资源,州政府在教育资源分配问题上占据主导,西班牙裔等少数族裔可能会受到质量较差教育,从而直接影响到他们的发展机会。因此,在起点上的不平等是导致西班牙语裔美国人公民权利受到影响的最重要原因。

(三) 妇女性别平等权

妇女属于宪法保护的特定主体,其基本权利涉及到婚姻家庭、堕胎和性别平等等方面。妇女权利的保护核心是平等权问题,而其中又以性别平等最为重要。在"新政"之后的民权运动浪潮中,最高法院除了关注种族平等权之外,还关注性别平等问题,以宪法第 14 修正案为依据在诸多领域维护了妇女平等权。

妇女权利案件大部分集中在就业领域。早期最高法院在就业领域判决遵循的是保护主义立场,它们会根据就业性质和条件对妇女权利进行限制。20 世纪 70 年代以前,最高法院在涉及性别案件中会通过合理审查标准维护性别分类,进而回应根据平等保护提出的质疑,这实际上反映了最高法院在对女性保护问题上所持的"家长主义"立场。1873 年,"布拉德韦尔诉伊利诺斯州案"(*Bradwell v. Illinois*)集中体现了最高法院的这一立场,本案中最高法院将妇女角色定位为母亲和妻子,并认为这是天经地义的,从而将妇女排除出律师行业,该判决同时也否定了 1872 年

---

① See *San Antonio Independent Schools District v. Rodriguez*, 411 U.S. 1(1973).

伊利诺伊州制定的一项在就业中禁止性别歧视的法案。[①] 1908 年的"穆勒诉俄勒冈州案"(*Muller v. Oregon*),出于对妇女的保护,最高法院支持俄勒冈州一项禁止洗衣店女工一天工作超过 10 小时的法律,[②]同样的立场也出现在 1948 年的"戈萨尔特诉克利里案"(*Goesaert v. Cleray*)中,最高法院在本案中同样支持了密歇根州法律禁止妇女从事酒吧招待职业,除非该妇女的丈夫或者父亲是该酒吧的拥有者。[③]

最高法院基于性别标准的分类审查不仅局限于就业领域,也涉及到其他领域。例如,1961 年,佛罗里达州法律规定女性不能参与陪审团成为陪审团一员。在"霍伊特诉佛罗里达案"(*Hoyt v. Florida*)中,最高法院认可了一个全部由男性组成的陪审团作出的判决,宣判一个被控谋杀罪的佛罗里达女人有罪,这是典型的"性别歧视"。[④] 20 世纪 70 年代,最高法院从"保护主义"立场中转变过来。1971 年的"里德诉里德案"(*Reed v. Reed*),最高法院废除了爱达华州一项在管理产业方面男人比女人拥有优先权的法律。[⑤] 1973 年的"弗朗蒂埃罗诉理查森案"(*Frantieroca v. Richardson*),最高法院判定一项夫妻赡养关系中对妇女歧视的联邦法律违宪。[⑥] 1975 年的"泰勒诉路易斯安那州案"(*Taylor v. Louisiana*)推翻了"霍伊特案"的判决,认为陪审团是"社区的影子",应该有适当的女性比例,不能基于性别原因将女性陪审员排除在陪审团之外。[⑦]

在家庭关系领域,1975 年的"斯坦顿诉斯坦顿案"(*Stanton v. Stanton*),[⑧]最高法院推翻了一项犹他州的法律,该法律假定在受教育需要供养的情况下,要求离婚父亲供养儿子直到他们 21 岁,而女儿只需供养到 18 岁,因为女儿结婚会获得丈夫支持。除此之外,1977 年的"德萨

---

① See *Bradwell v. State of Illinois*, 83 U.S. 130(1873).

② See *Muller v. Oregon*, 208 U.S. 412(1908).

③ Marcia Lynn Whicker, Ruth Ann Strickland, and Raymond A. Moore, *The Constitution Under Pressure: A Time for Change*, Westport, Conn.: Greenwood Press, Inc., 1987, p. 85.

④ See *Hoyt v. Florida*, 368 U.S. 57(1961).

⑤ See *Reed v. Reed*, 404 U.S. 71(1971).

⑥ See *Frantieroca v. Richardson*, 411 U.S. 677(1973).

⑦ See *Taylor v. Louisiana*, 419 U.S. 522(1975).

⑧ See *Stanton v. Stanton*, 421 U.S. 7(1975).

特诉罗林森案"(*Dothard v. Rawlinson*),最高法院判决雇主出于身高和体重对妇女歧视是违宪的,这对残疾妇女也同样适用。[①] 1984 年,最高法院通过"黑生诉肯·斯伯丁案"(*Hishon v. King and Spalding*),裁决律师事务所拒绝雇用女性,或者公司升职时的性别歧视是违宪的。[②] 但是,最高法院并不都是对妇女权利持支持态度,1984 年的"格罗夫城学院诉贝尔案"(*Grove City College v. Bell*)就体现了这种立场。[③] 最高法院在本案中认为:"1972 年的《教育法修正案第 9 条》(*Title IX of the Educational Amendments*)禁止接受联邦资助的学校歧视女生的规定应得到维持,但不能将 1972 年的《教育修正案第九条》规定运用到私立大学,应当在联邦政府财政资助和个人资金资助之间进行区分。"[④]本案通过接受联邦基金援助的方式默许了联邦政府在反歧视法上的立场。

在"全国妇女组织"(National Organization for Women)和一些民权团体运动下,1972 年,国会提出宪法的《平等权利修正案》(Equal Rights Amendment),并建议各州议会批准。[⑤] 但是,由于没有达到宪法修正案要求大多数州同意,该修正案胎死腹中,妇女通过政治途径维权的希望破灭了,最终又转向了法院。例如,1973 年的"罗诉韦德案"(*Roe v. Wade*)对妇女堕胎权的保护,就被看作是保护妇女隐私权和防止性别歧视的事件。[⑥] 在女性同性恋婚姻方面,1996 年的"罗默诉埃文斯案"(*Romer v. Evans*)对于保护女性同性恋婚姻具有典型意义。[⑦]

这一时期最高法院主要经历了"沃伦法院"和"伦奎斯特法院","沃伦法院"的影响范围巨大,从"布朗案"开始,联邦最高法院在种族关系方面

---

① See *Dothard v. Rawlinson*, 433 U.S. 321(1977).

② See *Hishon v. King and Spalding*, 467 U.S. 69,73(1984).

③ See *Grove City College v. Bell*, 465 U.S. 555(1984).

④ 1972 的《教育法修正案》第 9 条规定:"在美国,在任何教育项目或接受联邦政府援助的活动中,任何人不得,基于性别被排除参与,或否认的好处,或受到歧视。"

⑤《平等权利修正案》(Equal Rights Amendment)规定了平等权不应被合众国或是任何一州基于性别原因而拒绝或削减。

⑥ See *Roe v. Wade*, 410 U.S.113(1973).

⑦ 最高法院在"罗默诉埃文斯案"(*Romer v. Evans*)中裁决一项州宪法修正案违宪,这项修正案禁止在现在和将来制订保护个人不因其性取向而遭到歧视的任何法规。(See *Romer v. Evans*, 517 U.S. 620(1996).)

发动了"宪法革命",扩大了宪法对公民平等权的保护范围,扩展了言论和新闻自由的保护,[①]首次通过宪法解释对"隐私权"进行确认,[②]保护了公民的"沉默权",[③]公民有合法持枪的权利,[④]以及最近的"同性婚姻权利",[⑤]极大地丰富了宪法的价值体系。"沃伦法院"的宪法变迁证明了以下观点:"宪法的天才人物不是依靠一个静止的和已经逝去世界中宪法可能具有的任何静态的含义,而是依靠使那些伟大的原则适应于解决现代问题的现代的需要。"[⑥]"沃伦法院"的民主观念是建立在宪法的"平等保护"条款之上的,它进而将其延伸到种族案件之外,囊括了包括宗教少数者、政治激进主义者、外国人、少数民族、被监禁者和刑事被告人等广阔的范围,很好地实现了这些主体的宪法价值。在"伦奎斯特法院"时期,宪法变迁的总体特点是相对抑制联邦政府权力,而扩大或者维护州权力,这与里根重拾"自由主义"政治哲学,主张对联邦权力限制的"里根主义"有关。"伦奎斯特法院"坚持司法节制主义,主张严格解释宪法,限制国会宽泛的贸易管制权,并以各种形式宣布联邦诸种法律违宪,进而维护宪法的"联邦主义和分权原则",[⑦]以此保护公民自由。

综上所述,美国的宪法变迁在不同历史阶段,由于"人民"需要不同,其对宪法提出的规范需求也不一样,宪法变迁也体现出不同的价值取向,即"建国"到"重建"的国家主义价值取向,"重建"到"新政"的经济自由主义价值取向,以及"新政"至今的公民权利价值取向。但需要强调的是,这

---

① See: *Minersville School District v. Gobitis*, 310 U. S. 586 (1940); *West Virginia State Board of Education v. Barnette*, 319 U. S. 624 (1943); *Texas v. Johnson*, 491 U. S. 397 (1989); *Citizen United v. Federal Election Commission*, 558 U. S. 310, (2010); *New York Yimes Co. v. Sullivian*, 376 U. S. 254 (1964); *People of the State of California v. Laurence Powell, Tunothy E. Wind, Theodore Briseno and Stacey C. Koon* (1992), and so on.

② See *Roe v. Wade*, 410 U. S. 113 (1973).

③ See *Miranda v. Arizona*, 384 U. S. 436 (1966).

④ See *District of Columbia v. Heller*, 554 U. S. 70 (2008).

⑤ See: *United States v. Windsor*, 570 U. S. (2013); *Obergefell v. Hodges* 576 U. S. (2015).

⑥ See Morton J. Horwitz, *The Warren Court and the Pursuit of Justice*, New York: Farrar, Straus and Giroux, 1998, p.199.

⑦ See Dawn E. Johnsen, *"Ronald Reagan and the Rehnquist Court on Congressional Power: Presidential Influences on Constitutional Change,"* Indiana Law Journal, 2003, 78(1): 363 - 412.

里所讲的历史阶段的价值取向只是从"人民"整体趋向在宪法变迁的反射来观察而得出的结论,这并不代表在微观层面这种价值取向仍能保持与整体价值取向的一致性。例如,从"新政"至今,宪法变迁体现出公民权利的价值取向,但并不是说在具体个案中不存在国家主义和经济自由主义取向,或者说国家主义和经济自由主义不重要,而是说这种取向相对于公民权利而言,表现得不是很明显。之所以不明显,主要还是因为历史发展的阶段性任务决定的。对于任何一个国家而言,新的政权建立之后的相当长的一段时间内,首要问题是政权稳固和国家构建,其次才是发展经济,在这两个方面充分发展的基础上,公民权利才能顺理成章摆上日程,这是历史发展的客观规律。因此,宪法只有尊重历史发展规律,紧紧围绕具体历史阶段"人民"需要,通过多元变迁机制才能实现"自我成长",才不至于变成僵化的条文,成为历史进步的绊脚石。

本章小结

本章围绕美国宪法变迁价值取向本体问题展开,研究了美国宪法的基本价值结构,邦联条例和联邦宪法价值取向比较,美国和德国宪法变迁的比较和美国宪法变迁的历史形态等方面。美国宪法基本价值由民主、共和、自由、法治和联邦主义构成,基本价值对宪法变迁具有调控作用,可以确保宪法变迁能够真正体现"人民"需要,防止"恶性变迁"出现。德国与美国宪法变迁比较研究,可从比较宪法角度认识和把握美国宪法变迁的内在规定性。美国"人民"不同历史阶段需要不同,使得宪法变迁的价值取向呈现出不同的历史形态,从"建国"至今,美国宪法变迁价值取向历史形态经过了国家主义、经济自由主义和公民权利三个发展阶段,深刻体现了作为宪法价值主体的"人民"具体历史实践规范需要的差异性。

第三章

"建国"到"重建"宪法变迁国家主义价值取向原因论

　　亚里士多德认为："自然的原因不是单一的，不是简单的因果关系，而是多种和有限的，有其特定的含义。"①亚里士多德将自然的原因解释为四种："(1)那个作为内在的东西，一个事物由它变为存在;(2)形式或模型，亦即本质的定义;(3)变化或静止从它首先开端的东西，变化产生者是变化的原因;(4)目的，亦即一个事物是为了它的缘故而发生的那个东西。"②正是在这四种意义上，亚里士多德将自然变化生成的普遍原理归结为四种原因，即质料因、形式因、动力因和目的因。下面就结合"四因论"范式来具体分析"建国"到"重建"宪法变迁国家主义价值取向发生的原因。

第一节　规范和事实结构的质料因

　　"质料因是指一切自然事物所依托的原初的基础，万物不是偶然地而是绝对地由之产生并且继续存在下去的。"③质料就是自然事物生成不可缺少的基质和材料，即构成事物生成要素并继续存留于其中的东西。国家主义的价值取向发生的质料因，主要是规范和事实两个要素构成，而规

---

① 姚介厚：《西方哲学史：古代希腊与罗马哲学》(第 2 卷)，江苏人民出版社 2005 年版，第713 页。
② ［古希腊］亚里士多德：《形而上学》，1013a24 - 35，载《亚里士多德全集》。
③ ［古希腊］亚里士多德：《物理学》，192a32 - 34，载《亚里士多德全集》。

范要素主要是由成文宪法、刚性修改程序和宪法变迁的机制构成；而事实要素指的是国家构建过程之中所体现的国家行为。

一、成文宪法：宪法变迁国家主义价值取向的规范基础

美国宪法制定的主要目的在于确认革命之后的政治事实，反对"大众民主暴政"，构建"有限政府"。宪法的成文化会对立宪技术和政治智慧有很高要求。然而宪法不可能用简洁语言涵盖所有国家行为，于是成文宪法本身必然存在适应性难题。而美国宪法"刚性"的修改程序又杜绝了通过频繁修正来化解宪法适应性的可能性，这就为宪法变迁来处理规范与事实之间的张力关系提供了广阔空间。

（一）成文宪法的适应性难题

美国宪法成文化造就了世界上最简洁和最短的宪法，这使得宪法无法对事实提出的规范要求进行全方位满足，规范与事实之间的紧张关系成为美国宪法发展的常态。在"建国"到"重建"阶段，国家构建历史任务必然会对宪法规范提出挑战。国家构建行为的多元化与联邦政府有限、原则和抽象权力之间的紧张关系要求宪法必然发生变化，消解它们之间张力不可能一味地进行修改宪法，况且美国宪法修改非常困难，更不可能通过宪法革命来解决这个张力关系，较为理想和现实的宪法变化形态就是宪法变迁了。因此，理解美国宪法变迁国家主义价值取向必须回归宪法规范，从规范入手寻找基础。

1. "我们人民"：联邦政府权力的始源

联邦政府的政治权力具有"双重来源"，既来自各州的让与，又来自"人民"直接授权。从这个意义上讲，联邦宪法是各州"局部"的联合，例如，参议员是由各州立法机关任命的，众议院是由各州"人民"直接选举的。[1] 另外，选举人团制度是由各州立法机关按照规定程序产生的，其人数与该州在国会中参议员和众议员的人数相等，由他们来选举产生合众

---

[1] 参见《美利坚合众国宪法》，第 1 条第 3 款第 2 项。

国的总统和副总统。① 因此,各州作为主权实体是通过决定联邦政府立法机关和行政机关代表的方式来行使权力的。

联邦政府权力直接来自"人民"是宪法最具有意义的创新,"如果宪法是'人民'的杰作,其所授予联邦政府的权力只能是作为主权本身的延伸。另一方面,如果各州创造了宪法,就可以论辩说,联邦政府的权力必须止于它们会侵害州主权的那一点上",②这种差别是巨大的。宪法是"人民主权"的产物,就可以将联邦政府的权力延伸到各州,州的权力就不再是不可侵犯的和绝对的。然而,反联邦党人作为"州权主义者"对此大加批判,认为这对州的权力是潜在危险。③ 因为,根据"二元主权"的理论,联邦政府权力至少部分是来自全体"人民"的,全体"人民"可通过宪法修正的方式逐步侵蚀各州的权力范围而扩张联邦政府权力。随着宪法第17修正案的通过,宪法权力的"人民"权重进一步得到体现。④

宪法的"人民主权"原则体现了美国"人民"对统一国家的认同感,它集中表达了美国"人民"在独立之后建立一个强大的联邦政府,维护合众国利益和"人民"自由的诉求,它是宪法变迁国家主义价值取向终极规范根源。

2. 联邦政府的列举性权力

联邦宪法构建了三权分立的"联邦共和国",对联邦政府的权力进行纵向和横向的分割,体现了现代宪法的分权和制衡原则。其中第1条到

---

① 参见《美利坚合众国宪法》,第2条第3款第2项。

② [美]罗伯特·麦克洛斯基:《美国最高法院》,任东来等译,中国政法大学出版社2005年版,第47页。

③ 联邦党人与反联邦党人在联邦与州的关系上形成了不同的观点,反联邦党人坚持"州权主义",主张州和个人权利的保护具有优先性,而保护个人权利是合法政府的目的所在,个人权利只有在小共和国才能实现。因此,他们是"孟德斯鸠式小共和国"的坚定支持者,小共和国才能承担政府应当行使的职权和承担相应的政府责任,而合众国的全国政府只是对州政府起补充作用,在原则上全国政府应当服从州政府。(参见:[美]赫伯特J·斯托林:《反联邦党人赞成什么——宪法反对者的政治思想》,汪庆华译,北京大学出版社2006年版第15—41页;Gordon S. Wood, *The Creation of the American Republic, 1776 – 1787*, Chapel Hill: University of North Carolina Press, 1998.)

④ 《美利坚合众国宪法》第17修正案规定:"合众国参议院由每州'人民'选举的两名参议员组成,任期六年;每名参议员有一票表决权。每个州的选举人应具备该州州议会人数最多一院选举人所必需的资格。"

第 3 条对联邦政府的立法权、行政权和司法权作了具体规定,明确了国会、总统和最高法院的权力界限,[1]宪法中联邦政府的列举性权力可以从表 3 - 1 呈现:[2]

表 3 - 1 **Constitutional Powers of the National Government**

POWERS PRIMARILY CONCERNED WITH INTERNATIONAL RELATIONS
Declaring war
Making treaties with foreign nations
Defining and punishing piracy and crimes committed at sea
Establishing rules of naturalization
Providing for an army and navy
Regulating commerce with foreign nations
POWERS PRIMARILY CONCERNED WITH DOMESTIC AFFAIRS
Coining money
Borrowing money on government credit
Regulating interstate commerce
Levying and collecting taxes
Repaying government debts
Controlling patents
Establishing post offices and post roads
Governing the district of Columbia
Establishing federal courts and their jurisdictions
Establishing uniform rules on bankruptcies

宪法对联邦政府列举性权力的规定主要体现在宪法第 1 条第 8 款的

---

① 参见《美利坚合众国宪法》,第 1 条、第 2 条和第 3 条。

② Marcia Lynn Whicker, Ruth Ann Strickland, and Raymond A. Moore, *The Constitution Under Pressure: A Time for Change,* Westport, Conn. : Greenwood Press, Inc., 1987, p. 54.

规定之中,例如,征税的权力、管理州际和外贸的权力、颁布统一的破产和归化法律、授予专利、建立各级法院的权力,以及经济领域铸造货币、调节其价值、厘定外币价值和制定度量衡标准等权力,这些列举性权力为联邦政府的国家构建提供了法律基础。随着民族国家的构建,这些权力也随着社会而发生变迁。

3. "契约条款"

"契约条款"成为联邦政府实现国家主义的重要手段。宪法第 1 条第 10 款规定:"无论何州不得缔结条约、结盟或加入联邦;不得颁发缉拿敌船许可证和报复性拘捕证;不得铸造货币;不得发行信用券;不得将金银币以外的任何物品作为偿还债务的法定货币;不得通过公民权利剥夺法案、追溯既往的法律或损害契约义务的法律;不得授予任何贵族爵位。"[①]这里面列举了对州政府权力限制的情形,目的在于将这些权力收回联邦政府,不允许州政府行使这些关系到全国公共利益的权力。其中的"契约条款"规定各州不得制定"损害契约义务"的法律,究竟何为"契约义务",这就为最高法院提供了广阔的自由裁量空间。联邦最高法院根据民族国家构建需要,对"契约义务"进行的解释为保障经济领域的交易自由奠定了基础,尤其是打破了"州权主义"狭隘地方保护主义,为全国统一市场构建提供了规范基础。"契约条款"为联邦政府在经济和贸易领域限制州权,打击地方保护主义提供了法律基础。

4. "概括性条款"(弹性条款)

宪法构建的"概括性条款"(弹性条款)成为联邦政府最重要的权力来源,这些"弹性条款"主要包括"贸易条款"、"必要和适当条款"和"正当程序条款",其中"贸易条款"和"必要和适当条款"是联邦政府权力增长来源。[②]

"概括性条款"的运用,使得联邦政府在既有国家权力基础上,对州权与联邦权力划分不明确的领域施加自己的影响,这种影响是通过联邦最高法院的宪法解释机制来实现的。"概括性条款作为联邦政府权力管辖

---

① 参见《美利坚合众国宪法》,第 1 条第 10 款。

② "概括性条款"包括:宪法第 1 条第 8 款第 3 项的"贸易条款",第 1 条第 8 款第 18 项的"必要和适当条款",第 5 修正案和第 14 修正案第 1 款的"正当程序条款"。

范围的界限,是宪法设计的一项最重要的制度。但是,'概括性条款'并不是一项独立授权,必须建立在宪法授予联邦政府权力的基础上。在联邦政府各种机关中,它授权国会,通过法律来实施宪法所赋予的权力。"①

"贸易条款"司法原则是在"吉布森诉奥格登案"(Gibbons v. Ogden)确立的。1824年,最高法院在"吉本斯案"中对"贸易"进行了扩大解释,认为"贸易"不仅指交易、买和卖、或者商品交换,而且还包括相互交往;"州际贸易"也包括州的内部贸易,州际商业不能在每个州的外边界停止,可以引入州的内部,联邦政府有权力管理涉及到所有与州际贸易有关的事务,当争议事项涉及到州际贸易的范围时,只有联邦政府拥有管辖权,各州无权干涉。②

"必要和适当条款"必须以国会享有的权力为前提。一般认为,"'必要'和'适当'有着不同要求,授权国会通过的法律必须同时满足'必要'和'适当'条件;而国会没有自由裁量权决定什么是'必要'和'适当'",因为国会本身作为立法机关,不能自己决定"必要和适当"标准来进行立法,例如,联邦政府享有征税权,按照"概括性条款"的理解,"这就是说已经被授予征税权的国家立法机关,可以在执行该项权力时通过执行权力所需要的和适当的一切法律"③。

1790年设立国家银行的计划首次提到了"必要和适当条款",汉密尔顿在反对杰斐逊的意见中就使用了"必要和适当条款"。④ 但是,"必要和适当条款"最终是通过1819年的"麦卡洛诉马里兰州案"(McCulloch v. Maryland)确立的。在"麦卡洛案"中,马歇尔大法官对这一条款作了扩张性的司法解释:"不论对日常事务还是知名作品,如果参照'必要'一词的应用,我们发现它至多表明:一件事情对另一件事情是方便、有用或基

---

① See *The Federalist* No. 33.

② See *Gibbons v. Ogden*, 22 U.S. 1(1824).

③ See *The Federalist* No. 33.

④ 汉密尔顿认为:"下列普遍的原则必然存在于政府的定义之中,并对合众国政府所取得的每项进步都是基本的:即每一项赋予政府的权力都具有主权的性质,并且根据措辞的力量,包括运用所有必要并且对实现权力的目的而言相当适合的手段之权利,只要既没有为宪法具体注明的限制与例外所排除,也不是不道德或和政治社会的基本目标相抵触,包含这个词的条款的全部特征表明,制宪大会的意图是通过这项条款为列举权力的行使提供宽松的自由度。"

本的。要使用一种目的是必要的手段，一般的理解是去使用那些预计会产生该目的的任何手段，而不是局限于那些独一无二的手段。"[1]"适当和必要条款"的初衷，最有可能的在于对国会权力的进一步限制。但是，实际上却成为国会权力扩充的规范基础。

"贸易条款"司法原则则是在"吉布森诉奥格登案"（*Gibbons v. Ogden*）确立的。1824 年，最高法院在"吉本斯诉奥格登案"中，对"贸易"进行了扩大解释，联邦最高法院认为"州际贸易"也包括州的内部贸易，州际商业不能在每个州的外边界停止，可以引入州的内部，联邦政府有权力管理涉及到所有涉及到与州际贸易有关的事务。"管制"这个权力，与国会其它权力一样，完全是它自己的，即当争议事项涉及到州际贸易的范围时，只有联邦政府拥有管辖权，各州无权干涉。[2]

"正当程序条款"在很多情况下是联邦最高法院用来审查州法律的一种手段，尽管有很多案件并不涉及到程序问题。"正当程序"最初表达的是一种司法技术上含义，一般适用于司法诉讼过程和程序，而不涉及实体法律内容。"当麦迪逊将正当程序写入他起草的《美国权利法案》初稿时，他只把正当程序看作一种程序上的保障。"[3]但是，在"内战"之前，"正当程序"已经从"建国"之初的法律程序问题转变为实质性问题，即完成了从"程序性程序"向"实质性程序"的转变，而这种转变与"正当程序条款"对政府权力的防御有关。

早在"内战"之前的纽约州，一系列判决都认为：不论是从实体法还是从程序法的观点看，个人的权利都是由正当程序保护的。[4] 在 1856 年的"怀尼哈默诉人民案"（*Wynehamer v. the People*）中，最高法院认为规定销毁已经为其所有者拥有的财产，这样一种剥夺财产权的做法，即使在形式上符合法律的正当程序，但此案所涉及的这项法律也肯定违反了宪法

---

① See *McCulloch v. Maryland*, 17 U. S.316(1819).
② 马歇尔大法官对"贸易"一词作了扩大解释，认为"贸易"不仅指交易、买和卖、或者商品交换，而且还包括相互交往。(See *Gibbons v. Ogden*, 22 U.S. 1(1824).)
③ 参见[美]伯纳德·施瓦茨：《美国法律史》，王军、洪德、杨静辉译，法律出版社 2018 年，第 79—80 页。
④ [美]伯纳德·施瓦茨：《美国法律史》，王军、洪德、杨静辉译，法律出版社 2018 年，第 81 页。

规定的对个人基本权利的保护。① "怀尼哈默案"明确赋予了正当程序的实质性含义。

"内战"之后,随着宪法第 14 修正案的通过,实质性正当程序成为最高法院在公民基本权利领域广泛采用的审查方法。一般而言,在涉及到公民基本权利的领域,最高法院在对州的法律进行审查时,"正当程序"中主要运用的方法是"决定性推论"学说,该学说认为一项法令令人信服地推定有某些事实的存在,而这些事实允许把某些人归入某一分类,并使他们承受别人不承受的重负时,就会产生决定性推论,由于该推论可能不是对该分类的每一个人都有效,不让人有机会对推定提出质疑是违反正当程序的。② 显然,"正当程序条款"在涉及平等权问题上运用得最为广泛。

5. "保证条款"

联邦宪法第 4 条第 4 款的保证性条款,③规定了联邦政府保证各州共和政体的义务。虽然是义务,但某种程度上实现了联邦权力的隐性扩张。因此,本条款可称之为义务的"权力化条款"。第 4 款的重要性在于确保各州"共和政体",巩固了联邦制度的存续和稳定。④ 麦迪逊说:"在一个以共和原则为基础并由共和政体成员组成的邦联里,行使管理职务的政府显然有权保卫此种制度,防止贵族式或君主式的改革。这样一种联合的性质越是密切,各成员对彼此的政治制度就越关心,坚持要在本质上保持联盟时的政体的权利也就越大。"⑤并且,麦迪逊从反面回答了保证性条款存在的理由:"但谁说得上某些州的任性、某些胆大妄为的领袖的野

---

① See *Wynehamer v. the People*, 2 Park. Crim. Rep.421(1856).

② [美]杰罗姆·巴伦,托马斯·迪恩斯:《美国宪法概论》,刘瑞祥等译,中国社会科学出版社 1995 年版,第 134 页。

③ 《美利坚合众国宪法》第 4 条第 4 款规定:"合众国应保障联邦各州实行共和政体,保障它们不受外来的侵略;并且根据州议会或州行政部门的(当州议会不能召集时)的请求,平定其内部的叛乱。"

④ See: Charles L. Black, Jr., "*On Worrying About the Constitution,*" 55 U. Colo. L. Rev. 469 (1984); Deborah Jones Merritt, "*The Guarantee Clause and State Autonomy: Federalism for a Third Century,*" Columbia Law Review, 1988, 88(1):1 - 78; *Pacific States Tel. & Tel. Co. v. Oregon*, 223 U.S. 118(1912).

⑤ See *The Federalist* No.43.

心或外国的阴谋和影响会产生什么样的尝试呢?"①在联邦宪法下,"保证条款"的存在强化了各州之间建立更加紧密联邦的基础,其赋予"人民"通过修改宪法来防止各州对共和政体的破坏,保持共和国的长久存续。

在"内战"期间,林肯总统就是根据"保证条款"发动了对南方的战争。在1861年7月国会的特别咨文中,林肯陈述了发动战争的宪政理由:"联邦宪法明确规定了联邦政府有责任保证联邦内各州必须实行共和政府的形式,所以,当一个州退出联邦时,它也就放弃了'共和政体',这时总统将别无选择地行使宪法赋予他的战争权力来保卫联邦政府。"②

6."联邦最高"原则

联邦宪法第6条第2款规定:"本宪法及依照本宪法所制定之合众国法律以及根据合众国权力所缔结或将缔结的一切条约,均为全国的最高法律;即使与任何一州宪法或法律相抵触,各州法官仍应遵守。任何一州宪法或法律中的任何内容与之抵触时,均不得违反本宪法。"③本款确立了"联邦最高"原则,任何州都必须遵守联邦宪法、联邦法律和条约,尽管以上这些法律同州宪法或法律内容相违背,各州法官也必须按照以上合众国的法律进行裁判。各州的宪法、法律都不得违反联邦宪法的规定。

从以上这些规定可以看出,联邦的法律(宪法、法律和条约)在效力上和位阶上是优先于州层面的宪法和法律的,在司法层面,各州的法官必须遵守联邦法律(宪法、法律和条约),而不管这些联邦的法律(宪法、法律和条约)是否违反了本州宪法和法律。本款规定与"我们人民"原则一样,将联邦政府的权威直接建立在州之上,这就为国家政府权力的扩张奠定了宪法基础。从美国宪政实践来看,本款在以后的许多宪法变迁场合都被看作是联邦国家利益高于各州利益的规范资源。

(二)"刚性"修改程序:形式主义宪法稳定观的局限

宪法第5条规定:"举凡两院议员各以三分之二的多数认为必要时,

---

① See *The Federalist* No. 43.

② Abraham Lincoln, *Special Message*. 14 July, 1861, *In Compilation of the Messages and Books of the Presidents*, 20 Vols., New York: Bureau of National Literature, Inc., 1897 - 1917, Vol. 7, 3221 - 3232, at 3232.

③ 参见《美利坚合众国宪法》,第6条第2款。

国会应提出对本宪法的修正案;或者,当现有诸州三分之二的州议会提出请求时,国会应召集修宪大会,以上两种修正案,如经诸州四分之三的州议会或四分之三的州修宪大会批准时,即成为本宪法之一部分而发生全部效力。"①根据此规定,宪法修正案提出在经过国会 2/3 的多数批准后,必须经过 3/4 州立法机关或制宪大会同意,宪法修正案才能正式通过。1789 年到 1877 年,宪法共有 15 条修正案,除去前 10 条的《权利法案》,只有区区 5 条修正案,而此时美国宪政实践已经过将近 100 年。可见,美国宪法修改程序的"刚性"程度之高。

联邦制下一项宪法修正案通过,不仅要得到联邦政府同意,而且还取决于各州意见。宪法修正程序必须确保中央政府和各州在各自权力范围内的任何一方单独行为,都不能破坏"联邦主义"原则。联邦宪法修正程序不同于各州宪法修正,各州宪法修正较为容易,"虽然田纳西州在 1870年采行其宪法后,80 年内不曾修改过宪法,伊利诺伊州(1870 年宪法)和肯塔基州(1891 年宪法)仅修改过少数细节,然而,南卡罗来纳州、加利福尼亚州、佐治亚州和路易斯安那州的宪法都已经有了上百条修正案"。② 在宪法修正程序上各州与各州,各州政府与中央政府都是不同的,州层面的宪法修正有的比较"刚性",但大部分较为"柔性","柔性"的修正程序是宪法修正频繁的主要原因。然而,对于联邦宪法修正来说,27项修正案之中有 22 项能够很快得到通过,一方面是因为各州和联邦的分歧较少,在利益上达成共识,或者是政治妥协的结果;③另一方面是这些修正案与州的利益并没有太大关系,基本上属于全国性公共事务,其本身对各州也是有利的。但是,对一些关系到各州利益的修正案,在修正上就较难通过。

那么,在"内战"这样的"宪法政治"时刻,如果宪法修正程序比较"柔性",是不是可以避免 1861 年至 1865 年之间的战争?这个问题显然是否定的。从"内战"之前的宪政实践可以发现,"内战"之前不断有人提议通

---

① 参见《美利坚合众国宪法》,第 5 条。
② [英]K. C. 惠尔:《现代宪法》,刘刚译,法律出版社 2007 年版,第 88 页。
③ 例如,宪法前 10 条修正案就是政治妥协的产物。在修正案通过过程中,正是由于联邦党人的政治承诺,第一届国会才将《权利法案》纳入宪法并使其通过生效。

过修宪来解决宪政危机,但在程序上这些提案并没有获得充分支持。其根本问题在于南方各州利用参议院地位阻扰北方自由州提出的修正案。但是,随着北方越来越多自由州的出现,南方各州意识到他们在参议院对宪法修正案的否决早晚会失去对北方的制约,于是南方各州就以分裂国家相威胁。然而,如果修正程序相对"柔性",修正过程就有可能被北方以简单多数程序掌控。一旦此类情况出现,南方必定退出联邦。因此,"刚性"修改程序就为修正案通过前的政治博弈提供了缓冲时间,使得政治危机可以在程序范围内得到控制,而不至陷入政治僵局。虽然"内战"仍不可避免,但战后的"重建修正案"挽救了国家分裂,这与北方胜利和对修宪过程的掌控有关。"确实,也可以说,美国宪法的修改过程,很好地适应了美国人民对政府的意见和态度的差异,如果他们明白需要修改宪法,他们会快速完成它,如果他们对此有疑虑和歧见,他们必须会缓慢行事——也应该如此。"①

综上所述,"刚性"的宪法修正程序确保了宪法的稳定性,使得宪法不能因联邦和各州力量而被频繁修改,这是美国宪法"刚性"修正程序的最大政治功能。但是,"刚性"的宪法修改程序某种程度上不利于宪法成长,也不利于对宪法生命力的维护,其适应性也是一个问题。

(三)司法解释:宪法自我成长的核心机制

美国宪法的简洁性、概括性和原则性使得宪法在不断变化的事实面前存在挑战,再加上"刚性"的修改程序,宪法的适应性就成了一个难题。如果宪法不能设置有效机制来化解规范与事实之间的张力关系,"宪法的废弃"就会来临。美国宪法在处理此类问题上,司法解释等在内的宪法变迁机制扮演了关键作用。

但是,规范层面宪法并没有规定最高法院具有解释宪法的权力,联邦最高法院获得此项权力来源于"马伯里诉麦迪逊案"(*Marbury v. Madison*)这样一个偶然案件,但联邦最高法院获得此项权力又具有必然性。汉密尔顿在《联邦党人文集》中已经阐述了由司法机关审查立法机关

① [英]K.C.惠尔:《现代宪法》,刘刚译,法律出版社2007年版,第90页。

的思想,①并且强调授权联邦法院对违反宪法规定的立法进行审查,是制宪会议倾向选择的方案。② 在1803年之前,联邦最高法院从实践层面已经开始了对州议会制定法律的"司法审查",通过司法解释来弥合事实与规范之间的裂痕。司法机关而不是其他机关完成其宪法解释的重任,体现了美国宪政的特色。"司法主义"之下的司法机关,不仅承担着分权和制衡的政治功能,而且还承担着化解宪法与"人民"实践需要之间结构性矛盾的重担。面对"人民"日益增长的规范需要,形式主义宪法稳定观注定是无能为力的,在排除大众民主的"宪法革命"之外,也只有法院司法解释为主导的宪法变迁才能解决规范与事实之间的结构性难题,实现"人民"需要从事实性向有效性的转化。

以司法解释为核心的宪法变迁机制是美国宪法能够保持生命力的关键机制。如果缺少此类机制,在"刚性"修正程序作用下,宪法的弹性将会失去,生命力将会被窒息。正是因为存在这样的机制,才使得美国宪法没有蜕变为僵化规范,而是能够主动适应社会发展的需要,时刻赋予自己活力。

二、事实要素:民族国家和帝国"双重构建"

"建国"到"重建"这个历史时期,美利坚民族国家构建成为国家战略的立足点。在民族国家构建中,帝国构建也同时进行。此阶段的国家战略可以分为两个大的方面:即内政方面和外交方面。在内政方面,联邦政府确立了国家主义战略,进行"国内改进""工业革命""西进运动"和赢得"内战",并通过"重建"再造共和国;在外交领域,采取了孤立主义和现实主义并重的外交政策,通过战争、购买和兼并等方式大肆扩张领土,实现从消极自由外交到积极自由外交的转变。

(一)"建国":国家主义政策的确立

1789年随着新宪法通过,国家构建问题就成为美国"人民"头等大

---

① See *The Federalist* No.78.
② See *The Federalist* No.80.

事。对于新生共和国而言,如果不能果断采取正确的国家发展战略,独立战争所取得胜利果实就有可能付诸东流。为此,"建国"初期处于主导地位的联邦党人主张建立一个强有力的中央政府,利用国家能力使国家摆脱内外困境。当时国家面临的问题主要集中在财政和经济领域,"美国当时没有统一的货币,没有集中的手段为联邦政府提供财政支持或使它得以控制经济;美国革命耗资巨大,邦联国会在筹集战争费用上效率低下,导致新政府负有大量债务;国家的财政和商业体制也处于混乱之中"①,联邦政府必须马上恢复国家公共信用,充实国库财政收入,创建一个富有权威和效率的政府来管理国家的经济和金融。针对以上问题,汉密尔顿采取了一系列的国家主义财政经济政策,"把农业国改造成一个可与英国相比的制造业社会"②。

为了实现国家工业化,1790 年,汉密尔顿向国会提交了《关于公共信用的第一份报告》,其中核心内容是公共债务问题。③ 1790 年底,汉密尔顿又相继提交《关于国家银行的报告》和《关于公共信用的第二份报告》两份报告,前者在于建立一个能够发行货币,统一货币和稳定金融的国家银行,进而控制国家金融体系,支持国家建设;后者在于建立国家税收制度,增加税种、扩充税源、充实国库。上述两项报告对于合众国偿还债务,稳定经济秩序具有重要意义。但是,这三个提交给国会的报告都遭到了以杰斐逊为代表的反联邦党人的反对,但国会最终还是通过了这三个报告,使得联邦政府的财政经济政策得以明确,为汉密尔顿的"工业立国"准备了条件,这体现了反联邦党人的大局意识。根据上述三个报告,1790 年,国会设立了专门的偿债基金,由联邦政府负责偿还各州债务,并建立了专门的国家造币厂。1791 年,合众国第一银行顺利建立,并通过了征收威士忌税的法案,"汉密尔顿成为合众国由混乱走向稳定的真正奠基人,成为美国现代化运动的主要推动者"。④

---

① 梁红光:《联邦制理念与早期的国家构建》,上海三联书店 2013 年版,第 266 页。
② [美]卡罗尔·帕金,克里斯托弗·米勒等:《美国史》(上册),葛腾飞、张金兰译,东方出版中心 2013 年版,第 355 页。
③ [美]卡罗尔·帕金,克里斯托弗·米勒等:《美国史》(上册),葛腾飞、张金兰译,东方出版中心 2013 年版,第 356 页。
④ 何顺果:《美国历史十五讲》,北京大学出版社 2007 年版,第 70 页。

但是,汉密尔顿第四份《关于制造业的报告》却被国会否决。《关于制造业的报告》核心在于确立美国的"工业立国"方针和"工业化"路线,汉密尔顿预计:"制造业会而且应该超过农业成为美国经济的基础……一个拥有广泛经济权力的强有力的中央政府能够鼓励这个新国家新生的制造业,这一想法为这个国家成为今天的经济超级大国奠定基础。"①但是,《关于制造业的报告》在国会的失败并不等于汉密尔顿整个财政经济政策的失败,与之相反的是,整个联邦财政经济体制都是按照汉密尔顿的计划设立和运转起来,并取得了积极成效。②

1800 年,随着杰斐逊当选总统,共和党在政治上得势,但并不意味着他们所奉行的"农业立国"经济政策能够阻挡历史发展潮流。杰斐逊迫于国内外形势不得不继承了联邦党人的"工业立国"政策。在购买"路易斯安娜"的问题上,杰斐逊违背自己长期坚持的"州权论"和宪法从严解释立场,实行联邦集权的程度超过联邦党人,"作为和平主义者的杰斐逊事实上是美国历史上最早的扩张主义者——即比尔德所谓的农业帝国主义者,而这一扩张为美国资本主义开辟了广阔的道路。共和党面临的战争局势也扩充海军和陆军。共和党人本来是反对保护关税的,但 1812 年战后,英国货大量倾入,有压倒美国制造业之势,共和党政府通过了比汉密尔顿时更高的关税"③。

1808 年 11 月 8 日,杰斐逊在离任国情咨文中表示,鉴于外贸不振和"人民"损失,必须强化联邦政府在"国内改进"中的作用,大力发展国内制造业,这暗示了杰斐逊执政国策在 1807 年《禁运法案》实行之后发生的重

---

① [美]卡罗尔·帕金,克里斯托弗·米勒等:《美国史》(上册),葛腾飞、张金兰译,东方出版中心 2013 年版,第 326 页。

② 例如,在 1790 年国债法案通过后,财政部在全国设立了 13 个偿债点,1794 年旧债全部偿清。1791 年美国第一银行建立,国家资本来源增加,政府从银行股本红利中获利,1791 年至 1802 年间获利 100 多万美元。1801 年财政总收入已经达到 1300 万美元,是 10 年前的 2.95 倍。合众国银行设立后,在 1800 年已经发展到 29 家,1797 和 1800 年在纽约和费城都建立了证券交易所。1792 年以后的 10 年里,先后有 12 家海上保险公司注册。此后,各类保险公司逐渐涌现。1794 年,费城开往兰卡斯特的公路通车。1800 年美国制造的商船吨位已达到 66.9 万吨,为 1789 年的 5.4 倍。在各州方面,北方各州如马塞诸塞、纽约和新泽西都对制造业进行大力扶植,对制造业进行免税。

③ 罗荣渠:《美国历史通论》,商务印书馆 2009 年版,第 94 页。

要转变,同时也意味着"杰斐逊农业立国向汉密尔顿的以工立国的回归,由农业国向工业国的转变及其路线,经过华盛顿、亚当斯、杰斐逊三届政府,最终得以在美国确立,已成为一种不可逆转的方向"。①

(二)"国内改进"(Internal Improvement):国家交通革命

麦迪逊在《联邦党人文集》中说道:"……新的(国内)改进将日益便利整个联盟内的相互交往……",②"建国"之后,国家百废待兴,在国家建设方面,一个重要的问题就是国内交通的改善问题,③交通改善一方面可以通过基础设施建设,拉动国内相关经济发展,带动与交通相关的产业发展;另一方面可以通过交通革命构建州际之间发达的交通体系,将国家连接成一个更加密切的统一体,强化政治和文化认同,增强国家凝聚力。

1803 年"路易斯安娜购买案"之后,美国疆域迅速扩展到原来的一倍,人口也迅速增长,但由于地理环境影响,大部分人口仍然生活在大西洋沿岸的狭长地带,而阿巴拉契亚山脉横亘东部和西部之间则成为人们向西移民的最大障碍。独立战争胜利之后,一些新州相继成立,④人口也逐渐向西运动,面对大规模人口运动,交通"瓶颈"问题逐渐凸显出来。尽管国内有众多湖泊,殖民地政府也建立了相对完备的水陆交通系统,但水路交通系统在运载能力、速度等方面都存在众多缺陷,而且易受天气影响。在此背景下,殖民地时期地方政府也改善了交通,修建了众多的马路和驿站,⑤形成了以马车为主要交通工具,驿车为主要业务的交通体系,为东西部之间提供基本交通服务。⑥ 但是,面对日益增长的人口和快速

---

① 何顺果:《美国历史十五讲》,北京大学出版社 2007 年版,第 78 页。

② See *The Federalist* No. 14.

③ "国内改进"的另一翻译是"内地改进",指的是与国民经济发展关系密切的交通运输业,包括水道、运河和铁路等公共工程,以国家名义给从事这类事业的企业以经济补贴,乃是美国交通运输业迅速发展的重要原因,也是 19 世纪美国经济发展中的一大特点。

④ 例如,佛蒙特州、肯塔基州和田纳西州都是因为人口达到一定规模而宣告成立的。

⑤ Joseph A. Durrenberger, *Turnpikes: A Study of the Toll Road Movement in the Middle Atlantic States and Maryland*, Valdosta, Ga.: Southern Stationery and Printing Company, 1931, p.22.

⑥ Joseph A. Durrenberger, *Turnpikes: A Study of the Toll Road Movement in the Middle Atlantic States and Maryland*, Valdosta, Ga.: Southern Stationery and Printing Company, 1931, p.27.

发展的经济,此种交通状况显然无法满足东西部之间的经济和贸易往来,这加剧了西部一些州的离心倾向现象。

"建国"初期,联邦政府为了构建统一的民族国家,将国内交通改善提上日程。联邦政府"国内改进"面临一个重大挑战来自联邦政府是否有权推进"国内改进"问题。国家主义者充分认识到构建发达交通体系对于国家发展的重要意义,[①]汉密尔顿在提交给国会的《关于制造业的报告》中也间接地提到了由中央政府主导"国内改进"的设想。[②]但在制宪会议上,联邦党人等国家主义者并没有为联邦政府"国内改进"争取到宪法上权力。1796年,麦迪逊根据宪法第1条第8款第7项"设立邮政局及建造驿路"的规定,认定联邦政府在"国内改进"上享有宪法权力,但该议案在参议院遭到否决。1800年杰斐逊上台之后,实行了许多弱化联邦政府权力的措施。但在"国内改进"问题上,不少"民主共和党"人日益认识到由联邦政府进行"国内改进"的必要性和重要性,他们认为(包括杰斐逊本人)联邦政府应该承担起"国内改进"的任务。以杰斐逊为首的"民主共和党"在"国内改进"立场上的转变,主要受到了国家整体经济发展,以及州和地方政府的压力。在这种情况下,杰斐逊政府不得不顺应这种压力,在1806年授权国会修建"坎伯兰公路"。在第二届总统任期,在国家财政相对好转的前提下,杰斐逊政府采取了大规模的"国内改进"政策。1808年,国会要求财政部长加勒廷拟定一份由联邦政府资助各地"国内改进"项目的《关于公路和运河的报告》,但由于"民主共和党"内部极端保守力量的抵制,该《报告》和授予联邦政府"国内改进"的宪法修正案胎死腹中。而继任者麦迪逊总统也坚持宪法的严格解释主义立场,"国内改进"整体推进较为缓慢。

---

① "公路和运河的修建有助于缩短各地之间的距离,为美国的领土的巩固和扩张提供便利,有利于促进各州居民的相互交流和商贸往来,加强它们之间的经济和政治联系纽带,减少和消除人们的地域观念,增强人们的国家认同意识,并确保美利坚联盟国家的巩固和统一。"(参见叶凡美:《"国内改进"与美国国家构建(1801—1833)》,中国社会科学出版社2013年版,第83页。)

② See Alexander Hamilton, *The Report on the Subject of Manufactures: Made in His Capacity of Secretary of the Treasury,* Whitefish: Kessinger Publishing, LLC., 2007, pp. 297 - 298.

1817 年,门罗总统在年度国情咨文中再次强调"国内改进"的重要意义,但与前任一样仍然认为联邦政府有"国内改进"权力。门罗总统反对将"国内改进"权力定格在诸如"设立邮局和修建驿路""管理州际贸易"和"必要和适当"等条款之上,并极力反对通过对这些条款的宽泛解释为"国内改进"提供宪法基础,门罗认为这样做会无限扩大联邦政府权力,将政府推向专制的深渊。据此,门罗总统认为宪法第 1 条第 8 款第 1 项才是"国内改进"的宪法基础。① 根据此项规定,国会可以利用拨款之权来进行"国内改进",即通过拨款来提供共同防务和公共福利。由于拨款权对共同防务和公共福利作了前置性限制,使得该项权力不会无限扩张。国会可以为"国内改进"拨款,但对土地征用和交通建设必须依赖各州,门罗对宪法"有限的宽泛解释"实际上还是扩大了联邦政府的"国内改进"权力,只不过他反对的仅是任意地宽泛解释,即主张有限地扩张联邦政府权力,增强国家效率,但反对无限扩张联邦政府权力。②

1824 年,在门罗支持下,国会通过了由联邦政府进行"国内改进"的《总勘测法案》,"这意味着自杰斐逊执政时期以来联邦政府试图进行'国内改进'体系的努力终于有了初步结果。在经过长达二十来年的争论后,总统和国会大多数议员终于在全国'国内改进'体系事宜上达成了某种共识,认可联邦政府有权力进行全国'国内改进'体系建设。这一措施意义深远,它表明总统和国会大多数议员终于突破了宪法对联邦政府权力的狭窄限制,联邦政府的权力和职能由此而有重大的拓展"③。

1825 年,小亚当斯就任总统。小亚当斯继承了联邦党的"大政府"理论,主张联邦政府在重大社会和经济事务中应该扮演主导角色,国家应该

---

① 《美利坚合众国宪法》第 1 条第 8 款第 1 项规定:"国会有权规定和征收税金、关税、输入税和货物税,以偿付国债和提供合众国共同防务和公共福利。"

② 1816 年,卡尔霍恩向众议院提出《红利法案》,该法案主张将合众国银行付给中央政府的 150 万美元的红利以及未来继续付给的红利设立一个基金会,用于修建全国的公路和水路交通,具体使用由国会以拨款方式进行。此法案强调了由联邦政府主导"国内改进"的重要性,进而消除了由各州主导改进带来的利益争夺和猜忌,以及资源的统一使用和调配效果不佳的局面。

③ 叶凡美:《"国内改进"与美国国家构建(1801—1833)》,中国社会科学出版社 2013 年版,第225 页。

具有广泛的干预政治和经济事务的权力,"声称联邦政府享有所有的权力"。① 因此,在小亚当斯总统当政期间,联邦政府出台了许多"国内改进"措施,联邦政府权力得到了极大扩张。但是,国会并没有形成综合性的"国内改进"方案,而且经常遭受保守的共和党和南部各州的反对。

1833 年之后,联邦政府基本上不再倡导大规模的"国内改进",但这并不意味着"国内改进"就此停止。在 1830 年以后,联邦政府还通过向铁路公司赠送土地的方式支持"国内改进"。"国家改进"以"建国"之后经济发展大环境为背景,其适应了民族国家构建的要求,尽管在此过程中遭受保守的共和党和"州权主义"者的阻碍,但历次"国内改进"斗争都在某种程度上扩大了联邦政府权力,提高了国家能力,"从这个意义上讲,美国早期的国家构建是成功的"。② 事实上,1833 年之后,"国内改进"随着"西进运动"和"工业革命"的深入推进,"国内改进"客观上也获得了更多有利的客观条件,尤其是"内战"之后 1869 年竣工的横贯东西的"太平洋联合铁路",不仅从经济上而且从政治上将东西各州联系起来,"1880 年,全国铁路里程达到 93000 英里",③"1890 年一个全国性的铁路网就基本形成"。④

(三)"工业革命":国家的现代化

"不管怎样,美国的交通现代化走在它的农业现代化和工业现代化的前面,至少是同步前进",⑤正是"国内改进"和"工业革命"的相互促进,使得美国建立了现代的工业体系。在"建国"到"重建"这个历史阶段,美国处于"产业革命"基本完成和"第二次科技革命"时期。在"建国"时期,汉密尔顿为首的国家主义者就主张通过"工业化"实现国家现代化,确立"工业立国"国策,将落后的农业国家转变为先进的工业国,这与杰斐逊的"农业立国"形成了鲜明对照。

---

① Andrew C. Lenner, *The Federal Principle in American Politics*, 1790—1833, Lanham, MD: Rowman & Littlefield Publishers, 2001, p.155.
② 叶凡美:《"国内改进"与美国国家构建(1801—1833)》,中国社会科学出版社 2013 年版,第 276 页。
③ 姚邵华:《美国史》,岳麓书院出版社 2011 年版,第 51 页。
④ 何顺果:《美国历史十五讲》,北京大学出版社 2007 年版,第 141 页。
⑤ 罗荣渠:《美国历史通论》,商务印书馆 2009 年版,第 172 页。

在"建国"初期一段时间里,由于欧洲正在进行拿破仑战争,"中立"政策使得美国从海上贸易中获利颇丰。但是,1808年之后,英法两国由于战争需要,相互制裁对方的贸易体系,否定中立国通商权利,美国国会被迫通过了《禁运法案》,禁止船舶驶往外国港口,至此美国海外贸易大幅度缩减。1812年到1814年的"美英战争",美国进一步摆脱了英国威胁,巩固了独立成果,但同时也暴露了美国国内工业体系的脆弱。美国战前需要的工业品大多数来自欧洲各国,但因贸易禁运导致国内农产品无法输出,工业品不能进口,这就迫切要求美国发展民族工业。1816年,联邦政府通过新的关税法,将关税率从过去的5%—15%提高到25%—30%,第一次实现了汉密尔顿的保护关税制度,这为保护美国国内的制造业提供了保证。

1815年,美国国内制造业基本上满足国内需要。欧战结束之后,西欧各国制造业恢复,它们采用先进技术又重新对美国制造业形成威胁。在此情况下,联邦政府一方面采用欧洲新式技术,另一方面利用国家关税保护国内产业发展。在"产业革命"中,美国棉纺织业最为发达,除了棉纺织业之外,其他工业也发生了革命性变化,"1830—1850年间,美国采用并改进了英国发明,引发了印刷和出版工业的革命性变化。像其他生产领域的变革一样,出版业变革不仅涉及技术发明,还涉及管理和市场革新"。① 由纺织业开始的"产业革命"迅速向毛织、缝纫和制鞋等关联性工业发展。在东北部马塞诸塞州,波士顿联合公司创造了新的工业生产模式"洛威尔模式",②这大幅度提高了产品生产效率。而新英格兰地区利用自己独特的区位优势,以丰富资源为基础,大力发展造船业、棉纺织业、采矿业和冶铁业等产业,成为经济发展的"核心区域"。19世纪70年代,随着"第二次科技革命"的兴起,美国在科学和技术上迅速崛起,出现了一大批发明和专利,例如,贝尔的电话和爱迪生的电灯,促使美国生产力获

---

① Gary B. Nash, Julie Roy Jeffrey, John R How, Peter J. Frederick, Allan F. Davis, and Allan M. Winkler, *The American People: Creating a Nation and Society*, New York: Pearson Education, Inc., 2003, p.322.

② 参见[美]乔治·布朗·廷德尔,大卫·埃默里·施:《美国史》(第2卷),宫齐等译,南方日报出版社2012年版,第368—369页。

得了突飞猛进发展,生产关系也迅速调整。

综上所述,"建国"到"内战"历史阶段,美国迅速完成了"产业革命",并进行了"第二次科技革命",不仅使国家生产力大幅度提高,而且生产关系也得到大范围调整,为美国向帝国主义迈进奠定了基础。在此过程中,联邦政府利用宪法第 1 条第 8 款第 8 项规定,对"工业革命"中的技术发明进行奖励和资助,扩大了联邦政府在"工业革命"中的权力,有力地推进了工业化进程。[①] "工业革命"的最大意义在于进一步扩大了资本主义工商业在全国范围内的影响力,将东部与西部的经济紧密联系起来,孤立了南方的"奴隶制"经济,顺应了历史发展潮流,实现了汉密尔顿的"工业立国"国策。

(四)"西进运动"(Westward Movement):国家疆域扩张

"西进运动"(Westward Movement)是美国拓展西部疆域和开发西部的过程,从 18 世纪末到 19 世纪末开始大约经过一个世纪,涉及到美国75％的领土面积。"西进运动"是一项国家行为,如果失去联邦政府支持,"西进运动"不可能取得成功。在邦联体制时期,邦联政府先后通过了1784、1785 和 1787 三个西部土地法案,规定了西部土地的建州原则和相关土地政策。在联邦政府成立之后,国家继续沿用了这些原则和政策。

"西进运动"的核心是土地政策问题,土地是"西进运动"最重要动力,"美国在 19 世纪向西部开拓的运动归根到底乃是土地热的一种表现"。[②] 土地政策的核心是售卖问题,围绕土地售卖,国会先后出台了多个法案,如 1802 到 1832 年之间的《救济法》和 1830 年杰克逊总统颁布的《印第安人迁移法》,以及 1862 年林肯总统颁布的《宅地法》。"西进运动"与"国内改进"和"工业革命"相互交织,"随着西进人流的迅速扩大,修筑通往西部的道路刻不容缓,而且有利可图。于是在 19 世纪出现了修筑收费公路和开挖运河的高潮。其后铁路的修建,火车、汽船的发明和使用引

---

① 《美利坚合众国宪法》第 1 条第 8 款第 8 项规定:"为促进科学和实用技艺的进步,对作家和发明家的著作和发明,在一定期限内给予专利权的保障。"

② 参见[美]丹尼尔·J. 布尔斯廷:《美国人:建国历程》,时殷弘、谢廷光译,上海译文出版社2012 年版,第 85—86 页。

起了美国交通运输的革命,为大批移民西进和西部的迅速开发创造了极为有利的条件"①。

美国向西扩张在"建国"前就有了思想基础,国父们都把国家扩张看作是天然使命和任务。1783 年,华盛顿首次提出了"正在兴起的美帝国",本杰明·富兰克林也经常使用这个词。②亚当斯作为对西部扩张最积极的政治家曾公开表示:"整个世界将会了解把北美作为我们恰当疆域的思想。"③"建国"之后,第一次西部扩张是由杰斐逊完成的。为了从法国手中购买到"路易斯安那",杰斐逊总统在没有宪法授权和修正案前提下,擅自决定购买"路易斯安那",使美国领土向西扩展了一大步,打通了大陆扩张道路,为之后向太平洋沿岸扩张奠定了基础。

1810 年到 1819 年,在国会没有同意的情况下,美国出兵从西班牙手中夺取东、西佛罗里达。1845 年,美国兼并德克萨斯。1846 年到 1848 年,"美墨战争"爆发,美国又从墨西哥手中夺取了 120 万平方公里土地,包括现在的亚利桑那、加利福尼亚、内华达、新墨西哥 4 个州和科罗拉多以及怀俄明的一部分。19 世纪 40 年代,美国扩张主义分子以战争相威胁,从英国手中获得了俄勒冈地区,这个地区包括现在的俄勒冈、华盛顿、爱达荷和蒙大拿等州的一部分。1851 年,美国又以威胁利诱的方式同墨西哥政府签订《加兹登条约》,从墨西哥手中购买了加兹登地区。在进行西部扩张的同时,联邦政府大力开发西部领土,"大陆扩张与西部开发,取消了这两者,就不会有今天美国的版图,也不会有美国的发展"。④"西进运动"中领土扩张在很多情况下并没有宪法授权和相应的宪法修正案,也没有事前经过国会同意,很多时候是以宪法变迁形式进行的。

(五)"内战"和"重建":"国家主义"战胜"州权主义"

19 世纪上半叶,美国的"工业革命""国内改进"和"西进运动"共同推动这个国家向前迈进。但南部各州大种植园式的"奴隶制"生产关系占据

① 张友伦:《美国西进运动探要》,人民出版社 2005 年版,第 10 页。
② [美]理查德·W. 范阿尔斯滕:《正在兴起的美帝国》,牛津大学出版社 1960 年版,第 1 页。
③ [美]理查德·W. 范阿尔斯滕:《正在兴起的美帝国》,牛津大学出版社 1960 年版,第 96 页。
④ 罗荣渠:《美国历史通论》,商务印书馆 2009 年版,第 100 页。

主导地位。南方政治精英为了经济利益采取了极端保守立场,他们抵制一切改革和进步行为。在"西进运动"中,南部各州为争夺西部政治实力,在这些新成立的州和准州上推行"奴隶制"。在 19 世纪 40 年代,南北方逐渐形成两种截然对立的经济制度和政治利益集团,这种对立包括:"(1)南部的地主要求与欧洲自由贸易,因此他们可以用棉、米、烟叶及大麻等交换制造品;(2)东北部的制造家正与此相反,坚持成见,认为政府须得对于输入的货物征收一种税,因此他们可以左右美国的市场;(3)西部自由农人的意见不一致。有时选举的时候,他们给南部投票,有时选举的时候,他们又给东北部投票。到后来他们许多的人都偏向东北部了,一半的原因是北部主张国内的开发及由公有土地里给'人民'分给自由的土地。"①北部各州与南部各州在经济上的对立反映到联邦政府的政策层面,南北双方都想通过中央政府力量削弱对方。当"奴隶制"生产关系威胁北方自由主义工商业发展时,北方各州就通过各种手段来阻止"奴隶制"扩张。

"奴隶制"问题根源在于 1787 年宪法妥协,这主要体现在以下方面:第一,1808 年以前不得禁止奴隶输入;第二,"3/5 妥协(Three-Fifths Compromise)",②众议院中每个州代表数目由州内自由民加上五分之三奴隶数目决定;第三,1793 年,国会制定《逃奴法》规定逃亡他州的奴隶,主人有正当的要求时必须退还;第四,一切条约须得到参议员 2/3 同意,因此通商条约至少要得到南部几个州参议员同意,否则不能与他国缔结条约。北方各州在"建国"后逐渐废除了"奴隶制"。1809 年,纽约规定在本年 7 月 4 日之后所有出生的奴隶儿童在当一个长期学徒之后可以获得自由。1827 年纽约州议会再次通过法案彻底废除"奴隶制"。新罕布什

① [美]查尔斯·俾尔德,威廉·巴格力:《美国的历史:从蛮荒时期到帝国时代》,魏野畴译,新世界出版社 2015 年版,第 212 页。
② 在宪法通过期间,奴隶在南方普遍存在之外,在很多北方州也是合法的。因此,一些国会代表要求在国家范围内废止"奴隶制",而南方代表反对这个提案,并要求奴隶被计入用于计算代表众议院代表数目的人口中。北方代表对这个提案持反对立场。罗杰·舍曼的"3/5 条款"则是南北双方折衷的产物,其显示了南部州在国会中的影响力。从现实情况看,"3/5 条款"实际上增加了南方各州在国会中拥有的代表权。但是,"3/5 条款"并未完全解决"奴隶制"问题,且在关于是否禁止奴隶贸易的问题上也存有争议,最终达成的妥协是在 1808 年之前不禁止奴隶贸易,并且逃到北方自由州的奴隶将被遣返。

尔州、罗德岛州、康涅狄克和新泽西州都效法纽约州做法；而南方各州却极力维护"奴隶制"，支持奴隶输入和扩大"奴隶制"的领地范围。

1. "奴隶制"问题的国家化

19世纪初，国内经济快速发展掩盖了"奴隶制"问题，主要有两个方面因素：一是"建国"初期，新成立的州并不多，而新州加入北方和南方阵营在数量上基本上保持持平，双方在参议院政治实力上可以保持平衡；二是政治精英主张淡化"奴隶制"议题，反对将"奴隶制"问题国家化，主张各州可以自行决定是否实行"奴隶制"。但是，"奴隶制"是一个高度政治化的问题，其关系到"工业立国"国策和国家统一等核心问题。

随着民族国家构建，"奴隶制"越来越成为国家发展之中的结构性难题，其已经威胁到国家统一和存续，之所以如此严重，主要在于：一是西部领土扩张中逐渐有新州加入联邦，加入联邦都会面临选择自由州还是蓄奴州加入的问题；第二，在新土地或由国会组织新区域的时候，"奴隶制"在新土地或新区域存在就会马上提出来，而国会也会根据宪法是否有权禁止或阻止新土地或新区域内"奴隶制"进行辩论；第三，在哥伦比亚特区，废奴党人要求国会在首都任何地方都应该废除和禁止"奴隶制"；第四，宪法规定，当一个州奴隶逃入其他州时，主人可以要求其他州送还奴隶。当奴隶逃入自由州时，自由州"人民"并不会主动配合送还奴隶，而是希望这些奴隶能够成为自由人，联邦政府帮助逃奴送还主人面临巨大挑战；第五，极端废奴主义者要求直接解放黑奴，并不认为早期宪法承认南部"奴隶制"是合法的，甚至主张自由州退出联邦。而南方蓄奴州也想退出联邦，成立一个完全奴隶制邦联。因此，"奴隶制"由经济利益上升到政治高度，即国家统一和分裂问题。

2. "奴隶制"和宪政危机

1791年到1819年，共有9个新州分别在西北和西南地区组建并加入联邦，其中的佛蒙特、俄亥俄、印第安纳和伊利诺伊以自由州的身份加入联邦，而肯塔基、田纳西、路易斯安娜、密西西比和阿拉巴马5个州以蓄奴州身份加入联邦。1819年，联邦内刚好有22个州，自由州和蓄奴州刚好相等，双方在参议院的代表权是相等的，政治力量达到均势。1819年2月，"路易斯安娜"领地境内的密苏里要求以蓄奴州身份加入联邦时，参议院政治力量平衡被打破了。在众议院自由州有 105 个席位,而蓄奴州有 85 个席位的情况下,参议院便成为保持南北均势的唯一机制,此时密苏里以自由州还是蓄奴州身份加入都会打破这个平衡。在此种情形下,1820 年的《密苏里妥协案》出台了,通过妥协密苏里州以蓄奴州身份加入联邦,而从马塞诸塞州分出去的缅因州以自由州身份加入联邦,南北方暂时又达成均势。为了防止此类危机再次发生,国会决定以北纬 36°30′ 为界对余下的"路易斯安那"领地进行划分,此线以北的领土,除了密苏里外,一律禁止实行"奴隶制",但允许《逃奴法》的实施。[1]

"奴隶制"第二次宪政危机因兼并德克萨斯和"美墨战争"引起。1845 年德克萨斯正式被并入美国。1848 年美国从墨西哥手中获得了大片领土,对于这些新获得领土处分问题,南北方又展开了激烈斗争,最后达成了《1850 年妥协案》。[2] 同年国会通过了更加严峻的《逃奴法》,新《逃奴法》对北部自由州不利,这遭到了废奴主义者强烈不满。1854 年,堪萨斯和内布拉斯加两州建立问题,南北方又达成了《堪萨斯-内布拉斯加法案》,本法案实际上废除了 1820 年《密苏里妥协案》,此举遭到了北方工业资产阶级的强烈反对。1856 年,代表南部奴隶主利益的民主党候选人布坎南当选总统,南部蓄奴州从此更加得势。在此关键时刻,联邦最高法院的"斯科特案"(*Dret Scott v. Sandford*)的判决使得"奴隶制"问题急转直下,此案实际上肯定了"奴隶制"合宪性,推动"奴隶制"向北方自由州的扩张。[3] 1860 年,共和党候选人林肯上台,南部蓄奴州脱离联邦,并在 1861 年成立维护"奴隶制"的南部联盟,南北双方由此开始了长达 4 年的"内战"。

3. "重建":联邦再造

"内战"解决了困扰美国发展中的"奴隶制"问题,避免了国家分裂。

---

[1] U.S. Congress, *An Act to authorize the people of the Missouri territory to form a constitution and state government and for to admission of such state into the Union … to prohibit slavery in certain territory* (6 March 1820), Statute at Large, Vol. 3, 545–548; *An Act for the admission of the state of Maine into Union* (6 March 1820), Statute at Large, Vol. 3, 544.

[2] 《1850 年妥协案》内容包括:"(1)允许加利福尼亚以自由州的身份加入联邦;(2)首都哥伦比亚特区的奴隶允许存在,但禁止在这里进行买卖奴隶;(3)新墨西哥即犹他区域的人民自由决定加入自由州或者奴隶州;(4)国会实行更加严格的《逃奴法》。"

[3] See *Dret Scott v. Sandford*, 60 U.S. 393 (1857).

北方的胜利彻底粉碎了"州权主义"者对国家的分裂企图,树立了联邦主权的最高权威,同时也标志着"二元联邦体制"的结束。战后"重建"阶段,由共和党控制的国会在"重建"问题上始终扮演着重要的角色,共和党继承了早期联邦党人的政治意识形态,主张建立一个强大的资本主义工商业统一民族国家。因此,共和党牢牢掌控"重建"主动权,见表 3-2:[①]

表 3-2 "内战"和"重建"时期国会中共和党和民主党力量对比

国会	国会任期	参议院	众议院	总统
		（共和党—民主党—其他党派）		
37 届	1861—1863	31-11-7	106-42-28	林肯
38 届	1863—1865	39-11-0	103-80-0	林肯
39 届	1865—1867	42-10-0	143-46-0	林肯/约翰逊
40 届	1867—1869	42-11-0	143-49-0	约翰逊
41 届	1869—1871	61-11-0	171-73-0	格兰特

但是,共和党内部对"重建"性质和领导权产生分歧,共和党内部并没有在"重建"问题上达成共识,最后在各派妥协之下形成了折衷的"重建"方案。该方案继承了原有的宪法体制,但同时又有创新,所以"'重建'成为美国宪法史上最有创造性、也最有争议性的宪法改革时期"。[②] 这一系列的改革主要体现在"重建修正案"上。"重建修正案"彻底解决了"奴隶制"宪政危机,废除了"奴隶制",在全国范围内确立了公民资格和权利,赋予了联邦政府保护公民权利的义务,取消了公民选举权的种族限制,强化了联邦政府对公民保护的执法力量。从这个意义上,"重建"把美国真正变成了一个统一的高度整合性的民族国家,"联邦最高"原则得到维护,国家得以保存。

---

① *Congressional Quarterly's Guide to U. S. Elections*, 3rd ed., Washington, D. C.: Congressional Quarterly, Inc., 1994, Appendix, 1344.

② 王希:《原则与妥协——美国宪法的精神和实践》(增订版),北京大学出版社 2014 年版,第 260 页。

（六）扩张主义的国家外交

"建国"之后,美国外交关系重点在于处理同英国和法国的关系。在对英国和法国关系中,国内逐渐形成以汉密尔顿的为首的"亲英派"和以杰斐逊为首的"亲法派",两派在外交关系中的对立和斗争是国内政治斗争在外交领域的延伸。

1793 年英法发生战争,华盛顿总统发布《中立宣言》,确立了"孤立主义"外交政策。中立政策并没有为美国带来和平,反而招致法国和英国的不满,为了避免同英国战争,1794 年英美签订《杰伊条约》,[①]该条约对英国作出了巨大让步,避免了同英国正面冲突,"为当时还十分弱小的美国争取到了一定的发展空间,尤其是为美国利用欧洲战争发展贸易创造了一个相对稳定的外部条件"。[②] 1803 年,杰斐逊总统从法国手中购买"路易斯安那",拉开了扩张主义国家外交。1811 年,麦迪逊总统向国会提交秘密咨文,请求国会根据需要发布一份不转让宣言,"即美国国会十分不安地看着与美国接邻地区从西班牙手中转移到任何其他外国大国手中",[③]这份宣言经国会批准以联合决议的方式生效,该决议规定"考虑到西班牙及美洲诸省的特殊形势,考虑到美国南部疆域也许对美国安全、稳定和商业的影响,因此,美利坚合众国国会参众两院集会决定,在现行危机的特定情况下,美国不能袖手旁观上述地区落入任何外国列强手中,美国对其安全的正当考虑迫使它在某些事件发生时对上述地区给予占领;同时,它宣布,其控制的上述地区将仍然以未来的谈判为转移",[④]该法令同时授权美国总统在"紧急状况"下占领位于珀迪多河之东,佐治亚州和"密西西比准州"以南的地区,这就是美国历史上著名的"不转让原则",即

---

① See *Treaty of Amity Commerce and Navigation Between the United States and Great Britain*, November 19, 1794, in Miller, ed., *Treaties and Other International Acts of the United States of America*, Vol. 2, pp. 245 – 264.

② 王晓德:《美国外交的奠基时代(1776—1860)》,中国社会科学出版社 2013 年版,第 248 页。

③ David Hunter Miller, *Secret Statutes of United States: A Memorandum*, Washington: Government Printing Office, 1918, p. 11.

④ David Hunter Miller, *Secret Statutes of United States: A Memorandum*, Washington: Government Printing Office, 1918, p. 5.

"麦迪逊主义"。

1819 年,国务卿亚当斯和西班牙之间签署了《泛大陆条约》,西班牙以割让领土的方式换取与美国的和平,联邦政府以此获取了包括东西佛罗里达在内的广大领土。1823 年,亚当斯对俄国在美洲拥有广大领土感到不满,他告知俄国大使,美国在美洲的基本原则是"美洲大陆不再是欧洲建立新殖民地的对象",[①]认为俄国在北美的区域属于美国的俄勒冈地区。1823 年,总统门罗发表《门罗宣言》,表达了美国独吞和占领整个美洲的扩张主义思想。1837 年扩张主义分子奥沙利文大肆宣扬美国的扩张命运,并于 1845 年正式提出"天定命运"概念,宣称"上帝注定要使俄勒冈、德克萨斯和本大陆的剩余领土为美国所拥有"。[②] 在此背景下,1845 年美国兼并德克萨斯,1846 年获得俄勒冈。1848 年,通过战争从墨西哥手中获取包括新墨西哥、亚利桑那和加利福尼亚等地。1853 年从墨西哥手中购买了亚利桑那南部区域。19 世纪 50 年代,美国加强了对拉丁美洲和中北美加勒比海地区的控制。1867 年,美国从俄国手中购买阿拉斯加和阿留申群岛,并在同年 8 月对夏威夷以西 1200 英里的中途岛进行军事占领。

美国还在亚洲实践扩张主义外交。第一次鸦片战争之后,胁迫清政府签订《中美望厦条约》。1858 年,在第二次鸦片战争期间,威胁清政府签订了《天津条约》。[③] 1868 年,美国通过《中美天津条约续增条款》(《蒲安臣条约》)进一步从中国获取利益。1854 年,美日签订《美日和平与友好条约》,1858 年又签订《美日友好通商条约》,进一步推进扩张主义

---

① [美]乔治·布朗·廷德尔,大卫·埃默里·施:《美国史》(第 2 卷),宫齐等译,南方日报出版社 2012 年版,第 324 页。

② John L. O'Sullivan, "The Great Nation of Futurity," United States Magazine and Democratic Review, Vol. XVII , No.85/86, July-August, 1845, p.5.

③ 《中美天津条约》内容包括:"(1)清政府若就公使驻京问题与别国另有应允或立约,美国即同时享受同等权利;(2)美国官船至中国近海,中国应就采买食物、汲取淡水、修理船只等给与协助。若美国船只被毁、被劫,应准美国官船追捕盗贼。若美国人受到匪徒侵害,地方官须立即派兵驱逐弹压,严拿治罪,以保护美国人;(3)增开潮州(设在汕头埠)、台南为通商口岸。美国人可在通商口岸租赁民居,或租地自行建楼以及设立医院、教堂及墓地等。美国的官员及"人民"可以雇佣中国买办、厮役、工匠、水手、引水,可以延纳中国人教授语言及帮办文墨,地方官民均不得稍有阻挠、陷害;(4)对传教习教之人,地方官当一体保护,他人毋得骚扰;(5)嗣后清朝有何惠政、恩典、利益施及他国及其商民,美国官民一体均沾。"

外交。

三、事实和规范之间的国家主义价值取向

从上节可以得出,"建国"到"重建"宪法变迁国家主义价值取向质料因由规范和事实两个要素构成:一方面,美国宪法的成文性、"刚性"修改程序和宪法变迁机制的存在为宪法变迁国家主义价值取向奠定了规范基础;另一方面,"建国"到"重建"阶段民族国家和帝国"双重构建"行为则为宪法变迁国家主义价值取向提供了事实因素。事实因素是宪法变迁发生的应激性要素,它不断向宪法规范提出要求,迫使宪法以变迁形态来满足规范供给。

从这一时期的内政来看,最大任务就是发动国家机器,动员国家力量,集中国家能力构建一个强大和统一的民族国家。为此,联邦政府进行了"国内改进""工业革命"和"西进运动"等一系列国家行为。国家构建行为的实践遭遇的最大障碍和挫折就是"州权主义"的反对,因此他们想方设法限制宪法"宽泛解释",坚持"严格解释"立场。从规范角度来看,确实许多国家构建行为并没有宪法上的依据,例如,"国内改进"和"西进运动"中联邦政府的权力范围问题。有一些行为尽管有一定的宪法依据,例如,在"工业革命"中为了促进科学和技术的发展,国家根据宪法第 1 条第 8 款第 8 项规定保护专利的权力,但是该项权力需要国家在准确把握社会发展需要前提下进行"宽泛解释"。

在外交领域,"建国"后共和国扩张也面临巨大宪法危机,宪法并不能满足国家外交战略的需要,总统的一些行为并没有宪法基础,但是这些行为因为符合美国"人民"利益而具有正当性。因此,在内政和外交领域,都存在事实和规范之间的紧张关系,化解这种紧张关系就需要宪法以积极姿态为扩张共和国提供规范"供给"。而以司法解释为中心的宪法变迁机制就对国家权力扩张的事实进行确认和实现,实现了国家权力从事实性向有效性的转化,从而实现"人民"具体历史阶段的要求。

第二节　渐进式宪法价值实现的形式因

形式因是质料成为事物之"所是"的本质原因,是事物普遍本质的"定义",亚里士多德在《形而上学》说道:"定义就是形式。"黑格尔认为:"概念是返回到作为简单直接的存在那种的本质,因为这种本质的映像便有了现实性。"[①]从这个意义上讲,概念是现实的本质,概念本质是"实存的依据","即是一事物作为该事物而现实地存在的依据。根据就是内在存在的本质,而本质实质上即是根据"[②]。本质通过关系得以澄清,对事物本质的认识,一方面必须从该事物与它事物相互联系中来理解;另一方面要分析该事物的自身联系。因此,理解美国宪法变迁的国家主义价值取向,还需要从形式因上对此种宪法价值现象进行研究。

一、宪法和宪法价值的双向运动关系

宪法和建立在实践基础上的宪法价值不是静态和抽象关系,而是具体和历史关系。如果不从具体和历史角度来考察它们之间的相互关系,宪法和宪法价值之间的关系是无法得出科学结论的。在此意义上,可以将宪法和宪法价值看作是一个历史和实践现象。

(一) 宪法价值的历史性

宪法是一种历史性存在,它不仅规范现存生活,而且规范未来生活。因此,宪法的使命是通过对历史性生活的规范体现出来的。宪法对现存秩序的规范相对容易,制宪者在宪法创制时刻,对目前政治状况有更加清晰认识,也更容易将现存的生活规范化。而对于未来生活,制宪者生命和智慧的有限性都会阻止他对未来生活有准确预期。如果坚持"原旨主义",宪法的"先定约束力"就会窒息宪法的生命。未来事情应交给未来的

[①] [德]黑格尔:《小逻辑》,贺麟译,商务印书馆1980年版,第325页。
[②] [德]黑格尔:《小逻辑》,贺麟译,商务印书馆1980年版,第259页。

人来解决,宪法不能停止在制宪那一刻,它必须使自己运动起来,保持旺盛的生命力,这就是"活的宪法观"。"活的宪法观"遵循一种现实主义哲学,认为宪法可以通过自我机制进行完善和更新,随时代发展而不断生长,实现与历史性生活的对接。"活的宪法观"给宪法提出了一个紧迫任务,即必须在历史性生活面前利用各种宪法变化形态来完成宪法规范性使命。

对于宪法来说,宪法变化并不是无原则的,而必须要保证宪法的同一性,即不能一味追求变化而破坏宪法的整体结构和宪法基本价值,这就要求宪法变化是可控的和规范的。在排除"宪法革命"激烈的宪法变化形态之外,也只有宪法修改和宪法变迁能够保持宪法的稳定性、权威性和适应性。宪法变化要在遵循宪法整体性和宪法基本价值的前提下,进行规范化政治判断,宪法修正就是这种变化形式。宪法的历史性存在还体现在宪法可以保持形式不变而改变实质意义,这就是宪法变迁。从规范性和正当性双重底色看,宪法变迁应保持既有的"善"相,因此,"恶性变迁"并不是宪法变迁的应有之义,"恶性变迁"脱离了宪法整体结构和基本价值,破坏了宪法同一性。

从哲学上看,价值本质是建立在实践基础上的主体的"对象性"活动,主体实践是具体历史的,对象也是具体历史的,"我们的世界和生命都是动态的、相互关联的过程。同时,它也要质疑这一表面显然、实则根本错误的观点:世界(包括我们自身)是由事物组成的;这些事物独立于那样的关系,而且在所有变化过程中都是保持不变的"[1],"我们急需将世界看成是由中相关过程构成的一个网络,我们只是其中的必要组成部分。这样,我们的一切选择和行动对于我们周围的世界才是重要的"[2]。因此,主体是一个"过程哲学"的概念,由主体"对象性"活动构成的世界也是历史和价值的存在。人类社会至今都是一个主体通过实践创造价值的历史,这注定价值是随主体实践而发生变化的。

---

[1] Robest C. Mesle, *Process-relational Philosophy: An Introduction to Alfred North Whitehead*, West Conshohocken Pennsylvania: Templeton Foundation Press, 2008, p.6.

[2] Robest C. Mesle, *Process-relational Philosophy: An Introduction to Alfred North Whitehead*, West Conshohocken Pennsylvania: Templeton Foundation Press, 2008, p.7

宪法价值和主体实践有关,主体实践活动产生了宪法价值,理解宪法价值的关键在于主体。一切宪法价值的出现都是为了满足具体历史阶段"人民"的需要,都是为"人民"的具体实践对规范的需要服务的。这决定了宪法价值必须随着主体实践发展而不断变化。具体来讲,宪法产生之后,也随着主体实践而不断发生变化,以满足主体实践活动有效性的要求。美国宪法价值随着"人民"不同历史阶段实践内容不同而发生变化,这增加了把握宪法价值的难度。但是,"人民"在较长历史阶段相对稳定性的价值取向却是可以把握的,价值取向的稳定趋向性为理解"人民"实践规律提供了外在表征性。

(二)宪法和宪法价值双向运动关系

宪法变化通常会以"态"的形式表现出来。宪法变化形态表现为围绕宪法而展开的一切变化现象,这种变化根据规范与事实之间的张力程度,呈现出不同的"变化度"。宪法变化形态可以从两个层次来认识:一是宪法变化起因在于规范与事实之间的张力关系,张力越大,变化就越强烈;反之,变化就越微小。二是宪法变化是形式变化和实质变化的统一,形式变化体现为宪法规范的全面、部分和个别修改,即按照宪法规定的主体、权力和程序对其进行修正;实质意义上的变化指的是宪法文本保持不变,而含义发生的实质性改变,是处于事实和规范之间的宪法变迁行为。

宪法价值变化根源于主体实践和客体宪法的变化:一方面,主体存在是不断实践的过程,在不断"对象化"过程中,主体实践水平不断提高,"自我"不断构建;另一方面,客体宪法也在一直发生变化。因此,实践基础上的宪法价值必然会发生变化,且这种变化具有相对灵活性,其会根据主体需要而产生、变化和消灭。但是,宪法价值变化有一定规律,即围绕宪法基本价值而呈现出的价值运动现象。从这种意义上讲,宪法价值变化是紧紧围绕宪法基本价值结构而进行的。在某个历史阶段,当宪法价值运动呈现出稳定倾向性,就会以价值取向形式表现出来。宪法变化的价值取向是一定历史阶段主体在宪法价值认识和选择过程中而持有相对稳定的价值倾向性。因此,宪法和宪法价值呈现出双向运动的关系:即宪法变化围绕宪法,宪法价值取向变化围绕宪法基本价值所表现出来的运动过程。

宪法和宪法价值的双向运动关系,深入揭示了宪法的历史本质,即"人民"具体历史的需要与宪法规范价值性之间的辩证运动关系。在这个运动过程中,"人民"这个主体的实践活动不断向共同体规范提出要求,这种要求通过系统信息交换反射到宪法身上,然后经过必要的机制在宪法中得以体现,使得"人民"的需要具备有效性从而获得规范意义,并最终以宪法价值实现方式满足"人民"具体历史阶段的实践需要。

二、宪法变迁:渐进性宪法价值实现形式

斯蒂芬·瓦格特(Stefan Voigt)认为宪法变迁是"隐性的宪法变化",是一种渐进式的宪法变化形态。宪法变迁同宪法革命和宪法修改是不同的宪法价值实现方式。宪法革命作为宪法变化形态,其是宪法价值实现的激烈方式。宪法革命是制宪权的争夺,谁掌握制宪权,谁就可以作出政治决断将自己价值以宪法形式表达出来,实现制宪权主体价值的规范化。由于制宪权的最高性,宪法革命所确立的价值具有不同于其他宪法价值的特点,即政治性、根本性和恒久性,其是宪法基本价值形成的主要方式。

宪法修改是"显性的宪法变化",是宪法价值另一种重要的实现方式。宪法修改可以根据时代发展需要将"人民"实践需要规范化,从而丰富宪法价值体系。一般来讲,事实与规范之间张力发展到一定程度,宪法规范价值性不能容纳社会实际必要性,而又无法通过宪法解释等方式来化解规范与事实之间冲突的时候,就必须通过宪法修改方式将社会实际必要性进行宪法确认,实现事实性向有效性的转化。通常来讲,宪法修改是一种规范的政治判断行为,其实现宪法价值的激烈程度与宪法革命相比要弱一些,但却存在明显的外在表征,因而是一种"显性"变化。

宪法变迁存在于宪法规范价值性无法满足社会实际必要性,但又存在相应变迁机制时刻。宪法变迁同宪法修改一样都必须遵守宪法基本价值的调控,同时还要得到"国民法律意识和心理"的认同。宪法变迁在更大程度上增强了宪法弹性,使宪法可以在保持稳定性前提下,以悄无声息的方式实现宪法价值。一般来讲,理想的宪法价值实现形式应该是宪法

变迁,其以渐进式的形式实现事实和规范的协调,实现"人民"的宪法价值。对于"日常政治"而言,宪法变迁和宪法修改并不是截然分开的过程。宪法变迁经过漫长的发展积累,最终会以宪法修正的形式表现出来。从宪法价值实现角度来讲,宪法变迁和宪法修改都是宪法价值实现的重要方式,都是丰富和完善宪法价值体系的手段。

但是,宪法修改更多的是以"显性"形式表现出来,本质上是对长期宪法变迁的一种结果确认。因此,从宪法修改可以很好地回溯观察宪法变迁宪法价值实现的整个图景。对美国宪法来讲,"建国"到"重建"宪法变迁的国家主义价值取向通过最高法院的司法国家主义、总统权力的扩张,以及政党宪法惯例表现出来,它们确认和实现国家主义的价值取向,而宪法第 13、14 和 15 修正案等"重建条款"则通过宪法修正方式解决了"建国"以来困扰美国发展战略的中央和地方,"联邦主义"和"州权主义"争议,最终确立了联邦政府权威,维护了国家统一。因此,"重建条款"从侧面印证了"建国"至"重建"宪法变迁的价值取向是国家主义的。

三、国家主义价值取向实现宪法价值

联邦党的国家主义者说道:"批准《联邦宪法》的争论将决定在许多方面是世界上最引人注意的帝国的命运",[1]这表明了制宪者们想建立的是一个疆域辽阔,国家强盛,"人民"幸福的大"共和国",这不同于孟德斯鸠"复合式共和国"。孟德斯鸠认为共和国应该尽可能小,只有这样才能克服专制危险。而一旦进行扩张,共和国物理空间越来越大的时候,公民美德也会随之失去,罗马共和国向帝国的转变以致最后败落就与这个有关。而马基雅维利时代的"热内亚共和国"和"威尼斯共和国",由于其维持了共和国的现有规模,没有进行扩张,因此共和国得以保存,公民美德得到持续的维持。显然,孟德斯鸠的"复合式共和国"简化了共和国存在条件,而且也没有认识到古典国家败落和"小共和国"能够存续的真正原因。一

---

① See *The Federalist* No.1.

个共和国是否能够存在,固然与国家规模和公民美德有一定关系,但更重要的应当在于改善政府治理模式,构建优良制度,实现政府权威和"人民"的自由的平衡。

麦迪逊提出可以重新定义共和国来解决这个问题。"如果我们以各种政体赖以建立的不同原则为标准,我们就可以给共和国下个定义,或者至少可以把这个名称给予这样的政府:它从大部分'人民'那里直接、间接地得到一切权力,并由某些自愿任职的人在一定时期内或在其忠实履行职责期间进行管理。"①因此,新的共和国是一个实行间接代议制而不是由公民直接参与管理的政治共同体,只有在这样的共和国,一个地域广阔的政治共同体才能建立。在这样一个"大共和国"内,通过代议制选举产生的各级政府使得政府品质时刻在保持民主基础上进行有效运作;同时各州在全国性政府组成和运作中通过这种改善达到联合,这就是"联邦共和国","联邦共和国"是比邦联国家联合更紧密、整合程度更高、更富有权威的政治共同体,全国性政府可以直接对每个"人民"实行直接统治则为此提供坚强后盾。

联邦党人的"国家主义者"认为,新的国家政府必须赋予中央政府强大的权威,才能保护国家存在和"人民"自由,"拒绝拟议中的体制即等于联盟的崩溃和混乱,各州之间将会爆发战争,美国的独立最终也将丧失";并警告说:"分裂会释放出各州独立自主原则(State Particularism)的力量,假如这些主权国家互相冲突分裂,不承认法律的约束或共同利益,美国会变成现在的欧洲。"②因此,如果不像许多"国家主义者"希望的那样完全取消各州存在,那么至少也应使各州服从于全国政府。拥有主权的"人民"创造了州政府以保证自己权利,但各州首先必须是强大国家一员。一个强大的国家政府将给予各州政府有力的支持,州的地位和权力将随着全国政府地位和权力增长而增长。

联邦党人的"国家主义者"再次强调:"只有强大的联盟才能保证各州的生存。如果不结成联盟,各州将易于受到内部和外部的攻击;即便它们

① See *The Federalist* No.39.
② [美]约翰·A.波考克等:《概念变迁与美国宪法》,谈丽译,华东师范大学出版社 2010 年版,第 63 页。

成功抵制了分裂,合并或殖民,其共和政体也将受到危害。"①联邦党人的国家主义同"州权主义"的斗争不仅是为了解决宪法通过这个现实危机,而且是为了"防止美国政治的最终欧洲化"。② 直到"重建"阶段,国家主义和"州权主义"的现实斗争才随着北方胜利画上句号。"内战"以战争的方式解决了联邦党人担心的国家分裂问题,"重建"实际上是国家主义的胜利。国家主义价值取向保持了和宪法基本价值的统一,实现了具体历史阶段"人民"对权威和自由的需要。

第三节 "人民"对强大政治共同体需要的动力因

从哲学上看,"动力因是变化和静止的最初根源"。③ 动力因是促使事物运动变化或保持静止的原因,其决定事物的变化状态。对任何事物而言,离开了动力因,事物的存在和生成就成为无源之水,这就是动力因之最初根源的意义。宪法变迁的动力要素在于"人民"具体历史的实践需要。因此,从"人民"需要这个层面出发,有助于深刻理解宪法变迁国家主义价值取向的动力学基础。

一、"人民"作为宪法价值的主体

宪法作为实践规范的最高形式,以根本法属性满足了"人民"对政治共同体规范的需要。宪法反映了公民自由需要,并规定了自由保障制度,即通过对基本权利的承认和确认,分权和制衡以及有限度的公民参与立法进程来规定国家和公民之间的权利和义务关系,实现自由主义的"法治国"。另一方面,宪法最高权威性和根本性使得它与一般法律规范不同,

---

① 〔美〕约翰·A.波考克等:《概念变迁与美国宪法》,谈丽译,华东师范大学出版社 2010 年版,第 69 页。
② 〔美〕约翰·A.波考克等:《概念变迁与美国宪法》,谈丽译,华东师范大学出版社 2010 年版,第 78 页。
③ 〔古希腊〕亚里士多德:《物理学》,194b30—32,载《亚里士多德全集》。

这是由宪法的最高实践规范地位决定的。因此,"人民"和宪法之间体现了一种最高制度形态的价值关系,这种价值关系以"人民主权"的形式表现出来,显示了"人民"作为自己的主人通过自我政治意志决定政治共同体存在形式的决断过程,"'人民',即民族始终是一切政治事件的根源,是一切力量的源泉",[①]"人民"掌握制宪权,行使制宪权,是制宪权主体。正是"人民"制定了宪法,才使得宪法具有正当性,宪法的制定就是"人民"自我价值目标的规范化表达,从而确定宪法基本价值的过程。

在"宪法政治"时刻,"人民"的出场确保了政治决断的正当性。美国宪法在序言中就表达了这种观点,"我们人民"制定了宪法。[②] 但是,革命之后的"日常政治"时期,"人民"就退场了,但是这种退场不是永久的,而是在掌握制宪权的前提下的暂时隐退。在"人民"退场的"日常政治"期间,"人民"通过选举代表的方式来代替他们统治这个国家,但这些代表永远不可能僭越"人民"的制宪权,他们仅享有宪法规定的修宪权。通过修宪权,将"日常政治"中"人民"需要进行确认和实现,体现"人民""日常政治"的宪法价值。对于日常活动的宪法规范需要,他们的代表通过规范的修改行为来实现这种宪法价值。然而,宪法修改的"刚性"程序阻止了代表机关频繁修改宪法的可能性,当这种宪法价值实现通道出现障碍的时候,"人民"对宪法规范的需要就必须通过宪法变迁来实现,以渐进式的形式实现"人民"对规范需要。

综上所述,"人民"作为宪法价值的主体,不是抽象的而是历史具体的,这决定了他们时刻都会与宪法发生价值关系。对于具体的"人民"来讲,他们在实践中也会和宪法发生价值关系。因此,作为宪法价值的主体,"人民"是抽象的集体和具体个体的统一。"人民"集体的宪法价值蕴含于个体的宪法价值之中,个体的宪法价值则通过集体宪法价值得以体现,在这种关系中宪法变迁的价值取向就此发生。

---

① [德]卡尔·施米特:《宪法学说》,刘锋译,上海人民出版社 2005 年版,第 89 页。
② 《美利坚合众国宪法》序言规定:"我们美利坚合众国的人民,为了组织一个更完善的联邦,树立正义,保障国内的安宁,建立共同的国防,增进全民福利和确保我们自己及我们后代能安享自由带来的幸福,乃为美利坚合众国制定和确立这一部宪法。"

二、"建国"时期的"人民"：支持联邦宪法

美利坚统一的民族意识在独立战争期间开始成长，在战争期间，各殖民地"人民"积极参与到同大英帝国战争中，最终取得民族独立。在战争期间，美国"人民"充满了战斗精神，来自不同阶级的"人民"共同一起，为了民族独立而战斗，"这场革命的主要动力，既不是来自土著居民，也不是来自地位最低的黑人，而是来自北美居民中占大多数的手工业者、自耕农、商人和种植园主，其核心是各殖民地原下议院的代表"。[①] 殖民地妇女也加入了战斗行列，"德拉博·桑普森（Deborah Ssampson）来自马塞诸塞州一个贫穷的家庭，到战争开始的时候，她选择加入到军队的行列。于是，她女扮男装，入伍参加了大陆军，成为一名列兵罗伯特·舍特勒夫（Robert Shurtleff）"。[②] 正是在类似德拉博·桑普森这样"人民"支持下，13 个殖民地获得民族独立。

独立之后，为了建立一个自由和强大的国家，"人民"开始了国家构建。1781 年《邦联条例》随之出台，邦联体制构建的是一个以州为主权单位的联盟国家，"它的主权基础是各州，而不是联邦"，[③]在此种体制下，全国政府在各种重大事务上处处受制于各州，国会的一般事务需要简单多数通过，但重要的决策需要至少 9 个州的同意，而修改《邦联条例》则需要经过 13 个州的一致同意。独立后的各州从本州的利益出发，否定任何不利于自己的立法，从而对合众国的公共福利形成威胁。

《邦联条例》没有赋予邦联政府类似征税权、管理州际贸易和外贸的这样的实质性权力，所以它无法为合众国"人民"的集体权利提供有效保护。最严重的情况在于，当州内一些公民权利遭受本州和他州公民，或者本州和他州侵害，而各州无法提供保护时候，国家政府却无能为力。麦迪

---

① 何顺果：《美国历史十五讲》，北京大学出版社 2007 年版，第 47 页。

② ［美］卡罗尔·帕金，克里斯托弗·米勒等：《美国史》（上册），葛腾飞、张金兰译，东方出版中心 2013 年版，第 266 页。

③ 王希：《原则与妥协——美国宪法的精神和实践》（增订版），北京大学出版社 2014 年版，第 71 页。

逊将此概括为:"州没有遵守宪法的要求;州侵害邦联权威;州违反国家法律和条约,各州互相侵害对方权利;当共同利益需要时缺少一致行动;州宪法和法律中没有针对内部暴力的任何保证;邦联政府缺少批准法律和强制执行的权力;《条例》需要'人民'的批准;若干州法律的多样性;州法律的易变性;以及州法律的不公正。"①这些缺点以及在独立战争中出现的各州因军费问题导致的利益分歧使得《邦联条例》之下的全国政府岌岌可危,而各州狭隘的立场引起的内斗则进一步加重了外部力量引起的危险,邦联政府面临内忧外患的危险局面。

国家主义的联邦党人产生了对州政府的不满,"在他们看来,州政府过于民主主义,因此容易给民众治理而产生动乱"。② 对他们而言,独立只是建立强大国家的开始,《邦联条例》并不能满足构建一个强大国家的需要,也不能保护"人民"自由,如果不行动起来改变邦联政府困境,建立一部能反映"人民"利益的宪法,改造现有权力结构,那么就无法保护"人民"自由,挽救处于危险边缘的国家。在此情况下,联邦党人积极行动起来,经过辩论和斗争赢得了"人民"支持。尤其是"特拉华、新泽西、佐治亚以及康涅狄克,这些都是小州,它们迅速批准了宪法。在宾夕法尼亚,来自西部农村地区的反联邦党人丧失了宪法批准会议的控制权,联邦党人得到了主导权,因此该州也批准了宪法",③余下的马塞诸塞、弗吉尼亚和纽约等州,都在联邦党人的争取下,先后批准了宪法。尽管在宪法制定和批准阶段,反联邦党人形成了一股强大的反对力量,但在国家利益上的相同立场使得他们能够顾全国家大局,并与联邦党人达成妥协,这使得宪法能够及时得到批准和通过,避免了长期妥协对政治决断的拖延。

---

① See: Jack N. Rakove, *The Beginnings of National Politics: An Interpretive History of the Continental Congress*, New York: Knopf, 1979, pp. 183 – 191; Gordon S. Wood, *The Creation of the American Republic, 1776 – 1787*, Chapel Hill: University of North Carolina Press, 1969.

② [美]约翰·A.波考克等:《概念变迁与美国宪法》,淡丽译,华东师范大学出版社 2010 年版,第 149 页。

③ [美]卡罗尔·帕金,克里斯托弗·米勒等:《美国史》(上册),葛腾飞、张金兰译,东方出版中心 2013 年版,第 349 页。

事实证明，反联邦党人只是反对中央过分的集权，主张建立一个受"民众限制的政府"（A Popularly Limited Government），而并不是类似邦联政府那样的分散政府。而联邦党人则主张对大众民主进行限制，这源自于古典民主的教训和现实各州大众民主的暴动对"人民"利益的消极作用，他们主张建立一个"有限民治政府"（A Limited Popularly Government），[1]赋予中央政府强大力量对大众民主的暴乱进行有效遏制。因此，《联邦党人文集》在普遍人性的基础上，对人性进行了官能心理学分析。联邦党人强调"理智的最高地位，而非天启、传统或甚至多数人的意志"，[2]人是不可能在道德上做到完美的，美德和良心不能成为政府的基础，个人利益纷争会破坏公共福利，"如果辅以明智设计的制度，理智就可以重申它正当的最高地位。混乱和强制并不是唯一的选择……合众为一……情感产生理性，复杂的程序产生公正的结果，自私产生公益"。[3] 联邦党人以实际政治而非政治理论影响了许多宪法批准会议的结果，最终赢得了"人民"支持。

在此意义上，联邦党人可以称之为"民族国家主义者"（Nationalist）或"民族国家构建者"（State-nation Builders），[4]其基本的政治立场在于重视中央政府的国家建构能力，建立一个富有权威并严格遵循法治的国家，主张对宪法进行"宽泛解释"。因此，联邦党人主张在内外困境和复杂多元的社会，必须需要一个拥有高度权威的中央政府才能从整体上统合民族利益，否则"人民"利益和自由将是不可能实现的。从历史发展角度看，联邦党人作为"国家主义者"代表了美利坚民族"人民"利益，他们的政治立场根本上更加符合美国"人民"的利益要求。

---

① ［美］约翰・A. 波考克等：《概念变迁与美国宪法》，淡丽译，华东师范大学出版社 2010 年版，第 63 页。

② ［美］约翰・A. 波考克等：《概念变迁与美国宪法》，淡丽译，华东师范大学出版社 2010 年版，第 109 页。

③ ［美］约翰・A. 波考克等：《概念变迁与美国宪法》，淡丽译，华东师范大学出版社 2010 年版，第 110 页。

④ 王希：《原则与妥协——美国宪法的精神和实践》（增订版），北京大学出版社 2014 年版，第 112 页。

三、国家构建时期的"人民":建立一个强大共和国

联邦宪法通过之后,联邦党人和反联邦党人在建国的方案上并没有形成统一意见,而是形成了以汉密尔顿为首的"工业立国"和杰斐逊为首的"农业立国"两种不同的立国路线。最终,在华盛顿支持下汉密尔顿的方案获得胜利。尽管 1800 年杰斐逊就任总统,但迫于《禁运法案》对美国经济造成的消极影响,杰斐逊重新审查"农业立国"政策。在任期最后一年,杰斐逊修正了国家发展战略,逐渐向汉密尔顿倡导的"工业立国"转变,"由农业国向工业国的转变及其路线,经过华盛顿、亚当斯、杰斐逊三届政府,最终得以在美国确立,已成为一种不可逆转的方向"。[①]

"1809 年 5 月,玛丽(Mary)和詹姆斯·哈罗德(James Harrod)领着 5 个孩子,在四轮马车上装上一些行李,关上了他们那个小茅屋的门。他们与其他 12 个家庭一道,从弗吉尼亚州斯博西尔维尼亚县向西,到肯塔基州去开始新的生活。"[②]在共和国初期,数以万计的类似玛丽和詹姆斯·哈罗德这样的家庭开始向西移民,在那里开发西部,寻找美好的生活。在这个过程中,个人主义价值观和国家主义价值观得到统一,他们利用自己的热情和技术开发西部,真实地投入到国家建设中去,不仅实现了自我价值,而且推动了国家发展,这种发展在第二次"美英战争"后得到进一步强化。

"1812 年战争以后,美国人甩掉了几个世纪以来对欧洲的依赖,致力于开发辽阔的北美大陆。同时,在拉丁美洲的国家摆脱了欧洲殖民统治之后,美国在这些新兴国家中扮演了一个全新而大胆的角色。"[③]随着第二次"英美战争"的胜利,国家现代化建设也正式展开。从 1820 年到

---

① 何顺果:《美国历史十五讲》,北京大学出版社 2007 年版,第 78 页。

② Gary B. Nash, Julie Roy Jeffrey, John R How, Peter J. Frederick, Allan F. Davis, and Allan M. Winkler, *The American People: Creating a Nation and Society*, New York: Pearson Education, Inc., 2003, p.275.

③ Gary B. Nash, Julie Roy Jeffrey, John R How, Peter J. Frederick, Allan F. Davis, and Allan M. Winkler, *The American People: Creating a Nation and Society*, New York: Pearson Education, Inc., 2003, p.276.

1860 年,"美国经济发展进入了一个更加复杂的新阶段——以农业为主要经济增长源转向以工业和科技为主要增长源",经济增长模式的转变动力主要与自然资源、人口因素、交通革命和工业革命,以及联邦政府的支持分不开,①具体可见表 3-3:

表 3-3　促进经济增长的重要因素:1820—1860

因素	重要特征	对经济增长的贡献献
丰富的自然资源	获得新领地(路易斯安那、佛罗里达、密西西比河以西地区),开发利用东部资源	对经济的转型提供了重要的材料和能源
实际的人口增长	从 1820 年的 90 万人口增长到 1860 年的约 3000 万,尤其是 1840 年不断涌进的移民,德国和爱尔兰移民的重要性	为经济的增长提供了必要的人力和消费者,移民增加了劳动力的多样性并带来复杂后果,包括提供资金、技术和知识
交通运输革命	1817—1837 年改善公路条件,大量修建运河,铁路建设受到重视,到 1860 年,已有 30000 英里的轨道,蒸汽船的应用促进了水上旅行	促进了人口的迁移、货物运输及信息传播,使人们融入全国经济的市场,刺激了农业扩张,地区农作物的专业化,减少了船运费用,加强了东北部和中西部之间的关系
资本投资	欧洲和美国投资者投入资金,贸易资本和银行受到重视,保险公司给企业提供资金	提供资金支持各种类型的企业,交通运输业的改进
政府支持	国家、州和地方立法,向公司提供贷款,司法决策	为企业提供资金、特权即支持性发展环境
工业化	发明了有机器参与和无机器参与的新的生产方法	为大众市场提供大量廉价货物,转变工作的阶级性和本质,影响财富分配和个人机遇

在这些综合因素促进下,美利坚民族逐渐走向强大。但由于历史遗留问题,国家现代化逐渐形成了三种不同的发展模式:东部以新英格兰为

---

① Gary B. Nash, Julie Roy Jeffrey, John R How, Peter J. Frederick, Allan F. Davis, and Allan M. Winkler, *The American People: Creating a Nation and Society*, New York: Pearson Education, Inc., 2003, p.314.

中心的资本主义工商业,南部以棉花种植业为主的"奴隶制"经济,而西部则形成了以农业为主的经济发展模式。东北部依赖地理、区位优势和丰富资源,"工业化"水平比较高,它代表了美国历史前进的方向;南部"棉花王国"借着"西进"逐步将"奴隶制"带到了西部领地上;而西部的农业经济则是前二者争夺的对象。以上三个区域由于经济发展模式的差异,在关税、交通、金融和"奴隶制"问题上存在激烈的斗争。

1825 年,随着伊利运河的开发,三大区域之间逐渐形成以纽约、新奥尔良和芝加哥为三角顶点的"三角贸易",①这个区际贸易体系的建立对于美国国内统一市场的形成具有重要推动作用。"内战"之后,美国"人民"借助第二次科技革命和战后"重建"时机,继续推动国家发展,美利坚统一的民族国家正式奠定。

四、"内战"和"重建"时期的"人民":维护国家统一

1861 年之前,北方和南方能够在相互妥协中得到暂时平衡,西部自由领土提供了缓冲机会,"才使得北部的资本主义和南部的'奴隶制'制度得以在一定时期内和一定程度上'同时并存'"。② 因此,双方对西部领土控制权的争夺就成为"内战"之前国家发展中的主线。南方和北方之间的矛盾在宪政层面就表现为中央和地方之间的权力关系问题。北方资本主义工商业代表了"工业立国"的基本国策和前进方向,其代表了美利坚民族的根本利益。"奴隶制"是一种历史现象,从道德、经济和国家发展来讲,代表的是保守的制度形态。宪法之所以在最初承认"奴隶制"的存在,主要是由于政治妥协的需要。但是,随着民族国家构建,这种制度的历史惰性和存在合理性就受到"人民"普遍反对,然而南部的"州权主义者"却以维护州的利益为理由,保留这种落后生产关系,并且将其扩大到西部自由领土上,这显然违背美国"人民"的根本利益。马克思说过,当一种落后的生产关系还没有退出历史舞台的时候,就会利用自己的上层建筑拼命

---

① 何顺果:《美国历史十五讲》,北京大学出版社 2007 年版,第 96 页。
② 何顺果:《美国历史十五讲》,北京大学出版社 2007 年版,第 119 页。

维护其经济基础。南部"州权主义者"为了自己利益,不惜以退出联邦另立邦联和中央政府抗衡,联邦政府只好以全体"人民"的利益为重,维护国家统一。

"内战"之前的宪政危机其实早都酝酿已久。1855 年到 1856 年堪萨斯州的"内部斗争"则是"内战"之前的预演,这场争斗集中体现了南北双方围绕"奴隶制"问题而形成的全方位矛盾。① 在 1861 战争爆发之后,北部"人民"和南方"人民"一起推翻了罪恶的"奴隶制"。在战争中,广大黑人奴隶加入联邦军队,为维护国家统一而战斗,"苏斯·金·泰勒(Susie King Taylor)是一名出生在佐治亚农村的奴隶,在内战前萨凡纳的非法奴隶学校上过学。内战爆发后,她逃往联邦军队中间的安全地区,并为其他的'走私黑人'建立了一座学校。当她的丈夫爱德华·金参加一个全黑人团为他们的自由而战时,苏斯陪在他身边,并作为一名护士、助手,以及一名教师,在军中服务,战争之后,她成为种族平等和为所有人提供教育机会的主要倡导者之一",②像所有和泰勒一样的黑人奴隶,战争改变了他们的命运,为他们提供了巨大的发展机会,"苏斯·金·泰勒(Susie King Taylor)称'内战'为一场革命。在她心中,一个前奴隶的心中,正是奴隶的解放表明了其革命的特性"。③

马克思指出,"北部表现了欧洲历史上前所未有的忍耐之后,才拔出刀剑来拯救联邦,打一场'根据宪法进行的战争'",④"内战"以维护宪法的高度出发,最后却以革命方式收场,战争性质转变与联邦内部激进"废奴主义者"推动有关。林肯最初发动战争目的在于控制"奴隶制"蔓延,而不是废除"奴隶制"。1862 年,林肯写给霍斯勒·格里利的信中表明:"我在这场斗争中的最高目标是拯救联邦,而不是拯救或摧毁"奴隶制"。如

---

① See Gary B. Nash, Julie Roy Jeffrey, John R How, Peter J. Frederick, Allan F. Davis, and Allan M. Winkler, *The American People: Creating a Nation and Society*, New York: Pearson Education, Inc., 2003, p.453 – 454.

② 〔美〕卡罗尔·帕金,克里斯托弗·米勒等:《美国史》(上册),葛腾飞、张金兰译,东方出版中心 2013 年版,第 266 页。

③ 〔美〕卡罗尔·帕金,克里斯托弗·米勒等:《美国史》(上册),葛腾飞、张金兰译,东方出版中心 2013 年版,第 708 页。

④ 《马克思恩格斯全集》(第 16 卷),人民出版社 2006 年版,第 222 页。

果我能拯救联邦而不解放任何一个奴隶,我愿意这样做。如果为了拯救联邦需要解放所有的奴隶,我愿意这样做;如果为了拯救联邦,需要解放一部分奴隶而保留另一部分,我也愿意这样做。我在"奴隶制"和黑人问题上所做的工作,是因为我相信那将有助于拯救联邦;我之所以克制不做某些事情是因为我认为那将无助于拯救联邦。"①但在战争期间,激进的"废奴主义者"以"人民"为借口,通过国会向林肯施压,最终改变了战争性质。"内战"的胜利再一次表明北方工业社会战胜了南方的农业社会,工业化才是美国"人民"的历史选择。

在"重建"阶段,共和党控制的国会分别于 1865 年、1868 年和 1870 年通过了"重建修正案",并在 1867 年通过《重新建设南部法案》对南部实行军管。1867 年到 1877 年,南部各州进行民主重建,各州成立了由黑人和白人联合执政的政权,制定了进步法令,14 名黑人当选为众议员,两名黑人当选为参议员。"重建"是北部资产阶级保守派和南部种植园主势力相互妥协的产物,目的在于恢复了南部战前秩序。但从客观上看,"重建"再造了联邦,合众国得以重生。

第四节　确保宪法稳定性、权威性和适应性的目的因

亚里士多德说:"如果一个事物经过了一个连续变化而有一个终点的话,这个终点就是目的或为了什么东西。"②目的因是事物运动变化终极目的,其在某种程度上也可以称之为"终极因",事物的"终极因"就是目的,"终极因"是所有其他的事物都为了它的原因。美国宪法变迁实践体现了"保守主义"宪政观,"保守主义"宪政观使得"人民"需要在大部分时间里能够通过宪法变迁多元方式实现,在消解社会实际必要性和宪法规范价值性之间矛盾性的同时,确保了宪法的稳定性、权威性和适应性。

---

① 〔美〕林肯:《林肯选集》,朱曾汶译,商务印书馆 2013 年版,第 204 页。
② 〔古希腊〕亚里士多德:《物理学》,194b28—30,载《亚里士多德全集》。

一、美国革命的"保守主义"

美国革命的"保守主义"主要包括两层含义：一是美国革命的起源、斗争形式和革命性质；二是革命胜利后，联邦宪法构建了一种稳定的宪政秩序，防止了大众民主暴政对既定宪政秩序的颠覆。此种意义上的"保守主义"并不是反动，而是稳健。

（一）美国革命的保守性

美国和英国的宪政关系肇始于大英帝国在北美的殖民活动，殖民地性质决定了大英帝国仅把 13 个殖民地作为富国强兵，争取世界霸权的手段，并没有明确赋予殖民地应有的宪法地位。从原初意义上讲，殖民地产生于英王"特许状"，而不是国会法令。"特许状"界定了殖民地"人民"和英王之间的法律关系。1688 年，国王权威随着"光荣革命"衰落，帝国政治中心转移到国会手中。随着殖民地经济的发展，国会开始频繁介入殖民地事务，控制殖民地经济，以至于国会对殖民地控制未受到质疑。[①] 但是，国会单方面的征税行为却引发了殖民地与大英帝国之间的宪政危机。从法律上看，殖民地"人民"认为美洲人在国会中没有代表，国会不经过"人民"同意无权对殖民地进行征税。殖民地议会只有经过国王同意才可以制定法律征税，将课税义务负担在"人民"身上。因此，至少法统上看帝国的国会没有对殖民地征税的权力，殖民地只和国王存在宪法上关系。但是，国王却很少干预殖民地事务，王权对殖民地的影响力极其有限。[②]

殖民地同大英帝国的宪法关系突显了其很大程度上的独立性，在宪法上殖民地拥有高度自治权，殖民地"人民"享有英国"人民"一样的权利。因此，殖民地"人民"的反抗是在宪法框架内的合法行为，他们不想反对国王，也不想破坏既有宪政关系，只想在原有宪政秩序框架内，享有同英国

[①] ［德］弗里德里希・根茨：《美法革命比较》，刘仲敬译，上海社会科学院出版社 2014 年版，第 22 页。

[②] 例如，马里兰的"特许状"中明确规定国王放弃征税权，康涅狄克和罗德岛则是建立了纯粹的民主政体，总督由"人民"选举产生，殖民地享有司法终审权，国王无权处置殖民地"人民"。

本土"人民"一样的权利而已。① 许多殖民地"人民"认为,他们进行革命是为了确保其被残暴的殖民地政府所剥夺的作为英国人的传统权利。② 从内心而言,殖民地"人民"忠于原有宪治,忠于国王和政府,只想恢复原有自然状态。但是,国会对殖民地的干预和暴政,迫使殖民地"人民"拿起武器自卫,维护天赋权利。因此,美国革命具有很大的防御性,一旦击退了曾经受到的攻击,攻击就会自然停止,斗争形式的防御性决定了革命过程中的目标的明确性,即通过温和的方式争取权利。③

综上所述,美国革命的最初目标是为了维护而不是破坏既有宪政秩序。殖民地"人民"与大英帝国的决裂,主要原因在于英王和议会对既有宪政关系的破坏,侵害了殖民地的"自然权利",这种权利来自洛克和布莱克斯通的理论,革命目的是要恢复这些"自然权利"。从这个意义上讲,"美国革命的目的是保守的"。④

(二) 反对大众民主暴政

革命之后,美国制定了成文宪法。制定成文宪法目的在于革命教训,即大英帝国和殖民地之间宪法关系不明确产生的宪政秩序不稳定。出于这层考虑,美国想通过成文宪法将现存政治秩序确定化,消解不确定带来的革命震荡。另一方面,宪法成文化也出于对大众民主的行为的有效遏制,成文宪法可以赋予政权合法性,消除因合法性不足引起的政权不稳定风险。

在制宪会议期间,制宪者对古典民主实践有着清晰认识,而现实基层民众暴动更让他们坚信大众民主是无法信任的。如果建立一个由大众民主控制的政府,整个社会就会陷入恐慌和混乱,"人民"的财产权、生命权和自由权将不复存在。虽然,宪法是以"我们人民"开头,但在宪法结构中

---

① 参见[德]弗里德里希·根茨:《美法革命比较》,刘仲敬译,上海社会科学院出版社 2014 年版,第 33—34 页。
② [美]加里·沃塞曼:《美国政治基础》,陆震纶等译,中国社会科学出版社 1994 年版,第 16 页。
③ [德]弗里德里希·根茨:《美法革命比较》,刘仲敬译,上海社会科学院出版社 2014 年版,第 40 页。
④ 王希:《原则与妥协——美国宪法的精神和实践》(增订版),北京大学出版社 2014 年版,第 56 页。

并没有"人民"的确定位置。制宪者们心中的"人民"仅指白人和有产阶级,"简单地说,美国是由中产阶级组成,而杰斐逊口中所赞誉的'半神大会',充其量不过是一场由中产阶级的半神组成的大会,对他们来说,所谓的'人民',代表着拥有自己土地的人、打过独立革命战役的人、坐镇在地方议会和市政厅里的人,或是授权代表为他们出席的人"[①]。这显然将革命时期为国家独立做出贡献的下层民众排除在"人民"范畴之外,而宪法以"我们人民"开头仅有政治宣示意义,"人民"只是一种抽象存在。

在"奴隶制"问题上,宪法作为妥协的产品并没有禁止"奴隶制"的存在,也没有通过法律手段赋予国会禁止"奴隶制"的权力。"人民"的普选权有明确的财产、性别和肤色限制,公民选举资格认定由各州决定。合众国总统并不是像今天一样是由普选产生的,而是与大众多数无关,国会也无法控制,而是由参议院和众议院人数相等的选举人团选举产生的。因此,选举中获得大众选举多数的候选人不一定能够赢得总统职位。另外,参议院中参议员的产生也不是由"人民"而是由各州立法机关选举产生。

1800年到1860年之间,有八项主张废除"奴隶制"的法案在众议院通过,但却遭到参议院封杀,甚至在"重建"时期,南方各州动用参议院否决权使"重建方案"屡屡受阻。在总统选举层面,每州选派一定数量的选举人,其数量相当于国会两院的议员数量,参议院中不平等的代表权在这里再一次发挥了作用。国会权力虽然受到了一定限制,但国会有时能够阻止联邦政府通过对社会和经济事务进行调控的权力。因此,美国"否决"政治控制了大众直接民主暴动,把权力进行有效分割,建立一种稳健的政治秩序。按照"政治宪法学"的观点,"宪政的关键在于从'非常政治'到'日常政治'的过渡,亦即从革命到宪政过渡",[②]革命实现了对政治共同体存在形式的决断,"伴随革命所建立起来的宪政应当被理解为一种'革命的反革命'",[③]即结束激进革命主义,以宪法规定的原则、制度和程序来约束国家权力,实现政治秩序稳定。

---

① [美]凯瑟琳·德林克·鲍恩:《民主的奇迹》,郑明萱译,新星出版社2013年版,第73页。
② 参见高全喜:《政治宪法学的兴起与嬗变》,载《交大法学》2012年第1期,第24—26页。
③ 高全喜:《从非常政治到日常政治》,中国法制出版社2009年版,第29页。

二、宪法变迁:"保守主义"宪法观的实践

美国"保守主义"宪法观为宪法设置了"刚性"修改程序,以防止民主多数轻易地改变宪政秩序。实践证明,在相当长历史时期内,"刚性"程序确保了宪法的稳定性、权威性和适应性,维护了宪政秩序的同一性和连续性。宪法修改是一个规范的政治判断过程,其由"人民"代表完成。因此,宪法修改与民主存在张力关系。

宪法变化过程中不断提高民主性对于宪政秩序稳定是必须的。Ilya Somin 等强调了大众政治认知对宪法变化的重要性,但如果宪法变化受制于大众无知和非理性民主,这不仅会限制宪法变化的质量,而且会破坏宪法的稳定性,因此,必须对宪法变化的目标和方式有更加现实的评估,并不是宪法变化中所有民主都是有益的。[①] 例如,"协商民主"这样的"民主"可以提高公众参与宪法变化的政治认知,但是,大众的"广场民主"则是一种破坏性力量。宪法变化的"支持度"与民主类型有关,公众政治认知对宪法变化之间呈现正相关关系,政治认知暗含了公众对宪法变化过程的实质参与,大众普遍无知可能降低了制度化的宪法变化质量,因为它可能会导致民众支持漏洞百出的宪法变化,提供了被政治精英操纵宪法变化的机会。这些危险性通过以下事实得到放大,即由重大政治或经济危机与宪法变化的"叠加",即使是相对有政治知识的民众也会支持一些解脱眼前危机而不考虑潜在的长期后果的危险措施。[②] 如果宪法变化保持在宪法第 5 条范围之内的,这些危险措施可能会得到一定程度缓解。宪法第 5 条使政治精英通过操控无知民众强行通过宪法修正的意图落空。因此,如果规避宪法第 5 条,这可能会引起宪法变化过程中的危机和民众政治无知引起的危险性放大。[③]

---

① Ilya Somin, Neal Devins, *"Can We Make The Constitution More Democratic?"* Drake Law Review, 2007, 55(4):979.
② Ilya Somin, Neal Devins, *"Can We Make The Constitution More Democratic?"* Drake Law Review, 2007, 55(4):981.
③ Ilya Somin, Neal Devins, *"Can We Make The Constitution More Democratic?"* Drake Law Review, 2007, 55(4):923.

显而易见，美国"刚性"宪法修改程序过滤了激进民主带来的宪法变化的危险性，这种规范化的政治判断行为是由"日常政治"之下的"人民"代表做出的，布鲁斯·阿克曼的"二元民主"理论在这里得到运用。尽管"人民"代表的民主强度稀释了宪法修正过程的危险性，但也直接导致"人民大众"需要无法通过修正途径在宪法层面得到反映，如果这样的情形长此以往，宪法离革命就不远了。美国宪法修正面临着漫长的政治辩论期，一项正式修正案的批准和通过主要在国会中进行，大众民主的参与程度比较低，这在某种程度上是维护既有宪政秩序稳定的可靠门阀。从这里可以看出，"刚性"的修正程序在某种程度上具有维护既定宪政秩序的功能，但也由于自身程序限制，也极有可能走向宪政危机，甚至成为宪政危机的"助推器"，因此，这就需要"可替代性"的宪法变化形态。

宪法修宪程序的"刚性"和高成本决定了它并不总是"保守主义"宪法观的最佳实现方案。在杜绝通过频繁修正方式维护稳定的宪政秩序之外，大众直接民主方式启动宪法变化的方式也必须予以排除，"法治要想随着时间保持相对的稳定性和秩序，就必须使'人民'既保留制宪权，又远离宪法"。① 美国宪法"保守主义"决定了宪法修改和大众直接民主都不可能成为主导性的宪法变化形态，实现"人民"特定历史阶段价值取向的任务就落到了宪法变迁机制上。美国"保守主义"宪法观发展出了司法解释为中心的"替代性"宪法变迁机制，在维护宪政秩序稳定性的同时，强化了宪法的权威性和适应性。司法解释将化解规范与事实之间张力的任务从"人民"代议机关手中转移到了法院手中，司法机关的属性决定了其是"保守主义"宪法观更为优化的实践者。尽管，司法的性质决定了最高法院不会主动将"人民"需要进行宪法确认，但其可以通过具体案件裁决，将具体历史阶段的"人民"价值取向植入司法解释中，进而发挥最高法院对社会实际必要性的"点化"功能。

"建国"到"重建"这一时期，"人民"对于强大共同体的需要主要是通

---

① See James W. Torke, *"Assessing the Ackerman and Amar Theses: Notes on Extra-textual Constitutional Change,"* Widener Journal of Public Law, 1994,229(4):5 – 6.

过司法国家主义实现的,司法解释很大程度上避免了激烈宪法革命和频繁宪法修改带来的宪政秩序震荡。除此之外,总统和政党也围绕在最高法院周围,通过惯例形式弥补形式宪法的不足,在司法解释之外以"事实规范力"的形式提供规范供给。

三、国家主义实现"权力宪政"与"权利宪政"统一

美国宪政核心是"权力"和"权利"两大问题,"而所谓的美国宪政实践也就同时包含了至少两个主要内容:一个是关于'权力'(包括国家和政府权力)的建构与运用,另一个是关于'权利'(公民的个人和集体权利)的建构、享有和保护,也就是说,有'权力宪政'(constitutionalism of powers)'权利宪政'(constitutionalism of rights)两条主线",[1]这两条主线之间的动态关系贯穿于"建国"到"重建"的整个历史。

在"建国"时期,联邦宪法构建了联邦制共和国。联邦政府和州政府分享国家权力,但联邦"最高原则"赋予联邦政府享有征税权、管理州际贸易和外贸的权力,以及其他大量的实质列举性权力。显然,制宪者们初衷是想通过联邦政府能力来建立一个强大民族国家,但同时国家权力又是受限的。麦迪逊说道:"在设计一个'由人统治人'的权力体制时,必须给予政府两种能力:管理被管理者的能力和控制自己的能力。"[2]因此,"权力宪政"所体现的国家主义价值取向并没有挣脱宪法约束,成为压迫"人民"的力量,而是以"人民"自由为目的的民族国家构建行为。

在民族国家构建中,"遭遇的最大挑战是关于联邦主权定义和位置","州权主义"分子通过各种方式挑战联邦政府权威,杰斐逊和麦迪逊的《肯塔基决议》和《弗吉尼亚决议》首次对国家主权提出质疑和挑战,1828—1832 年之间的"联邦法令废止权"的争论则是极端"州权主义"分子否认

---

① 王希:《原则与妥协——美国宪法的精神和实践》(增订版),北京大学出版社 2014 年版,"前言"第 4 页。

② See *The Federalist* No.51.

联邦最高主权的杰作。① 联邦宪法第 6 条已经明确了联邦宪法和法律的最高地位,这是毋庸置疑的。"州权主义"一直挑战联邦主权的目的在于本州的私利,"州权主义者"以"州权"为幌子,损害全体"人民"的公共利益,其本质上已经偏离了联邦宪法的基本原则和精神。

合众国最大的威胁来自南部"奴隶制","奴隶制"向西部领土的蔓延已经影响到整个国家利益,违背了"工业立国"国策和国家整体大义。"奴隶制"通过"内战"和"重建"终于被废除,"州权"高于联邦主权的理论和实践最终破产,确立了联邦一旦建立便不能被毁灭的新宪政原则。而"重建修正案"则巩固了"联邦最高"原则,使得国家由先前由州组成的联邦向一个完全由公民组成的民族国家转化。国家再造在联邦与公民之间建立起一种相互承诺的命运共同体,开启了公民权利的"国家化和标准化"进程。"建国"到"重建"的宪政实践从理论和实践层面创造了一个具有强大潜力的国家,并赋予其保护国家公民权利的责任。

本章小结

亚里士多德在"四因"中最突出的是形式因,强调形式高于质料,"形式因可兼为动力因和目的因,认为这三个原因通常可以合一。形式本身是事物运动变化追求的目的,形式作为事物的本质在追求目的中就给与

---

① 历史上"州权主义"曾经主张州有权宣布联邦法令在其境内无效。1789 年,麦迪逊和杰斐逊在《肯塔基决议》和《弗吉尼亚决议》中认为联邦政府只是享有某些特定权力的代理机构,宪法第 10 修正案将大部分主权留给了州和"人民",联邦政府只享有列举性权力;当联邦政府越权的时候,州可保留自己决定权,并可以宣布联邦法令在本州境内无效和无约束力。1829 年,极端"州权主义"分子卡尔霍恩撰文重申了麦迪逊和杰斐逊的"州权至上"原则,认为州可以拒绝执行联邦政府的法令,州甚至可以单方面宣布违反宪法的联邦法律,直到全国 3/4 的州通过一项宪法修正案来调整该联邦法律为止。1832 年 11 月,南卡罗来纳州召开了特别代表大会,通过了《否认法令》,宣布 1828 年和 1832 年的联邦关税法案无效,对本州政府和公民不具有约束力。同年,杰克逊总统发表《致南卡罗来纳的公民公开信》,明确联邦政府拥有最高主权,并警告说:"用武力肢解联邦的行为是叛国行为。"1833 年,国会通过了《强制法》,授权杰克逊在必要时可以动用军队进行征税,3 月 15 日,南卡罗来纳州的代表大会被迫废除《否认法令》。

质料以动因"①。宪法变迁价值取向的理解关键在于对"形式因"理解，即宪法变迁价值取向本质上是一种渐进式宪法价值实现过程。宪法变迁的价值取向体现了宪法和宪法价值双向运动过程，其根源在于具体历史阶段主体"人民"实践需要，目的在于消解规范与事实之间张力，进而实现了宪法稳定性、权威性和适应性，达到"权力宪政"与"权利宪政"的统一。

① 姚介厚:《西方哲学史:古代希腊与罗马哲学》(第 2 卷),江苏人民出版社 2005 年版,第 716 页。

第四章

"建国"到"重建"宪法变迁国家主义
价值取向实现论

宪法实施的核心在于宪法价值实现问题。"建国"到"重建"宪法变迁国家主义价值取向主要是通过最高法院的司法国家主义,总统宪法惯例和政党变迁等方式来实现的。另外,从"重建修正案"回溯来观察"建国"至"重建"宪法变迁过程,"重建修正案"则是长期宪法变迁国家主义价值取向的必然结果,同时又巩固了国家主义的价值取向。

第一节　宪法变迁实现机制:以宪法
解释"本位主义"为例*

宪法变迁作为宪法价值实现的重要方式,主要是通过宪法解释来实现的。为了深入分析宪法变迁的实现机制,本节以"本位主义"为视角构建实证模型来分析宪法解释机制,其他宪法变迁机制在此略去。宪法变迁实现机制模型的构建和分析,有利于深刻揭示宪法变迁实现机制的一般规律,以及宪法价值实现一般原理。

---

* 本节内容发表于《法制与社会发展》2017 年第 3 期,其中第五部分有部分内容发表于《法制与社会发展》2021 年第 2 期,出版时标题、章节和内容进行了调整和变动。

一、宪法解释权分配的两种理论

宪法解释权分配存在两种理论:即"本位主义"和"司法主义"。"本位主义"根据情况又包括两种:一种主张政府的立法机关、行政机关和司法机关都有权解释宪法,宪法解释权应该在多个不同政府分支之间进行平均分配,每一个分支在其职权范围内的解释都是最高的,但没有一个分支就所有宪法问题的解释是至高无上的,这称之为"固定的本位主义";[①]另一种是"流变的本位主义",该观点"接受就特定事务存在一种权威的解释,但是拒绝承认对所有的事务只有一个单一的最高解释者,相反,解释权的分配随着主题和宪法条款的变化而变化"。[②] 例如,美国最高法院对一些"政治议题"的回避,"弹劾罪"中的重罪和轻罪标准,以及宪法第 4 条"保证条款"对共和政体保障的实质要求都不是最高法院解释的领域。[③] "政治议题"的解释权被分配到相应的政治部门,它们在这些问题上拥有不同程度的权限。政治部门对宪法解释权的分享,缩减了法院解释权的范围,减少幅度与其他部门解释权的增加幅度呈正相关。尽管"本位主义"内部存在"固定"和"流变"之分,但所有政府分支在宪法解释权分配问题上具有一定共识:即它们都认为存在最终的解释权,谁拥有最终解释权应该从宪法结构和规范中推论出来,而不是固定不变。因此,"本位主义"的核心理念排斥了固定的解释权分配格局,宪法解释者存在多元维度,各种潜在的解释者都可以主张自己拥有解决争议性宪法原则的权力。

"司法主义"是另一种宪法解释权分配理论,其并不主张司法分支独享宪法解释权,而是承认"本位主义"中立法分支和行政分支拥有宪法解释权的原则,但主张司法机关拥有宪法最终解释权,其他政府分支都应该服从和执行司法机关的宪法解释,除非通过宪法修正予以推翻。例如,美

---

① 〔美〕基斯·威廷顿:《司法至上的政治基础:美国历史上的总统、最高法院及其宪政领导权》,牛悦译,北京大学出版社 2010 年版,第 16 页。

② Scott E. Gant, *"Judicial Supremacy and Non-judicial Interpretation of the Constitution,"* Hastings Constitutional Law Quarterly, 1997, (24):384.

③ See: *Baker v. Carr*, 369 U.S. 186(1962); *Luther v. Borden*, 48 U.S. 1(1849); *Coleman v. Miller*, 307 U. S. 433(1939).

国宪法解释权分配格局。在宪法没有明确规定解释权归属的前提下,最高法院通过"马伯里案"(Marbury v. Madison)确立了司法机关解释权的优越地位,马歇尔大法官在本案中宣称:"宪法是国家基本和最高的法律,解释法律显然是司法部门的职责。司法部门必须且有必要阐述和解释宪法规则,决定宪法含义和推翻那些违反根本法的制定法,这是司法职责的本质所在。"[①]

20世纪中叶,"沃伦法院"明确地阐述了"司法主义"经典教义:即司法部门在解释宪法中的至高无上地位是法治的基本原则,司法部门的解释是国家的最高法律,最高法院是宪法的最终解释者。[②]"司法主义"的本质在于确立司法部门在解释宪法中的至上地位,这一点不仅可以维护宪法权威,而且有利于维护法治统一,防止宪政上的无政府状态。[③]按照德沃金的观点就是"司法机关独自作为一个美国宪法制度中的原则的集合地,它能够集中于正义问题,避免了权力场的喧嚣吵闹",[④]司法机关的决定可以确保正义和权利能够和宪法精神相一致。因此,"司法主义"宪法解释权分配格局的政治基础在于司法分支最多和最终的宪法解释权必须得到其他政府分支的支持,而其他政府分支承认这样一种权力格局会获得政治上的利益。

宪法解释权分配在实证领域具有不同的表现形式,这根源于各国不同的政治体制。例如,英国的"议会主权"体制衍生的"弱司法审查"强调议会对宪法解释的优越地位,但同时赋予法院某种程度的宪法解释权。"但司法对于宪法的解释不具有最终权威性,而只是次终性(Judicial Penultimacy)",[⑤]这意味着法院对解释权的分享是为了"补强"议会违宪审查的缺陷,并不具有最终的宪法解释权。"弱司法审查"从形式上看由法院和议会分享宪法解释权,但实质上议会握有最终的宪法解释权,这与

---

① See *Marbury v. Madison*, 5 U.S. 137(1803).

② See: *Cooper v. Aaron*, 358 U.S. 1.17(1958); *Baker v. Carr*, 369 U.S. 186(1962).

③ [美]基斯·威廷顿:《司法至上的政治基础:美国历史上的总统、最高法院及其宪政领导权》,牛悦译,北京大学出版社2010年版,第10页。

④ Ronald Dworkin, *A Matter of Principle*, Harvard University Press, 1985, p.71.

⑤ Michael J. Perry, "*Protecting Human Rights in a Democracy: What Role for the Courts?*" 38 Wake Forest Law Review 635,2003, p.645.

英国的"议会主权"体制紧密相关。而中国宪法解释权分配给全国人大常委会也与人民代表大会制度根本政治制度有关。尽管,英国和中国呈现出"立法主义"的宪法解释权分配格局,但是这种解释权分配具有很强的国别性,在实践中还存在许多问题。另一方面,尽管美国"司法主义"宪法解释权分配格局是"司法主义"的,但是,"本位主义"理论也有一定的市场,历史上总统、国会和州就根据"本位主义"对"司法主义"的解释权格局发起过挑战。[①] 因此,"本位主义"和"司法主义"两种宪法解释权分配理论并不是对立的,而是"共存而优先"的。

二、"本位主义"中宪法解释的参与方

在"本位主义"宪法解释权分配格局下,宪法解释权是在各政府部门之间进行分配的,每个政府分支享有平等的宪法解释权。因此,政府的立法部门、行政部门和司法部门是宪法解释的当然参与者。除了政府三大分支之外,"本位主义"认为宪法解释的参与者是多元的,一些重要的社会性力量也会积极参与宪法解释活动,例如,"利益集团"(Interest-Groups)利用"规制俘获理论"(Regulatory Capture Theory)对政府分支的"俘获",[②]政党(Political Party)的"关键性选举"(Critical Election),以及"人民大众"(Population)的选举,这些多元参与力量的加入都会对宪法含义

---

① "司法主义"确立的解释权格局之所以不稳固,其根源在于司法机关的宪法解释权是由"马伯里诉麦迪逊案"(Marbury v. Madison)这样一个判决奠定的。因此,在宪法没有明确规定解释权归属的情形下,仅靠一个案例是无法让其他分支完全信服的。而在有限的文本基础上,最高法院对重大道德和政治问题进行解释产生的裁决要想让其他政府分支无条件服从,而且这种裁决会持续几十年,在实践中又几乎不可能通过既定民主程序进行改变,这就引起了对该项独特法律权力合法性问题的质疑。

② "规制俘虏理论"(Regulatory Capture Theory)是"制度经济学"重要范畴,其主要描述了公共政策领域一种政治腐败现象,具体指政府的某种公共政策损害公众利益,使少数人利益团体或代理机构获利,此项获利与某一行业具有关联性。一般指的是相关联行业运用各种方式俘获了该政策的制定者,使其在违背公共利益的情况下进行决策,而此行业就以遵守政府规章制度为名,持续开展损害公众利益的经营行为。(See: Gary Becker, *"Towards a More General Theory of Regulation,"* Journal of Law and Economics, 1976, 19(2): 211 - 240; George J. Stigler, *"The Theory of Economic Regulation,"* The Bell Journal of Economics and Management Science, 1971, 2(2): 3 - 21.)

的最后确定产生不同程度影响。因此，"本位主义"下的宪法解释参与者是政府分支与社会力量共同构成的。

一部体现立宪精神的民主宪法，宪法解释参与方首先是宪法规定的政府分支。在分权体制下，政府权力被分为立法机关（Legislature）、行政机关（Executive）和司法机关（Judiciary）三个分支，三个分支之间在宪法解释中需要彼此之间合作才能完成宪法含义的确定，因此，所有政府分支在宪法解释中必然会遇到分权产生的"交易成本"问题，[①]"交易成本"衍生的边际成本和边际效用决定了各政府分支的偏好。在一定的时间内，各分支偏好在一定区间内保持相对确定性和可预测性，从而使各分支在解释宪法过程中形成一定的"偏好区间"。

从现实政治来讲，"偏好区间"是政府分支政策活动的空间范围，这个范围随时间变化。但在一定时间段内，政府分支的政策活动空间具有相对稳定性。对于政府分支而言，如果在一定时空范围内采取的立法、政策、决定或裁决符合了某个具体政府分支的"预期偏好"，那么该项立法、政策、决定或裁决就落在其"偏好区间"之内，在此区间之内的行为就会被认为该分支的偏好得到了尊重和认真对待，其现实结果就是该分支不会采取相对立场来回应该项立法、政策、决定或裁决。反之，该分支就会采取积极行为来忽视或者推翻该项立法、政策、决定或裁决，甚至会采取极端的暴力行为。

"偏好区间"与时间和"集体行动难度"等因素相关，一个政府分支要花费一定时间采取一定行动，该行动就会产生"边际成本"；而"集体行动难度"指政府分支形成立法、政策、决定或裁决等所需要的法定数量标准，它与"偏好区间"成负相干关系。例如，"宪法修正机关（Constitutional Amending Organ）形成简单多数比立法机关困难，宪法修正机关的'偏好区间'就比立法机关要宽；而'人民'大众形成既定多数的难度要比宪法修

---

① "交易成本"是一个"制度经济学"范畴，指的是企业存在分工的情况下的交易费用，但本质上与"生产成本"不同。"交易成本"主要指的是社会关系中因彼此合作和交往达成交易付出的成本，即人与人之间关系的成本。在分权体制下，各政府分支之间的分工也需要彼此合作，交易成本是必然存在的现象。

正机关更难,'人民'大众的'偏好区间'就比宪法修正机关更宽"。[①] 因此,"偏好区间"度量的是参与者集体偏好存在的政策空间,而并不是构成参与者个体人员的偏好,个体偏好是通过集体偏好得到体现的。[②]

分支在"偏好区间"中的某个时刻决定了宪法含义,这意味着宪法和法律并不是"原旨主义"所希望的制宪者意图,而是政府分支在具体时刻"偏好较量"的结果。立法机关通过立法行为解释宪法,这个过程会嵌入立法机关偏好,其有较大的政策活动空间;行政分支执行法律,其可以通过"行政自由裁量"解释宪法,但它并不一定能够忠实执行立法机关的法律,而有可能是按照本部门偏好来执行法律。立法机关和行政机关在现实中都存在被"利益集团"俘获的可能。分权模式下,司法制度独立性确保法院能够根据自己的偏好作出裁决,法官以非民选程序产生,终身任职和可观薪俸都避免了因金钱利益被"俘获"的风险。在大多数情况下,法院对政府行为引起的诉讼,需要对具体宪法规则和法律作出解释,它的裁决必须考虑民选机关的"偏好区间",否则判决就存在被推翻的风险。

除了三大分支之外,另一个重要分支就是宪法法院(Constitutional Courts)。在不同国家,尽管宪法法院与普通法院的管辖权范围不同,但它们都属于司法分支范畴。宪法法院对法律的抽象审查和以具体裁决形式解释宪法,它的"边际效用"当然与立法、行政和(普通)法院政策偏好有关。因此,宪法法院和其他政府分支一样是重要参与者。宪法修正机关不同于立法机关,大多数宪法通过设置"刚性"程序来表明宪法修正不同于一般立法行为,这也决定了宪法修正机关要通过比立法机关更加严苛的民主选举程序产生。宪法修正机关可以启动宪法修正推翻立法机关法律,因此也是一个重要参与者。

除了政府分支之外,一些社会力量也成为宪法解释的重要参与者,它

---

① Stefan Voigt, *"Implicit Constitutional Change-Changing the Meaning of the Constitution Without Changing the Text of the Document,"* European Journal of Law and Economics, 1999,7(3):203.

② 这里需要注意的是,行政部门作为政府分支是由具有独立人格意志的个体来担任的,在决策时刻,尽管很多情况下实行的是首长负责制,首长具有最后关键性决断权,但是决策形成的过程也要遵循民主原则。首长不能仅仅依靠权力来决策,而是需要在协商基础上达成共识。

们的偏好也会对宪法解释发挥既定作用。斯蒂芬·瓦格特认为这些力量包括:"中间力量(Median Members)和人民大众(Population)。"[1]其中,"利益集团"是中间力量最重要代表,其通过"俘获"政府分支而对宪法解释施加间接影响。"人民大众"以投票行为来表达集体偏好,这种偏好最终通过选举立法机关和行政机关来体现,立法机关等民选机关考虑到选票因素,必定会认真对待"人民大众"偏好,否则这些民选机关的"支持度"就会在下次周期选举中下降。除此之外,政党(Political Party)在立法机关中的结构和比例,以及政党意识形态都会对立法机关和行政机关偏好产生影响。因此,政党也是重要参与者。

综上所述,宪法解释的参与者由直接参与者和间接参与者共同构成,这些不同的参与者共同参与宪法解释活动,通过各种行为将自己偏好嵌入到宪法解释进程中。从这个意义上讲,要想达到各方都能接受的解释,就必须认真对待这些参与者偏好,寻求"重叠偏好",使各方参与者偏好得到不同程度满足,这个过程存在着复杂的利益博弈和偏好抉择,涉及到"边际成本"和"边际效用"的变化。

三、"本位主义"宪法解释权分配的理论模型

"本位主义"中各政府分支之间的关系,有一些相关的模型,[2]这些模型关注宪法解释中各政府分支偏好之间的关系,尤其是"马科斯的分权模型"

---

[1] Stefan Voigt, *"Implicit Constitutional Change-Changing the Meaning of the Constitution Without Changing the Text of the Document,"* European Journal of Law and Economics, 1999,7(3):199.

[2] See: Brian A. Marks, *"A Model of Judicial Influence on Congressional Policy Marking: Grove City College v. Bell,"* The Journal of Law, Economics&Organization, 2012,31(4): 843 - 875; John A. Ferejohn, Barry R. Weingast, *"A Positive Theory of Statutory Interpretation,"* International Review of Law and Economic, 1992, 12 (2): 263 - 279; Anthony Down, *An Economic Theory of Democracy*, New York: Harper & Row, 1957; Stefan Voigt, *"Implicit Constitutional Change-Changing the Meaning of the Constitution Without Changing the Text of the Document,"* European Journal of Law and Economics, 1999,7(3):197 - 224; Pablo T. Spiller, Rafael Gely, *"A Rational Theory of Supreme Court Statutory Decisions With Applications to the State Farm and Grove City Cases,"* Journal of Law Economics and Organization, 1990,6(6):263 - 300.

涉及到了美国国会和最高法院偏好之间的关系。斯蒂芬·瓦格特(Stefan Voigt)的模型则提到了社会参与力量与宪法解释之间的相关性。本节主要结合"斯蒂芬·瓦格特模型"来分析"本位主义"宪法解释权分配格局。

宪法解释可以带来可欲的政治后果,其可以通过解释达到一定的政治目的,进而实现"预期偏好"。因此,宪法解释必然和所有参与者偏好有关。例如,宪法修正机关修改宪法之后,各参与方就会围绕修正案以各种方式参与宪法解释来提高、维持预期利益,降低预期利益落空产生的风险,从而在现在和未来政治活动、经济活动中保持比较优势。从现实政治角度来讲,宪法修正是各参与方在原则基础上妥协的产物。但宪法修正案的出台,并不代表各参与方之间的利益斗争就此停止,反而是各参与方会继续围绕宪法修正案根据需要参与具体规则的解释,从而延续或扩大其预期最大利益。在修正案"讨价还价"中处于劣势的参与方,便会通过各种手段参与宪法解释来降低对其不利后果的出现。例如,"利益集团"会动用政治资源和经济资源对政府分支进行"俘获",让立法机关或行政机关发起宪法解释从而降低预期利益受损。

"斯蒂芬·瓦格特模型"将各参与方纳入系统内,从实证角度全面展示了各参与方加入系统分享宪法解释权的情况。如下图 4-1 所示,政府分支和社会力量参与者共同加入宪法解释活动,政府部门的三个分支享有平等的宪法解释权,而社会力量则通过对政府分支施加压力从而间接影响宪法解释结果。本模型揭示了各参与者的动态关系:"如果宪法修正机关启动程序修改了宪法,立法机关、行政机关和司法机关偏好将会受到影响(1,2,3)。同理,立法机关的立法行为也会对行政机关执法产生影响(4)。如果法院裁决行政机关执法行为违宪,行政机关的偏好就会发生相应改变(5)。如此这般,通过宣布立法机关的一项法律违宪,法院也影响了立法机关的偏好(6)。'人民'大众通过选举立法机关(7)和宪法修正机关的部分成员从而对其产生间接影响(8)。而'利益集团'(Interest-Groups)对政府三大分支的'俘获'间接地决定了宪法含义(9,10,11)。"[1]

---

[1] Stefan Voigt, *"Implicit Constitutional Change-Changing the Meaning of the Constitution Without Changing the Text of the Document,"* European Journal of Law and Economics, 1999,7(3):201.

图 4-1 的"斯蒂芬·瓦格特模型"呈现了宪法解释中各参与方之间的动态关系,在使用过程中作了若干修改和补充,在这里说明:(1)将原图中的行政分支字母"AGENCY"改为"EXECUTIVE"。瓦格特认为行政机关由在特定领域执行政府政策的组织构成,行政机关与执行政府政策的这些组织之间存在行政上的"委托和代理"关系,因此用"AGENCY"指代执法分支的行政机关(行政主体)。笔者认为尽管在行政活动中存在众多的"委托和代理"现象,但这些组织与一般意义上的"私法人"不同,它们受行政法严格规制,在具体法律关系中存在行政主体争议,但在本模型中称为"EXECUTIVE"与立法机关和司法机关相对应较合适。(2)原图中社会力量并没有考虑到政党,笔者在左上角加入政党这个参与者。(3)与(2)相关的就是在原图基础上增加了 12、13和 14 流程,分别表示政党与立法机关、行政机关和宪法修正机关之间的关系。其中 12 表示的是政党通过选举在立法机关内部形成的"主导性政党"(如美国)或"政党联盟"(如法国)持续时间与立法机关解释宪法的相关性。两党制形成的"主导性政党"格局更有利于立法机关内部形成简单多数,"集体行动难度"相对较低,立法机关通过立法动议相对容易;而多党制形成联盟格局增加了立法机关内部"集体行动难度",立

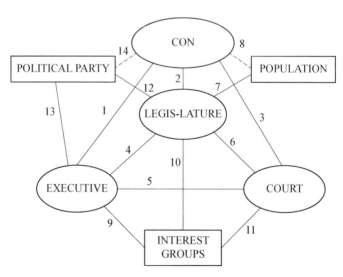

图 4-1 斯蒂芬·瓦格特模型

法机关通过立法动议相对较难。在政党政治下,行政分支领导人都具有党派因素,他们的政党意识形态对行政偏好的影响就是不可避免的,这是 13 所体现的内容。宪法修正机关同立法机关一样也由选举产生,这决定了宪法修正机关组成人员必定会受到党派因素的影响,那么政党对宪法修正机关偏好间接影响就如 14 所示。(4)"人民大众"和宪法修正机关的关系不仅体现在选举部分宪法修正机关人员身上,而且还体现在宪法修正案的通过方面,在爱尔兰、丹麦、澳大利亚和瑞士这样的国家,宪法修正案通过还取决于"人民"公决,而法国宪法修正案也需要"人民"公决,尽管不是必须。① (5)行政机关和宪法修正机关关系还体现在修宪倡议权方面。例如,法国宪法规定,修宪的倡议权同时属于总统和议员,总统依照总理的建议案行使倡议权。② (6)本图中法院(Court)实际上是对司法分支的称谓,司法分支不仅包括宪法法院,而且包括普通法院,这里为了论证需要将其看作一个整体参与者。(7)政府分支用椭圆形表示,而非政府社会力量用矩形表示,以体现政治和法律地位的不同。(8)8 和 14 流程是虚线,指一种间接影响关系。"斯蒂芬·瓦格特模型"从实证角度揭示了宪法解释中不同参与者的互动关系,呈现了"本位主义"宪法解释权的分配格局。

"本位主义"中,政府分支享有形式上的宪法解释权,而非政府的参与者则享有实质上解释权。例如,"利益集团"可以通过对政府分支施压间接参与宪法解释实现其"效用"。"利益集团"参与宪法解释具有三种替代性方案:一是游说宪法修正机关通过一项宪法修正案;二是说服立法机关通过一项立法,以上两种方式需要"利益集团"对立法机关和宪法修正机关"俘获"来实现。三是以"寻租"方式说服最高法院进行宪法解释。如果可以说服法院启动解释程序,这无疑会节省大量时间和成本,"利益集团"就不会选择宪法修正案和立法这两种替代方案。因此,在现实情形下,"利益集团"参与宪法解释包括三种途径:"一是游说法院改变宪法解释;二是游说国会通过一部新的立法;三是游说行政机关以不同于立法机关

① 参见《法兰西共和国宪法》,第 89 条第 2 款、第 3 款。
② 参见《法兰西共和国宪法》,第 89 条第 1 款。

偏好的形式执行新的法律",①"利益集团"最终采取何种途径,取决于成本和效用的对比关系:在"边际成本"相同的情形下,"利益集团"会选择"边际效用"较高的途径;而在"边际效用"相同的前提下,"利益集团"就会选择"边际成本"较小的途径;当"边际成本"和"边际效用"都不同的情形下,"利益集团"会选择"净成本"最小而"净收益"最高的途径。

"边际成本"和"边际效用"关系决定了"利益集团""偏好"是一个"效用曲线",不同"利益集团"的偏好是不同的,"效用曲线"也不同。例如,如果对现存宪法规则理解存在两个利益截然对立的集团,一个是企业家协会,另一个是工会组织,在不存在罢工的情况下,企业家能获取最大预期效用;而工会则认为罢工是天然权利,罢工可以增加他们效用。这种情形如下图4-2所示:"企业家的理想利益点处于水平线的最左端,而工会利益的理想点则处于最右端,这两个相对'利益集团'预期效用的实现取决于宪法规则含义的确定。"②

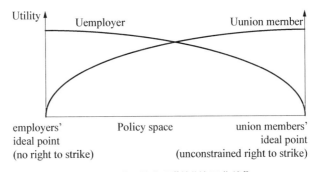

图 4-2 "利益集团"的"效用曲线"

图 4-2"利益集团"在"预期利益"的驱使下,会通过"俘获"手段对政府分支施加压力,从而对宪法解释产生影响。如图 4-3 所示:假设宪法

① See Stefan Voigt, "*Implicit Constitutional Change-Changing the Meaning of the Constitution Without Changing the Text of the Document*," European Journal of Law and Economics, 1999,7(3):201-202.

② Stefan Voigt, "*Implicit Constitutional Change-Changing the Meaning of the Constitution Without Changing the Text of the Document*," European Journal of Law and Economics, 1999,7(3):202.

修改机关(CON_0)在中间点通过了宪法修正案,而立法机关根据宪法修正案制定了法律(LEG_0),行政机关开始执行这项法律(EXE_0)。假设"利益集团"α成功"俘获"了行政机关,行政机关为了α的利益以执法形式重新解释该法律(EXE_1),从而使"利益集团"β的预期利益落空,β就会向法院寻求救济。法院对于β的诉讼请求,有两种选择性的判决:一是维持行政机关的决定;二是判决推翻这个决定。不论法院采取何种裁决,其结果都会和立法机关、宪法修正机关,甚至是"人民大众"的偏好相偏离。[1]

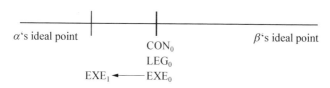

图4-3 "利益集团"对行政机关的"俘获"

在法院裁决作出之后,其他参与者会通过各种方式进行回应:立法机关会通过新的立法动议,宪法修正机关可能会启动修宪程序通过一项新的修正案,而"人民大众"也可能直接反对这项裁决或要求法院撤销该项裁决,甚至发以暴力方式推翻"日常政治"秩序。[2] 但是,"日常政治"中的法院是一个理性的司法决策者,其会仔细权衡其司法决策,不会贸然作出被其他分支忽视或者推翻的裁决。在此种情形下,法院就会尊重和认真对待其他政府分支偏好,在各方都能接受的"偏好区间"内作出裁决。如果法院裁决落在了立法机关的"偏好区间"内,那么立法机关就没有必要通过一项新立法来推翻该裁决,这种没有被新立法推翻的判决被称为"政

---

[1] Stefan Voigt, *"Implicit Constitutional Change-Changing the Meaning of the Constitution Without Changing the Text of the Document,"* European Journal of Law and Economics, 1999,7(3):203.

[2] 公共选择理论(*Public Choice Theory*)有一个可以用实证经验进行检验的假设:即在某个特定的时间点,各政府分支为了推翻法院的裁决而联合起来,如果政府分支联合的数量处于递减状态,那么法院拥有的自由裁量权也会递减,它们之间呈正相关关系。因为政府分支数量联合的越少,表明这个裁决至少没有违背所有分支的偏好,或者很少违背它们的偏好,意味着法院的裁决可能处于一些政府分支"偏好区间"内,或者接近这个区间,法院必然会考虑这个因素。

治上可行的解释"(Politically Viable Interpretations)。[1] 因此,在司法裁决中,只要法院能够尊重或认真对待其他参与者的偏好,它的裁决就不会被忽视甚至是推翻。

四、"本位主义"中"外生性"制约:以司法机关为例

"本位主义"和"司法主义"呈现不同的宪法解释权分配格局,但它们都承认宪法解释活动的参与力量是多元的,宪法解释权具有不同程度的分散性质。多元力量的加入会对宪法含义的最后确定产生不同程度影响,根据影响性质可以"类型化"为两种:一是"外生性"的,即由制度性分权产生的各政府分支之间的制约;二是"内生性"的,即各政府分支内部规则、意识形态、价值判断等因素衍生出的内部制约。从"本位主义"和"司法主义"的宪法解释权分配格局来看,"本位主义"显然受到比较强的"外生性"制约,而"司法主义"则受到司法机关内部"内生性"制约较大。"本位主义"中,政府三大分支之间存在宪法解释权的竞争问题,它们之间的制约关系是"常态性"的。本节以司法机关为例,通过一定的模型来分析法院在宪法解释中面临的"外生性"制约和"内生性"制约,并强调"外生性"制约对法院裁决的"强影响度"。

(一) 立法机关的制约

立法机关对法院的制约主要是通过立法来完成的(为了论证立法机关对司法机关的制约,这里省略了其他参与者的偏好因素。)。例如,在图4-3中,假设两个利益截然对立的集团 α 和 β,它们各自对应的"理想利益点"分别在最左端和最右端,立法机关在中间点(LEG$_0$)通过了一项法律,行政机关(EXE$_0$)忠实执行该法律。但在现实执法过程中,α"俘获"行政机关使其作出了对它有利的解释(EXE$_1$),此时行政机关偏好随之向左端移动直至接近 α 的理想点。与此同时,β 却"俘获"了立法机关,促使其

---

[1] John A. Ferejohn, Barry R. Weingast, *"A Positive Theory of Statutory Interpretation,"* International Review of Law and Economic, 1992,12(2):263 - 279.

偏好向右移动以阻止"预期利益"受损。这种情形意味着"利益集团"的"俘获",使得行政分支和立法分支的偏好朝两个截然相反的方向运动。

从法治角度来讲,行政机关因 α"俘获"的执法行为偏离立法机关偏好而构成违法(尽管立法机关偏好向右运动也偏离了立法原意,但法治原则决定了立法机关向右的偏好可能不会宣布为违法)。β 对行政机关侵害其利益的行为,将会向法院寻求救济。法院为了使裁决不被立法机关以新的立法推翻,它在受理该案后会尊重和认真对待立法机关偏好右移情况,并最终选择一项在立法机关"偏好区间"之内的裁决,例如,下图 4 - 4 中 LEG_{1min} 和 LEG_{1max} 之间的区域:[1]

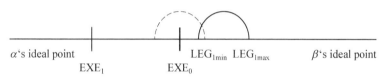

图 4-4 立法机关偏好对裁决的制约

但是,如果行政机关与立法机关的偏好同向运动,即同时向左或向右运动,法院裁决相对就比较容易。当立法机关和行政机关同时被"利益集团"α"俘获"的时候,法院就会在中间偏左的某个区间内做出裁决,这个决策同时会满足立法分支和行政分支的偏好。反之,如果"利益集团"β 同时"俘获"立法机关和行政机关,这两个分支偏好就会同时向右运动,法院就会在中间偏右的某个区间内裁决,这个决策也会满足立法机关和行政机关的偏好。

除了以上两种情形之外,第三种例外情况也是可能出现的:即在立法机关和行政机关偏好相向运动的情形下,法院在立法机关"偏好区间"之外的某个区域作出裁决,无论这项裁决是否支持"利益集团"α 和"利益集团"β 的诉讼请求,法院裁决都极有可能被推翻或忽视,这种例外情形需要法院承担很大的成本和政治风险。

---

[1] Stefan Voigt, "*Implicit Constitutional Change-Changing the Meaning of the Constitution Without Changing the Text of the Document*," European Journal of Law and Economics, 1999,7(3):204.

（二）宪法修正机关的制约

如果法院裁决偏离了宪法修正机关"偏好区间"，宪法修正机关有可能启动修宪行为来回应。根据"边际成本"和"边际效用"原则，法院将会阻止此类情况发生，并试图选择一个在宪法修正机关"偏好区间"之内司法决策。这里面存在各种不同的情况，其中一种情况如图 4-5 所示：

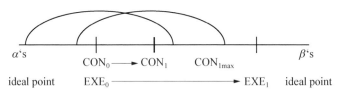

图 4-5　宪法修正机关对法院的制约

图 4-5 中行政机关和宪法修正机关的偏好同时向区间右端运动，但是行政机关偏好移动的更快（β"俘获"了行政机关）。如果 α 因为"预期利益"无法满足而起诉行政机关，法院会选择在宪法修正机关"偏好区间"之内的某个裁决。根据该裁决，α 将会获得比行政机关初次执法（EXE_0）情形下更好的结果；由于行政机关被 β"俘获"，行政机关停留在宪法修正机关"偏好区间"范围之内（例如，$CON_1 - CON_{1max}$）则是政治上明智地选择，宪法修正机关对此种选择会欣然接受。[①] 法院会尊重和认真对待宪法修正机关的偏好，最终在宪法修正机关"偏好区间"内作出"政治上可行"的裁决。这里需要注意的是，行政机关偏好之所以运动得比宪法修正机关迅速，这是由二者的"集体行动难度"决定的。在政治实践中，行政机关实行"首长负责制"，一项行政决策在遵循民主协商的基础上由行政首长迅速决断，相比宪法修正机关内部形成既定多数的"困难度"而言，"集体行动难度"较低。

除了以上这种情形之外，行政机关与宪法修正机关的偏好运动关系

---

① Stefan Voigt, "*Implicit Constitutional Change-Changing the Meaning of the Constitution Without Changing the Text of the Document*," European Journal of Law and Economics, 1999,7(3):205.

还存在其他两种情形：一是它们偏好同时向左运动，且行政机关的运动速度比宪法修正机关快，这种情形刚好与上面情形相反；另一种情形是二者偏好同时相向运行，此种情形意味着行政机关和宪法修正机关"偏好区间"不会出现"叠加"情形。无论是上述何种情形，法院必须在宪法修正机关"偏好区间"内作出"政治上可行"的裁决。

在"日常政治"时期，宪法修正机关完全有能力展开"非共识的修宪"行为，即宪法修正机关可以完全不考虑其他政府分支偏好或忽视其他分支的偏好，单方面通过一项修正案，这种情形下因修正机关的专断使得修正案因分权产生的"交易成本"是可以忽略的。尤其是当宪法修正机关被政客操纵成为政治斗争工具的时候，"政治上可行的解释"就不能真实反映各政府分支偏好曲线的变化，其仅能反映某些政客个人偏好，这里的"交易成本"将会内生于政客的个人"边际成本"之中而发生效应。

（三）政府分支之间关系的制约

在现实政治中，司法机关受到多元力量制约而非一元的，上文一元力量的制约仅是为论证需要而忽略了其他力量影响。现实中宪法含义是多个参与方偏好之间相互博弈而确定的。假设行政机关的执法发起了这个过程，其行为必然会使一些参与者的"预期利益"受损，这些"预期利益"受损的参与者就会向法院寻求救济，法院在一定偏好下裁决。对于这个裁决，在宪法修正机关正式启动修正程序之前，立法机关可以不考虑各方偏好通过一项新立法推翻这个裁决，这里面有三种情况："（1）行政机关和立法机关偏好同向运动，而与宪法修正机关偏好运动方向相反；（2）行政机关和宪法修正机关偏好同向运动，而与立法机关偏好运动方向相反；（3）行政机关的偏好向一方运动，而立法机关和宪法修正机关的偏好向另一方运动。"①在此假定所有政府分支的原始理想偏好点都位于图 4-6 中间的位置（加粗垂线），它们的偏好运动由"交易成本"和"利益集团"的"俘获"来决定。

---

① Stefan Voigt, "*Implicit Constitutional Change-Changing the Meaning of the Constitution Without Changing the Text of the Document*," European Journal of Law and Economics, 1999,7(3):205.

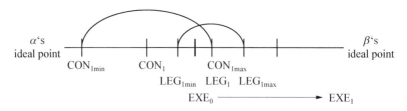

图4-6　行政机关和立法机关偏好向右运动

如图4-6所示，在第一种情况下，假设行政机关偏好向右运动（$EXE_0 \rightarrow EXE_1$），立法机关偏好也向右运动，它的"偏好区间"处于 LEG_{1min} 与 LEG_{1max} 之间。而宪法修正机关偏好向左运动，其"偏好区间"处于 CON_{1min} 与 CON_{1max} 之间。当它们相向运动时会在 LEG_{1min} 与 CON_{1max} 之间形成一个"偏好交集"，法院在这个交集之内的所有裁决都属于"政治上可行的解释"（即这个区间之内的裁决既符合立法机关的偏好，又符合宪法修正机关的偏好）。由于这个裁决获得了立法机关和宪法修正机关的支持，法院威信得到强化。如果法院裁决脱离立法机关"偏好区间"的极大值 LEG_{1max}，立法机关将会在宪法修正机关"偏好区间"之内（$CON_{1min} - CON_{1max}$）通过一项新的立法推翻该裁决，并确定它理想偏好点 LEG_1。但是，如果立法机关的立法在宪法修正机关"偏好区间"之外，那么立法机关理想偏好点 LEG_1 将会被宪法修正机关推翻，并由宪法修正机关拉回到 CON_{1max}。由于 CON_{1max} 点同时处于宪法修正机关和立法机关"偏好区间"之内，CON_{1max} 点就是"政治上可行的解释"。因此，法院的自由裁量空间由 LEG_{1min} 到 CON_{1max} 之间的空间距离决定，如果距离为零，意味着法院自由裁量空间不存在。

在第二种情况下，假设行政机关和宪法修正机关的偏好同时向右运动，而立法机关的偏好向左运动。由于行政机关被 β"俘获"，行政机关偏好理想点也随之移动到 EXE_1。此时 α 的"预期利益"受损，α 起诉行政机关，法院"政治上可行性"的裁量空间就有可能处于宪法修正机关和立法机关"偏好区间"交集 CON_{1min} 和 LEG_{1max} 之间，由于这个区间位于行政机关原初偏好理想点（EXE_0）左边，同时也覆盖了这个理想点，因此，α 的"预期利益"和行政机关原初偏好理想点（EXE_0）将同时得到满足。但是，如果法院裁决超出了宪法修正机关"偏好区间"极小值 CON_{1min}，宪法修正机关就会启动修宪程序重新确定本部门理想点 CON_1。如果裁决偏离立法机关"偏好区间"极大值 LEG_{1max}，"政治上不成熟"的立法机关就会通过立法推翻裁决，并试图将本部门的偏好理想点确定在 LEG_1 点，但接下来宪法修正机关必然会推翻会该项立法并将本部门的偏好理想点确定在 CON_1，这可以从下图 4 - 7 体现出来：[1]

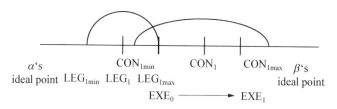

图 4-7 行政机关和宪法修正机关向右运动

在第二种情况下，根据公共选择理论，"政治上成熟"的立法机关会认真对待和尊重宪法修正的"偏好区间"，它们会选择在宪法修正机关"偏好区间"（CON_{1min} – LEG_{1max}）之间的一项立法。从这里可以得出结论：符合各政府分支方偏好的情形是"利益集团"α 不起诉或者立法机关足够成熟，这两种情形既节省了 α 的诉讼成本和"俘获"的"边际成本"，又能获取较好的"预期效用"；而立法机关在 CON_{1min} 点会通过一项离其理想点 LEG_1 最近的"政治上可行性"立法，既节约了"边际成本"，同时又避免了被宪法修正机关推翻的政治和法律风险。

第三种情况，即行政机关的偏好向左移动，而宪法修正机关和立法机关偏好同时向右运动。这种情形下，由于立法机关和宪法修正机关同向运动，且宪法修正机关的"集体行动难度"比立法机关要高，这决定了立法机关的"偏好区间"会最大程度覆盖宪法修正机关的"偏好区间"。因此，法院只要在宪法修正机关"偏好区间"（CON_{1min} – CON_{1max}）之内进行裁决就是"政治上可行"的。

上述三种情况表明：行政机关、立法机关、宪法修正机关偏好之间是

① Stefan Voigt, "*Implicit Constitutional Change-Changing the Meaning of the Constitution Without Changing the Text of the Document*," European Journal of Law and Economics, 1999,7(3):206.

相互影响的关系,这种分权产生的"外生性"制约对法院裁决具有关键影响。对于代表法治终端的法院来说,其裁决必须遵循和认真对待其他分支的偏好,尤其是宪法修正机关和立法机关的偏好,在此基础上的法院裁决在实践中才会得到其他分支的遵守和服从,才会避免被推翻。除此之外,政治实践中的立法机关和行政机关还可以通过政治手段限制司法机关,例如,利用财政权在经济层面削减法官薪俸、恶化法官工作条件和居住环境,还可以利用人事权增加法官数量和职位等,这些现实的制约可能会使法院被迫服从它们的偏好。因此,如果法院要想确保裁决不被忽视或推翻,就必须依赖于其他政府分支的合作意愿。

(四)"人民大众"的间接性制约

"人民大众"对司法机关的制约是通过手中的选票发挥作用的。根据民主原则,立法机关和行政机关都是由投票选举产生的,而司法机关是非民选机关。因此,"人民大众"偏好几乎不能对司法机关构成直接制约。但是,"人民大众"可以通过两种间接方式对司法机关裁决产生影响:"一是人民大众与其他政府分支的关系;二是通过选举其他政府分支从而对司法机关产生影响。"[1]第一种情形下,假设"人民大众"偏好和行政机关的偏好同时向相反方向运动,如上图 4 - 3 所示,假设立法机关在 LEG_0 点以立法行为对宪法进行解释,而行政机关在 EXE_0 点忠实地执行这项法律,"人民大众"在中点(LEG_0、EXE_0 和 CON_0 重合的点)的偏好符合大多数选民的"预期利益"。然而,在现实政治中,行政分支和立法分支等完全有可能根据实际偏好来进行决策和立法,如果行政机关偏好由于"利益集团"α 的"俘获"向左运动,而"人民大众"的偏好却向"利益集团"β 方向运动(假设立法机关偏好相对保持不变)。在此情况下,如果法院裁决维持了行政机关行为,"人民大众"就会对立法机关施加压力,促使立法机关通过立法动议推翻法院裁决,甚至以极端暴力形式推翻整个政治秩序,这种情形如图 4 - 8 所示:"如果法院能坚持行政机关在 EXE_1 点的行为,

---

[1] Stefan Voigt, *"Implicit Constitutional Change-Changing the Meaning of the Constitution Without Changing the Text of the Document*," European Journal of Law and Economics, 1999,7(3):206.

那么被'人民'大众推翻裁决和发起暴动这两种本可以避免的风险就会发生。"[1]当然此种情形发生的前提是行政机关缺乏政治经验和智慧,它受到"俘获"追求行政机关部门利益最大化而忽视了其他参与者偏好。

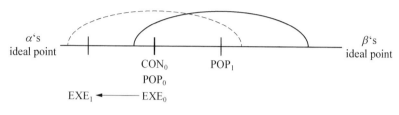

图 4-8 "人民大众"偏好运动

但根据公共选择理论,法院出于政治风险和成本考虑不会让上述情形发生。为了避免裁决被推翻或"日常政治"秩序塌陷,法院会选择在"人民大众""偏好区间"内的一项裁决。现实"日常政治"中的行政机关拥有丰富政治经验和智慧,其也不希望看到法院推翻其行政行为的裁决,因此它会认真权衡行政裁量行为,将其控制在"政治上可行"范围之内,但这对行政机关的行政能力提出了更高的要求。

另一方面,"人民大众"还可以通过选票对法院发挥影响。如果法院裁决偏离立法机关的"偏好区间",立法机关可以通过新立法推翻法院裁决,而"人民"允许立法机关这样做,这意味着立法机关偏好受到了"人民"支持,暗示着立法机关偏好真实地反映了"人民"偏好,此行为的政治后果在下一周期的选举中得到体现。在下一次选举中,立法机关在选民支持下就会在政治上继续得势。因此,立法机关的"支持度"和对"人民"偏好反映程度之间存在正相干关系。但是,如果法院裁决比立法机关更好地反映"人民"偏好,立法机关在下一周期选举中的"支持度"就会下降,其在政治上就有可能失势。因此,立法机关的民主"支持度"就很重要。

"人民"同其他参与者一样也有"偏好区间",这种集体性偏好是通过特定宪法程序体现出来的,而不是大众广场政治。"人民"服从和履行法

---

① Stefan Voigt, "*Implicit Constitutional Change-Changing the Meaning of the Constitution Without Changing the Text of the Document*," European Journal of Law and Economics, 1999,7(3):207.

院裁决符合他们本身利益,尽管一些裁决可能与"人民"个体偏好相冲突,但只要这个裁决没有脱离"人民大众"的"偏好区间",那么这个裁决就不会被"人民大众"推翻。然而在"日常政治"时期,也会存在这样情形,即法院判决确实偏离"人民"集体偏好,但法院威信足够高以至于"人民大众"服膺该裁决,这在"司法主义"体制下体现得较明显。从这里得出一项推论:即法院"威信度"是体现公民偏好的一项函数,法院具有很高"威信度",就算裁决偏离了立法机关偏好,该判决也有可能被服从和履行,而立法机关的"支持度"反而会受损。因此,法院的"威信度"越高,其判决被执行的可能性就越大。

(五) 政党政治对司法机关的制约

政党对司法机关的"外生性"制约与"人民大众"一样是间接性的。在分权模式下,立法机关、行政机关和司法机关,甚至宪法修正机关,这些机关的组成人员都有一定的党派色彩。政党关键是赢得选举,然后掌握国家政权将本党意志国家化。尤其是在"关键性选举"中,某个政党的行政首脑候选人得到"人民大众"的广泛支持,从而赢得选举并将这种"支持度"保持,并确立稳定的、长时间的选民联盟。

"关键性选举"的直接效应就是确立某个政党同时控制国会和总统的局面,例如,美国的"两党政治"。美国"两党体制"更容易形成"主导性政党"格局,一个政党控制国会有利于立法机关较容易通过立法动议,如果同时控制国会和总统,政党偏好对立法分支和行政分支将会产生显著影响。如果此刻司法机关组成人员恰好是"主导性政党"占优,那就意味着政府三大分支全部被某一个政党控制。在此情形下,司法机关的裁决将受到最小程度的制约,它的自由裁量空间在"司法审查"的基础上进一步强化,反之亦然。在一些"政党联盟"国家,多元政党存在使得政党很难形成"主导性政党"格局,"政党联盟"内部各党派之间的合作意愿决定联盟存续时间和"集体行动难度"。党派之间合作的"蜜月期","政党联盟"持续时间相对持久,"集体行动难度"相对弱化;反之,"政党联盟"持续时间短暂,"集体行动难度"呈现强化趋势,前者对司法机关的制约相对较大,后者较小。

另外,法官的提名和任命由行政机关和立法机关掌控,行政机关和立法机关的党派因素可以决定法院人员的构成。在"主导性政党"体制下，立法机关和行政机关的党派出现两种情形：一是立法机关和行政机关的党派一致，至少批准法官任命的议院和行政首脑党派一致（例如，美国的参议院）；二是立法机关和行政机关的党派不一致。在第一种情形下，法院裁决就会和立法机关、行政机关的偏好保持某种合作关系，司法机关受到的制约相对较小；在第二种情形下，行政机关的提名会受到立法机关批准权的制约，法院裁决受原有党派结构的影响较大。

在"政党联盟"体制下，行政机关的党派性根源于立法机关的党派格局，因此，法官的任命相对容易通过。然而，"主导性政党"和"政党联盟"对司法机关的制约必须结合具体的司法制度来分析，美国联邦最高法院大法官实行终身制，行政机关提名和参议院批准的机会实际上很稀缺。因此，法院内部既有的党派格局可能会有更大影响。

（六）司法机关内部制约

上文分析了制度性分权对司法机关的"外生性"制约，为了论证需要没有考虑法院内部偏好对裁决影响。现实中的法院裁决还受到内部因素限制，这些内部因素不仅和法官偏好有关，而且和法官产生程序和内部规则有关。在法院内部，一项司法决策的出台是法官集体行为的产物，法官个人偏好体现于集体偏好之内，个人的偏好受到法院集体偏好的制约。

从现实"功利主义"出发，司法机关与其他任何分支一样都希望"预期效用"最大化。分权模式下，法官终身制、独立的司法制度杜绝了法官被"利益集团""俘获"的可能性。但是，诸如意识形态、政党和声誉等此类因素依然能够对法官偏好产生影响。法官偏好是一个"效用函数"，各种自变量一起决定法官偏好。例如，许多法官抱怨工作多和累，那么法官偏好就偏向"闲适"，实现"闲适"可通过增加法官数量来达到。然而法官对"声誉"的钟爱又决定了他们并不希望增加法官数量（"声誉"的稀缺性决定了只有少数大法官和高级法官才能享有，而法官数量越少才容易获得"声誉"），"闲适"和"声誉"之间相互增减关系会直接影响法官偏好变化。再例如，美国最高法院大法官的偏好由政党认同、任命的总统、法律教育背景、任命机构和司法经验等一系列因素决定。① 其中政党意识形态对法官最后投票表决具有关键影响,当然在一些案件中还受到了公众舆论影响。②

法官遴选程序与法院裁决也有相关性,例如,德国《基本法》规定立法机关决定法官产生;③美国由总统和参议院共同决定;④法国宪法委员会法官由总统、国民议会议长和参议院议长决定;⑤意大利宪法法院法官1/3由总统任命,1/3由议会任命,最后的1/3由最高法院(最高的普通司法机关和行政司法机关)任命;⑥日本最高法院法官由行政机关(内阁)单独任命;⑦而希腊特别最高法院的法官由抽签选定。⑧ 从法官遴选程序可以看出,法官当选难度相对较高,这是由宪法解释的特殊性决定的,即宪法解释带来的"可欲"政治后果和法院权威性的提高,权威性提高则为法官带来了荣誉和声望,声誉越高当选就越难,它们之间呈正相干的关系。

除此之外,法院内部规则对裁决也有一定影响,例如,"(1)法官数量和法院庭数;(2)投票规则;(3)议程设置能力(发放调卷令,确定投票程序,排除纯粹程序上理由拒绝和接受某些特定案件的能力等);(4)投票交易的可能性"等。⑨ 而在英美法系国家,"遵循先例"是法官必须遵守的原则,但是,"遵循先例"并不具有绝对"刚性",先例被推翻的案例也是普遍存在的,这些司法内部因素都会对裁决产生既定影响。

综上所述,"本位主义"中司法机关裁决受到了立法机关、行政机关和宪法修正机关的直接制约,它们偏好限制了司法机关的自由裁量空间,法

① See Neal C. Tate, *"Personal Attribute Models of the Voting Behavior of U. S. Supreme Court Justices: Liberalism in Civil Liberties and Economics Decisions, 1946 – 1978,"* American Political Science Review, 1981,75(2):355 – 367.

② See Bob Woodward, Scott Armstrong, *The Brethren-inside the Supreme Court*, New York: Avon, 1981, pp.62 – 144.

③ 参见《德意志联邦共和国基本法》,第94条第1款。

④ 参见《美利坚合众国宪法》,第2条第2款第2项。

⑤ 参见《法兰西共和国宪法》,第56条第1款。

⑥ 参见《意大利共和国宪法》,第135条第1款。

⑦ 参见《日本国宪法》,第75条第1款。

⑧ 参见《希腊共和国宪法》,第100条第2款。

⑨ Stefan Voigt, *"Implicit Constitutional Change-Changing the Meaning of the Constitution Without Changing the Text of the Document,"* European Journal of Law and Economics, 1999,7(3):213.

院必须在其他参与方偏好的基础上作出"政治上可行的解释"。而诸如"利益集团""人民大众"和政党等社会性力量也可以通过对政府分支施压对司法机关产生间接制约。在政府分支层面,司法机关面临最大的"外生性"制约来自立法机关,立法机关可以通过立法或者宪法修正案途径推翻法院裁决。[1] 立法机关的上述制约迫使法院裁决必须尊重和认真对待立法机关和宪法修正机关的"偏好区间",以避免裁决被推翻,这在"马科斯分权模型"中得到验证。[2] 尽管司法机关内部政党意识形态、遴选程序和内部规则等"内生性"因素对裁决也具有一定影响,但这种影响在"本位主义"中相对弱化,而在"司法主义"中呈现相对强化的趋势。

五、"司法主义"和宪法解释的实现

"司法主义"认为司法机关在宪法解释权分配中处于优越地位,其可以通过"司法审查"方式来推翻立法机关和行政机关解释,并牢牢控制宪法修正案的解释权,这样的格局奠定了司法机关宪法解释的终结者地位。"司法至上"使得司法机关宪法解释自由裁量空间得以极大拓展,从而挤压了立法机关和行政机关的解释空间。在这种体制下,制度性分权对司法机关裁决产生的"外生性"制约逐渐弱化,而司法机关内部"内生性"制约逐步增强。

(一)"司法至上"的政治基础

"司法主义"体制下,司法机关宪法解释权凌驾于行政机关和立法机

---

[1] 例如,意大利国会就曾经推翻过宪法法院的判决;澳大利亚的立法机关会通过宪法修正案使宪法法院的判决失去效力;美国历史上国会曾 33 次通过立法,5 次通过宪法修正案推翻法院裁决;而欧洲法院判决也时常遭到一些成员国的忽视,一些被欧洲法院判决违反欧盟法的成员国法律仍然在该成员国适用。

[2] 在"马科斯分权模型"中,马科斯以"格罗夫城市学院诉贝尔案"(*Grove City College v. Bell*)中国会偏好为例,论证了国会偏好在该案中对最高法院裁决直接影响,正是由于考虑了国会偏好,该案才在 1986 年之前没有被国会新的立法推翻。(Brian A. Marks, *"A Model of Judicial Influence on Congressional Policy Marking: Grove City College v. Bell,"* Working Books in Political Science, Hoover Institution, Stanford University Press, 1988, pp. 87 - 88.)

关之上,司法分支却拥有宪法含义的最终确定权。这意味着法院可以利用诸如"司法审查"的方式宣布其他分支的解释违宪,从而使其失去效力。由于此种解释无一例外具有最终性和最高性,其他政府分支必须服从于司法机关的宪法解释,并有义务遵守或者执行这样的解释,除非通过宪法修正案的方式进行推翻。因此,司法分支实际上是宪法含义的唯一确定者,这体现了一种"司法至上"的宪政理念。

司法机关以一条权威司法解释确保了政治秩序的稳定性,并重新树立了社会共识。在这种意义上,司法分支作为宪法的守护者,它的解释避免了公众压力和选举不稳定引起的危机,其他政府分支对司法解释的服从就是理所当然的,即宪政政府需要"司法至上"。"司法至上"要求同级其他政府分支不仅有义务遵守司法裁决,而且也要在未来的决策过程中遵循司法机关推理,司法分支确定的宪法含义是其他分支行动的规范基础。而政府官员也要服从司法部门的宪法裁决,即使这些宪法解释具有实质性错误,"'司法至上'者宣称,宪法是什么应由法官说了算,这并不是因为宪法没有客观含义或是法院不会犯错,而是因为除了最高法院以外不存在其他解释者"。①

司法机关的宪法解释权,引发了行政机关和立法机关等部门在内的挑战,它们根据"本位主义"理论来质疑"司法至上"。例如,美国行政分支的总统可以根据宪法地位和权力来对最高法院的宪法解释提出挑战,尤其是类似杰斐逊、林肯和罗斯福这样的"创业型"总统,其可以在宪政事务上要求最高法院服从总统宪政领导权,而立法机关对"司法至上"的挑战相对较弱。例如,美国国会对"司法至上"的挑战与总统相比就比较弱,这是因为立法机关对最高法院解释权的挑战极端意义上就意味着"立法至上","议会主权"体制是美国国父们极力反对的。因此,"自建国后,对立法至上很少有系统性的主张"。②

"立法至上"主张的弱化决定了立法机关对司法机关的挑战仅局限于

---

① [美]基斯·威廷顿:《司法至上的政治基础:美国历史上的总统、最高法院及其宪政领导权》,牛悦译,北京大学出版社 2010 年版,第 9 页。

② Scott E. Gant, *"Judicial Supremacy and Non-judicial Interpretation of the Constitution,"* Hastings Constitutional Law Quarterly, 1997,(24):374.

个案,在更多情况下,国会可以否认最高法院独占宪法解释的权力,但却不能否认最高法院最终解释者地位,这点在"鲍威尔诉麦克马克案"(*Powell v. McCormack*)中得到体现。[1] 另外,立法机关还可以启动宪法修正程序来推翻司法机关的裁决。[2] 但是,司法机关在修宪之后的"日常政治"时期仍然牢牢掌控修正案的解释权,"美国最高法院可以对某项修正案是否推翻了法院的裁决进行自由解释—只要最高法院认为合适,即便其解释与修正案的字面含义完全悖反也依然有效"[3]。

"司法主义"将法院的宪法解释权放在最优越位置,其最核心原因在于"司法至上"的政治基础。例如,在美国大部分历史时期,总统之所以服从最高法院的司法决策和动用行政力量执行这些判决,并支持最高法院在宪法解释中的主动地位,在于这种服从有利于行政分支利益。而国会每次立法都会做出一项免责声明,宣称制定法中的任何部分都不得违反宪法,这主要是因为国会立法行为并不都是经过深思熟虑而解释宪法行为,其暗含着立法机关犯错的可能性,而司法机关正好可以纠正这些错误。最为关键的是,最高法院可以认定国会的宪法解释是错误的,并且将宪法正确含义置于国会、总统和选民的意见之上。司法分支主张拥有最多和最终的宪法解释权,但是这种主张必须得到其他政治参与者的支持,其他政治参与者承认这样一种权力会获得政治上利益,这是"司法至上"的政治基础。

(二)"司法主义"与宪法解释权分配

在"司法主义"体制下,司法分支在宪法解释权中处于优位,司法决策确定了宪法的最后意义。在"日常政治"时期,因具体宪法诉讼引起的争议被"一揽子"交给了法院,法院依靠既定程序便可以生产出"正义"决策,争议得以解决,宪法含义得以明确。显然,司法程序比起其他程序而言处

---

① See *Powell v. McCormack*, 395 U. S. 486(1969).
② 例如,美国宪政历史上,国会曾五次通过宪法修正案的方式推翻了最高法院的判决(第11修正案、第14修正案、第16修正案、第19修正案和第26修正案)。
③ [美]杰弗瑞·A. 西格尔,哈罗德·J. 斯皮斯:《正义背后的意识形态:最高法院与态度模型》(修订版),刘哲玮译,北京大学出版社2012年版,第4页。

于最佳地位,这是因为它能够以"理性"对抗分歧各方对"理性"本身的偏离,避免了政治途径解决的弊端。

在大部分"日常政治"时期,宪政领导权掌控在最高法院手中。最高法院的一项司法判决有可能在行政和立法机关的"偏好区间"之内,也有可能在它们"偏好区间"之外,甚至偏离它们"偏好区间"很远。在"偏好区间"之内,参与者"预期利益"得到满足,"边际效用"处于递增状态,超出"偏好区间"或偏离区间较远,参与者"预期利益"就会落空,"边际效用"就会递减。在此情况下,为了避免最糟情况的发生,立法机关会通过立法动议来解释宪法,但是,法院控制着立法机关解释责任领域,以及保留着委托立法机关进行某些宪法解释的撤销权。[①] 而行政机关在自由裁量空间内通过行政方式解释宪法,但最高法院却控制总统解释的领域。[②] 因此,"司法主义"拓展了司法机关自由裁量空间,使得司法机关有能力约束宪法解释的参与者,划定它们解释的区域,进而使其他参与者偏好不自觉靠近自己的"偏好区间",这决定了内生于司法机关内部的法官因素变得重要起来。

司法机关裁决具有权威性根源于法官是司法政策制定者,"多数派的意见是以其政策偏好为动机的",[③]法官制定政策是在"偏好区间"进行"筛选"的结果,这个结果对受制于政策权威的人行为具有约束力并分配各种资源。联邦最高法院能够利用"司法审查"重新解释宪法条款,来满足大法官不断变化的政策偏好,从而在集权与分权、保守与自由偏好区间内作出了最有利于大法官的选择。

大法官是由党派色彩的人员组成,政党意识形态和立法机关以及行政机关中政党结构会对司法决策产生间接影响。因此,大法官的党派因素和政党意识形态就会对裁决发生作用,"大法官们是根据其意识形态方面的态度和价值判断在审理最高法院的案件",[④]"正义"背后的意识形态

---

① See *Powell v. McCormack*, 395 U.S. 486,521(1969).

② See: *In Re Neagle*, 135 U.S. 1(1890); *United States v. Curtiss-Wright Export Corp*, 299 U.S. 304(1936); *United States v. Belmont*, 301 U.S. 324(1937).

③ See *Gustafson v. Alloyd Co.*, 513 U.S. 561(1995).

④ [美]杰弗瑞·A.西格尔,哈罗德·J.斯皮斯:《正义背后的意识形态:最高法院与态度模型》(修订版),刘哲玮译,北京大学出版社 2012 年版,第 77 页。

支配着法院裁决。而"利益集团"当然也会继续利用"规制俘获"手段参与宪法解释进程,由于法院享有最终宪法解释权,"利益集团"通过"俘获"立法机关和行政机关的"边际成本"就有可能会递增,这主要是由于这两个分支对宪法意义最终确定并不具有决定性,"利益集团"就会将"俘获"的重点转向法院以减少"边际成本"和增加"边际效用"。

(三)"内生性"因素对法院的实质性影响

在"本位主义"宪法解释中,立法机关和行政机关成为制约司法机关宪法解释的制衡力量,其他参与者参与宪法解释也是通过这三个分支间接发挥作用的,这些因分权产生的"外生性"制约因素很大程度上决定了宪法的含义。而法院内部的相关制度,也会从内部制约裁决。但相比较而言,在"本位主义"下,因制度性分权产生"外生性"制约对司法机关裁决具有更大影响力。而在"司法主义"下,由于司法机关拥有最终宪法解释权,"外生性"制约力量相对弱化,而司法机关内部的"内生性"因素对裁决影响则处于强势地位。

1. "外生性"制约力量的弱化

在"本位主义"体制下,法院的裁决受到了立法机关和行政机关的直接制约,其中又以立法机关的制约最为强大,这种制约迫使法院必须考虑立法机关的"偏好区间",在其区间范围内进行裁决,以避免裁决被推翻,这种观点主要体现在"马科斯分权模型"中。在该模型中,马科斯以"格罗夫城市学院诉贝尔案"(*Grove City College v. Bell*)中的国会偏好为例,论证了国会偏好在该案中对最高法院裁决直接影响,正是由于考虑了国会偏好,该案才在 1986 年之前没有被国会新的立法推翻。具体的模型下图 4 - 9 所示:[①]

在图 4 - 9 中,最高法院在(X_1, X_2)的"偏好区间"内进行裁决,如果

---

① 参见:[美]杰弗瑞·A. 西格尔,哈罗德·J. 斯皮斯:《正义背后的意识形态:最高法院与态度模型》(修订版),刘哲玮译,北京大学出版社 2012 年版,第 95 页;Brian A. Marks, "*A Model of Judicial Influence on Congressional Policy Marking: Grove City College v. Bell,*" Working Books in Political Science, Hoover Institution, Stanford University Press, 1988, pp. 87 - 88.

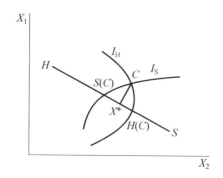

图 4-9 马科斯的分权模型

(注:H:众议院的理想点;S:参议院的理想点;C:最高法院的理想点;I_H:众议院的偏好曲线;I_S:参议院偏好曲线;S(C):参议院偏好曲线与最高法院不会被推翻的裁决线段的交集;H(C):众议院偏好曲线与最高法院不会被推翻的裁决线段的交集;X^*:参议院、众议院和最高法院偏好得到满足的均衡点。)

此项裁决偏离了国会的"偏好区间",参议院和众议院就可能通过立法推翻此裁决。从理性选择均衡理论出发,国会两院之所以如此行动,是由于国会和最高法院都有自己的理想预期点,众议院的理想点在 H,参议院的理想点在 S,而最高法院的理想点在 C。HS 是不会被国会推翻裁决的集合,最高法院在 HS 线段内进行裁决就会得到国会支持,这是由 H 与 S 之间直线距离最短决定的。相反,任何在线段 HC 以外的裁决或 SC 线段以外的裁决都会被推翻,这是由于至少会有一个在 HC 和 SC 上点满足参议院和众议院偏好。

假设最高法院在 C 点进行裁决,I_S 是参议院偏好曲线的分界线,法院裁决只要在 I_S 内部和曲线上,参议院的偏好都会得到满足;反之亦然。I_H 代表了众议院的偏好曲线,法院的裁决只要在 I_H 内部和曲线上,众议院的偏好都会得到满足;反之亦然。在此情况下,法院的裁决和参议院和众议院的偏好曲线之间就会存在两个交点 $S(C)$ 和 $H(C)$,前者是参议院的偏好曲线和满足参议院偏好裁决线段的交集,而后者则是众议院的偏好曲线和满足众议院偏好裁决线段的交集,而这两点之间任何一点的裁决肯定比 C 点裁决更令参众两院满意。最高法院的策略应当是在裁决不会被推翻的线段中,尽量选择一项和自己理想点 C 位置最近的裁决。

在 HC、HS 和 CS 组成的三角形中,离最高法院理想裁决 C 点最近的距离就只能是垂直于 HS 的线段 CX^*,[①]这符合基本的数学原理。因此,最高法院在 X^* 作出的判决就是一个能令参众两院偏好都能满足的均衡点,在这个点上各方的预期利益得到最大的满足。但是,这个均衡点实现前提是最高法院的裁决没有被国会推翻,最高法院裁决必须遵从国会"偏好区间",甚至国会不太可能否决的案件中也会遵从国会偏好。除此之外,最高法院遵从"马科斯分权模型"还依赖于众多假设,例如,大法官对国会议员偏好的认知。对于大法官而言,了解国会议员偏好的直接方式就是议员以"法庭之友"名义提供的各种摘要和案件评论,但是,国会议员作为"法庭之友"支持一方当事人主张时,该当事人的胜诉率仅为48%,而且议员作为"法庭之友"提交的意见与国会推翻最高法院裁决之间并无联系。[②]

"马科斯分权模型"选择的是"格罗夫城市学院诉贝尔案"(Grove City College v. Bell),并以该案进行模型验证,显然个案的成功并不具有普遍性说服力。最高法院在否决学校祈祷、圣经阅读、国旗保护法、枪械免入学校区域法、宗教自由恢复法等众多案件中就没有遵从国会的意见。相反,赫廷颉和佐恩的一项研究显示,如果最高法院顺从国会的意见,可能会产生相反效果,这主要是由于最高法院在"不会被推翻裁决的集合"(Set of Irreversible Decision)区域以外进行裁决,国会推翻该裁决的比例竟然低于其在 SID 区域内的裁决。[③] 尽管产生这一现象的原因与国会中期改选因素有关,但至少说明最高法院对国会偏好的顺从并不能减低推翻率。而"马科斯分权模型"最重要支持者埃斯克里奇后来也承认"沃伦法院""伯格法院"和"伦奎斯特法院"全都无视国会偏好,从侧面印证了大

---

① See Brian A. Marks, "*A Model of Judicial Influence on Congressional Policy Marking: Grove City College v. Bell,*" Working Books in Political Science, Hoover Institution, Stanford University Press, 1988, pp. 88 - 89.

② Eric S. Heberlig, Rorie L. Spill, "*Congress at Court: Members of Congress as Amicus Curiae,*" Politics and Policy, 2008, (2): 189 - 212.

③ See Virginia Hettinger, Christopher Zorn, "*Explaining the Incidence and Timing of Congressional Responses to the U. S. Supreme Court,*" Legislative Studies Quarterly, 2005, 30(1): 5 - 28.

法官是按照自身偏好来进行裁决的。[1]

另一方面,行政机关对司法机关的外部制约也是弱化的。例如,美国总统提名大法官是总统自己意识形态、参议院意识形态以及大法官意识形态"叠加"的结果,这里面的"轴心"是政党意识形态。尽管参议院在大多数情况下会批准总统提名,但是,在 1968 年到 1987 年之间,参议院一共否决了总统的 5 次提名。这是因为参议院的表决会受到了被提名大法官的任职资格、与参议员本人意识形态距离等因素的影响。[2] 大法官要想顺利获得批准,不仅取决于其本身条件和参议院政党比例,而且总统和民众的"支持度"都会对参议院投票产生影响。此外,"利益集团"也会通过"俘获"手段对参议院投票产生压力。从这个意义上讲,总统根据意识形态提名,参议院根据意识形态投票,确保了大法官能够按照自我偏好来进行裁决。[3] 由于大法官偏好是"内生性"的,尽管这种偏好与产生它的政治联盟"外生性"偏好基本一致,但不能就得出大法官裁决是由国会和总统偏好决定的。

2. 法官态度对裁决的塑造

司法机关复审案件由三个重要的表决程序构成,即调卷令、对实质问题的初次表决和最终表决,当案件获得调卷令开庭审理后,大法官就会面临初次表决和最终表决。在对"调卷令"进行复审阶段,大法官会议可以决定案件是否能够进入复审,或者撤销原判,并分配撰写裁决意见书,一般情况下这个程序主要包括"发言"和"投票"两个环节。为了确保决策的权威性,大法官会议秘密进行,而公开进行则会遭到"利益集团"的游说压力,这会影响裁决结果。在初次表决和最终表决之间,大法官观点的改变的概率比较小,例如,布雷纳对"文森法院"时期已经公开的大法官会议研究结果表明:"86%的案件没有出现大法官改变观点的情况,而重要案件中这

---

[1] [美]杰弗瑞·A. 西格尔,哈罗德·J. 斯皮斯:《正义背后的意识形态:最高法院与态度模型》(修订版),刘哲玮译,北京大学出版社 2012 年版,第 203 页。

[2] [美]杰弗瑞·A. 西格尔,哈罗德·J. 斯皮斯:《正义背后的意识形态:最高法院与态度模型》(修订版),刘哲玮译,北京大学出版社 2012 年版,第 203 页。

[3] See David W. Adamany, *'The Party Variable in Judges' Voting: Conceptual Notes and a Case Study,"* American Political Science Review, 1969,63(1):57-73.

个比例达到 91%。而在改变观点的案件中,只有 8.6% 的案件由于前后投票结果不一致,使原本的少数派变成多数派,这样的情形也出现在'沃伦法院'的判决中。"①除了改变观点发生的机率低之外,布雷纳的研究还直接验证了态度模型对大法官观点改变的影响力,即大法官在两次投票之间改变自己的观点主要是意识形态的因素,"伯格法院"也是此种情形。②

大法官的意识形态因素在实质裁决阶段影响了其投票,其个人偏好对裁决发挥着重要作用。因此,在事实认定和法律适用阶段,大法官的态度作为一种"隐变量"伴随着裁决始终。③ 但是,大法官的态度却无法准确被"捕捉"。实践中通过大量案件信息可以对隐藏的态度进行"捕捉",但却无法对其进行量化。另外,还可以通过对既判案件中大法官的投票来确定其态度,并有效描述大法官偏好行为,但却不能解释大法官行为背后真实动因。在这种情形下,司法实践中至今还未找到一种有效的"捕捉"大法官态度的好方法。

尽管如此,我们可以建立一套"外生性"标准来"捕捉"大法官态度,并对其进行可靠性分析。例如,"媒体社论报道"就是一个可靠的方法,有影响力的媒体在大法官任职之前都有大量关于他们对民权问题政治立场的报道,④这些报道独立于投票表决,是可信赖的"外生性"标准。杰弗瑞

---

① See: J. Woodford Howard, Jr., *"On the Fluidity of Judicial Choice,"* American Political Science Association, 1968,62(1):43 – 56; Saul Brenner, *"Fluidity on the Supreme Court, 1956 –1967,"* American Journal of Political Science, 1982,26(2):388 – 390.

② 参见:[美]杰弗瑞·A. 西格尔,哈罗德·J. 斯皮斯:《正义背后的意识形态:最高法院与态度模型》(修订版),刘哲玮译,北京大学出版社 2012 年版,第 260 页;J. Woodford Howard, Jr., *"Judicial Biography and the Behavioral Persuasion,"* American Political Science Review, 1971,65(3):704 – 715.

③ "隐变量"(Hidden Variable)是一个物理学范畴,由爱因斯坦等物理学家提出。"隐变量"的提出与爱因斯坦等人质疑"哥本哈根学派"海森堡"不确定原理"的完备性有关。"不确定原理"认为基本粒子的位置和动量无法同时测出真值,且粒子的位置等特性职能以"概率密度"来表述。据此,爱因斯坦等人提出了"EPR 悖论"来替代"不确定原理"的不完备,并坚持认为一定还隐藏了一个尚未被发现的变量,可以完整解释物理系统内所有可观测量的演化行为,而避免其不确定性或随机性。

④ See David Danelski, *"Values as Variables in Judicial Decision-Making: Notes Toward a Theory,"* Vanderbilt Law Review, 1966,(19):721 – 740; Jeffrey A. Segal, *"Supreme Court Justices as Human Decision Makers: An Individual-Level Analysis of the Search and Seizure Cases,"* The Journal of Politics, 1986,48(4):938 – 955.

A. 西格尔和阿尔伯特 D. 科弗运用了这一方法分析联邦大法官在从提名到任命这段时间内相关媒体的社论报道,这些报道主要集中"沃伦法院"以来被任命的大法官审理公民自由案件的表决结果,这些表决结果来自联邦最高法院司法数据库(Original U. S. Supreme Court Judicial Database),具体研究结果如表 4-1 所示:[①]

表 4-1　大法官的态度和投票

大法官	态度[a]	投票[b]
沃伦	0.50	78.6
哈兰	0.75	43.6
布伦南	1.00	79.5
惠特克	0.00	43.3
斯图尔特	0.50	51.4
怀特	0.00	42.9
哥德堡	0.50	88.9
福塔斯	1.00	81.0
马歇尔	1.00	81.4
伯格	-0.77	29.6
布莱克曼	-0.77	52.8
鲍威尔	-0.67	37.4
伦奎斯特	-0.91	21.8
史蒂文斯	-0.50	64.2
奥康纳	-0.17	35.5
斯卡利亚	-1.00	29.6

[①] See Jeffrey A. Segal, Albert D. Cover, "*The Ideological Values and the Votes of U. S. Supreme Court Justices,*" American Political Science Review, 1989, 83(2):557-565; Jeffrey A. Segal, Lee Epstein, Charles M. Cameron and Harold J. Spaeth, "*Ideological Values and the Votes of U. S. Supreme Court Justices Revisited,*" The Journal of Politics, 1995, 57(3): 812-823.

续　表

大法官	态度[a]	投票[b]
肯尼迪	− 0.27	36.9
苏特	− 0.34	59.9
托马斯	− 0.68	25.7
布雷耶	− 0.05	61.1
金斯伯格	0.36	64.4

(注:态度 a 区间为− 1.00(极端保守)到 1.00(极端自由),投票 b 表示的是 1953 年到 1999 年公民权利案件中大法官投票倾向自由派的程度。)

上表 4 - 1 中的信息准确地反映了被提名大法官的政治态度,它准确预测到了福斯塔、马歇尔和布伦南任命后的"绝对自由主义"立场,以及伦奎斯特和斯卡利亚"极端保守主义"态度。而哈兰和斯图尔特的"自由派"立场是从提名期间他们反对种族隔离的报道,哥德堡的自由派立场来自他在劳动部工作期间媒体道出的公正处事原则。在女性大法官方面,奥康纳支持女权和堕胎使她成为一名相对保守的温和派;金斯伯格大法官的"自由派"立场则早在 1970 年创办《女权法律报道》时就已经奠定,她的所有工作都围绕女权主义展开,主张女性的平等和尊严。当然,上表中对大法官态度的描述与实际情形可能有一定偏差,但这种偏差是在允许范围之内。另一方面,上表中选取的样本主要集中在"沃伦法院"以来的公民基本权利案件,这些案件涉及到正当法律程序、民权、表达自由和隐私权等议题,自由派大法官针对以上议题的投票都是支持态度,目的在于通过基本权利和正当程序制约政府。

尽管杰弗瑞 A. 西格尔和阿尔伯特 D. 科弗的研究选取的大法官数目有限,且选取的案件样本也主要来自"沃伦法院"以来的公民自由案件,但数目和样本问题并不能否认态度与裁决之间的关系。尽管历来的大法官态度与公众媒体报道的形象有一定差距,但从这些大法官任职之后投票结果来看,大法官态度发生变化从而改变投票的事情还是比较少的。例如,"建国"之初马歇尔首席大法官的投票就一直遵循"绝对国家主义"立场,而之后的坦尼大法官注重联邦与州权之间的平衡,他的投票倾向于一种"相对国家主义"立场。因此,大法官的意识形态和投票之间存在密切的关联。大法官意识形态和判决构成的态度模型决定了其投票一定是相对稳定和持续的,即裁决是可以预测的。哈罗德·J.斯皮斯预测了1970年到1976年之间最高法院的裁决,成功率高达88%(105件中的92件),而对每名大法官表决预测的成功率达到85%。[①]

综上所述,在"司法主义"体制下,法官的态度对裁决具有实质性影响,这可以从美国联邦最高法院裁决的案件中得到证实。从这些裁决可以看出,"司法主义"下的法院态度对裁决的"影响度"更大,[②]但是,这并不意味着这种"影响度"就是唯一的或者决定性的,只是相对于"本位主义"下的司法机关的"影响度"而言。

(四) 波兰尼"双向运动":态度因素的"内嵌"效应

卡尔·波兰尼在考察经济历史和现实的基础上,批判了以哈耶克为代表的自发市场经济"脱嵌"(Disembeded)社会现象,提出了市场"嵌入"(Embeded)社会的"双向运动"(Double Movement)关系。"双向运动"认为市场社会包含了两种对立的力量,即自由放任的扩张市场力量,以及保护市场防止经济"脱嵌"的保护主义力量。[③]"双向运动"通常在经济学领域运用的较多,它揭示了现代市场经济的两个面相:一是市场经济扩张性;二是对这种扩张的反制力量,即市场"嵌入"社会关系而不能"脱嵌"社会的现象,"双向运动"理论对裁决中"态度"因素的"影响度"分析具有重要意义。

司法过程作为法律运行程序,理性逻辑推理是基本基调。但是,有一个事实必须承认,在美国这样深受实用主义哲学影响的国家,"现实主义法学"在司法裁决领域有广泛的市场和影响力。"现实主义法学"作为法

---

① See Harold J. Spaeth, *Supreme Court Policy Making: Explanation and Prediction*, San Francisco: W. H. Freeman, 1979, pp. 122 – 164.

② "影响度"(Influence Degree)是为了论证需要而提出的概念,主要用于衡量构成因素对法官裁决的影响力的大小。在司法实践中,在不同的制度中的构成因素对法官裁决的影响力大小是不同的。

③ [匈]卡尔·波兰尼:《巨变——当代政治与经济的起源》,黄树民译,社会科学文献出版社2013年版,第31页。

社会学的分支,其哲学基础主要是"实用主义"和"实证主义",其特别注重挖掘司法过程中法官个性化行为对裁决的"影响度",以此来诠释法律的本质。尤其是美国这样的"司法主义"国家,由于"强司法审查"的加持,法官广泛的自由裁量空间更加容易得到释放,每个裁决深深打下了大法官个人的烙印。但是,这种释放不是无限扩大,更不是抛弃司法的理性基调。

"司法主义"下法官态度对裁决的实质性影响,这是一种事实需要尊重和正确对待。在司法过程中,法官作为自我建构的主体,不可避免要受到民众、媒体、为政者,[①]司法生态、司法潜见、司法直觉,[②]以及认知流畅度等诸多内外要素影响,[③]而且这种影响或许在个别案件中具有"强影响度"。在此前提下,在承认"合规性"态度因素合理影响下,有效控制和降低"不合规"因素对裁决的"影响度"是一项艰巨任务。

司法裁决中态度因素的"二律背反","双向运动"给出了解决之道。在司法实践中,态度因素与波兰尼的市场因素具有相同的运动态势:一方面法官态度会出现扩张趋势;另一方面由于态度"嵌入"司法过程确保了其不会"脱嵌"于司法环境,从而"蜕变"为法官的主观臆断。因此,在法治实践中可以考虑在制度框架构建一定的体制和机制消解或降低"不合规"态度因素对裁决的"影响度",强化态度因素的反制力量,而这点在美国主要还是通过强化宪法权威基础上的司法自制来实现的,这是一个法律系

---

① 参见:孙笑侠:《司法的政治力学——民众、媒体、为政者、当事人与司法官的关系分析》,载《中国社会科学》2011 年第 2 期,第 57—69 页;胡铭:《司法公信力的理性解释与建构》,载《中国社会科学》2015 年第 4 期,第 86—107 页。

② 参见:顾培东:《当代中国司法生态及其改善》,载《法学研究》2016 年第 2 期,第 25 页;白建军:《司法潜见对定罪过程的影响》,载《中国社会科学》2013 年第 1 期,第 167 页;李安:《司法过程的直觉及其偏差控制》,载《中国社会科学》2013 年第 5 期,第 143—162 页。

③ See: William A. Johnston, Veronica J. Dark, and Larry L. Jacoby, *"Perceptual Fluency and Recognition Judgments,"* Journal of Experimental Psychology Learning Memory and Cognition, 1985, 11(1): 3 - 11; Rolf Reber, Piotr Winkielman, and Norbert Schwarz, *"Effects of Perceptual Fluency on Affective Judgments,"* Psychological Science, 1998, 9(1): 45 - 48; Jonathan A. Susser, Neil W. Mulligan, and Miri Besken, *"The Effects of List Composition and Perceptual Fluency on Judgments of Learning (JOLs),"* Memory & Cognition, 2013, 41(7): 1000 - 1011.

统内部的"自创生过程",①也是"活的宪法观"的自我实践过程。

第二节 "建国"到"重建"最高法院与司法国家主义

司法国家主义指的是通过司法权实现国家主义价值取向。司法国家主义建立的制度基础是"司法审查"权。最高法院通过"司法审查",维护了宪法的最高权威,保持了国家法治的统一。"司法审查"衍生出一项基本的政治原则,即通过宣示联邦宪法和法律高于各州和地方,强化中央政府权力,实现对"人民"权利保护。联邦司法权威优越于各州,这是类似韦伯斯特这样的国家主义者所极力宣扬的。② 从这个角度来讲,司法国家主义的价值不仅在于提供权威解释,"而在于它有能力提供实质上可欲的法律后果",③将"人民"的国家主义价值取向现实化。

一、联邦法院与宪法

宪法的适应性品质在于与时俱进,"在两种或者多种一系列竞争性的价值之间的决策,最高法院在保持这种适应性方面扮演着重要的角色"。④ 最高法院通过判决确定和实现某种价值,选择何种价值取决于最高法院的司法哲学立场。从政治体制上讲,最高法院不仅是司法机关,而且还是联邦政府分支,它的判决不仅具有法律上意义,而且具有政治效果。因此,最高法院不是简单地承担"反多数主义"功能,其甚至不能封闭

---

① 参见[德]贡塔·托依布纳:《法律:一个自创生系统》,张骐译,北京大学出版社 2004 年版。

② Larry Alexander, Fredrick Schauer, *"On Extrajudicial Constitutional Interpretation,"* Harvard Law Review, 1997,110(7):1371.

③ [美]基斯·威廷顿:《司法至上的政治基础:美国历史上的总统、最高法院及其宪政领导权》,牛悦译,北京大学出版社 2010 年版,第 10 页。

④ Marcia Lynn Whicker, Ruth Ann Strickland, and Raymond A. Moore, *The Constitution Under Pressure: A Time for Change,* Westport, Conn.: Greenwood Press, Inc., 1987, p. 72.

自己作一个理想化的判决,它必须与社会保持一定距离的同时,准确把握"人民"总体价值取向,并进而通过判决实现这种价值取向。

(一) 宪法和最高法院

联邦宪法第 3 条规定了联邦最高法院的权力范围,随后第 11 修正案对第 3 条进行修改,使各州免受他州公民或不住在州内的外国人起诉,奠定"主权豁免"基础。宪法将下级联邦法院的设立权赋予了国会。根据 1789 年《司法法》,国会建立了联邦地方法院和上诉法院,构建了完整的联邦法院系统。到 20 世纪 80 年代中期,"共有 94 个联邦地区法院和 13 个上诉法院"。[①] 这三类法院主要涉及到的是宪法诉讼,而诸如联邦税务法院、索赔法院和军事法院则涉及到的是某些特殊领域的案件。

1. 联邦法院系统

联邦法院系统由地方法院、上诉法院和特别法院构成,地方法院是最基层的法院,享有初审权,地方法院负责审理大量的案件。全美境内共有 94 个地方法院,每州至少有一个地方法院,而人口较大的州则有多个地方法院,例如,纽约州就有 4 个。[②] 上诉法院也称之为"上诉巡回法院",享有上诉审理权,主要管辖地方法院和诸如"州际商务委员会"上诉的案件。另外,为了审理某些特殊的案件,国会还设立了特别法院,例如,索赔法院审理"人民"控告政府掠夺财产的案件,军事上诉法院审理军事案件,是军事法庭的终审法院。[③] 联邦法院系统主要负责涉及宪法与联邦法律的案件,而涉及宪法的案件可以上诉到联邦最高法院。联邦法院组织与案件流向最高法院的路线详见下图 4 - 10:[④]

---

① Marcia Lynn Whicker, Ruth Ann Strickland, and Raymond A. Moore, *The Constitution Under Pressure: A Time for Change*, Westport, Conn.: Greenwood Press, Inc., 1987, p. 73.

② [美]加里·沃塞曼:《美国政治基础》,陆震纶等译,中国社会科学出版社 1994 年版,第 105 页。

③ [美]加里·沃塞曼:《美国政治基础》,陆震纶等译,中国社会科学出版社 1994 年版,第 106 页。

④ 参见[美]罗科·J. 特雷索利尼,马丁·夏皮罗:《美国宪法》(第 3 版),麦克米伦出版公司 1972 年版。

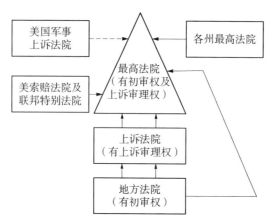

图 4‐10:联邦法院组织与案件流向最高法院的路线

2. 联邦最高法院的管辖权

联邦最高法院是联邦法院系统最高级别的法院,其有初审管辖权和上诉管辖权。联邦法院系统的管辖权是不同的,初级管辖权主要集中在地区法院,而上诉法院主要负责审查低级法院判决。联邦最高法院的初审管辖权包括:合众国和州之间的诉讼和州与州之间的诉讼,一切有关大使、公使和领事之间的诉讼,合众国为当事人一方的诉讼,州与另一州公民之间的诉讼,有关海上裁判权及海事裁判权的诉讼等;上诉管辖权主要包括:所有来自联邦地方法院、上诉法院、大部分专门法院和各州高级法院涉及到联邦事务的案件,具体情形如下表 4‐2 所示:①

表 4‐2　联邦最高法院管辖权

The U. S. Supreme Court
Original jurisidiction
Between the united states and a state
Between two or more states
Controversies involving foreign ambassadors, foreign public counsels or ministers
Action brought by a state against citizens of another state
Action brought by a state against aliens
Action brought by a state against a foreign country

① See Henry J. Abraham, *The Judiciary: The Supreme Court and the Governmental Process*, 6th ed. , Boston: Allyn and Bacon, Inc. , 1983, pp.14‐15.

续　表

The U. S. Supreme Court
Appellate jurisdiction： All cases from lower federal constitutional courts Most but not all cases from federal legislative and territorial courts Cases from the highest state courts when a substantial federal question is involved

3. 最高法院审查的三种途径

最高法院享有初始审判权和上诉管辖权。但是,最高法院的初始审判权很少行使,主要因素包括三个方面:首先是下级法院分享了此项权力。大部分初审案件在到达最高法院之前由联邦上诉法院负责审查,最高法院受理的案件很大程度上得到了"过滤"。据数据统计显示,每年美国法院(包括州的法院)审理大约 1000 多万件案件,但只有大约 5000 件可以上诉到最高法院,而其中的 150 件采取口头辩论并写出书面意见,其他的均以"备忘录命令"形式予以肯定或驳回。① 其次是宪法第 11 修正案的限制。② 第 11修正案实际上为州提供了某种形式的主权豁免,防止一州被另一州公民在联邦法院起诉。最后是司法政策限制。这种司法政策限制主要体现的是一种司法自制立场,该立场由"救援军诉洛杉矶市法院案"(*Rescue Army v. Municipal Court of City of Los Angeles*)确定,主要正当理由包括:(1)宪法案件中司法功能的微妙性;(2)建立在宪法基础上判决的相对终极性;(3)对"享有宪法权力其他部门"的适当关切;(4)维护既有宪法规定的权力分配格局;(5)司法程序固有的限制。③ 如果司法机关积极参与政治进程,深入介入政治问题,司法至上的基础将不复存在。

最高法院的上诉管辖权主要通过确认书、上诉令和调卷令三种途径。一般而言,确认书用通常发生在民事和刑事案件中下级法院向高级法院寻求指导意见才会出现,这种方式很少使用。④ 而以上诉令形式达到最

① ［美］加里·沃塞曼:《美国政治基础》,陆震纶等译,中国社会科学出版社 1994 年版,第 109 页。
② 《美利坚合众国宪法》第 11 修正案规定:"合众国的司法权,不得解释为可以扩展到受理由他州公民或任何外国公民或臣民对合众国一州提出的或起诉的任何普通法或衡平法诉讼。"
③ See *Rescue Army v. Municipal Court of City of Los Angeles*, 331 U.S. 549(1947).
④ Marcia Lynn Whicker, Ruth Ann Strickland, and Raymond A. Moore, *The Constitution Under Pressure: A Time for Change*, Westport, Conn.: Greenwood Press, Inc., 1987, p.75.

高法院的案件,最高法院是必须要进行审查和受理。据统计显示,1928
年以来,以上诉令形式达到最高法院的案件,最高法院会对案件进行重要
性评估和裁定,如果该诉讼重要性不足,最高法院就会拒绝这些上诉状,
结果是 50% 和 60% 的上诉令都被拒绝了。[1] 最高法院最常用的上诉审查
途径是调卷令,即最高法院命令下级法院将有争议的判决移送给它们,由
其来决定法律是否得到正确适用。但是,调卷令必须得到最高法院四位
大法官的同意,遵从"四位原则"(尽管不是全部大法官的多数)主要与案
件重要程度有关。当最高法院的大法官在调卷令的意见上不能达成"四
位一致"的情况下,下级法院判决就有可能得到维护。最高法院具体的审
查途径可见表 4 - 3:[2]

表 4 - 3　The Structure of Appeals to the U. S. Supreme Court

CERTIFICATION
Lower courts ask the supreme court for technical instruction
WRIT OF APPEAL
Two most commonly used methods: When a state court of last appeal has ruled in favor of a state law or provision against a challenge that it conflicts with the federal Constitution, federal law or federal treaty   When a special three-judge court has granted or denied an injunction in a proceeding which normally would be heard by the Supreme Court
WRIT OF CERTIORARI
Review depends on the discretion of the supreme court   Applies to all cases, except those where writ of appeal is the remedy and which raise a substantial federal questions   Where decisions of a lower court involve the application or interpretation of the federal Constitution, a federal law or a federal treaty

---

[1] Marcia Lynn Whicker, Ruth Ann Strickland, and Raymond A. Moore, *The Constitution Under Pressure: A Time for Change*, Westport, Conn.: Greenwood Press, Inc., 1987, p.75.

[2] Marcia Lynn Whicker, Ruth Ann Strickland, and Raymond A. Moore, *The Constitution Under Pressure: A Time for Change*, Westport, Conn.: Greenwood Press, Inc., 1987, p.76.

4. 最高法院审查的效果

最高法院"司法审查"不仅是一项法律权利,更是一项政治武器,其通过该项权利牢牢掌控宪法最终解释权,以此影响政治结构。这种影响主要是通过对联邦政府的行政分支和立法分支,以及州政府行为的审查来实现的,核心是对联邦和州的法律进行审查。

最高法院的"司法审查"必须根据社会实际必要性来作出,不能因其独立性就无视"人民"价值诉求,它必须准确把握具体历史阶段"人民"需要,将这种需要以判决形式体现出来,并最终实现这种需要。从"建国"到"重建"这个历史阶段,最高法院"司法审查"的效果反映了对联邦政府权威的维护,这可以从下表4-4中看出:[1]

表4-4 1789—1877年最高法院宣布联邦和州法律违宪的统计

Years	Federal	State and local
1789—1799	0	0
1800—1809	1	1
1810—1819	0	7
1820—1829	0	8
1830—1839	0	3
1840—1849	0	9
1850—1859	1	7
1860—1869	4	23
1870—1879	7	36
Total	13	94

从表4-4看到,1789年到1879年100年时间里,最高法院宣布国会违宪的法律共有13部,而同时期宣布州和地方法律高达94部,大约是7倍多左右。这说明在大多数情况下,最高法院对国会法律的审查相对宽

---

[1] See Lawrence Baum, *The Supreme Court*, 4th ed., Washington, D. C.: Congressional Quarterly Press, 1992.

松,是非常"节制"的,其目的在于维护"联邦最高原则",政治后果在于强化了联邦政府权威,满足中央政府在民族国家中国家能力的需要。而同时期联邦最高法院对州法律的审查相对严格,密度相对较高,目的在于遏制"州权主义"对国家主义的挑战,维护国家统一。

二、司法国家主义初露峥嵘(1789—1800)

"建国"初期,联邦宪法刚刚获得通过,国家处在恢复性体制之中。在国内,国家政治、经济和文化正从战争创伤和各州内耗中逐步恢复过来;在国外,大英帝国趁合众国立足未稳,准备对新政权展开反扑,而西班牙和法国同样不希望一个强大的共和国出现,威胁到其在美洲的利益。"对于国家未来的前途而言,从 1789 年华盛顿就职到 1801 年杰斐逊担任总统期间的 12 年,完全与此前的那个时期一样'至关重要'",[①]这不仅是由于国家要确立新的政策,而且还要构建新的政府体制。因此,内政和外交困境要求联邦最高法院必须采取国家主义立场。尽管此时最高法院的地位还不稳固,[②]但是,最高法院已经尝试运用司法手段强化联邦政府权力。

最高法院的国家主义立场从"奇泽姆诉佐治亚州案"(*Chisholm v. Georgia*)开始。在本案中,最高法院通过对宪法第 3 条第 2 款"一州与他州公民之间"的解释,扩大了联邦司法权的管辖范围,并废止了各州由普通法所承认的主权豁免,从而允许个人可以以州为被告将其告上联邦法

---

① [美]孔华润(沃伦·I. 科恩)主编:《剑桥美国对外关系史》(上),王琛等译,新华出版社 2004 年版,第 83 页。

② 在政治地位方面,联邦最高法院并不像国会和总统那样显赫。在最初成立的时候,不管从办公地点还是从人员配置方面,联邦最高法院都和其享有的权力一样,被人们认为是一个最弱小的部门。之所以会这样,国父们一定程度上受到了孟德斯鸠的影响。孟德斯鸠在《论法的精神》中认为:"司法权在某种意义上可以说是不存在的。"([法]孟德斯鸠:《论法的精神》(上卷),张雁深译,商务印书馆 1995 年版,第 160 页。)汉密尔顿表达了同样观点:"行政部门不仅具有荣誉地位的分配权,而且执掌社会的武力。立法机关不仅掌握财权,且制定公民权利义务的准则。与此相反,司法部门既无军权,又无财权,不能支配社会的力量与财富,不能争取任何主动行为。"(See *The Federalist* No.78.)

院。① 但是,由于最高法院此时的地位还不稳固,因此首席大法官杰伊的判决为各州主权留有余地:"一个州可被另一个州的公民起诉;但为了避免对我的主张的理解超过我的本意,我认为有必要补充告诫一点,就是这种起诉性不应扩大到一切要求,扩大到一些诉讼,可以有例外。"②此案表明州的绝对主权豁免受到了限制,州政府属于联邦的组成部分可以成为诉讼对象。

在 1796 年的"韦尔诉希尔顿案"(*Ware v. Hylton*)中,最高法院撤销了弗吉尼亚州 1777 年通过的一项没收革命前英国人债权的法律,并重申了宪法第 6 条第 2 款的"联邦最高原则",③本案的重要意义在于确立联邦主权高于各州,国会法律高于各州法律。在"莱斯诉道伦斯案"(*Vanhorne's Lessee v. Dorrance*)中,最高法院又进一步界定了州的权力范围,宣布宾夕法尼亚州议会的"确认法令"因侵犯财产权而无效,维护了宪法对公民财产权的保护,并借此机会进一步重申了宪法最高地位以及"司法审查"权力。帕森特大法官在本案中认为:"宪法是固定不变的;它包含'人民'的永久性意愿,是国家的最高法;它高于立法机关的权力,只能由制定它的权威予以撤销或变更……法律则是立法机构的作品和意志的体现,是基于派生的、附属的能力。前者是原创者的作品,后者则是创造物的作品……如果一项立法法令违背一项宪法性原则,则前者必须让步,并且,由于其与宪法抵触而被否决……同样清楚而坚定的立场是:在这样的场合,坚守宪法、宣告法令的无效是法庭的职责。"④

最高法院在 1796 年的"希尔顿诉合众国案"(*Hylton v. United States*)和 1798 年的"考尔德诉布尔案"(*Calder v. Bull*)中实际上确立了某种程度的"司法审查"。在"希尔顿诉合众国案"中,联邦最高法院裁决国会征收运费税是一种间接税,这种间接税种基本上是符合宪法规定的,因此是有效的,这实际上表明最高法院有权对国会的立法是否符合宪法做出裁决,从而为司法审查迈出了有力的步伐;在"考尔德诉布尔案"中,

---

① See *Chisholm v. Georgia*, 2 U.S. 419(1793).
② See *Chisholm v. Georgia*, 2 U.S. 419(1793).
③ See *Ware v. Hylton*, 3 U.S. 199(1796).
④ See *Vanhorne's Lessee v. Dorrance*, 2 U.S. 304(1795).

最高法院认为康涅狄克州制定的与联邦宪法"溯及既往条款"相违背的法令是无效的。① 这为"马伯里诉麦迪逊案"(*Marbury v. Madison*)奠定了基础。

在宪法制定时期,联邦党人就主张司法机关应该是宪法的守护者,宪法具有根本性地位,当"人民"意志与其代表相矛盾的时候以"人民"意志为准,当宪法与法律出现矛盾的时候以宪法为准,②宪法权威和司法权的相互影响,有助于联邦政府推行国家政策,恢复和稳定国家局势。

三、"马歇尔法院"的绝对国家主义(1801—1835)

"司法国家主义"在"马歇尔法院"时期盛行,联邦党人首席大法官马歇尔继承了汉密尔顿的"绝对国家主义"立场,主导了这一时期最高法院的判决。在马歇尔任职最高法院时间里,其不仅通过"马伯里诉麦迪逊案"(*Marbury v. Madison*)确立了"司法审查"原则,而且还通过一系列判决践行国家至上的司法哲学,致力于建设联邦政府权力以及联邦对各州的至上性,从司法的角度支持了联邦政府的国家构建行为。

(一)"埃金诉劳布案"(*Eakin v. Raub*)对"司法审查"的补强

在"建国"之初,在联邦最高法院还不稳固的前提下,"司法审查"并不足以造就一种解释联邦宪法统一的声音。宪法第6条的"联邦最高条款"也无法确保宪法解释的统一性,"即便是善意的遵循联邦宪法第6条,甲州法院完全有可能以一种方式解释联邦宪法,而乙州法院或联邦最高法院将给与联邦宪法一种不同的意义,解释的冲突会促成不统一,一些州的法院将很快折断联邦雏鹰的翅膀"。③ 因此,只有联邦最高法院有权审查和修正州法院在涉及联邦宪法和法律解释中权力的时候,宪法问题才可能出现统一的声音。

然而,最高法院的至上权威侵犯了州的主权,并会激怒州的法官。在

---

① See: *Hylton v. United States*, 3 U.S. 171(1796); *Calder v. Bull*, 3 U.S. 386(1798).

② See *The Federalist* No.45.

③ [美]阿尔德里奇·考克斯:《法院和宪法》,田雷译,北京大学出版社2006年版,第63页。

宪法观上,州法官认为其与华盛顿特区大法官一样尊贵和重要。联邦宪法并没有明确规定最高法院享有最终的宪法解释权,"马伯里案"(*Marbury v. Madison*)确立的"司法审查"原则并不具有充分的说服力。显然,州层面法官这种宪法观也是无法让联邦法官接受的,其同样会侵犯联邦政府权威。在此情形下,"埃金诉劳布案"(*Eakin v. Raub*)出台时机就具有关键性补强作用。①

在"埃金诉劳布案"(*Eakin v. Raub*)中,吉布森大法官认为"司法审查"不是理性推理的结果,而是一个信仰问题。宪法并没有规定司法分支有权控制另一个政府分支,在宪法条文之外,司法分支不一定能从中获得普通和专属权力之外的任何其他权力,"换句话说,和行使分配的审判权相当,而并不扩大到任何具有政治性质的事情……对于我们来说,尽管立法机关只拥有'人民'认为可以授予它的那么多权力,然而它在自己权力范围内却是至高无上的,并且这里可以相应的要求它在别处可以要求的同样的卓越地位。因此必须承认,法院的正常权力和基本权力不能扩大到废除立法机关的一个法案……"②换而言之,宪法规定的政府分支权力都是平等的,在自己领域内都是最高的。

从上述言论似乎看出吉布森大法官是一位坚定的"本位主义者",③实际上它只是以此来说明马歇尔的论证是有问题的。到此为止,吉布森话锋一转,认为在对待州法律的问题上,最高法院却应该拥有审查的权力,"由于成为联邦宪法的参与者,各州已同意对他们各自的主权施加一些限制,为了贯彻那些限制,绝对有必要借助各州自己的法官制止各州使违反那些限制的法律生效"。④ 因此,联邦宪法第 6 条第 2 款宣称"本宪法及依本宪法制定之合众国法律以及合众国权力所缔结或将缔结之一

---

① See Robert Clinton, *"Eakin v. Raub: Refutation or Justification of Marbury v. Madison?"* Constitutional Commentary, 1987,4(1):81 - 92.

② See *Eakin v. Raub*, 12 Serg. & Rawle (Penna.)330(1825).

③ "本位主义"(Departmentalism)突出了三大政府分支在各自职权范围内的宪法最高解释权,打破了司法机关在宪法解释上的终局地位,以及由"议会主权"确立的立法机关的宪法最高解释者地位,主张宪法解释权与政府三大分支职权以及宪法议题和宪法条款有关,宪法解释权因职权、议题和条款的不同而在不同政府机关之间进行分配,因而"本位主义"也被称为"部门主义"。

④ See *Eakin v. Raub*, 12 Serg. & Rawle (Penna.)330(1825).

切条约,均为国家之最高法;即使其条文与任何一州之宪法或法律抵触,各州法官仍应遵守",这是一项政治权力的明确授予,它表明"没有一条强制性较差的法律(每一条州法律必然如此),能够在损害合众国宪法、法律或条约的情况下获得实施"。①

在本案判决中,尽管吉布森大法官并没有遵循马歇尔的论证逻辑,反而对马歇尔论证逻辑进行驳斥,但是,本案结论却和马歇尔大法官惊人的相似,而且其论证逻辑更加慎密和具有说服力,这是最高法院同仁对"司法审查"最好补强。

(二) 联邦权威至上

"马歇尔法院"的"绝对国家主义"强调联邦对州的绝对优越地位,这与马歇尔大法官对联邦司法权威至上的立场是分不开的。马歇尔领导下的最高法院通过接受州法院上诉的权力,宣称只有最高法院才可以对州法院判决进行审查,并对"州际贸易条款""必要与适当"条款持宽泛解释立场,强化"契约权利"等手段,奠定了联邦政府的最高权威,实现了"人民"对强大联邦政府的需要,体现了国家主义的价值取向。

1. 联邦司法中央集权

1789 年的《司法法》第 25 条规定联邦最高法院对各州上诉案件有管辖权,②但是此权力受到极大争议,被称之为损害了州的主权和尊严。1813 年,最高法院在"费尔法克斯地产遗赠人诉亨特的租户案"(*Fairfax Devisee v. Hunter's Lessee*)中推翻了弗吉尼亚州法院拒绝恢复费尔法克斯继承人对独立战争期间被州政府征用的地产所有权的继承权。弗吉尼亚州上诉法院拒绝执行最高法院的命令,并裁定《司法法》第 25 条违宪。在此背景下,1816 年,该案的原告将案件上诉到最高法院。在本案判决中,斯托里大法官认为:"(宪法)第 3 条的规定并未将上诉管辖权限定于

---

① See *Eakin v. Raub*, 12 Serg. & Rawle (Penna.)330(1825).

② 《司法法》(1789 年)第 25 条规定,最高法院必须对任何州的最高法院在下列案件中作出的终审判决进行审查,这些案件包括"对美国的一项条约或法规的有效性发生怀疑而判定其无效的案件"或"以违反美国宪法、条约或法律为理由对任何州的一项法规发生怀疑而判定其有效的案件"。

任何特定的法院……司法权(包括上诉管辖权)适用于所有的案件,且对于前述一切其他案件,最高法院有上诉管辖权。这样,是因案件而不是因为审理法院来决定本案的管辖权问题……",①考虑到这一点,根据宪法第 6 条规定,州的法官应该强制性遵守该规定,以合众国的宪法和法律进行判案。

而且斯托里大法官在"马丁诉亨特之承租人案"(*Martin v. Hunter's Lessee*)还从宪法目的来论证联邦司法权的至上性,"合众国宪法的目的是为了所有合众国'人民'的共同而平等的利益。司法权力的授予也是为了同样良好而有益的目的。它的行使不仅是为了可能选择联邦法院的原告的利益,而且也是为了保护被告,这些被告应有权在同样的法院中行使他们的权利或者主张他们的特权"。② 显然,宪法建立在"人民主权"的基础上,各州的"人民"首先是合众国"人民",其次才是州的,各州"人民"利益应该得到彻底维护,他们有权在得不到州救济的情况下,向最高法院寻求救济,这是他作为合众国"人民"应有的权利。鉴于以上理由,最高法院上诉管辖权适用于州法院有权管辖的案件。③

1821 年的"科恩斯诉弗吉尼亚案"(*Cohens v. Virginia*),最高法院再次抓住机会重申它有权对州法院涉及有关美国宪法或法律引起的案件中作出的所有判决进行审查。科恩斯一家因违反弗吉尼亚的法律销售彩票被判有罪,并且主张该判决是终局性的。但是,这些彩票却是由国会为了支持哥伦比亚特区而批准的,被告根据 1789 年《司法法》第 25 条向最高法院寻求救济。

马歇尔大法官在"科恩斯案"中认为不能根据当事人双方的性质而排除最高法院的上诉管辖权,宪法第 3 条第 2 款规定了合众国司法权主要涉及到案件性质和当事人性质的管辖权。如果当事人性质和案件性质重合,管辖权问题就很明确,不论争议主题如何,这些人都有获得联邦法院保护的宪法权利,因此,"本案的管辖权,因此被宪法文字延及所有根据宪

---

① See *Fairfax Devisee v. Hunter's Lessee*, 7 Cranch 603(1813).

② See *Martin v. Hunter's Lessee*, 14 U.S. 304(1816).

③ See *Martin v. Hunter's Lessee*, 14 U.S. 304(1816).

法或者合众国法律所产生的案件"。①

据此,马歇尔大法官在"科恩斯案"中强调复审被告所主张独立的州主权是不可诉的,除非它自己同意,这个观点只是一般性的主张,并不是在每一个案件中都是必须的,在宪法批准本身就意味着州让渡了主权,这个主权的让渡意味着司法权也一起让渡,这些被让渡主权只能为"人民"的利益而行使。② 马歇尔坚定地认为:"将联邦宪法以及以其指定的联邦法律的解释权委托给联邦司法机关,就目前来看,我们相信还没有人就此提出质疑……联邦政府与各州政府之间的政治关系,就不能阻碍我们按照联邦宪法的本意来解释联邦宪法,按照司法权的真实含义来阐释司法权。我们没有必要按照比联邦宪法与法律的本意还要严格的程度来解释联邦宪法和法律……"③

联邦最高法院通过"马丁案"和"科恩斯案"的判决,树立了联邦司法至上的基本原则,确立了联邦政府的"大政府"理念。在"建国"初期复杂的国内外背景之下,最高法院通过扩大联邦司法管辖权范围,有利于在政治上为联邦政府的国家构建行为提供法律支持。

2. "必要与适当条款"与联邦政府管理权的强化

联邦宪法第 1 条第 8 款第 18 项的"必要和适当条款"也称之为"概括性条款"或"弹性条款",是联邦权力扩张的重要基础,该条款的运用主要是与"麦卡洛克诉马里兰州案"(*McCulloch v. Maryland*)有关。

1811 年,第一合众国银行的特许状到期,由于"民主共和党"控制的国会拒绝颁发新的特许状,于是合众国"第一银行"的历史使命也宣告结束。但是,合众国必须考虑一个现实而紧迫的问题,就是第二次"英美战争"引起的国内经济局势恶化。为了应对"经济危机",国会重新考虑建立合众国银行的可能性,并在 1816 年通过了建立"第二银行"的法案。"第二银行"的建立和运行,尽管遏制住了日益混乱的国内经济局势,但却招致了各州的痛恨,于是各州议会纷纷颁布限制联邦银行的法案。

---

① See *Cohens v. Virginia*, 19 U.S. 264(1821).
② See *Cohens v. Virginia*, 6 Wheaton 264(1821).
③ See *Cohens v. Virginia*, 6 Wheaton 264(1821).

在限制联邦银行的过程中,马里兰州最为积极。为了打击马里兰州的联邦银行系统,州议会通过了一项法案,规定向未经各州议会批准"核准特许"的银行征收 15000 美元营业税,或者在其发出的票据上必须贴上马里兰州政府的印花,并缴纳相关的印花税,这项法案直接对设在马里兰州巴尔迪摩的联邦银行产生影响。然而,巴尔地摩联邦分行出纳员麦卡洛并没有遵守马里兰州议会制定的该项法案,而且解付了大量未贴有印花税的钞票在巴尔地摩市中心流通,该项举动引起了马里兰州政府的愤怒,便向州地方法院起诉麦卡洛,麦卡洛最终败诉。但麦卡洛却在联邦政府支持下,将案子上诉到马里兰州的上诉法院,而该上诉法院却和州的立场一样维持了原判。后来,麦卡洛将该案上诉到最高法院。

马歇尔敏锐地感觉到此案所蕴含的潜在政治含义,"因为当时社会上不光是关注合众国银行课税是否合乎宪法的这个问题,而且对联邦政府所采取的改进国内基础设施的一些项目是否合法也存在忧虑"。[①] 在此背景下,马歇尔借助此案不仅可以解决本案争议,而且还可以在政治上继续巩固联邦政府权力,强化联邦政府权威。

马歇尔将本案争议焦点归结为两个问题:"第一,国会是否有权组建银行? 第二,如果国会可以建立银行,州是否可以对该银行征税?"[②]马歇尔对第一个问题作出肯定的回答,而对第二个问题却作出否定的裁决,因为联邦宪法是"人民主权"的产物,在合众国内具有最高地位,联邦政府以宪法而建立,其目的是为了全体"人民"的自由和幸福。据此,马歇尔认为虽然宪法并没有明确规定联邦政府拥有设立银行的权力,但在宪法中却蕴含了这些重要的权力:征税、借款、规制商业活动、宣战、招募陆军、设立海军并提供军需等,我们绝不能认为由这些重大权力而推出一些重要性较小的权力仅仅因为后者是次要的,这样的观点永远不可接受。[③] 因此,联邦政府行使宪法所授予的权力,就应该根据这些权力的性质,赋予行使

---

① 任东来,陈伟,白雪峰:《美国宪法实践历程:影响美国的 25 个司法大案》,中国法制出版社 2013 年版,第 56 页。

② Bernard H. Siegan, *The Supreme Court's Constitution: An Inquiry into Judicial Review and Its Impact on Society*, New Jersey: New Brunswick, 1987, p.11.

③ See *McCulloch v. Maryland*, 17 U.S. 316(1819).

这些权力的手段和方式。联邦宪法第 1 条第 8 款以列举的形式授予国会权力,但国会行使这些权力时并没有和宪法列举的权力是"映射"关系,除了宪法列举权力之外,该条款第 18 项又规定:"为了执行上述权力,以及本宪法授予联邦政府或其他任何部门的权力,可以制定一切必要而适当的法律。"①

马歇尔认为,本案中的"必要而适当"并不是指马里兰州所理解的那样:"制定那些对于行使被授予权力必不可少的、否则该授权将会毫无意义的法律",②这种对"必要和适当"的理解并不是宪法所要表达的意义,上述理解会"排除了选择手段的权利,使得国会在任何情况下都只能使用最为直接和简单的方式"。③"必要"一词"意味着一事物对于另一事物是便利的,或者有用的,抑或是重要的。使用到达一个目的的必要手段通常被理解为运用任何有望达到这一目的的手段,而不是仅限于那些独一无二的、对于实现该目的的不可或缺的手段"。④ 因此,联邦国会为了行使宪法赋予的权力,可以制定与行使此项权力相适应的法律,这才是对宪法的正确理解。

马歇尔进一步强调,如果对"必要"一词仅做宪法上的"严格的和机械"的理解,将联邦政府的权力可以选择的手段限制的如此狭隘,联邦政府的权威将会消失殆尽,整个国家和"人民"的自由和幸福将是不可达到的。因此,"对宪法的理解必须容许国家立法机构对宪法所授予权力的行使方法,享有斟酌裁量之权,以使政府能够以对'人民'最为有利之方式,履行宪法所赋予的神圣职责。只要目标合法,是在宪法范围之内,则所有适当的、显然合乎该目的的而未被禁止的、与宪法条文和精神一致的手段,都是合乎宪法的"⑤。既然如此,联邦政府建立银行的法案当然是符合宪法的。

既然"联邦宪法以及为实施联邦宪法而制定的法律,具有至高无上之

---

① 参见《美利坚合众国宪法》,第 1 条第 8 款第 18 项。
② See *McCulloch v. Maryland*, 17 U.S. 316(1819).
③ See *McCulloch v. Maryland*, 17 U.S. 316(1819).
④ See *McCulloch v. Maryland*, 17 U.S. 316(1819).
⑤ See *McCulloch v. Maryland*, 17 U.S. 316(1819).

权威,它们控制着各州的宪法和法律,但其本身不能被各州宪法和法律所控制",①那么各州的法律就不能和宪法和联邦法律相违背。如果马里兰州主张可以对联邦政府所设立的银行征收相应的税,从根本上就会破坏联邦法律的权威,州的权力就会凌驾于联邦政府之上,这本质上是违反"联邦主义"的。就像马歇尔所说的:"事实上,这是一个至高性的问题。如果承认各州有权对联邦政府运用的手段征税,则宣告了宪法和据之制定的法律的至高无上将不过是空泛而毫无意义的声明。"②因此,各州无权对联邦银行征税,这是宪法最高效力的必然结论。马歇尔所代表的最高法院对"麦卡洛克案"的判决进一步树立的联邦政府权威,从而使得联邦政府在国家政治、经济和军事领域的决策得以有效的贯彻和实施。"也许就像一些评论家支持马歇尔的判决一样,作为根本法的宪法一直是一个活的文件,它的成长应该与社会发展保持一致。最高法院的大法官们必须相信宪法是对社会的反映。"③

此外,"麦卡洛克案"还确立了"内部政治制衡"原则,即当各州通过歧视性贸易调控法案保护本州利益而采取贸易保护主义时,最高法院就有理由来干预各州立法机关的政治过程,但是干预前提是州内民主程序不能防止州际贸易的保护立场,侵犯州际贸易。反之,如果各州的立法能够保护州际贸易时,此时的法院应该保持克制,遵守各州立法机关的法令。

3."契约条款"对州权的抑制

宪法第1条第10款规定:"……不得通过任何褫夺公权的法案、追溯既往的法律和损害契约义务的法律……",该条款中的"契约义务"禁止各州通过损害契约义务的法律,这为联邦最高法院抑制州权和维护联邦权威提供了法律依据。早在"莱斯诉道伦斯案"(*Vanhorne's Lessee v. Dorrance*)中,最高法院曾经运用这一条款反对宾夕法尼亚州的一项法律违宪,④从而为"契约条款"的广泛运用打下了基础。

---

① See *McCulloch v. Maryland*, 17 U.S. 316(1819).

② See *McCulloch v. Maryland*, 17 U.S. 316(1819).

③ Bernard H. Siegan, *The Supreme Court's Constitution: An Inquiry into Judicial Review and Its Impact on Society*, New Jersey: New Brunswick, 1987, p.17.

④ See *Vanhorne's Lessee v. Dorrance*, 2 U.S. 304(1795).

1810年,马歇尔在"弗莱彻诉佩克案"(Fletcher v. Peck)中,再次抓住机会运用"契约条款"否决了佐治亚州的一项法律违宪。"弗莱彻案"是由1795年发生在西弗吉尼亚的一起土地欺诈案件引起的,本案中大量的土地投机者向佐治亚州立法机关人员行贿,从而使其获得了土地的产权,这宗土地的交易引起了复杂的政治问题,随着议员的丑行曝光,新一届的立法机关迅速撤销了此前的土地交易。然而在新旧议会交替空间内,州土地的最初受让者已经将这些土地转让给了一些投机者。在一起串通案件中,这些土地投机者主张他们是无辜的受害者,主张佐治亚州的法令损害了他们土地产权契约,违背了宪法的"契约义务"。

马歇尔在"弗莱彻案"中认为政治腐败问题应该由政治方式解决,但土地契约是神圣和绝对的,"当一项法律本质上是一项契约,并且当已依据该契约让与了绝对权利,即使撤销了这项法律,也并不能剥夺这些权利"。① 剥夺这些权利并不在于立法机关,而在以适用于社会中每个个人的权力,"不能把佐治亚州看成是一个单独的别无关联的主权国家——在这样一个国家里,只有它自己的宪法才能给它的议会设置若干限制。它是一个大帝国的组成部分,它是美国联邦的一个成员,而这个联邦有一部其最高的法律地位为所有成员承认的宪法……合众国宪法宣布,任何州不得通过剥夺公民权利没收公民财产的法案、溯及既往的法律和损害契约义务的法律"。② 弗莱彻作为土地受让人是想得到合法的土地所有权,他作为不知情的第三人不知道这些交易中的非法性,他的财产权不应该因他人的过错而被剥夺,马歇尔的判决再一次树立了联邦至上的观点。"这项判决对于促进美国早期资本主义的发展十分有效,在保护弗莱彻土地所有权的同时,最高法院也保护了土地投资者的利益。"③

1819年的"达特茅斯学院诉伍德沃德案"(Dartmouth College v. Woodward)是另一个通过"契约义务"条款强化国家权威的案件。在"达特茅斯案"中,马歇尔大法官沿用了"弗莱彻案"(Fletcher v. Peck)树立的

---

① See *Fletcher v. Peck*, 10 U.S. 87(1810).
② See *Fletcher v. Peck*, 10 U.S. 87(1810).
③ 王希:《原则与妥协——美国宪法的精神和实践》(增订版),北京大学出版社2014年版,第171页。

原则,宣称达特茅斯学院 1769 年从王室获得的建校"特许状"实际上是一份"契约",建立在该契约之上的达特茅斯学院并不是一个公法人,而是一个私法人,即便达特茅斯学院从事的是公共教育活动,这也改变不了"特许状"所确立的私法人性质,因此,州立法机关不能通过强制的方法来控制该学院。"英国王室的契约并不因为殖民地的独立而失去了法律效力,州政府改变学校董事会的组成等于剥夺了原董事会成员所拥有的对学院财产的控制权,因此新罕布什尔州的决定是违反宪法的。"①

在"达特茅斯案"中,马歇尔首次将合同法的原则适用到企业,并和斯托里大法官一起发展了企业法人的概念。马歇尔将达特茅斯学院看作是一个私法人的公司,认为公司是"一个人为的、不可分割的、无形的、只能在法律的思考中存在的实体",斯托里进一步强调:"一个公司或企业实际上是在一个特定的名称下由单独的个人联合起来的集合体,它具有组成它的自然人的某些豁免权、特权和能力。"②最高法院通过"达特茅斯案"判决使得私人企业不受颁发"特许状"的州的限制,此后各州通常都在特许状或普通企业相关法律中写入公司条款,以方便条款的修改,这样的条款便属于"契约"内容的一部分。"达特茅斯案"的判决钳制了州政府对私人企业权利的侵犯,使得各种各样的私有性质的企业组织可以不受州法律的严格管制,鼓励了私人经济发展。

1812 年"英美战争"之后,国家的经济和金融非常混乱和无序,许多公司和企业面临破产和倒闭,但是在联邦层面并没有统一的联邦破产法。因此,各州层面的企业破产是由州层面的破产法来调整的。但是,在破产法律关系中,许多债权人对这些法律不满,认为其破坏了宪法第 1 条第 10 款的"契约义务"条款,并对这些法律提出了质疑。1819 年,马歇尔大法官通过"斯特奇斯诉克劳宁希尔德案"(*Sturges v. Crowninshield*)宣布一条用于此类破产法通过前所欠债务的纽约州的一项破产法违反"契约义务"无效。③ 但是,在"斯特奇斯案"中,马歇尔也表示,在联邦国会没有制定相关的破产立法的情况下,各州可以制定破产法,但是不能破坏宪法

---

① See *Dartmouth College v. Woodward*, 17 U. S. 518(1819).
② See *Dartmouth College v. Woodward*, 17 U. S. 518(1819).
③ See *Sturges v. Crowninshield*, 17 U. S. 122,(1819).

的"契约义务"。

最高法院在"斯特奇斯案"中的立场在"奥格登诉桑德斯案"(*Ogden v. Sounders*)中得到反映,本案认为"为未来契约制定的破产条款有效,从而支持了各州对破产进行的立法行为"。① 但是,马歇尔对"奥格登案"持一定保留意见,并发表了异议认为:"必须承认,在对过去契约起作用的法律与对未来起作用的法律之间,存在着重大的原则区别;第一类法律很难找到法律依据,而第二类法律则是通常立法处置权的合适对象。因此,通过对一类法律的权力的宪法上的限制,很可能是与有关另一类法律完全立法自由相一致的。然而合众国的性质意欲使我们在商业目标方面在很大程度上成为一体,而就个人的相互沟通而言,各州的分隔线在许多方面已被取消,如果考虑到这一点,那么,州立法机关对已订立的契约这一微妙问题的干预应大大减少或完全禁止,就不足为奇了。"② 宪法第 1 条第 10 款列举了州立法机关被完全禁止的各项行为,"在一切情况下,无论行使的是政治行为,还是针对个人的立法行为,这项禁止是彻底和绝对的。没有任何例外,一切种类的立法都包括在内。一个州不得通过损害契约义务的法律,就像不得缔结条约或铸造货币一样"。③ 显然,尽管最高法院的多数意见表达了对州立法机关的支持,但马歇尔的"绝对国家主义"立场并没有改变,即州的立法行为不能违反"契约义务"是绝对禁止的事项。

1830 年,在"普罗维登银行诉比林斯案"(*Providence Bank v. Billings*)中,马歇尔继续发扬了在"达特茅斯案"中对"特许状"规定权利的保护立场,工商业界人士要求对"特许状"中的权利进行宽泛解释,以争取最大限度特权。但是,一些州倾向于通过宪法修正案或者法律的形式保留更改"特许状"的权力,而另一些州甚至在"特许状"中规定变更"特许状"诸如此类的条款。显然,工商界人士认为"达特茅斯案"中有关特许权利的极端要求并不利于经济发展。

马歇尔在"普罗维登银行案"中认为法院应该对"特许状"进行严格解

---

① See *Ogden v. Sounders*, 25 U.S. 213(1827).
② See *Ogden v. Sounders*, 25 U.S. 213(1827).
③ See *Ogden v. Sounders*, 25 U.S. 213(1827).

释,以限制州的某些极端要求。1791年由"特许状"成立的普罗维登银行拒不支付1822年罗德岛州法律规定的银行税,银行认为原始的"特许状"中并没有规定银行税,罗德岛州的法律违反了"契约义务"。马歇尔大法官认为"特许状"并未规定成立银行时的征税原则,因此,"一项实际上可能破坏'特许状'的权利是与'特许状'不相容的,授予'特许状'时就暗示将它放弃。这样的权力行使时必定会损害契约义务。不论是行使到极点,还是适度行使,都是同一种权力,是与'特许状'授予的权利相对立的",[①]银行持这种观点受到了"达特茅斯案"的影响,但是这却不能成为反对征税权决定的理由。

马歇尔认为征税权对于政府来讲尤为重要,"立法权及随之而来的征税权,对属于国家的全部自然人和财产起作用。这是一个固有的原则,奠基于社会本身,它由全体为了全体利益授予。它作为政府的一部分归于政府,当任何种类的财产,或以任何方式使用财产的权利授予个人或法人团体时,无需订约予以保留。不论个人的权利绝对到什么程度,这种权利的性质仍然意味着它必须承担公共税款的一部分,此一部分必须由立法机关确定。此项重大权利可能被滥用,但合众国宪法并不打算为州政府可能造成的每一次滥用权力提供纠正办法"。[②]

从历史角度看,"普罗维登银行案"不仅纠正了由"达特茅斯案"开创的"契约神圣"原则,而且也标志着在马歇尔法院后期"绝对国家主义"向"相对国家主义"的转变,这个转变与国内进行的"国内改进"和工业革命等国家建设有关,这些国家构建行为必须充分调动州力量,而不能为了私人利益而过度限制各州权力,各州诸如征税权这样的行为在于为了全体"人民"利益的需要,因此,对于"契约条款"的运用必须采取严格解释立场。

4. "贸易条款"与联邦政府权力的扩张

宪法第1条第8款第3项规定国会有权"管理与外国的、州与州间的贸易",[③]从该条文上看,"贸易条款仅从正面授予联邦以调控州际贸易的

---

① See *Providence Bank v. Billings*, 29 U.S. 563(1830).

② See *Providence Bank v. Billings*, 29 U.S. 563(1830).

③ 参见《美利坚合众国宪法》,第1条第8款第3项。

权力,但从一开始,最高法院就承认贸易条款的两面性:即它还具有限制各州调控权力的负面作用",这就是"潜伏贸易条款"的由来。[①] "贸易条款"的"潜伏效应"是通过"吉本斯诉奥格登案"(*Gibbons v. Ogden*)奠定的,本案确立了联邦政府对州际贸易的"排他性管辖"。

在"吉本斯案"中,马歇尔认为"州际贸易"也包括州的内部贸易,州际商业不能在每个州的外边界停止,联邦政府有权力管理所有涉及到与州际贸易有关的事务。但纯粹是州的内部贸易,应由州自己处置,这是联邦政府权力的界限。纽约州赋予吉本斯的垄断权与《联邦海岸法令》(the *Federal Coastal Act*)冲突。[②] 因此,"国会管理贸易的权力与授予国会的其他权力一样,这一权力本身是完整的,可以被最大限度地行使,而且除了宪法中规定的限制外不受任何其他限制",[③]当争议事项涉及到州际贸易的范围时,只有联邦政府拥有管辖权,各州无权干涉。"吉本斯案"使得联邦贸易管辖权大幅度扩张,"而正是马歇尔在本案中的裁决,确定了联邦在管理商业方面所拥有的前所未有的广泛权力"。[④]

但是,联邦政府州际贸易"排他性管辖"的"潜伏效应"并不是说在所有情况下都具有排他性的调控权,而是指的两种情形:"当国会通过立法来明确行使贸易调控权时,联邦最高原则规定,联邦法律将优占(*Pre-empt*)任何与之抵触的州法;但如果国会对某项州际贸易事务保持沉默,因而没有明确行使联邦调控权,'潜伏贸易条款'即发挥作用。这时,法院将根据宪法案例和公共政策,来判断各州贸易调控是否侵犯了宪法对州际贸易的保护。"[⑤]显然,联邦宪法将管理州际贸易权力赋予国会的目的在于消除各州内部贸易的保护主义,形成自由统一的共同市场,这是联邦政府打造的"美洲体系"的重要举措。生产要素在全国市场的统一流动和交易,有利于降低生产成本,提高生产效率,"吉本斯案"的效应是明显的,

---

① 张千帆:《西方宪法实践体系:美国宪法》(上册),中国政法大学出版社 2004 年版,第 190 页。
② See *Gibbons v. Ogden*, 22 U. S. 1(1824).
③ See *Gibbons v. Ogden*, 22 U. S. 1(1824).
④ Bernard Schwartz, *A History of the Supreme Court*, New York: Oxford University Press, 1993, p.49.
⑤ 张千帆:《西方宪法实践体系:美国宪法》(上册),中国政法大学出版社 2004 年版,第 191 页。

"从纽约到纽黑文之间的汽船票价,不久就从 5 美元下跌至 3 美元"。① 因此,"贸易条款"的正当性很少受到怀疑。

1949 年在"牛奶收购案"(*H. P. Hood & Sons v. DuMond*)中杰克逊大法官谈到"贸易条款"的意义时指出:"一旦胜利使殖民地摆脱了战争所施加的团结压力,各州就开始走向无序和贸易战。各州所订立的立法,纯粹出于对自身利益、自身产品的重要性以及政治或商业地位的优势或劣势之估计,(这将直接威胁整个联邦的和平和安全)。先辈们迫切保护各州治理内部事务的权力;但与此形成鲜明对,他们还希望对国际与州际贸易的调控实行联邦化。再没有其他联邦权力的必要性,被如此普遍地受到承认;也没有各州的其他权力,如此轻易地遭到放弃。正如麦迪逊所指出:如果对贸易缺乏统一调控,各州就将单独行使这项权力;这不仅被证明是失败的,而且产生了敌对、冲突和抱复性调控。对于各州之间贸易实行中央调控的必要性是如此显然且被彻底的理解,以至贸易条款寥寥数语,很少被争论阐明……贸易条款是联邦权力最丰富的来源之一,也同样是它和各州立法相冲突的丰富源泉。尽管宪法授权国会去调控各州之间的贸易,它并未说明各州在缺乏国会行动时可以或不得行使何种权力。(或许)比明文解释更重要,本院对非同寻常的宪法沉默赋予意义,从而促进了民族团结和繁荣。"②

联邦最高法院为了巩固"吉本斯案"确立的联邦政府州际贸易的"排他性管辖",在 1827 年的"布朗诉马里兰州案"(*Brown v. Maryland*)中推翻了马里兰州对进口商品批发商征收许可费的规定,反对将这种征收权看作是州内部的"治安权"(the Power of Police),并重申了以国家为中心而不是以州为中心的的经济政策体系。③ "治安权"作为州的一项权力,其宪法基础在于宪法第 10 修正案,④即联邦政府拥有宪法的列举权

---

① 张千帆:《西方宪法实践体系:美国宪法》(上册),中国政法大学出版社 2004 年版,第 191 页。
② See *H. P. Hood & Sons v. DuMond*, 366 U.S.525(1949).
③ See: *Brown v. Maryland*, 25 U. S. 419 (1827); Henry P. Callegary, "*Interest and Irritation: Brown v. Maryland and the Making of a National Economy*," Legal History Publications, 70(2016).
④ 《美利坚合众国宪法》第 10 修正案规定:"宪法未授予合众国、也未禁止各州行使的权力,由各州各自保留,或由人民保留。"

力,而经济和社会各个方面的非列举权力属于各州保留的权力,是对州主权的这种事实的尊重,也是维护各州高度自治的重要手段。但是,在"马歇尔法院"时期,"治安权"理论作为制约联邦权力的手段,被国家主义理论所压制。

但是,这种压制在"马歇尔法院"后期有所松动,这主要体现在贸易调控领域联邦政府的"排他性管辖原则"的改变。1829 年的"威尔森诉黑鸟河沼泽地公司案"(*Willson v. Black Bird Creek Marsh Co.*),特拉华州授权原告公司在一条小河上建大坝,进而对沼泽地进行改造,被告船主根据《联邦海岸法》持有执照,他为了航行需要将大坝拆毁,原告在州法院获得胜诉,被告将该案上诉到最高法院,主张州的法令违反了"贸易条款"。但是,马歇尔大法官却认为:"如果国会曾通过任何对本案具有影响的法案,任何执行管理贸易的权力法案,其目的为了控制针对潮水侵入的那些遍布中部和南部各州低洼地区的可航行河流的州立法,那么我们不会感到多大的困难就可以说,州法律如与该法案相抵触即为无效。但国会并未通过这样的法案。特拉华州的法律与宪法相抵触完全是因为它管理与外国的和各州之间的贸易权力相抵触,此项权力的行使并未影响到这个问题"。① 因此,只要未和联邦法律发生冲突,为了维护当地居民的生活环境考虑而制定的州法案属于各州保留的权力,并不违反宪法。可见,"贸易条款"的排他性调控权的"绝对原则"有松动迹象,这根源于"内部政治平衡"原则,以及社会发展需要,同时这也为下一个阶段"坦尼法院"相对国家主义价值取向打下了伏笔。

四、相对的国家主义:联邦至上和州权的缓慢增长(1837—1860)

"马歇尔法院"后期"威尔森案"体现了"绝对国家主义"向"相对国家主义"的转变。在"坦尼法院"时期,这种趋势得到进一步发展。此时出现这样的趋势主要在于大法官们"无法达成一致的是如何分配两方面的利益的相对权重:一方面是人员与货物在一个全国开放经济中自由流动这

---

① See *Willson v. Black Bird Creek Marsh Co.*, 27 U.S. 245(1829).

一全国性利益,另一方面是各州与市政满足地方需要的权力。商业与贸易人士以及梦想将国家需要置于地方利益之上。地方主义者——尤其是那些不信任遥遥在上的中央政府的人们——都在呼吁着州的并存管辖权"。①

最高法院的分裂实际上反映了这个阶段国家出现的新情况。在"坦尼法院"时期,随着美国经济的进一步发展,马歇尔时代的"绝对国家主义"某种程度上已经不适合社会发展的需要。在经济贸易领域,随着"工业化""西进运动"和"国内改进"等国家构建行为逐步推进,各州之间的经济联系越来越紧密,联邦政府对州际贸易的"排他性管辖"势必会破坏经济和贸易的正常进行。因此,赋予各州适当的贸易管制权力让其灵活处理与贸易相关的事务,不仅有利于经济发展需要,而且有利于增强国家主义的弹性。

(一) 联邦司法至上理念的延续

在"坦尼法院"时期,虽然"马歇尔法院"奠基的联邦至上原则面临挑战,但"坦尼法院"在此问题上并没有完全抛弃"联邦最高"原则,而是在延续联邦司法至上理念的基础上赋予了州一定程度的"自主权",以适应国家构建行为的需要,这可以通过"坦尼法院"时期的一些案例体现出来。

根据 1789 年《司法法》规定,联邦政府建立了第一批海事法院,联邦地方法院对海事管辖内的所有民事案件拥有"排他管辖权",包括一切根据关税法、航运法或贸易法的扣押行为,但扣押必须是在 10 吨级以上的船舶可从海上航行到的水域并在它们相应的管辖区内或公海上发生。从上述规定可以看出,联邦法院拥有海事管辖权,且权限在潮水涨落影响的区域,这是 1825 年"马歇尔法院"在"托马斯汽船案"(*The Steamboat Thomas Jefferson*)中确立的原则。但随着轮船的发明和水运贸易的发展,1845 年国会通过法案将联邦海事管辖权扩展至发生在内陆湖和可航行水域的某些案件,此项措施被认为是联邦政府强化司法中央集权化而饱受大家质疑。1851 年,坦尼在"詹尼斯轮船诉菲茨胡夫"(*the Propeller*

---

① [美]阿尔德里奇·考克斯:《法院和宪法》,田雷译,北京大学出版社 2006 年版,第 63 页。

Genessee Chief v. Fizzhugh）中对大家的质疑作了明确的答复,联邦政府的"管辖权是基于水域的适航性而非潮水涨落的标准确定的。如果某水道具有适航性,它就被认为是公共的。而一旦是公共的,则被视为处于宪法授予的海事管辖权的合法范围之内"。[1]

1844 年,在"路易斯维尔、辛西纳提和查尔斯顿铁路公司诉勒特森案"（*Louisville,Cincinnati and Charsestown Railroad Co. v. Thomas W. Letson*）中,最高法院推翻了 1806 年"斯特劳布里奇诉柯蒂斯案"（*Strawbridge v. Curtis*）的判决,重新树立了联邦法院对州公司诉讼的管辖权,打击了州法院对外州公司诉讼请求存在的敌意,[2]这就为联邦政府扫清"地方保护主义"奠定基础。实际上,随着"国内改进"持续推进,国内东北部、南部和西部之间的关系日益紧密,公司作为经济最基本的细胞,其发展已经突破了地理限制,公司人员、分支和经济关系也日益"全国化"。因此,各州"地方保护主义"对公司发展是不利的,必须通过联邦政府力量打碎这种限制,该案的判决就是对此种趋势的最好体现。

1859 年的"艾布曼诉布思案"（*Ableman v. Booth*）则是拒绝"废止论"维护联邦宪法权威的又一著名判决。[3] 在"艾布曼案"中,布思是威斯康辛州的一名废奴主义者,他因帮助一个逃跑的黑人而被控违反《逃奴法》而被关押在地方监狱,随后布思从一位州法官那里获取了人身保护令状,州法官随之判决联邦法律违宪,威斯康辛州最高法院维持了该项判决,联邦地方执法官员向联邦最高法院提起上诉,布思最终被判有罪,但当被关押在密尔沃基监狱的时候,州法院竟然以《逃奴法》无效而不顾联邦法院

---

① See *The Propeller Genessee Chief v. Fizzhugh*, 53 U.S. 443(1851).

② See: *Strawbridge v. Curtiss*, 7 U.S. 267(1806); *The Louisville Cincinnati and Charleston Railroad Company v. Thomas W. Letson*, 43 U.S. 497(1844).

③ "废止论"（Nullification）是一种州有权废止其认为与联邦宪法和州宪法相抵触的法律的理论。"废止论"由托马斯·杰斐逊和詹姆斯·麦迪逊在 1789 年的《肯塔基和弗吉尼亚决议》中提出,与"废止论"同时提出的还有"干涉论","干涉论"认为州有权利和义务干涉并介入联邦政府法律违宪,本质上是"废止论"的理论延伸。"废止论"和"干涉论"以"州权主义"为基础,认为联邦是各州让渡主权的结果,州作为联邦政府的创建者有权决定联邦政府的权力范围,最终使得各州而非联邦最高法院拥有关于联邦政府权力范围的最终解释权。美国最高法院在 19 世纪的一系列判例中拒绝"废止论",包括 *Ableman v. Booth* 中拒绝了威斯康辛州尝试废止《逃奴法》的声张。

判决将其释放。① "艾布曼案"不仅涉及到"奴隶制"的棘手性,而且涉及到联邦权威。

坦尼大法官在"艾布曼案"中强调司法权由各州享有的严重后果,并认为维护联邦司法的统一性:"授予联邦政府的至高无上地位除非伴有其威望同样高的足可将其付诸实施的司法权,是难以和平地保持的,因为如果把司法权交给各州的法院,难免会作出互相抵触的判决……合众国的宪法、法律条约,还有授予联邦政府的权力,很快就会在不同的州获得不同的解释,而合众国很快就会在一个州成为一样东西,在另一个州成为另一个东西",因此,必须将最高的司法权授予联邦政府,"这种司法权被正确地认为不仅是保持合众国法律至高地位所必不可少的,而且也是保卫各州保留的权利不受联邦政府侵犯所必不可少的"。② 根据上述理由,最高法院认为国会的《逃奴法》完全是合众国宪法所认可的,并没有违反宪法,州法院判决其违法理由并不能成立。

(二)"库利案"和联邦政府"选择性排他"

最高法院对"贸易条款"的运用在于扩大联邦政府对州际贸易管制权。在"吉本斯诉奥格登案"(*Gibbons v. Ogden*)中,"马歇尔法院"确立了"贸易条款"上"绝对性专有权"原则,③但该原则确立的基础并不牢固,贸易调控权力存在争议。

1852 年,最高法院在"库利诉费城港务局案"(*Cooley v. Board of Wardens of the Port of Philadelphial*)中最终明确了意见,排除了联邦政府"绝对性排他"的州际贸易管辖权,并明确指出联邦政府在管理州际贸易上并不具有"排他性权力"。在本案中,最高法院认为区分联邦和州政府州际贸易管辖权的基础在于"管理对象性质",即"授予国会调控贸易的权力,并不剥夺各州调节领港的权力,且尽管国会在这个问题上已经制定了立法,但国会立法表达了……把调控留给各州的意图,本意图仅限于

---

① See *Ableman v. Booth*, 62 U.S. 506(1859).

② See *Ableman v. Booth*, 62 U.S. 506(1859).

③ See *Gibbons v. Ogden*, 22 U.S. 1(1824).

我们受请决定的这些确切问题,它并不推广到其他特定或普遍的问题,例如在贸易权力下的其他事项是否受到国会的专有控制,或在没有国会立法时可否被各州所调控,或国会对某一事项的调控,可在多大程度上排除各州对同样事项所制定的任何立法"。①

"库利案"表明"坦尼法院"对联邦主义的重新理解,"它允许法院通过逐个案例,具体平衡统一性和多样性的价值冲突,是法院能在力求防止各州的保护主义和贸易歧视的同时,兼顾各州自行处理地方事务的需要"。② 更重要的是,在联邦政府的州际贸易管辖权上,确立了"选择性排他"理论,使得早期联邦政府所具有的绝对州际贸易管辖权向相对的州际贸易管辖权转变,这在以后的判决中继续得以体现。

(三)"治安权"(the Power of Police):联邦与州的平衡

"治安权"(the Power of Police)由"马歇尔法院"时期的两个判决构成,即"吉本斯诉奥格登案"(*Gibbons v. Ogden*)和"布朗诉马里兰州案"(*Brown v. Maryland*),但"吉本斯案"只是提到州具有保留权力并没有明确"治安权"概念,而"布朗案"则明确提出了"治安权"概念。③ 但是,由于"马歇尔法院"的国家主义立场使得"治安权"在产生初期一直受到的压制,直到"马歇尔法院"后期才在"威尔森诉黑鸟河沼泽地公司案"(*Willson v. Black Bird Creek Marsh Co.*)中出现松动。马歇尔在"威尔森案"中指出,尽管各州不能基于"贸易条款"管理州际贸易,但可以根据"州治安权"管理与本州相关的贸易事项。④ 在"坦尼法院"时期,"治安权"理论迎来了发展的关键阶段,各州基于"固有主权"也积极行动起来将"治安权"付诸实践。

1851年,在"马萨诸塞州诉阿尔杰案"(*Common v. Alger*)中"治安权"首次在州层面得以运用。在本案中,马萨诸塞州首席大法官莱缪尔·肖(Lemuel Shaw)对"治安权"作了界定,认为立法机关基于宪法授权在

---

① See *Cooley v. Board of Wardens of the Port of Philadelphial* 53 U.S. 299(1852).
② 张千帆:《美国联邦宪法》,法律出版社2011年版,第111页。
③ See: *Gibbons v. Ogden*, 22 U.S. 1(1824); *Brown v. Maryland*, 25 U.S. 419(1827).
④ See *Willson v. Black Bird Creek Marsh Co.*, 27 U.S. 245(1829).

不违背宪法的前提下可以对私人财产权利规制,这种规制是共同善益和一般福利所必须的一般性规制,是从良好秩序的公民社会本性中产生出来的原则要求,规制的权力就是"治安权"。[①] 1855 年,佛蒙特州首席大法官在"索普诉拉特兰与柏林顿铁路公司案"(*Thorpe v. Rutland & Burlingtong R.R.Co.*)对"治安权"作了补充规定,将"治安权"规制对象从私人财产扩展到生命、身体、健康、舒适和安宁等方面,目的在于保护"人民"整体舒适、健康和本州的繁荣。[②] 从这里可以看出,"治安权"主要指的是州的一项权力,与各州管理经济社会发展中的卫生、安全、福利等事项有关。

在联邦层面,"坦尼法院"的"治安权"运用是从三个案件开始的。1837 年,"坦尼法院"通过"查尔斯河桥公司诉华伦公司案"(*Charles River Bridge v. Waren Bridge*)、"纽约州诉米利恩案"(*New York v. Miln*)和"布里斯科诉肯塔基州银行案"(*Briscoe v. Bank of Commonwealth of Kentucky*)三个案件,[③]实现了从马歇尔"绝对国家主义"到"相对国家主义"的转变。在这个转换过程中,"坦尼法院"对"马歇尔法院"创立的"治安权"进行了开创性的运用,认为"治安权"并不是宪法规定的权力,"治安权"理所当然属于州保留权力的范畴,以此来削弱联邦政府因"贸易条款"而引起的权力扩张,进而为各州权力增长提供支点。

"坦尼法院"时期的"治安权"最早由"查尔斯河桥梁公司案"提出,并在 1837 年的"米利恩案"中开始运用。在"米利恩案"中,最高法院维护了纽约州的法令,认为其规定船长必须提供有关他们船上运载的每一个移民出身背景和健康状况的报告,有利于防止非法移民进入各州,"治安权"是州的权力范畴,并不属于宪法所说的"贸易条款"调控的对象。[④]

1847 年的"许可证组案"(*License Cases*),"坦尼法院"支持罗德岛州、马塞诸塞州和新罕布什尔州在本州内销售国外进口的酒水和准许州政府

---

① See *Commonwealth v. Alger*, 61 Mass.(7 Cush.)53(1851).
② See *Thorpe v. Rutland & Burlingtong R.R.Co.*, 27 Vt. 140(1855).
③ See: *Charles River Bridge v. Waren Bridge*, 36 U.S. 420(1837); *New York v. Miln*, 36 U.S. 102(1837); *Briscoe v. Bank of Commonwealth of Kentucky*, 36 U.S. 257(1837).
④ See *New York v Miln*, 36 U.S. 102(1837).

颁发的这些酒类许可证,并对"治安权"再次作了澄清。① 以此为基础,坦尼还对州际贸易和"治安权"进行了区别,并提出了联邦和州"并行权力理论",②该理论认为"一州可以以任何方法和形式,到任何程度来行使它的权力,只要它的行为对联邦权力的影响不是不相容或直接矛盾的……州制定治安法的权力是没有疑问的,因为,只是在行使州保留的权力。这种权力,我已经证明,并可以以各种方式来行使,而在很多情况下,是涉及对外贸易的"。③

但是,在1849年的"乘客案"(*The Passengers Case*)中坦尼的"治安权"和"并行权力理论"遭到了挫折,麦克莱恩大法官代表多数意见宣布纽约州和马塞诸塞州对到达该州的每位乘客征收人头税的法令违宪,坚持认为联邦政府具有"排他性"的州际贸易管辖权。④ 但是,坦尼代表少数意见认为:"按照宪法的正确解释,授予国会的贸易管理权并没有在任何程度上限制各州征税的权利,各州有权按照国会的条例对运入它们码头和港口的货物征税,只要它们没有被明文禁止。"⑤

"坦尼法院"时期"治安权"的运用,是对"马歇尔法院"的一种理论补充,这种补充认为在国家构建时期,各州的行为应该满足公共利益的需要,实现政府为之而创立的目的。"坦尼法院"对"治安权"的实践很大程度上提升了州在国家建设中的地位,尤其是州政府可以利用"治安权"名义管理州内事务,免除了"贸易条款"的"潜伏效应"对州权的限制,调动了州的积极性,有利于州政府在州层面支持联邦政府开展诸如"国内改进"这样的国内建设。从这种意义上讲,州权增长对于国家发展战略是建设性的,它分担了联邦政府负担,整体上促进了"人民"利益。

---

① 坦尼将"治安权"界定为:"它们不过是政府在其管辖的范围内固有的那些主权性权力。无论是某个州通过一项检疫法,一项惩治犯罪法,或者建立法院,或者要求某种需要记录在案的文件,或者规制境内的商事,所有这些都是在行使一样的权力。也就是说主权的权力,在其管辖内管理人与事的权力。"(See: *License Cases* 46 U.S. 504(1847).)
② "并行权力理论"是与"治安权"相关的概念,该理论认为联邦政府在管理州际贸易方面并不具有绝对的排他性,各州在不违背国会立法或者说国会还没有立法的前提下,州政府同样拥有管理州际贸易的权力。
③ See *License Cases*, 46 U.S. 504(1847).
④ See *The Passengers Case*, 48 U.S. 283(1849).
⑤ See *The Passengers Case*, 48 U.S. 283(1849).

（四）"公司制度"与联邦司法管辖

公司制度发展是现代企业组织的重大发明，它允许公司利用有限资源来控制更大的资源，从而实现其对利润的需要。公司追求利润的本质决定了其并不会固守在一定的物理范围之内，而是要积极寻求机会扩张，公司的"扩张性"产生了管辖权难题，这要求其必须接受全国性政府的管理，同时还要接受州政府的管理。

在"奥古斯都银行诉厄尔案"（*Bank of Augusta v. Earle*）中就遇到这样的情况。在 19 世纪 30 年代，美国公司发展规模越来越大，出现了许多的大型或者超大型公司，公司发展的跨州性涉及到联邦政府的管辖权问题。"奥古斯都银行案"起源于阿拉巴马州的一项法令，该法令规定将本州内所有银行收归国有后并禁止州外银行在州内经营业务，最高法院对州政府的这项法令提出了三种不同意见：一是极端"州权主义者"认为这是一种非常有效的限制公司这种不负责任企业的有效管理办法；二是国家主义者认识到全国市场的重要性并进而否认州政府的做法，认为这种做法对全国工商业的发展是有害的。但是，坦尼代表法院大多数意见提出了第三种观点："公司从事州际活动是值得肯定的，州政府在其权限内有权管理在其境内进行业务的公司。"[1]坦尼为首的最高法院的判决不是出于维护州权的需要，而是处于对公司这种企业组织本性的准确认知，以及维护全国性市场这种国家利益的立场。

（五）"契约条款"对州权的抑制

"马歇尔法院"在"普罗维登银行诉比林斯案"（*Providence Bank v. Billings*）中将"特许状"理解为一种契约，对所载权利的行使在双方之间产生了一种"契约义务"。在"查尔斯河桥公司诉华伦公司案"（*Charles River Bridge v. Waren Bridge*）中，"契约义务"再次得到重申。1854 年，在"俄亥俄人寿保险与信托公司诉德伯特案"（*Ohio Life Insurance & Trust Co. v. Debolt*）中，原告宣称州银行的税法侵害了本公司和该州先

---

① See *Bank of Augusta v. Earle*, 38 U.S. 519(1839).

前订立契约所规定的义务,但最高法院却认为:"原告诉称的税收豁免权没有在其特许状中明确地表示出来,因此该州法律未损害该契约的义务。"①该案进一步坚持了"马歇尔法院"在"普罗维登银行案"中所确立"契约条款"诸原则,即不能凭借"暗示"对"特许状"所产生的契约作出任何判断。

"坦尼法院"在"多吉诉乌尔塞案"(*George Dodge v. John M. Woolsey*)有机会进一步贯彻"俄亥俄人寿保险与信托公司案"中的立场。俄亥俄州立银行 1845 年的"特许状"规定该州立银行应该向该州政府交纳其盈利的 6%,替代其应缴纳的所有税款,但是,1851 年新的州宪法规定所有银行必须缴纳财产税。俄亥俄州政府根据新宪法规定制定了新税法,从而使得州银行要缴纳的税款比先前"特许状"规定的要多缴纳约 7000 美元,该银行股东乌尔塞主张新税法违反"契约义务"。最高法院认为州政府两种征税模式是不同的,"第二个税收法案并非是针对银行的利润征税,而是对其整个业务额、资本、流通证券、信贷与应收款项征税"。②

第一个法案规定对银行征税是一个合法契约,在 1866 年银行"特许状"到期之前,对该州银行和股东都平等适用。在"特许状"存续期间,州政府不能对银行半年利润征收超过 6%的税,"宪法变更并不能使一州免于承担其根据允许订立这些契约的宪法而订立的契约义务,问题是,该契约是否为当时宪法所允许? 如果这样(在本案中是不能否认的),于 1802 年批准宪法的主权者和制定 1852 年宪法主权者是一模一样的,其中任何一个都不比另一个享有更多权力,使之可以损害州立法机关与个人订立的契约"。③

(六)"普利格案"与联邦政府对逃奴的独占管辖

宪法第 4 条第 2 款规定:"(一)每州公民应享受各州公民所有之一切特权及豁免。(二)凡在任何一州被控犯有叛国罪、重罪或其它罪行者,如逃脱该州法网而在另一州被缉获时,应根据该罪犯所逃出之州的行政当

---

① See *Ohio Life Insurance & Trust Co. v. Debolt*, 57 U.S. 416(1854).
② See *George Dodge v. John M. Woolsey*, 59 U.S. 331(1856).
③ See *George Dodge v. John M. Woolsey*, 59 U.S. 331(1856).

局之请求,将该罪犯交出,以便移交至该犯罪案件有管辖权之州。(三)凡根据一州之法律应在该州服役或服劳役者,逃往另一州时,不得因另一州之任何法律或条例,解除其服役或劳役,而应依照有权要求该项服役或劳役之当事一方的要求,把人交出。"①国会根据上述规定制定了 1793 年《逃奴法》,规定联邦地区、巡回法院和地方法官,在不需陪审团裁决的情况下,直接对逃奴身份进行确认。《逃奴法》思维规定遭到了北方"废奴主义者"的强烈不满,这些自由州通过立法来阻碍联邦法律实行,并规定逃奴被作出不利裁决上诉时可以获得陪审团裁决,而且还通过各种方式帮助这些黑奴从南部向北方逃离。

北部自由州大量法律规定奴隶主负有举证责任,而地方法官却拒绝接受由奴隶主提供证据,"普利格诉宾夕法尼亚州案"(*Prigg v. Pennsylvania*)是个共谋案件,目的在于挑战制定此类法律的宾夕法尼亚州。在该案中,斯托里大法官代表最高法院多数意见认为,宪法第 4 条第 2 款的规定在于确保南部蓄奴州奴隶主的财产权,这是联邦得以成立的根本,"确实,如果宪法保证这种权利,如果宪法规定在奴隶主要求下必须交出奴隶(这是毋庸置疑的),那么,自然而然的推论必然是,全国政府具有合适的权力和职责来强制执行",②这是宪法赋予国会的"适当和必要"权力。斯托里再次强调,马歇尔在"斯特奇斯诉克劳宁希尔德案"(*Sturges v. Crowninshield*)中已经阐明这个道理,③即如果一种被授予国会的权力条件或权力的性质需要完全由国会来行使,州立法机关就无权行使,"联邦政府已先期获得了有关逃奴的独占立法权,各州不得对这个问题制定法律",④从而确立了由联邦政府对逃奴的独占管辖权。

但是,斯托里大法官又认为各州可以根据"治安权"来管理逃奴问题,这是州保留的权力,"但是这样的管理绝不能干预或妨碍合众国宪法赋予奴隶主的追回其奴隶的正当权利,或者干预国会为了帮助和实施同样的

---

① 参见《美利坚合众国宪法》,第 4 条第 2 款。
② See *Prigg v. Pennsylvania*, 41 U.S. 539(1842).
③ See *Sturges v. Crowninshield*, 17 U.S. 122(1819).
④ See *Prigg v. Pennsylvania*, 41 U.S. 539(1842).

管理而规定的补救方法"。① 但是,少数派意见坦尼表达了不同意见,他否定州政府有权利当奴隶主试图按照合众国宪法赋予他们权利追回逃奴时保护奴隶主的法案,这种立场直接影响到了"坦尼法院"对"斯科特诉桑福德案"(*Dred Scott v. Sandford*)的判决。

在"斯科特案"中,坦尼代表最高法院判决南部扩大"奴隶制"的原则合法,加剧了北方和南方的矛盾。② 尽管坦尼试图通过该案对"奴隶制"扩大"作一个权威的和符合宪法的解答",③但坦尼显然低估了该案的政治后果,不仅没有解决"奴隶制"扩张,而且还直接引发"内战"。从这个角度来讲,"很难将它归入最高法院的意见一类"。④ 因为,多数意见里面存在严重的分歧,分歧的严重性体现了该判决并不能真正代表当时"人民"主流的价值取向,即"人民"需要联邦政府解决"奴隶制"扩张从而维护国家统一。

从总体上看,"坦尼法院"将关注的重点从联邦权转向了州权,但这并不意味着这个时期的大法官都是"州权主义"的极端拥护者,而是因为他们把州权视为恢复宪法保护联邦与州平衡的工具,他们觉得"马歇尔法院"将这种平衡不适当倾向于财产权并以此来打击州权的作法不利于公共利益的保护。⑤ 而通过引入"治安权"理论,适当扩大州的管制权更加有利于发挥州的积极性和主动性,从而对整个国家构建行为贡献力量。

五、国家重构:"内战"和"重建"中的国家主义(1861—1877)

1861 年"内战"爆发,联邦政府全力支持林肯总统,赋予其广泛权力打击南部分裂行为。林肯在就职演说中说道:"我无意直接或间接地在蓄奴州干涉奴隶制,我相信我没有合法的权力,而且我也不想那样做",但是,林肯郑重强调:"从宪法和法律的角度看,联邦是不可分解的",联邦一

---

① See *Prigg v. Pennsylvania*, 41 U.S. 539(1842).
② See *Dred Scott v. Sandford*, 60 U.S. 393(1857).
③ See *Dred Scott v. Sandford*, 60 U.S. 393(1857).
④ See *Dred Scott v. Sandford*, 60 U.S. 393(1857).
⑤ [美]伯纳德·施瓦茨:《美国法律史》,王军、洪德、杨静辉译,法律出版社 2018 年,第 71 页。

旦成立,便不能解散,各州无权退出,"如果一部分人因为在政治选举中失败就一定要诉诸于分裂国家的方式,联邦政府就必须为了保卫自己的生存而进行镇压内乱的战争"。①

在动用国家力量保卫联邦的过程中,最高法院支持了总统权力扩张,这是联邦政府取得胜利的关键。而在"重建"阶段,"联邦最高法院对共和党的重建政策一般都持支持态度,大部分大法官将重建问题看成是政治问题,不希望从司法角度给国会制造麻烦",②从而使得由共和党主导的国家"重建"得以顺利进行。

(一)"战利品案"(*The Prize Cases*)与总统权力的扩张

"内战"期间,林肯总统的权力得到极大的扩张,③由于国会在共和党控制之下,因此总统权力扩张并没有遇到太大麻烦。最高法院在"战利品案"(*The Prize Cases*)中也顺应了国会立场,给予总统权力以支持。在本案中,最高法院多数派意见认为:"目前进行的内战是一场关于个别人的战争,是总统为了打击那些企图叛乱的南部的个别人战争。尽管宣战权在国会手中,总统无权发动战争,但一旦叛乱发生,在立法机关来不及采取行动的情况下,总统有权对形势进行判断并采取必要的行动",最高法院认为,"叛乱的性质和程度应由总统来决定,最高法院在这种情况下应尊重政府政治部门作出的判断和决定"。④

林肯将战争的性质看作是镇压内乱,但目的在于扩大总统战争权和外交考虑。但是,事实上南部俨然是一个独立主权国家。"所以在'内战'期间,联邦对南部邦联的法律处理有两重性:一是将其看成事实上的敌国,对于俘虏的处理、财产的没收,以及后来奴隶的释放都是根据这种法律基础来进行。但另一方面,南部邦联又被视为一个叛乱分子的集体,受

---

① Abraham Lincoln, *First Inaugural Address*, March 4,1861.
② 参见王希:《原则与妥协——美国宪法的精神和实践》(增订版),北京大学出版社2014年版,第306—307页。
③ 总统扩张的权力包括征兵、军事指挥、中止人身保护令状和宣布紧急状态等。尽管以上权力并不是宪法明确规定的,但林肯强调如果严格按照宪法规定,在此紧急状态下,联邦将无法自卫,合众国为了生存不得不动用这些权力。
④ See *The Prize Cases*, 67 U.S. 635(1863).

国会通过的新的《反叛国罪法》的惩罚。"①

（二）"梅里曼案"（*Merriman Case*）对人身保护权令终止

宪法的"必要和适当条款"为联邦政府的权力扩张提供了基础,但该条款运用受到第 9 款限制,其中涉及到公民自由的主要包括三个方面:"不得终止人身保护权的特权,除非发生叛乱或者入侵时公共安全要求终止这项特权;不得通过剥夺公民权利的法案和溯及既往的法律。"②"人身保护令"是保护公民权利的重要手段,但在国家遭受危机时刻,国家可以暂时中止"人身保护令"限制公民人身自由。因此,"人身保护令"在大部分情况下得到宪法保护而不得终止。

1861 年 4 月 27 日,国会休会期间,林肯以行政命令的方式,下令暂时中止一些不稳定地区的公民人身保护权,这实际上意味着不经过法院人身保护权令的约束,国家可以对公民人身自由进行限制,马里兰州就是受此影响的地区。梅里曼是马里兰州的头面人物,但是在暗地里和南方叛乱各州进行联系,后来因此而被捕。梅里曼向最高法院寻求"人身保护令"。但是,军方并不理会"人身保护令",并发表声明说:"在此类案件中,美国总统正式授权他出于公共安全考虑,暂时中止执行人身保护权令状。这是一项崇高的信任,他受命根据自己的判断和意愿来执行。"③军方的态度强硬,声称得到陆军部指示:"可以扣押所有可能涉嫌叛乱活动的人。"④

坦尼向总统反映,"请他履行其宪法责任,强制实行法律程序",⑤并

---

① 王希:《原则与妥协——美国宪法的精神和实践》(增订版),北京大学出版社 2014 年版,第 240 页。

② 《美利坚合众国宪法》第 1 条第 9 款规定:"……不得中止人身保护令所保障的特权,惟在叛乱或受到侵犯的情况下,出于公共安全的必要时不在此限。不得通过任何褫夺公权的法案或者追溯既往的法律……"

③ Paul A. Freund, ed., *The Oliver Wendell Holmes Devise History of the Supreme Court of the United States*, Vol. 5, Carl B. Swisher, *The Taney Period, 1836 - 64*, New York: Macmillan, 1971, p.846.

④ David M. Silver, *Lincoln's Supreme Court*, Chicago: University of Illinois Press, 1998, p. 29.

⑤ Paul A. Freund, ed., *The Oliver Wendell Holmes Devise History of the Supreme Court of the United States*, Vol. 5, Carl B. Swisher, *The Taney Period, 1836 - 64*, New York: Macmillan, 1971, p.848.

指出总统行使了宪法没有赋予的权力。但是,林肯在国会特别咨文中坚持认为:"我曾认为有责任授权指挥官在适当的情况下,可根据他个人的判断暂停人身保护权;换句话说,不必采取正当的法律程序和形式,即可逮捕并拘留他认为危及公共安全的人……这个案子已判定是一起叛乱案。宪法并没有明确规定只有国会才有权暂停人身保护权,同样,美国建国之父也无意规定,在紧急状态下,当国会休会时,总统不能为了保护公众安全而暂停人身保护权……"[1]林肯的态度赢得了国会支持,"人身保护令"暂时终止。1862 年,梅里曼所在的巴尔迪摩地区被取消紧急状态,梅里曼被移交给普通法院审理,结果由联邦派支持者组成的大陪审团还是判定梅里曼有罪。

1864 年,同样情形出现在"米利根案"(*Ex Parte Milligan*)中,但结果大相径庭。米利根属于叛乱的南方邦联在印第安纳州的一个准军事组织——美国骑士团(The Order of American Knights)官员,他以危害联邦分裂国家为由被逮捕,并随后被战时军事法庭判处死刑。在定罪之后,联邦大陪审团拒绝指控他有罪,林肯将死刑判决的执行延迟了四个月。后由于林肯被刺杀,继任者约翰逊总统在就职的两个周后批准了该死刑判决。米利根向联邦法院申请"人身保护令",称战时军事法庭判决是违宪的。最高法院在该案中一致同意总统没有权力成立军事法庭,国会批准成立也是非法的,在普通法院正式运转的前提下,军事法庭适用《戒严法》是非法的,"在一个普通法院保护证人与在一个军事法院保护证人同样的简单,而既然除非经充分的法律证据不能定罪,一个由国会决定成立的法院比一个非由受训从事法律职业的绅士们组成的军事法院更能裁决这个问题……"[2]

(三)"重建"宪政:联邦政府权力的强化

战后"重建"阶段,总统和国会先后主导"重建"进程,"重建"受到了共和党政治意识形态的影响。最高法院也卷入到"重建"之中,"如同任何时

---

[1] David M. Silver, *Lincoln's Supreme Court*, Chicago: University of Illinois Press, 1998, p. 31.

[2] See *Ex Parte Milligan*, 71 U.S. 2(1866).

代的大法官一样,'重建'时期的大法官们虽有各自的政治信仰,但并不能不加掩饰地将自己的政治见解写入法院的判决之中,他们的法律意见应该而且必须有令人信服的宪法依据的支持"。① 在这期间,共和党的国会制定的一系列法案,②"目的都是为了改变原有的州权至上的联邦结构,加强中央政府的权力,加强对黑人权利的保护,简言之,是为了建立一个新的宪政秩序"。③

在"重建"早期,最高法院受共和党"重建"政策影响,采取了"克制主义"立场,对国会"重建"持支持态度。在 1867 年的"卡明佐诉密苏里州案"(*Cummings v. Missouri*)中,最高法院使密苏里州宪法规定的一项要求联邦律师进行忠诚宣誓的法律无效。④ 1867 年的"密西西比州诉约翰逊"(*Mississippi v. Johnson*)和 1868 年的"佐治亚州诉斯坦顿案"(*State of Georgia v. Stanton*)中,最高法院宣布国会的《重建法》符合宪法原则,不存在违宪理由。⑤ 而 1869 年的"麦卡德尔案"(*Ex Parte McCardle*),最高法院坚持"重建"是政治议题,联邦政府有权终止"人身保护令状"的使用。⑥

1869 年的"德克萨斯州诉怀特案"(*Texas v. White*),最高法院有机会对联邦性质、脱离联邦和控制"重建"政策发表明确意见。蔡斯大法官认为:"在宪法中,州这个词最经常地用来表达'人民'、领土和政府的综合概念。在宪法通常意义上,州是一个自由公民的政治共同体,占有一块其边界已经划定的领土,在一个被成文宪法批准和限制,并获得被统治者同意的政府领导下组织起来。这些州联合在一部共同宪法之下,形成一个独立的、规模更大的政治单位,宪法称它为合众国,并使组成合众国的'人

---

① 王希:《原则与妥协——美国宪法的精神和实践》(增订版),北京大学出版社 2014 年版,第 306 页。

② 在此期间国会除了通过宪法第 13 修正案、第 14 修正案和第 15 修正案等"重建修正案"之外,还制定了《重建法》《民权法案》和《实施法》等一系列法案。

③ 王希:《原则与妥协——美国宪法的精神和实践》(增订版),北京大学出版社 2014 年版,第 306 页。

④ See *Cummings v. Missouri*, 71 U.S. 277(1867).

⑤ See: *Mississippi v. Johnson*, 537 U.S. 830(1867); *State of Georgia v. Stanton*, 73 U.S. 50(1868).

⑥ See *Ex Parte McCardle*, 74 U.S. 506(1869).

民'和州成为同一'人民'和同一国家……德克萨斯共和国是 1845 年 12 月 27 日作为一个州加入联邦的。按照这项法令,新州以及新州的'人民'享有一切特权,并按照宪法承担 13 个老州的全部责任和义务。"①联邦政府根据宪法第 4 条"保证条款",有保证各州共和政体的义务。一个州没有任何权利和理由脱离联邦而单独存在,当德克萨斯成为联邦一个州时,它就进入了一种牢不可破的关系,联邦政府有义务保证它的共和性质。德克萨斯在战争期间没有同国家保持宪法关系的政府,合众国具有责任重新恢复这样的一个政府。

(四)菲尔德大法官在"屠宰场案"和"芒恩案"中的国家主义立场

1873 年的"屠宰场系列案"(*Slaughter-House Cases*)涉及到"重建"后期对宪法修正案意义的明确,尤其是联邦和州在保护公民权利方面的权限划分问题。在该案中,最高法院被迫对宪法第 14 修正案的内容和使用范围进行解释。但是,共和党大法官米勒在代表最高法院的判决中否定第 13 修正案对该案适用,然后又对第 14 修正案作了解释,认为"第 14 修正案的目的是为了保护新获得自由的黑人公民的权利,该修正案提出了美国公民的'双重公民资格'",二者公民身份是不同的,"两者的表现取决于它们不同的性质或每个公民所处的不同情势,两种公民资格既是分离的,又是部分重合的;两种公民资格都包含属于各自的、特定的公民权利,联邦和州政府分别管理属于联邦和州公民资格的公民权利,属于联邦公民资格的公民权,即所谓的特权或豁免权,只有为数不多的几种,而属于州政府管理的公民权利却十分广泛和丰富,包括个人自由、财产以及其他涉及日常生活与行为在内的许多基本权利。第 14 修正案的目的只是将属于联邦公民资格的权利置于联邦政府的保护之下,并无意将原来由州政府管理的、属于州公民资格的日常公民权利交由联邦政府管理。因此,联邦政府无权过问或改正州政府为管理本州'人民'的日常权利而制定的法律,自然也不能宣布路易斯安那

---

① See *Texas v. White*, 74 U. S. 700(1869).

州关于屠宰场的法律是违宪的,新奥尔良市的屠宰场主的诉求是无效的"。① 米勒大法官代表多数意见的判决重申了传统的保守主义立场,维护了州的"治安权",但是菲尔德的反对意见则更准确地指出了宪法未来的发展方向。

菲尔德大法官的反对意见认为:"第14修正案确实提供了对美国公民的保护,而这也是起草该修正案的国会以及批准该修正案的州的意图所在……联邦宪法第4条第2款指明的特权和豁免权为所在自由政府下的公民享有。在任何一州,他州公民对该条款下的特权和豁免权的享有与本州公民享有,其内容和条件应当一样。任何一州都不能歧视他州公民对这些特权和豁免权的享有,也不能对他们课以重于本州公民的负担。该修正案条款保证不同州居民同处一州时,平等享有这些权利……这些平等权利不受各种毁谤、偏见的法律的侵损是美国公民最显著的特权……对所有职业来讲,州有权制定法规以改善公共卫生,保障社会秩序和促进社会的普遍繁荣。但是,一旦制定了这样的法律,它应当允许每一位符合规定条件的并愿意遵守法律的公民自由从事上述职业,这是我们制度赖于存在的根本理念而且除非我们的立法坚持该理念,否则所谓的共和政府只是徒有虚名而已。我认为,联邦宪法第14修正案使得各州立法是否尊重这种平等权利对于判断它们的有效性极为重要。我已经指出,路易斯安那州的法律与这种平等相聚十万八千里,它彻底抛弃了它,并对其肆意践踏。我对本院多数人认可了该法案的有效性深表遗憾,因为自由劳动的权利,一种最神圣和不可剥夺的权利被侵犯了。"②菲尔德大法官的少数派意见代表了对14修正案符合时代潮流的理解,也准确的反映了"人民"对于宪法价值认识,即取消"奴隶制"之后对于公民权利的平等保护,这种保护建立在公民"国民"身份基础上,合众国公民身份的宪法确认理应受到联邦宪法保护,州层面的保护并不是最终的,联邦政府的平等救济才是根本。

菲尔德国家主义观点还在"芒恩诉伊利诺伊州案"(*Munn v.*

---

① See *Slaughter-House Cases*, 83 U.S. 36(1873).
② See *Slaughter-House Cases*, 83 U.S. 36(1873).

Illinois)中得以体现。"芒恩案"涉及到伊利诺伊州对铁路以及谷仓的管制,在联邦宪法和州立法权限的范围内,伊利诺伊州立法机关是否有权力对芝加哥地区以及其他地区的谷物储存规定最高收费标准,韦德大法官代表最高法院多数意见支持了该法案。① 然而从事农业储存的公司谴责这类立法未经正当程序剥夺了公民财产,干预了州际贸易,菲尔德大法官的反对意见就坚持了这些公司的立场,认为最高法院应该推翻此类干预州际贸易的立法,最高法院应该践行"司法能动主义",限制州立法机关损害州际贸易的行为。菲尔德的观点虽然并不代表最高法院的判决,但更加准确的反映了"内战"和"重建"阶段美国"人民"的整体价值取向。随着"内战"对"州权主义"的打碎,全国日益联结为统一的自由的全国市场,联邦政府对于损害或破坏这个市场的行为应该扮演更加积极的角色,只有这样才能"重建"一个强大和自由的合众国。

综上所述,最高法院作为宪法含义最终诠释者,其并不是脱离具体历史阶段"人民"的价值取向。尽管它不是民选机关,但最高法院决策通常与民意恰好重合,"不论最高法院中庸的大法官是否自觉地关注民意测验的结果,中立地解释宪法,还是试图平衡美国政治制度中其他部门,在过去两个世纪的大部分时间里,他们那些引人注目的判决一直以不多的优势赢得美国公众的人心"。② 因此,"建国"到"重建"的最高法院从整体上顺应了"人民"对一个强大民族国家需要的要求,并以司法国家主义践行这种要求。

第三节　总统权力变迁实现国家主义
(1789—1877)

美国宪法第 2 条赋予了总统广泛的行政权力,但毫无疑问总统权力已经发生了很大程度的变迁,权力扩张是一个不争的事实。尽管总统权

---

① See *Munn v. Illinois*, 94 U.S. 113(1877).
② See Jeffery Rosen, *The Most Democratic Branch*, New York: Oxford University Press, 2006, p.4.

力扩张在"现代总统时期"最为明显,但在"建国"到"重建"阶段,总统权力并不像菲利普·阿伯特(Philip Abbott)和理查德·罗斯(Richard Rose)所说的是一个减少和"几乎无事可做"的时期,[①]相反总统权力在这个时期对于民族国家构建发挥了巨大作用,尤其是在外交事务领域,总统权力扩张最为明显。

一、宪法与总统权力

总统权力包括两大类:"一是正式权力:来自与宪法、国会通过的法律和各类司法解释;二是固有权力,来自于总统职位的实际运作和总统工作本身,而非来自于宪法的授予",[②]固有权力是总统政治形态关注的重点。对于固有权力而言,由于没有宪法的明确规定,总统权力条款权力存在很大弹性空间,这就为开启总统宪政提供了机会。

(一)总统作为行政首脑的权力

联邦宪法第 2 条第 1 款规定:"行政权力赋予美利坚合众国总统。"本条意义在于将行政权授予总统,总统全权处理联邦政府各项工作。总统拥有行政权是有效执行法律的前提,对于管理一个大的共和国而言,总

---

① 历史学家菲利普·阿伯特(Philip Abbott)将总统权力划分为六种形态:"(1)初建总统权力时期(1789—1829),总统权力超越于政党和派别利益之上;(2)政党总统权力时期(1829—1865),总统往往以党派划分,积极营造政党机器以奖赏朋友惩罚对手;(3)总统权力削弱时期(1865—1897),尽管总统依然保持着密切的政党联系,但在此期间总统权力已经大大减少了;(4)现代总统时期(1897—1945),总统面临工业化产生的危机和美国在全球范围内地位的上升,总统权力也大大扩张;(5)冷战总统时期(1945—1993),总统权力呈现出帝王式总统,无论在国际事务还是在国内事务都居于至高无上的地位;(6)后现代总统时期(1993 至今),这一时期总统的权力由于失去的冷战的压力,故而呈现出下降趋势,总统权力形态也多样化了。"(Philip Abbott, *The Books of Thomas Jefferson*, Vol.15, New Jersey: Princeton University Press, 1958, p.283.)另一位学者理查德·罗斯(Richard Rose)将总统权力形态划分为三个阶段:"(1)传统总统时期,总统几乎无事可做;(2)现代总统时期,总统在国内和国外做大量的事情;(3)后现代总统,总统可能对自身存在太多的期待。"(Richard Rose, *The Post-Modern President: The White House Meets the World*, Chatham, New Jersey: Chatham House Publishers, 1989.)

② 赵可金:《把握未来:美国总统政治形态研究》,北京大学出版社 2013 年版,第 98 页。

统享有独立行政权优点是显而易见的,"一人行事,在决断、灵活、保密及时等方面,无不较之多人行事优越得多;而人数越多,这些好处就越少"。[1]

总统作为行政首脑,要保证整个政府的高效运转就必须要组织政府。因此,总统对行政官员享有任命权。总统任命行政官员主要分为两类:"一类是政府高级官员,其提名必须经过参议院半数以上议员的批准后才能正式任命;另一类是低级官员,其任命无需经参议院批准。"[2]也就是说,总统任命各行政部门和机构的首长,但任命联邦政府高级官员受到了参议院制约。然而,国会根据需要可以颁布法律将一些较低级官员的任命权授予总统本人,说明总统本人具有一定的行政官员任命权,可以根据国会授权任命一些低级官员来应对管理国家需要。另外,在参议院休会期间,遇到行政官员职位的空缺,总统可以任命相关的空缺官员,该官员任期于参议院下届议会结束时终止,这通常称之为总统的"休会任命权"。[3] 从这里可以看出,总统在行政权领域享有充分自由裁量空间,这为总统管理内政和外交事务奠定基础。

(二) 合众国军事统帅的权力

宪法第2条第2款规定:"总统为合众国陆海军的总司令,并在各州民团奉召为合众国执行任务的担任统帅。"本条将总统定位为军队总司令和武装力量的最高统帅,负责领导合众国的军事力量。之所以将军事力量的领导权授予总统,主要是因为总统"决断力"适应了军事特点需要,国会在这点上显然不具有这种优势。汉密尔顿认为:"指挥作战最具有需要一人集权的素质。指挥作战乃指挥集团之力量;而指挥与运用集团力量之权正是行政权威定义中的主要成分。"[4]世界大部分宪法都规定总统享

---

[1] See *The Federalist* No.70.

[2] 董秀丽:《美国政治基础》,北京大学出版社2010年版,第141页。

[3] 《美利坚合众国宪法》第2条第2款规定:"在参议院休会期间,如遇有职位出缺,总统有权任命官员补充缺额,任期于参议院下届会议结束时终结。"

[4] See *The Federalist* No.74.

有军事领导权。① 总统为了国家利益可以采取一切必要的军事行动,制定战略决策,宣布战争动员和决定谈判停火,"在和平时期,凡美国国会所愿意维持的一切军队都由总统任用、训练、监督和调动。在战争时期,一切全盘战略的重大决定和许多局部战术都由总统亲自作出和批准"②。

美国总统从领导军事力量之中发展出了战争权,即其有权在世界任何地域部署军队和命令军队作战。为了国家利益,总统甚至还可以采取一切必要的军事行动、制定战略决策、宣布战争动员和决定谈判停火。另外,总统在战争期间还享有最高统帅权和"紧急状态权","紧急状态权"在历史上广泛使用,直到 1934 年才通过"房屋建筑与贷款协会诉布莱斯戴尔案"(*Home Building & Loan Association Co. v. Blaisdell*)确立。③ 总体看来,"美国总统作为总司令的权力在战争期间最为强大,紧急状态下次之,和平时期最小"④,因此,战争期间总统对宪法的解释自由度最大。

但是,总统没有宣战权,宣战权力属于国会。⑤ 国会不仅可以宣战,而且还掌握着军事开支的征税、财政拨款和制定军事法律。宣战权关系到全体"人民"利益,由代表"人民"利益的国会来宣战也是理所当然的。马塞诸塞州的盖利就说道:"他永远不想在一个共和国里听到把宣战权授予行政部门的动议",⑥总统享有宣战权使人联想起专制的独裁者,这对"人民"自由是极大威胁。但是,在国家安全处于非常时期,把宣战权赋予对局势不了解和民主程序制约的国会,这等于把国家抛进了危险境地。如果在国会休会期间,整个国家可能就更加危险。因此,"出于害怕行政

---

① 例如,《澳大利亚宪法》第 68 条规定:"联邦海陆军的最高统帅权属于作为女王代表的总督。"《中华人民共和国宪法》(1954 年)第 42 条规定:"中华人民共和国主席统率全国武装力量,担任国防委员会主席。"《芬兰共和国宪法》第 30 条规定:"总统为芬兰武装部队的统帅,在战争期间,总统得将指挥权授予他人行使。"《法兰西共和国宪法》第 15 条规定:"共和国总统是军队的统帅。总统主持最高国防会议和国防委员会。"《魏玛宪法》第 47 条规定:"联邦大总统掌握联邦一切国防军之最高命令权。"《希腊共和国宪法》第 45 条规定:"依照法律规定,共和国总统是国家军队的统帅,其指挥权由政府行使。依照法律规定,军衔由总统授予。"

② 董秀丽:《美国政治基础》,北京大学出版社 2010 年版,第 144 页。

③ See *Home Building & Loan Association Co. v. Blaisdell*, 290 U.S. 398(1934).

④ 赵可金:《把握未来:美国总统政治形态研究》,北京大学出版社 2013 年版,第 104 页。

⑤ 参见《美利坚合众国宪法》,第 1 条第 8 款第 11 项。

⑥ Jacob K. Javits, *Who Makes War: The President Versus Congress*, New York: Morrow, 1973, p.13.

部门的独裁,但又不想让国家处于无防御的状态,最后的妥协是,国会保留了宣战权,而作为武装部队总司令的总统有权击退突然袭击"。[①]

　　尽管总统并没有宣战权,但在实践中总统经常不经国会同意就派军队到海外干涉他国内政和进行侵略战争。虽然 1973 年,国会通过《战争权力法案》对总统战争权进行限制,但并没有阻止总统在国外用兵,只不过把用兵期限控制在 90 天以内而已。而且,后来几届总统都力图否决该法案效力,且通过实际军事行动来回应对该法案不满。[②] 另外,尽管战争初期的国会可以利用拨款权来制约总统,但事实上却很少对总统构成实质威胁。总统只要开战,国会不可能坐视美军士兵生命不顾,结果是国会也只好自动为战争拨款。在战争权问题上,总统不会定期与国会磋商,反而是国会通常会接受既成事实后的磋商。[③]

(三) 总统的外交事务权

　　宪法第 2 条第 2 款第 2 项规定,总统有缔约权和任命大使、公使和领事的权力。但是,该项外交权力不能由总统单独享有,而是要和参议院一起来行使。如此规定,主要是基于"建国"时期制宪者们对强大行政权的担忧。尽管,缔约权的政治性质决定了由总统享有此权是比较适宜的,但缔约的立法性质又决定了该权必须体现国会意志。汉密尔顿就认为:"缔约工作的目的是与外国订立契约。此种契约虽具有法律的约束力,但其约束力出于国家信誉所负义务。条约并非统治者对国民制定的法规,而是主权国对主权国订立的协定。因此,缔约权具有特殊的地位,并不真正属于行政或立法范围。从其他场合提到的进行外交谈判不可缺少的素质来看,总统实为进行此项工作最为适宜的代表;而从此项工作的重要性以及条约所具有的法律

[①] See Thomas G. Paterson, *American Foreign Policy*, Lexington, MA: D. C. Heath and Company, 1988, pp.30 - 31.

[②] 例如,1974 年,尼克松在"塞浦路斯危机"期间为了营救美国公民,其事前并没有同国会磋商,也没有在 48 小时内通知国会,就直接通过直升机派军队开往塞浦路斯;1975 年"玛亚格斯号"商船被柬埔寨扣留,卡特总统也没有经过国会同意,就直接派兵侵入柬埔寨;1983 年 10 月,里根总统在直接下令军队入侵格林纳达。但与前一件事情不同,总统对后两次用兵事前在形式上都同国会打过招呼或协商过,而且撤兵速度很快。

[③] 例如,1991 年"海湾战争"期间,老布什总统事前没与国会磋商就发动了战争,事后仅电话通知了国会而已。

约束力看来,已有充分理由要求有立法机关之一或全部的参与。"①

国会中参议院对缔约权分享,不仅是由于权力制约需要,而且还在于制宪者对人性极其不信任,"纵观人类行为的历史经验,实难保证常有道德品质崇高的个人,可以将国家与世界各国交往的如此微妙重大的职责委之于如合众国总统这样经民选授权的行政首脑单独掌握……如将缔约权全部委之于参议院,则无异于取消宪法授权总统掌管对外谈判事宜的好处……综上所述,缔约权委之于总统与参议院联合掌握,实较委之于任何一方较为妥善"。② 实际上,世界上大部分共和国总统在行使缔约权和任命外交官员的时候,都受到国会一定程度的制约。③

1. 缔结条约权

宪法第 2 条第 2 款第 2 项明确规定,总统在参议院同意的前提下享有缔结条约的权力,这实际上暗含了总统在外交领域具有签订条约可能性。虽然缔结条约受到参议院制约,但总统可以坚持提出和谈判条约的权力属于总统,参议院不能干涉总统的这项权力,此项权力在 1936 年的"合众国诉柯蒂斯-赖特出口公司案"(*United States v. Curtiss-Wright Export Corp*)中得到确认,在该案中,萨瑟兰法官代表多数意见认为:"联邦政府管理对外事务的权力,不仅在起源上和根本性上与管理内部事务的权力有别,而且参与行使该项权力也受到极大限制,在这个广阔的外部领域内,存在着重要、复杂、微妙和多种多样的问题,只有总统有权作为国家代言发言或听取意见。他征求参议院的意见,在参议院同意下签订条约;但他独自一人进行谈判。参议院不能闯入谈判领域,国会也无权干

---

① See *The Federalist* No. 75.

② See *The Federalist* No. 75.

③ 例如,德国《魏玛宪法》第 45 条规定:"对外国缔结同盟及订立条约,有涉及联邦立法事项者,应得联邦国会之同意。"《意大利共和国宪法》第 87 条第 8 款规定:"总统任命和接受外交代表,必要时经两院事先授权,批准国际条约。"《中华人民共和国宪法》第 80 条规定:"中华人民共和国主席根据全国人民代表大会的决定和全国人民代表大会常务委员会的决定,公布法律,任免国务院总理、副总理、国务委员、各部部长、各委员会主任、审计长、秘书长,授予国家的勋章和荣誉称号,发布特赦令,宣布进入紧急状态,宣布战争状态,发布动员令"。第 81 条规定:中华人民共和国主席代表中华人民共和国,进行国事活动,接受外国使节;根据全国人民代表大会常务委员会的决定,派遣和召回驻外全权代表,批准和废除同外国缔结的条约和重要协定。"

预……重要的是必须记住,我们这里讨论的不仅是授予总统行使立法权的权力,而且是这种权力加上作为联邦政府在国际关系方面唯一代言人的总统的极其微妙、绝对、独有的权力——这种权力无需根据国会的法案行使,而是和其他每一项政府权力一样,必须遵照宪法的有关条款行使。"①

"柯蒂斯-赖特出口公司案"确立了由总统通过外交途径和其他国家进行条约谈判,或者由总统所派国务卿或特使进行特别重要或多边条约谈判的先例。此外,在外交领域还有一些重要条约,宪法并没有规定缔约权属于总统,但是总统却为国家利益而缔结,②这些做法无疑极大鼓舞了总统权力扩张的信心。20 世纪 30 年代之后,总统参与重大国际谈判和条约机会明显增加,但总统只能缔结涉及"较小事务"或"短期协定","对于一些关系到国家重要利益的重大协定仍然需要依照《联邦宪法》条约权的规定缔结"③。然而总统在外交实践中并不总会按照宪法从事,诸如《雅尔塔协定》之类的关系重大利益的条约都超出了"短期"和"小事"范畴,总统缔结之时也并没有按照宪法缔约权来进行。

2. "行政协定"常态化

在国际公法领域,"行政协定"指国家元首或经授权的行政部门首脑根据行政权签订的具有约束力的国际协定,属于广义条约范畴。④ 在美国法治实践中,"行政协定"包括国会法案事先授权缔结的国际协定,以法规形式提交国会批准的国际协定,依条约的行政协定和总统缔结的协定等类型。⑤ 国会事先授权的"行政协定"和以法规形式提交国会批准的协

① See *United States v. Curtiss-Wright Export Corp.* , 299 U.S.304(1936).

② 例如,杰斐逊总统与法国拿破仑政府签订的"路易斯安那购买案"就没有宪法明确规定,也没有经过宪法修正案,而是事后参议院批准的。

③ See Andrew T. Hyman, "*The Unconstitutionality of Long-Term Nuclear Pacts That Are Rejected by Over One-third of the Senate* ," Denver Journal of International Law and Policy, 1995,23(2):316 – 317.

④ 在国际法领域,条约指两个或者两个以上的国家主体依据国际法确定其相互权利义务一致的意思表示。条约有四个特征:"(1)条约的主体是国家和其他国际法主体;(2)条约必须符合国际法;(3)条约规定的是缔约方之间在国际法上的权利和义务关系;(4)缔约方必须有一致的意思表示。"(参见王铁崖:《国际法》,法律出版社 2005 年版。)条约的表现形式包括:公约、条约、协定、宪章、盟约、规约、议定书、换文、谅解备忘录、宣言、联合声明、联合公报等。(参见邵津:《国际法》,高等教育出版社 2003 年版。)

⑤ 徐泉:《美国行政协定的合宪性分析》,载《现代法学》2010 年第 3 期,第 122—133 页。

定被称为"国会行政协定","国会行政协定"发生效力需具备授权和批准
等前置程序,[①]依条约的"行政协定"是根据已经生效条约或条约授权所
缔结的协定,[②]而总统缔结的"行政协定"由于没有立法或条约基础,缔约
权是总统依据其固有权力创设的,也称之为狭义上"行政协定"。

总统"行政协定"作为狭义"行政协定",其最大特点在于其没有立法
或条约基础,缔约权是总统依据固有权力获得的一种权力,通常以宪法惯
例形式存在。尽管总统"行政协定"在国内没有宪法基础,但是其却拥有
国际法上的效力,在效力上与条约无异,对缔约双方国家拥有实质约束
力。在"建国"到"重建"阶段,总统为了国家利益和提高效率绕过国会缔
结"行政协定"来代替"条约"却是经常现象。这个阶段"行政协定"和数量
可参见下表4-5:[③]

表4-5 美国缔结的条约和行政协定(1789—1990)

年　　份	条约数	行政协定数
1789—1839	60	27
1839—1889	215	238
1889—1929	382	763
1930—1932	49	41
1933—1944(罗斯福)	131	369
1945—1952(杜鲁门)	132	1324
1953—1960(艾森豪威尔)	89	1834
1961—1963(肯尼迪)	36	813
1963—1968(约翰逊)	67	1083

① John H. Jackson, *Sovereignty, the WTO, and Changing Fundamentals of International Law*, New York: Cambridge University Press, 2006, p.125.

② 例如,《北大西洋公约》(NAT)和其他安全条约中的安排和谅解。

③ See:1789 - 1980: Congressional Quarterly, *Congressional Quarterly's Guide to Congress*, 3rd ed., Washington, D.C.: Congressional Quarterly, 1982, p.291;1981 - 1990: *Office of the Assistant Legal Adviser for Treaty Affairs*, U.S. Department of State.

续 表

年 份	条约数	行政协定数
1969—1976(尼克松)	93	1317
1975—1976(福特)	26	666
1977—1980(卡特)	79	1476
1981—1988(里根)	117	2837
1989—1990(布什)	34	757

从表4-5可以看出,在"建国"之后50年里,"行政协定"的数量还是有限的。在随后50年,条约和"行政协定"同步增长,且数量持平,但从增长相对数量和绝对数量来讲,"行政协定"都超过了条约。此后,除了1930—1932年之外,条约和"行政协定"数量之间的差距逐渐拉大,"行政协定"逐渐占据主导地位。"二战"后的1946至1998年,美国与其他国家共签署了8000多项行政协定,[①]这些协定涉及到政治、经济、文化、科学、外交和军事等广泛领域,其中不乏一些影响重大的"行政协定",例如,《雅尔塔协定》《关税与贸易总协定》和《北美自由贸易协定》。

总统广泛采用"行政协定"处理外交事务,其缔约权发生了实质性扩张。[②] 总统之所以广泛采用"行政协定",一方面是随着国家实力增强,外交领域逐渐成为国家战略中心。在民族国家和帝国"双重构建"过程中,总统作为国家元首无疑是这个"双重构建"最好的领导者和实践者,外交权扩张也是理所当然的;二是外交领域具有即时性和保密性等客观特点,总统的迅速决断符合了外交工作需要。从这种意义上讲,总统及时有效性地决策就关系到国家和"人民"利益,而强有力的总统就成为这种决策实现者。

3. 总统外交承认权

根据宪法第2条的相关规定,总统拥有任命大使、公使和领事的权力,

① 周琪:《国会与美国外交政策》,上海社会科学院出版社2006年版,第16页。
② 例如,"二战"美国介入的《美英驱逐舰换基地协定》,1945年安排"二战"之后政治秩序的《雅尔塔协定》和《波茨坦公告》,以及1973年结束"越战"的《巴黎协定》等都是"行政协定"。"战后"美国为了与苏联对抗,实施"马歇尔计划",同许多国家达成秘密军事协议,以及做出军事承诺和提供援助等都是以"行政协定"方式作出。

以及接见大使和其他使节的权力。[1] 但这些权力逐渐演变成总统外交承认权,即总统是否任命外交使节和接受外国使节,实际上暗含了是否承认(或不承认)与之相对的外国政权。在外交实践中,总统一般以召回外交使节或者驱逐外国使节的方式表明国家立场。例如,1793 年,华盛顿总统就以拒绝接见法国大使的方式来表示对法国革命不满。苏联建立后,从威尔逊到胡佛等几位总统都以拒绝派遣或接见大使方式,拒绝承认苏联政权合法性。1949 年中华人民共和国成立之初,美国总统也采取同样政策拒绝承认新成立中国,直到 1979 年卡特总统才正式承认中国政府。

4. 作为国家元首的外交事务权

总统还可以利用国家元首扩充外交事务权。国家元首具有天然外交地位和优势,现代宪法把大部分外交权都赋予了国家元首。[2] 美国宪法并没有规定总统作为国家元首享有的外交权,但是,总统任命和接受外国使节的权力,暗含了总统可以利用国家元首地位有所作为。在外交实践中,一般总统可以利用国家元首身份邀请其他国家元首到本国访问,还可以利用国家元首身份主持国际会晤,进行斡旋、调停和协商。更重要的是,在外交领域,为了提高效率和维护国家利益,总统不会走正式任命程序而会通过私人代表从事相应的外交事务。[3]

(四) 弹性条款和总统权力

根据宪法第 2 条第 3 款规定,总统负责执行法律。[4] 总统作为行政部门首长,有权执行国会法律。总统为了切实执行法律有必要采取一切必要措施。因此,本条功能具有和"必要和适当条款"相类似的功能。但是,总统

---

① 参见《美利坚合众国宪法》,第 2 条第 2 款、第 3 款。
② 例如,《中华人民共和国宪法》第 81 条规定国家主席享有"国事活动"的权力。《芬兰共和国宪法》第 33 条规定总统决定对外关系,但与外国缔结的条约属于立法范围内或者经宪法规定需要议会同意的事项的条款,需要议会同意。《德意志联邦共和国基本法》第 59 条规定,总统代表联邦,以联邦名义与外国缔结条约,委派并接受使节。除此之外,《希腊共和国宪法》第 36 条、《意大利共和国宪法》第 87 条和《葡萄牙共和国宪法》第 138 条等都规定总统作为国家元首享有外交权。
③ 例如,"路易斯安那购买案"中的门罗和利文斯顿,"加兹登购买案"中的加兹登,以及"阿拉斯加购买案"中的西沃德都是以总统私人代表身份进行相关外交事务的。
④ 《美利坚合众国宪法》第 2 条第 3 款规定:"(总统)负责使法律切实执行。"

行使此项权力目的必须是为了切实执行国会法律,才有权颁布具有法律效力的命令、法规和条例。总统发布行政命令执行国会法律,事前并不需要国会批准,这使得该项权力具有很强的伸缩空间。而且总统本人还担任武装力量的最高统帅,在"紧急状态"之下,为了平息经济和社会骚乱,或因州和地方政府拒不执行联邦法律,总统可以发布军事命令来处理这类行为。

(五) 国会授权、宪法惯例和司法解释与总统权力

在宪政实践中,总统权力实际上还来自国会授权、宪法惯例和最高法院裁决。国会授权只是国会将本部门权力委托给总统来行使,总统可以借国会授权而扩大行政权。另外,总统还可以据此扩大自己的权力,创造出自己的先例。[①] 例如,总统的行政特权、扣押拨款权都由总统的先例创造出来,此后成为总统固有权力。而这种固有权力又可以创立和树立新的惯例,这在"创业型"总统期间尤为明显,这些惯例成为宪法文本之外总统权力的重要来源。

最高法院还可以通过司法解释来影响外交权格局,这种影响包括两种情形:一是国会和总统外交权划分不明确的"半阴影区"(Zone of Twilight);[②]二是外交权"真空地带"。对于以上两种情形,司法裁决的确权就会对外交权格局产生影响,例如,联邦最高法院通过"外交权系列案"扩大总统外交权就是典型代表。[③] 而究竟是扩大总统权力还是缩小总统权力,这要根据最高法院政治立场和社会总体发展状况来决定。[④] 但是,总体上,最高法院倾向于扩大总统权力,这是基于最高法院总体上恪守

---

① 董秀丽:《美国政治基础》,北京大学出版社 2010 年版,第 146 页。

② [美]路易斯·亨金:《宪政·民主·对外事务》,邓正来译,生活·读书·新知三联书店 1996 年版,第 53 页。

③ See: *In Re Neagle*, 135 U.S. 1(1890); *United States v. Curtiss-Wright Export Corp.*, 299 U.S. 304(1936); *United States v. Belmont*, 301 U.S. 324(1937); *United States v. Pink*, 315 U.S. 203(1942).

④ 美国宪政突出的特点是"司法至上",最高法院拥有对宪法的最终解释权。实践中最高法院通过具体争议案件对宪法进行解释扩大或限制总统权力。20 世纪 30 年代中期以后,由于"新政"引起的"宪法革命"和"二战"局势,以及罗斯福总统本人影响,最高法院总的趋势是对宪法从宽解释,在外交和军事领域扩大总统权力。例如,最高法院通过判决赋予总统免除由他任命的行政官员职务的权力,不受国会限制;缔结"行政协定"具有法律效力,但无须参议院批准;在外交领域,总统享有"固有权力和本位权力"无须国会法律依据。

"司法节制"美德和对政治结构的遵守而决定的。

总体来看,总统在宪法规范层面的权力显然较为有限,而且受到国会制约。但在实然层面,总统还可以借助国会授权、惯例和司法解释扩大权力,以实现维护国家利益和"人民"利益的需要。总统基于宪法固有权力扩大权力,并在最高法院支持下将这些权力转变为本部门固有权力,然后再次进行权力创新以此确立总统宪政领导权。

二、"建国"到"重建"总统权力变迁的体现

"建国"到"重建"阶段,民族国家和帝国构建相互交织,美国的政治、经济、军事和外交等领域都呈现出跨越式发展态势,国家总体上呈现出扩张主义趋势。总统为了顺应历史发展的需要而扩大权力,从而使宪法发生实质变迁。总体来说,总统权力的变迁可以从以下方面体现出来。

(一)《中立宣言》与"宣战权"

华盛顿第二次总统任期内,欧洲国家为了对付法国革命组成"反法同盟",长期以来主张"大陆均势"政策的英国自然不会放过这次削弱法国的机会。而英法一旦开战,美国贸易必然受挫。1793 年 4 月,法国同"反法同盟"正式开战。1793 年 4 月 22 日,华盛顿为了国家利益发表《中立宣言》,《中立宣言》的目的就像华盛顿当天致一位英国友人的信中所讲的:"我认为,美国的真诚愿望是不与欧洲国家的政治阴谋与争执发生任何关系,相反只是与地球上所有居民交换商品,和平友好相处。"①

根据宪法规定,国会享有宣战权,总统并无此项权力,但是《中立宣言》所表明的态度却与宣战权蕴含的宪法意义等同,只不过这里是拒绝宣战而已。一位国际法权威认为华盛顿的《中立宣言》开创了"中立习惯法发展史上的新纪元"。② 杰斐逊也对华盛顿总统越出宪法规定擅自加强

---

① *Washington to the Earl of Buchan*, April 22, 1973, in Ford, ed., *The Writings of George Washington*, Vol. XII, p.283.

② William Hal, *The International Law*, 8th ed., New York: Oxford University Press, 1924, p.707.

行政部门权力的做法提出质疑,认为"美国宪法赋予了国会拥有宣战的权力,所以国会自然也应该享有宣布宣言的权力,华盛顿总统不经国会同意发布具有法律效力的《中立宣言》是不符合宪法规定的"。① 麦迪逊也抱怨道:"总统篡夺了费城会议未曾授予他的权力,宪法既没有授予总统宣战权,更没有给予他宣布中立的权力。"②

1794 年,华盛顿为了弥补《中立宣言》的合法性危机倡议进行《中立法》补充立法,但遭到了众人的质疑,"其中包括对总统权的怀疑,以及关于为实施这种大体上只是一般政策声明而颁布的详细行政命令的合法性"。③ 1800 年,国会正式批准《中立法》。1817 年,《中立法》将禁止范围扩大到革命战争;1818 年,国会通过最后一项《中立法》,合众国的《中立法》体系最终形成。《中立法》为华盛顿的《中立宣言》的合法性进行"弥补和掩饰",但《中立宣言》对早期"孤立主义"外交战略的形成却具有奠基作用。

然而,尽管总统没有经过国会就发表《中立宣言》的行为"篡夺"了国会的"宣战权",但在事实上并没有带来违宪后果,其主要是因为此种行为符合国家利益,得到了"人民"的心理认同。华盛顿不经过国会同外国进行"宣战"先例,确立了总统在危急时刻的决断权,也为后续总统战争权扩张奠定了基础。在美国进行的历次战争中,总统不经过国会进行"宣战"是惯例,而国会进行正式的"宣战"却成了例外。从"建国"至今,美国与其他国家发生了 200 多次武装冲突,但经国会宣战的只有 5 次。④

(二)"领土扩张"与缔约权

"建国"到"重建"是美国疆域形成的主要时期,这时期美国的核心任务就是"大陆扩张",构建一个疆域辽阔的共和国。在这个过程中,总统为

---

① 王晓德:《美国外交的奠基时代(1776—1860)》,中国社会科学出版社 2013 年版,第 223 页。
② [美]孔华润(沃伦·I. 科恩)主编:《剑桥美国对外关系史》(上),王琛等译,新华出版社 2004 年版,第 91 页。
③ [美]孔华润(沃伦·I. 科恩)主编:《剑桥美国对外关系史》(上),王琛等译,新华出版社 2004 年版,第 92 页。
④ 这五次战争包括:1812 年"美英战争"、1846 年"美墨战争"、1898 年"美西战争"和 1914 年"第一次世界大战"和 1939 年"第二次世界大战"。

了国家利益,经常绕过国会同外国缔结条约进行领土扩张,事实上行使宪法缔约权。

1. "路易斯安那购买案"

在美国历史上,"路易斯安那购买案"是早期民族国家构建中最重要的国家行为。1803 年杰斐逊政府在事前没有经过国会许可和同意的情况下就和拿破仑政府签订了购买"路易斯安那"的正式条约。但是,宪法并没有规定总统有购买和兼并外国土地的权力,也没有相关修正案。杰斐逊也认为:"宪法的任何条款都未曾赋予联邦政府有权占据外国领土,更不用说将其并入联邦了。照此推理,这笔交易就是违背宪法的行动",后来在麦迪逊的劝说下,杰斐逊认为"如果宪法有什么不良后果的话,我国的良知会纠正它的弊端……关于宪法原则,我们说得越少越好,在有必要超越这些原则时,我么必须悄悄去做。"①显然,杰斐逊宪法解释的"严格主义"在"人民"利益面前发生了截然改变。国会甚至都没有听从杰斐逊的建议,就通过一项宪法修正案来证明本次行为的合宪性,在同年 10 月迅速通过了购买法案,并迅速批准了购买款项。

"路易斯安那购买案"体现了总统权力的巨大效应,"开辟了执法部门权力的广阔空间,以现实的利益收获支持了美国是一个联邦主权国家的理论,显示了联邦政府在获取领土、为西部和南部经济的发展提供机会、促进内陆商业等方面可以发挥的独特功能。显然,没有联邦政府,这桩交易是不可想象的"。②

2. "加兹登购买案"

"美墨战争"结束之后,联邦政府通过《瓜达卢佩伊达尔戈条约》从墨西哥手中获取了大片领土。但是,波尔克总统对现今亚利桑那州南端希拉河流域领土的要求遭到了墨西哥拒绝。1853 年国会授权陆军部勘测南部通向太平洋沿岸的铁路线,最佳路线要穿越希拉河以南的墨西哥领土,因此关于获取希拉河流域领土被再次提上了日程。波尔克总统命令

---

① [美]孔华润(沃伦·I. 科恩)主编:《剑桥美国对外关系史》(上),王琛等译,新华出版社 2004 年版,第 120 页。

② 王希:《原则与妥协——美国宪法的精神和实践》(增订版),北京大学出版社 2014 年版,第 306 页。

驻墨西哥公使詹姆斯·加兹登同墨西哥谈判,加兹登采取威逼利诱的手段,在 1853 年 12 月 30 日迫使墨西哥政府签订了《加兹登条约》。本条约是由行政部门官员同外国签订的,事前并没有经过国会批准和同意,国会的同意和批准只是事后行为。总统缔约权的扩张因为"人民"利益需要而获得合宪性。

3. "阿拉斯加购买案"

1860 年,沙皇政府在阿拉斯加的殖民经营出现问题,再加上与英国外交关系恶化。沙皇授意驻美公使斯托克尔向美国询问出售阿拉斯加的可能性。布坎南总统表示愿意购买阿拉斯加,并命令相关人员与其谈判。后由于"内战"爆发,谈判终止。"内战"结束后,斯托尔克和美国国务卿西沃德再次接洽,表示沙皇愿意出售阿拉斯加。西沃德闻讯狂喜,迫不及待地要求当夜就签约,于是两人立即召集各自秘书班子,深夜到国务院起草协议,"第二天凌晨 4 时,俄美正式签约,俄国以 720 万美元的价格将阿拉斯加和阿留申群岛卖给美国"。[1] "阿拉斯加购买案"又是行政部门缔结条约的产物。

(三) 麦迪逊执政时期的国家主义

麦迪逊的政治立场有个转变过程,从前期的联邦党人转向了杰斐逊组建的"民主共和党",其在执政期间否决了由联邦政府出资主导"国内改进"的《红利法案》,就是这种转变的例子,但这并没有改变麦迪逊执政的国家主义理念。[2] 1809 年麦迪逊就职演说中就强调:"维护各州的联盟……支持作为联盟黏合剂的宪法,包括支持宪法授权联邦政府的权威……尊重保留给各州和'人民'的权利和权威,这对于整个政治体制的

---

① 张友伦:《美国西进运动探要》,人民出版社 2005 年版,第 138 页。
② 麦迪逊执政期间的"国家主义"并没有受到"民主共和党"党派的影响,主要的原因在于其能搁置党派因素,从国家发展大局出发制定切合实际的政策。作为《联邦党人文集》的作者,其在政治上一直主张限制"利益集团",消除狭隘的小团体主义对国家的影响。尽管后来麦迪逊转向"民主共和党",这主要基于其对"联邦主义"理解的不同,其认为"联邦制"应该是联邦和州保持平衡的体制,而不是像汉密尔顿所说的联邦高度集权的体制。从这个意义上讲,麦迪逊与杰斐逊主张的"州权主义"联邦主义也不同。

成功均是密不可分和必不可少的。"①

在第二次"英美战争"之后,麦迪逊政府认识到加强中央政府权力的重要性,并提议联邦政府大幅度改善国防、积极管理税收、努力打造交通系统,并且恢复中央银行系统。在 1815 年底提交给国会的咨文中,麦迪逊说道:"……统一国家的货币的益处应该恢复…国家银行的运作值得考虑……"②美国从来不像现在这样需要银行,国会通过新的银行许可证,麦迪逊马上签署批准,合众国第二银行得以顺利恢复和运行,这为战后美国的经济的恢复和金融的稳定奠定基础。

(四) 门罗对宪法"有限的宽泛解释"

门罗总统任内最重要的任务就是"国内改进"的交通基础设施建设问题。"国内改进"核心在于联邦政府是否有权主导和推进该项建设,这涉及到宪法解释问题。门罗由于共和党意识形态的影响,③在"国内改进"问题上坚持一贯的立场:即国会没有"国内改进"权力,也不能根据"必要和适当条款"来扩充此项权力,除非国会以宪法修正案的方式为"国内改进"提供宪法基础,但是,宪法修正的"刚性"程序决定了其漫长的"等待期",这对于"国内改进"来说是不现实的。于是,门罗只好在宪法里面来找依据,他认为宪法第 1 条第 8 款第 1 项规定可以为"国内改进"提供法律基础,④国会可以利用拨款之权来进行"国内改进",为"人民"提供共同防务和公共福利。尽管门罗总统认为国会的拨款权在某种程度上限制了联邦政府在"国内改进"问题上的集权倾向,但其对宪法进行"有限的宽泛解释"实际上还是扩大了联邦政府的权力。

---

① See James D. Richardson, ed., *A Compilation of the Messages and Books of the Presidents, 1789 - 1897*, Vol. 2, pp. 452 - 453.

② See James D. Richardson, ed., *A Compilation of the Messages and Books of the Presidents, 1789 - 1897*, Vol. 2, pp. 552 - 553.

③ 美国政党经过多次分化和重组才形成目前"民主党"和"共和党"两党主导的政治体制。此处的"共和党"与现在的"共和党"名称一样,但在意识形态方面存在显著不同。

④ 《美利坚合众国宪法》第 1 条第 8 款第 1 项规定:"(国会)赋课并征收直接税、间接税、关税与国产税,以偿付国债和规划合众国共同防务与公共福利,但所征各种税收、关税与国产税应全国统一。"

1824 年,在门罗总统的努力下国会正式通过《总勘测法案》,"这意味着自杰斐逊执政时期以来联邦政府试图进行全国'国内改进'体系的努力终于有了初步结果。在经过长达二十来年的争论后,总统和国会的大多数议员终于在全国'国内改进'体系事宜上达成了某种共识,认可联邦政府有权力进行全国'国内改进'体系建设。这一措施意义深远,它表明总统和国会大多数议员终于突破了宪法对联邦政府权力的狭窄限制,联邦政府的权力和职能由此而有重大的拓展"[1]。

(五)"内战"和"重建"总统权力的扩张

"内战"开始后,林肯总统根据宪法第 4 条第 4 款的"保证条款"发动了对南方的战争,并马上征召军队。1861 年 7 月,林肯在国会的特别咨文中,陈述了发动战争的宪法理由:"联邦宪法明确规定了联邦政府有责任保证联邦各州必须实行共和政府的形式,所以,当一个州退出联邦时,它也就放弃了'共和政体',这时总统将不无选择地行使宪法赋予他的战争权力来保卫联邦政府。"[2]在战争期间,林肯在没有宪法依据的前提下宣布全国处于"紧急状态",并行使在和平时期没有的权力。1861 年,林肯利用总统权力,暂时终止了"人身保护令状"特权在马里兰等地区的使用,并命令对具有叛乱罪嫌疑的公民实行军事拘留。1862 年 9 月,林肯为了征兵的需要,宣称"所有逃避和抵制服兵役的人都将受到《戒严法》的惩处,他们将由军事法庭审判,而且所有已经以这种理由被起诉者的'人身保护令状'特权无效"。[3]

在林肯的积极努力下,1863 年国会通过《强制兵役法》,强制要求"所有 25—45 岁的男性公民或者有意归化为美国公民的外国人响应总统的号召,参加联邦军队。凡是拒绝服兵役的人将被视为逃兵,并处以罚款和

---

① 叶凡美:《"国内改进"与美国国家构建(1801—1833)》,中国社会科学出版社 2013 年版,第 225 页。

② Abraham Lincoln, *Special Message*. 14 July, 1861, *In Compilation of the Messages and Books of the Presidents*, 20 Vols., New York: Bureau of National Literature, Inc., 1897 - 1917, Vol. 7, 3221 - 3232, at 3232.

③ See Abraham Lincoln, "*Proclamation (24 September 1862)*," in Messages and Books, Vol. 7, pp. 3299 - 3300.

监禁"①,同年又颁布了《人身保护令状法》。林肯将兵役期从最初 3 个月延长至 3 年,所有这些行为都没有宪法依据。共和党控制的国会,"赋予林肯的权力一方面支持了林肯对内战的全民指挥和组织,另一方面又将与战争有关的重大问题——如奴隶的解放、'重建'以及公民权利的保护统统交到林肯手中"②。国会还通过《反叛国罪法》,支持林肯对南部叛乱分子和南部邦联进行打击。最高法院也通过裁决支持总统"宣战"的权力,认为在危机时刻,应该尊重"政治部门作出的判断和决定"。③

在"重建"阶段,林肯认为"'重建'的领导权应掌握在总统手中,因为联邦宪法授权总统处理战争时期的宪政危机,而'重建'只不过是解决战争后事的一种安排",根据宪法第 2 条第 2 款的规定,总统有权对危害联邦的犯罪行为发布缓刑和大赦令,所以,"'重建'是总统行政部门的事务,国会无权插手"。④ 1863 年,林肯没经过国会就颁布了《大赦和重建文告》,宣布"除高级邦联官员外,所有南部人要宣誓效忠联邦和联邦宪法,宣誓支持奴隶解放政策,在完成这些宣誓之后,他们将得到总统的赦免,不会因为反叛联邦而受到联邦的起诉和惩罚,他们的财产权(除拥有奴隶之外)将得到完全的恢复;当任何一个前邦联州宣誓效忠联邦的选民人数达到 1860 年总统选举中(即内战爆发前)该州选民总数的 10% 时,该州便可组织新的'共和政体'式的州政府,新建州政府必须无条件地支持联邦政府解放黑奴的政策和法律,并为黑人提供接受教育的机会。南部任何州在满足上列条件后,总统可宣布该州重建结束,该州在联邦国会的代表权应该得到恢复",⑤这就是林肯"1/10 重建计划"的重要内容。

尽管林肯在"内战"和"重建"中的行为没有宪法和法律依据,但其行

---

① See U.S. Congress, *"An Act for Enrolling and Calling Out the National Forces, and for Other Purposes (3 March 1863),"* Statute at Large, Vol. 12, pp. 731 - 737.

② 王希:《原则与妥协——美国宪法的精神和实践》(增订版),北京大学出版社 2014 年版,第 239 页。

③ See *Prize Cases*, 67 U. S. 635(1863).

④ 王希:《原则与妥协——美国宪法的精神和实践》(增订版),北京大学出版社 2014 年版,第 266 页。

⑤ See Abraham Lincoln, *"Proclamation of Amnesty and Reconstruction (8 December 1863),"* in Messages and Books, Vol. 7, pp. 3414 - 3416.

为并没有引起国会和最高法院过多责难,最高法院也通过裁决形式支持总统行为,例如,在"梅里曼案"中最高法院就支持了总统对"人身保护令状"的暂时中止。总统政治行为使宪法含义发生了实质性改变,这都是"人民"需要强大国家能力的产物。

三、总统权力变迁的原因探析

总统权力的扩张体现了总统作为行政部门的根本特性,爱德华·科温认为:"总体而言,美国总统职位的历史是权力扩大的历史。"[1]总统权力扩张受到众多因素的影响,弗罗斯特·麦克莱纳根认为主要包括:"(1)相比国会权力的分散性,总统权力具有统一性;(2)美国日益复杂的社会经济生活,特别是随着工业化和技术化的推进,在交通、劳工、民权、健康、福利、交流、教育和环保等问题领域越来越依靠总统发挥领导作用;(3)国家危机时刻特别是面临战争威胁呼唤总统的额外权力和决定性行动;(4)国会通过大量需要总统执行的法律,迫使总统扮演日益重要角色;(5)大众传媒发展为总统权力扩张创造了客观条件。"[2]但是,以下四个因素对总统权力的扩张可能具有决定性:

第一,总统权力扩张的规范基础在于宪法对总统权力规定的概括性和原则性。宪法第2条对总统权力规定比较概括和原则,这与宪法对国会权力详细列举性规定形成对比。宪法第1条详细规定了国会享有的权力,而且还赋予国会享有"必要和适当"权力。宪法对国会权力规定的这种特点在联邦政府承担较少经济和社会职能的"日常政治"时期有利于国会对政府体制的主导和控制。然而,随着经济社会发展,美国逐步成为世界性大国,在需要政府承担更多职能的时候,国会的列举性权力模式可能就不能很好适应"情境"变化需要,而总统权力恰好可以利用这个时机,来行使未经宪法明确规定而又无法确定由谁来行使的权力,以此填补权力

---

[1] Thomas E. Cronin, *The State of the Presidency*, Boston, Mass.: Little, Brown and Co., 1980, pp. 3 – 5.

[2] William A. McClenaghan, *Magruder's American Government*, New Jersey: Prentice-Hall Press, 2001, pp. 391 – 392.

真空带来的危机。

宪法第 2 条对行政权力进行了列举性的规定，但具体职权行使并不明确，这些条款就会因总统解释和行动先例而获得新含义。如果宪法对总统行政权行使的具体职权有明确规定，则这些权力的行使将完全是作为总统法定义务出现的。但是，宪法不可能对行使这项权力的所有情况都有清晰地预见和明确地规定，总统就有可能在权力范围内享有一定法上的自由。从美国宪法法理逻辑来看，对于未经宪法明确的事务往往被理所当然地看作是"紧急状态"或者对合众国的"突然袭击"，由总统出面应对危机是顺利成章的事情。在"建国"初期，由于国家政权不稳，总统外交权还没有扩张的舞台。随着国家稳定和实力增长带来的"大陆扩张"和"海外扩张"，以及国内经济和社会发展的需要，总统外交权扩张就是宪法空间的必然推论。只要美国宪法不修改，总统外交权发生宪法变迁就是逻辑发展的必然结果。从这个意义上讲，宪法文本的高度原则性导致了总统外交权扩张的必然结果。

第二，总统外交权扩张深厚基础在于民众支持。总统实际外交权无疑比宪法赋予的要大得多，但权力扩张却并没有引起民众对总统大规模反对，也没有引起国会强烈反对和最高法院过分的"司法审查"。相反，在大多数情况下，总统行为却受到了国会和最高法院支持。总统集国家元首、政府首脑和武装总司令三大职务于一身，享有广泛的立法倡议权、立法否决权和行政权，又是执政党的当然领袖。在外交领域，总统可以制定广泛的对外政策，并对这些政策承担最后责任。

在多元化和权力分立的社会，总统是唯一的由全国"人民"选举的官员，只有他才享有全国"人民"委托，代表统一和整合性国家。国会只享有部分"人民"委托，不能同总统全民委托相比较，而最高法院本质上是非民主机构，缺乏民主基础。因此，全国"人民"支持就成为总统权力的坚实基础，总统可以基于"人民"利益，聚合全民力量，代表国家领导"人民"来行使相应权力。例如，杰斐逊"购买路易斯安娜"没有明确宪法规定，但其为了"人民"利益，因此事后获得了国会支持；同样的立场也出现在最高法院对"越战"判决中，"越战"由于总统不经过国会宣战被认为是违宪，但最高法院却宣称战争是合法的，因为国会为战争拨了款，等于同意进行战争。

第三,总统外交权扩张的动力因素在于社会发展和战略生存空间的需要。美国自从"建国"至今不过 200 多年,但在短短 200 多年里,美国通过"西进运动""工业革命"和"国内改进"等众多举措,逐步从一个东部狭长地带的 13 个殖民地转变为世界性超级大国,不仅实现了民族国家的构建,而且迅速迈进帝国行列,这个历史过程展现的是一个"扩张主义"美国形象。

在"大陆扩张"时期,美国通过武力兼并和购买方式,逐渐完成了国家疆域的塑造,从大西洋到太平洋广袤的领土都成功纳入美国版图。但美国还不满足自己扮演的角色,逐渐将触角伸向全球,开始了"海洋扩张"时代,通过扩张走向世界历史舞台。正是因为美国社会客观发展和战略生存空间的需要,使得国家在外交领域呈现出积极进取的"扩张主义",而总统作为国家元首和行政首脑,必须积极回应社会发展和战略生存空间的变化,满足这种变化的需要,在深刻领悟宪法规范的基础上,拓展自己的权力空间,体现"人民"对一个强大和富有效率总统的期望。

第四,总统外交权扩张还来自于美国与世界关系的变化,国力的不断增强为总统确立了新的权力基础。美国立国之初,由于国力有限,在内政和外交领域奉行的是现实主义和孤立主义政策,采取这样的政策完全是由国力不济决定的。现实主义和孤立主义外交政策可以使得美国在复杂的国际局势中保持中立,韬光养晦,发展壮大自己,赢得战略生存空间。因此,尽管宪法赋予了总统有限的外交权,但总统也不愿意行使这一权力。

到了 19 世纪末,随着国力增强美国也主动干预世界事务,发挥自己的全球影响力。1898 年"美西战争"使美国登上世界舞台,1900 年美国总统在没有国会授权的情况下出兵中国。此后的西奥多·罗斯福、伍德罗·威尔逊,一直到富兰克林·罗斯福,在外交领域基本上不征求国会的意见,单方面采取外交政策和军事行动,国会基本上也默许总统这样做。1966 年美国国务院对总统外交权的扩张进行了解释:"20 世纪的世界变得更小了,从远离一个国家边界所发动的袭击能够直接危机国家安全。宪法赋予了总统决断特定军事袭击是否紧急,潜在后果是否对于美国安全形式构成严重威胁,以此总统在没有正式征询国会意见之前就可以采取行动。"①

20世纪70年代以来,美国与整个世界相互依赖的程度进一步提高,其越来越成为一个"全球化国家",对维持世界秩序和国家战略的考虑,美国更加注重对世界的政治领导。美国全球战略是建立在强大国力的基础上,因此,美国会通过外交和军事手段来维持这个战略,确保其对全球的霸权地位。从这种意义上讲,只要美国全球化的利益基础没有改变,美国就必然关注领导世界问题,只要没有放弃对世界的领导权,总统的权力就必然得到扩张。

综上所述,总统权力扩张既有规范因素,又具有现实的"人民"支持,还包括国家战略生存需要和世界形势变化,这些都为总统权力扩张提供了必然性。但根本基础在于"人民"支持,"人民"的利益决定了总统必然会带领"人民"从一个区域性国家发展到全球性大国,并最终在世界舞台上崭露头角。

四、总统权力变迁实现国家主义:以外交事务权为例

总统权力扩张作为宪法变迁的一个视角,体现了宪法与社会发展之间一种动态关系,即宪法变化与具体历史阶段"人民"的价值取向的统一。总统的外交事务权是国家主义价值取向的重要实现方式。在立法、行政和司法三种权力中,唯有民选总统能够在宪法基础上,灵活运用总统宪法地位在复杂和紧急局势下迅速作出决断,维护国家利益。

在外交事务领域,国家发展遇到的难题是"人民"的安全利益问题。"安全"表现为具体历史条件下一种稳定和有序的和平状态,其表征就是国家政权稳固、经济平稳和"人民"安定。安全要求宪法能够满足"人民"对自己生命、财产不受威胁和不受损害的需要,以及满足整个国家不受他国威胁、侵略的需要。而安全的最大威胁来自战争和动乱,维持稳定有序的和平环境是安全的基本要求。尤其当"人民"安全受到外部势力威胁和

---

① See Leonard C. Meeker, *"The Legality of U. S. Participation in the Defense of Vietnam,"* Department of State Bulletin, 28 March 1966, pp. 484 – 485.

侵害的时候,就需要借助国家力量保护。总统是美利坚民族化身,他有责任消除外部威胁和侵害,建立安全环境来实现"人民"自由。在宪法框架内,能够保卫"人民"安全,寻求全球安全的实践者就落到了总统身上。

美国宪政就是一部"人民"追求自由的历史,在"建国"和"重建"时期,公民"自由"一直是宪政发展的核心问题。但是,在追求和实现自由过程中,安全一直是一个困扰的难题。在殖民地时期,殖民地之间各自为政,"中央政府不能征税,不能开展谈判,不能向其他国家保证它所签订的协议将会得到各州的切实履行,不能指定旨在从其他国家那里获得特惠的统一的商业政策,不能维持一支具有战斗力的陆军或海军",①在外交关系领域,国家的软弱无力使得邦联"人民"自由受到外国势力威胁,邦联政府在外国面前无法实现"人民"需要的自由。独立之后英国人甚至还扬言:"美国无力实施报复,美国各州作为一个国家采取行动,并非易事,我们不需要如此害怕它们。"②1787年新宪法构建了拥有实质权威的联邦政府,并设立合众国总统来行使行政权。总统由"人民"选举产生,全体"人民"都是总统的后盾。从这个意义上讲,总统维护"人民"的自由是天经地义的,他必须为"人民"自由提供安全环境,必须运用各种外交手段来消除各种威胁"人民"自由的外部障碍,维持和平稳定的外部秩序。

美国"人民"的自由是双重的,在外事务中追求的是"积极自由",即通过对外扩张来最终实现国内"消极自由"。在宪法框架内,总统可以充分发挥国家能力,寻求全球安全。在"建国"时期,制宪者们并没有注意到外交事务权对国家发展的重要性,他们目光仅停留在国内建设方面,并没有重视国家未来发展面临的安全环境。因此,制宪者建立一个"有限政府"来保障"人民"自由。出于这样考虑,宪法把有限的外交事务权分别授予国会、总统和最高法院。但是,"这种疏散的权力分配方式,使得行政决策人得以挤入权力空隙。这也表明宪法缔造者们的实用主义思想。他们倾向于让行动去诠释宪法中的文字。因此,至少在外交事务上的行政权力

---

① 〔美〕孔华润(沃伦·I.科恩)主编:《剑桥美国对外关系史》(上),王琛等译,新华出版社2004年版,第58页。

② 〔美〕孔华润(沃伦·I.科恩)主编:《剑桥美国对外关系史》(上),王琛等译,新华出版社2004年版,第59页。

逐渐超过了立法权力。这种超过的进程虽然是'逐渐'的,但一直是通畅的"。① 制宪者实用主义哲学本身就蕴含着根据"人民"需要变化来灵活运用宪法的意图。安全实际上是美国"人民"最大利益。在"建国"到"重建"阶段,国家战略中心是稳定政权,创造国家发展的环境,只有国家取得发展,壮大实力才能从根本上消除"人民"安全的外部威胁。在这种背景下,总统必须从国家大局出发,配合国会完成国内建设,发展经济,改善民生,充分发挥行政决断力维护"人民"利益。

纵观"建国"到"重建"历史,总统所进行的历次战争都是在消除国家所面临的现实和潜在威胁,保障"人民"的安全利益。为了"人民"的安全利益,总统以国家安全名义越过国会和压制国会,同他国签订"行政协定",甚至对他国用兵。外交事务领域是"建国"到"重建"时期国家发展的重要领域,外交事务必然会对宪法规范提出要求,迫使宪法发生变迁满足国家利益需要,而总统政治地位决定了其最能够满足外交事务权的"时效性"和"秘密性"特点,利用行政权的迅速和效率特点最大程度上维护国家利益。从这个意义上讲,总统外交事务权的扩张从根本上满足了国家利益的时代要求。

第四节 政党变迁实现国家主义
(1789—1877)

从"建国"到"重建"阶段,美国政党经过不断分化组合逐渐确立民主党和共和党"两党制"的政党格局。从这个阶段政党政治发展看,政党通过选举影响国家政权而实现本党利益是一个大的趋势。但是,选举政治也使得本党不得不以国家权力形式来实现"人民"利益和"党派"利益的统一,在本党利益与"人民"利益出现冲突的时刻,政党小集团的利益必须服从于"人民"利益,甚至必须调整党派立场来体现"人民"利益,并最终实现"人民"利益。

① 参见杨生茂:《试论美国宪法与美国总统在外交事务权中的权力》,载《世界历史》1988 年第 5 期,第 22—26 页。

一、政党和宪法

美国"建国"之初并没有政党组织,宪法中没有关于政党的规定,政党法律地位是以宪法惯例形式存在的。政党制与选举制、联邦制、总统制和分权制,及其他政治制度一起是理解美国政治的重要线索,在此意义上,可以将政党制称之为"第二宪法",黄绍湘也认为:"美国宪法和政党制,是美国政局长期稳定的重要因素。"①

(一)政党是民主政治必要的"恶"

政党是现代民主政治的普遍现象,政党主要代表了某个集团或组织的利益,这个立场决定了其与民主政治的张力关系,这个张力关系的核心是政党利益与"人民"利益的平衡和协调问题。美国"建国"之初,以麦迪逊为代表的联邦党人对政党抱有戒心,而且主张通过制度来消除党争,维护国家利益。

华盛顿第一任届满之时,联邦党人和反联邦党("民主共和党")两党格局已经形成,而且华盛顿本人在告别演说也强烈呼吁美国"人民"不可有党派歧见,这会损害共和国的利益和破坏团结,使得国家陷入派系争夺之中,无人会关心公共利益,公民德行也会在派系争斗中日益变坏。华盛顿的担心反映了开国先辈们对政党的普遍看法:一方面认为建立在派系小集团利益基础上的政党有分裂、独裁和腐败政府的趋势,其会对国家公益产生影响;另一方面,政党存在具有必要性,其反映了社会不同集团利益,政党只不过是这种客观现实的反映。如果消灭党派会损害公民的表达自由,②这是宪法所不允许的。从这个角度来看,政党作为一种不可避免的"恶",从源头和产生原因上消除是不可能的,只能消除其产生后果,这就

---

① 黄绍湘:《美国的总统制》,载《历史研究》1989 年第 3 期,第 163 页。

② "表达自由"是宪法规定的基本权利,其主要包括言论自由、结社和信仰自由,其中结社和信仰自由涉及到会员资格和结社行动、团体注册、不结社权等各项权利。因此,政党作为结社权体现,属于"表达自由"范畴。(参见[美]杰罗姆·巴伦,托马斯·迪恩斯:《美国宪法概论》,刘瑞祥等译,中国社会科学出版社 1995 年版,第 186—210 页。)

需要对政党的日常行为进行严密监视和控制,并通过改革消除其危害。①

联邦党人对待政党的矛盾的心理在麦迪逊思想中得到体现:"我们的政府不太稳定,在敌对党派的冲突中不顾公益,决定措施过于频繁,不是根据公正的准则和小党派的权利,而是根据有利害关系占压倒多数的超级势力。无论我们多么热切希望这些抱怨毫无根据,但是已知事实的证据,不容我们否认,这些抱怨在某种程度上是正确的。的确,在认真检查我们的情况时会发现,我们遭受的某些痛苦,曾被错误地归咎于政府的工作,但同时也会发现,其他原因也不能单独说明我们许多最大的不幸,特别是不能说明普遍的、日益增长的对公共义务的不信任和对私人权利的忧虑,从大陆到达另一端,均有这种反应。这一切即使不完全是,也主要是党争精神用来败坏我们公共管理的那种不稳定和不公正的影响"。②

显然,麦迪逊与其他的建国先辈一样非常担心党争对国家利益的负面影响,即党派为了小团体利益而伤害公共利益。因此,麦迪逊提出了消除党争危害的方法:一种是消除其原因,另一种是控制其影响。消除党争原因有两种方法:一种是消除其存在所必不可少的自由;另一种是给与每个公民同样的主张、同样的热情和同样的利益,从原因上消除其影响的两种方法都是不可取的,党争的原因不能排除,这会侵害到公民结社自由,因此只有用控制其结果的方法才能求得解决。③ 从这里可看出,麦迪逊等建国先辈们承认党派存在是不可避免的,而且是无法消除的,政党是民主政治一种必要的"恶",只能用制度方法控制其消极影响。

(二) 宪法对政党的规制

由于宪法中没有政党规定,政党在美国宪政实践就存在三个重要问题:"(1)应当把政党看作是公共机构还是私人协会? (2)政党应当做什么,不应当做什么? (3)谁来控制政党决定?"④这三个问题核心在于政党

---

① Federalist Books Austin Ranney, *Curing the Mischief of Faction: Party Reform in America*, California: University of California Press, 1975, pp. 22 - 25.

② See *The Federalist* No. 10.

③ See *The Federalist* No. 10.

④ 张立平:《美国政党与选举政治》,中国社会科学出版社 2002 年版,第 16 页。

的法律地位问题。在制宪会议期间,麦迪逊和汉密尔顿等制宪者们对党派政治十分警惕。之所以如此担心,在于他们害怕国家政权被某一政治利益集团"俘获"和掏空,因此必须设计权力分立和制衡制度来防止党派政治。

汉密尔顿主张干脆取消州的地位,也是出于地方派系对国家的威胁考虑,他把州看作是政治派别的一种,"在他看来,邦联的失败应归咎于以州为基础的派别政治,一个州因某项措施不符合自己的利益,就动用否决权,从而毁掉其他州"人民"的幸福和自由,这种作法犹如一种变相的暴政",①面对诸如地方政治派别的消极影响,汉密尔顿认为:"在一个宪法或代议制政府体制之下,政治的参与者经常变化,国家的发展难以形成长期和集中的发展目标,只有建立起有权威的中央政府,才能有力防止利益集团代言人对权力的篡夺,遏制派别的泛滥,打击社会的叛乱。"②麦迪逊和汉密尔顿的目的在于建立一个宪法控制政党的政府,而不是政党控制宪法的政府。因此,宪法之中并没有为政党留下位置。

在 19 世纪末,国会通过严格的法律来限制州和地方政党的发展,并对其发展进行监管。1944 年,在"史密斯诉奥尔莱特案"(*Smith v. Allwright*)中,最高法院对政党的性质进行了界定,认为政党不是国家机构,而是介于公共组织与私人社团之间的社会组织,因此,它是宪法和政府之外的团体,其职能在于通过选举获取国家政权,并不是政府行为,也不需要对政府负责,它只需要对自己组织负责,宪法义务对于政党来说并不适用。最高法院强调:"政党必须遵守宪法,地方立法机关必须对政党的选举活动进行调控,以禁止政党在选举中的种族歧视行为。因此,政党歧视或违反州法的平等条款,或者州法未能歧视,州法本身将为判决为违反宪法而必须作出修正,从而禁止此类的歧视行为。"③20 世纪下半叶,联邦最高法院通过一系列判决,"为全国性政党确

---

① 王希:《原则与妥协——美国宪法的精神和实践》(增订版),北京大学出版社 2014 年版,第 134 页。

② See *The Federalist* No.20.

③ See *Smith v. Allwright*, 321 U.S. 649(1944).

立了'准公共机构'的地位,并为其提供相当多的宪法性的保护",①例如,裁定民主党全国代表大会或共和党全国代表大会的许多规则优先于州法对政党的规定。

二、政党体现民意

尽管政党没有宪法规定,但作为一种巨大整合力量对政治发挥巨大影响。"传统上,政党在促进代议制民主方面发挥着重要的作用,其中最重要的是对多元利益的整合。"②政党可以在全国范围内联合不同利益的选民,这对美国这样的"两党制"国家来说相当重要,它比那些难以团结党内力量的多党制国家更能团结选民。因此,"政党提供了身份认同,促进了团结和忠诚"。③

政党还可以将社会选民纳入政治民主参与过程。公民通过政党有机会学习参政技术、参与辩论和定期会议,政党还可以通过这些途径传达知识,并通过控制政治辩论塑造本党成员价值观。政党最重要的目标是吸引有才华和潜力的青年才俊赢得选举。当然,政党还有利于集中竞选资金,为本党候选人提供资金支持。"1980 年的总统选举,民主党全国和州委员会为民主党候选人筹集到 670 万美元,共和党全国和州委员会为本党候选人募集的资金比民主党人多 1000 万美元,总数达到 1690 万美元。"④政党还可以为本党政策制定和实施提供全国平台,甚至可以为本党成员提供社会服务的机会,从而提升本党的形象和号召力。

---

① Jack W. Peltason, P*olitical Law for Political Parties*, in Nelson W. Poltsby & Raymond E. Wolfinger, eds. *on Parties: Essays Honoring Austin Ranney*, *U.C.*, Berkeley: Institute of Governmental Studies Press, 1999, p.10.

② Marcia Lynn Whicker, Ruth Ann Strickland, and Raymond A. Moore, *The Constitution Under Pressure: A Time for Change*, Westport, Conn.: Greenwood Press, Inc., 1987, p140.

③ Marcia Lynn Whicker, Ruth Ann Strickland, and Raymond A. Moore, *The Constitution Under Pressure: A Time for Change*, Westport, Conn.: Greenwood Press, Inc., 1987, p136.

④ Frank J. Sorauf, *Party Politics in America*, 5th ed., Boston: Little, Brown and Co., 1984, p.325.

但是,政党的核心在于赢得"关键选举",实践本党政治理念。本党的政治理念就是党的意志,本党意志无非就是麦迪逊所说的小团体和党派利益。政党将党派利益转化为国家利益,这就需要政党在赢得选举开始执政之后实现党派利益国家化,或者说"去党派化",只有这样才能赢得"人民"的支持和反对党支持。尽管不同党派政治意识形态有很大不同,政治纲领有很大差异,但一旦执政就必须体现具体历史阶段"人民"需要。

宪法并没有为政党留下位置,但政党却是美国政治的全部。"建国"到"重建"阶段,美国政党经过不断分化组合并最终确立"两党制",从最初的联邦党和反联邦党("民主共和党"),再到"民主共和党"和辉格党,以至后来"第二政党体制"时期的民主党和辉格党,以及"第三政党体制"时期的民主党和共和党,政党在不断的分化和组合之中。两大政党派系之所以不断处于变化之中,一个根本原因在于民意的使然,不管哪个政党上台执政,都体现了对"人民"国家主义价值取向的认同和实现。

三、两党政治的非意识形态化和温和化

美国政党的特征包括两点:一是"两党制",两个政党轮流掌控国家权力;二是非意识形态化和温和化倾向。"两党体制"具有悠久的历史传统,民主党可以追溯到杰斐逊时期的"民主共和党",19世纪30年代改为"民主党",目前的共和党产生于"内战"之前50年代的共和党,它的意识形态渊源于联邦党和19世纪20年代国家共和党和30年代的辉格党。在美国历史上,第三政党也曾出现在全国和地区政治中,但影响力有限。在大党不能对选民产生吸引力的时候,通常是第三政党的兴起机会,"第三政党选举政治通常体现了公民对他们社会和经济环境的反应,第三政党一般会通过影响全国议题的方式来发挥其作用",[1]第三政党的兴起迫使大党面对以前他们忽视的问题。

---

① Marcia Lynn Whicker, Ruth Ann Strickland, and Raymond A. Moore, *The Constitution Under Pressure: A Time for Change*, Westport, Conn.: Greenwood Press, Inc., 1987, p138.

政党的核心任务是民主选举,以选举获得政权或巩固政权。选举制度和政党体制紧密相关。一般而言,选举制度主要包括"简单多数制"(A Single-member District)和"比例代表制"(A Proportional Representation System),这两种制度对政党体制形成发挥了关键作用。"简单多数制"指的是每个选区只能由每位选民投票选出一名代表,由选区内得票最高的人当选,不需要获得过半数选民的支持。"简单多数制"有三个特点:一是更容易产生类似美国的两党体制,在"胜者全得制"(Winner-take-all System)的规则下,第三小党的生存空间非常小,选民一般会把票投给当选机会较大的政党,以防止最不喜欢的政党上台;二是政党的政见诉求相对比较保守温和,不容易走向极端,也更容易团结中坚力量。在现实政治中,为争取绝大多数选民的支持,政党候选人如欲获胜,就会趋向以多数选民较关切的公共政策、福利政策作为主要选举诉求;三是防止了数量众多的小党产生的政党"碎片化"而带来的稳定执政联盟的缺失,相对而言更容易保持政权的平稳性和连续性。[①]

在"比例代表制"(A Proportional Representation System)下,政党获得的席位与他们选举中的总票数有关。在"胜者全得"的"简单多数制"下,第三政党几乎没有机会来确保席位,"比例代表制"下第三政党可能会获得或保持一定的席位。"比例代表制"是议会选举的重要制度,如果一些小政党在联合组成的少数派政府中占据主导,这些占有较少席位的政党都有可能获取权力,这样的情况在德国、意大利、以色列和日本等国家比较常见。在"两党制"下,共和党和民主党利用媒体对选民政治认知影响具有关键作用,两党在宣传领域战斗是选举政治的重要组成部分,而选民通过信息来认识第三小党方面存在障碍,而且成本很高,"因为第三政党在总统选举中几乎不可能获得超过5%的选票,因此在下届总统选举

---

① 1919年《魏玛宪法》作为民主宪法的典范而被世人称颂,但是这部宪法同样也是一次失败的民主尝试。魏玛体制之所以会垮台,其主要原因在于政党数量众多、小党林立,政党"碎片化"导致政府无法形成稳定的执政联盟,使得纳粹党钻了空子,迅速崛起。同样的例子还包括20世纪70年代的智利,智利由于无法形成有效的执政联盟,使得军方发动政变。

中就没有资格获得公共资助"。①

美国"两党制"第二个特点是政党非意识形态和温和化。安东尼·唐斯(Anthony Downs)和本杰明·佩吉(Benjamin I. Page)认为:"公共舆论的分布与选举制度的相互作用会影响政党的意识形态发展趋势",②"单一选区制度"下的"单峰意见分布"(Unimodal Opinion Distributions)通常会产生非意识形态化的温和派政党,③即在政党意识形态不明确和过多意识形态重叠之间的政党。因此,候选人为了"俘获"大多数选民意见,大政党就会时刻强调非意识形态化。而在多党制国家,政党之间存在尖锐的意识形态分歧,妥协就会在跨政党利益集团之间产生,从而形成联合政府。"两党制"下的每个政党都必须寻求中间选民支持,通常会覆盖到更大范围的意识形态。因此,"在'两党制'下,政党追求相似性,会为选民提供尽可能少分歧的选择"。④

美国政党地方性色彩比较浓,在层级上类似于金字塔状的结构。吉尔德·庞珀(Gerald M. Pomper)和苏森·莱德曼(Susan S. Lederman)认为:"如果美国政党有一个中心,它很可能是在地方这一级,中心是受到怀疑的",⑤美国政党的地方化与"联邦主义"管理结构有关,同时又体现了地方党团势力在政党中的举足轻重作用,这个作用在诸如大选这样的时期体现得尤为明显。从纵向维度看,政党由全国委员会、州委员会和地

---

① Marcia Lynn Whicker, Ruth Ann Strickland, and Raymond A. Moore, *The Constitution Under Pressure: A Time for Change*, Westport, Conn.: Greenwood Press, Inc., 1987, p139.

② See Anthony Downs, *An Economic Theory of Democracy*, New York: Harper and Row, 1957; Benjamin I. Page, *Choices and Echoes in Presidential Elections: Rational Man and Electoral Democracy*, Chicago: University of Chicago, 1978.

③ "单峰意见分布"(Unimodal Opinion Distributions)指的是在选举中大部分选民在某项意见上选择中间或者中庸的立场,只有仅少数选民选择极端偏左或者偏右的现象。一般而言,"单峰意见分布"需要进行统计学调查,并采用一定的数学模型进行数据分析,其结果主要体现为一种概率基础上的趋向性分布。

④ Marcia Lynn Whicker, Ruth Ann Strickland, and Raymond A. Moore, *The Constitution Under Pressure: A Time for Change*, Westport, Conn.: Greenwood Press, Inc., 1987, p139.

⑤ Gerald M. Pomper, Susan S. Lederman, *Elections in America: Control and Influence in Democratic Politics*, 2nd ed., New York: Longman, 1980, p.43.

方委员会构成的层级结构表现出来,具体如下表 4 - 6:①

表 4 - 6　Organizational Structure of U. S. Political Parties

National Institutions
(1) National Convention (2a) National Chairperson　(2b) National Committee
States Institutions
(1) States Conventions (2) States Committees (3) Congressional District Committees
Local Institutions
(1) Country committees (2) intermediate committees (City, Legislative, Judicial) (3) ward and precinct committees (4) party members

　　从上表 4 - 6 可以看出,两党在组织结构方面具有类似性:国家机构层面有全国代表大会,及其产生的全国委员会及其主席;州的机构层面有州的代表大会、州的委员会和国会地方委员会;地区机构则由地区委员会、中级委员会、选区委员会和党员。在这里面,全国代表大会选择国家委员会成员,但决定通常要得到州代表大会同意。全国委员会的主席和官员不是从州委员会中选择产生的,而是通过州委员会选举或者罢免产生的,全国委员会一年开会两次或三次,负责选举执行委员会。

　　美国"两党制"有鲜明优势。首先是政党格局相对稳固,可以确保政党选举是多数统治而不是多元统治,具体表现:两党通过总统选举影响政治运作,一旦选举获胜,获胜政党就会占据大多数行政部门;在国会中一旦赢得多数席位、就会在立法中占据主导地位,实现对国会控制;两党在国家不同的行政层级进行竞争,争夺控制权和发言权;两党通过选举轮流

① Marcia Lynn Whicker, Ruth Ann Strickland, and Raymond A. Moore, *The Constitution Under Pressure: A Time for Change*, Westport, Conn.: Greenwood Press, Inc., 1987, p140.

执政,不存在两党组成执政同盟的可能性。在"总统共和制"政体下,两党政治更易产生政治均势,会出现一党控制行政权,而另一党控制国会立法权,这对于权力限制和民主政治具有益处。按照政治学家福山的观点,就是"否决"政治引起的民主奇观。政党选举力量的反复多变使两党时刻保持动态平衡,忠诚的反对派是一元的,而不是多元,这更容易集中民意。此外,两党制的稳固性还表现在温和的意识形态冲突,这使得两党的意识形态有很大包容性和很强的实用性。①

其次,美国"两党制"的非意识形态倾向体现了民主党和共和党都是资产阶级性质的政党,无明显的阶级区分。② 两党都以民主、自由和法治价值为意识形态归宿,都是为了从根本上维护资产阶级利益。从财富和职业状况来看,"民主党的精英与共和党精英阶层几乎没什么区别,并且职位越高,区别越小,越到后来,情况越是如此"。③ 从两党选民的阶级结构来看,基本上都是由大资产阶级、中产阶级和工人阶级组成,只不过民主党中工人阶级比重大些,而共和党中大资产阶级的比重大一些。从两大政党宣扬观点来看,两大政党都宣称代表全体选民利益,而不仅代表资产阶级利益。但实际来看,共和党代表了自由主义的工商业资产阶级利益,而民主党代表了小资产阶级或者比较弱势群体的利益,这都是宣传策略不同。

除此之外,两大政党都是"无党员基础"政党和"无党中央机构领导"的政党。④ 上述特点决定了两党政治更能集中代表民意,更能吸引温和派选民,抑制极端主义者,"温和、稳健,非意识形态化,选举纪律不算严;注重实效,善于适应新的环境,能够接纳观点不同的公众"。⑤ 当然,两党在意识形态、外交思想、政策方面和心理认同方面存在一定差异,但在"政治文化、自由主义政治传统、对资本主义的共同信念、共同维护宪治框架"

---

① 张立平:《美国政党与选举政治》,中国社会科学出版社 2002 年版,第 52 页。
② 参见:繁体宁:《论美国两党制》,载《国际关系学院学报》1991 年第 4 期,第 1—11 页;陈其人、王邦佐:《美国两党制剖析》,商务印书馆 1984 年版。
③ 张立平:《美国政党与选举政治》,中国社会科学出版社 2002 年版,第 54 页。
④ 张立平:《美国政党与选举政治》,中国社会科学出版社 2002 年版,第 56 页。
⑤ David B. Magleby, Paul C. Light, *Government by the People*, New York: Pearson Education Inc., 2009, p.82.

等方面具有很大共同点，①这是理解美国政党变迁的重要基础。

四、政党变迁实现国家主义价值取向

"建国"到"重建"阶段，美国政党经过了三大体制时期，最终形成了稳定的两党体制。在这个过程中，政党政治突出特点是围绕总统选举展开的。总统选举的关键性，催生了"关键选举"。1789年到1877年，美国五次"关键选举"产生的政党体制有三次发生在这个阶段。② 因此，总统的"关键选举"在政党制度发展中具有重要意义。

"建国"到"重建"阶段，两党变迁主线是围绕宪法解释展开的，即联邦政府是否拥有"宽泛解释"的权力，联邦党、国家共和党、辉格党和共和党一般主张宪法的"宽泛解释"，赋予联邦政府较大的权力，建立拥有全能的"大政府"，而"民主共和党"和民主党侧重于"严格解释"宪法，建立有限的国家政府。但是这种区分并不是绝对的，根据需要两党现实立场会发生转化，这就是"人民"压力之下政党的现实主义风格。

（一）"建国"时期联邦党的宪法国家观

联邦党在"建国"时期代表了国家发展方向，这不仅由于宪法是他们不断努力的结果，而且是因为他们顺应了"人民"建立一个强大共和国的愿望。联邦党在宪法上主张"宽泛解释"立场，强化联邦政府权力。在此意义上，可以将他们称之为"国家主义者"或"民族主义者"。

1. 联邦党的政治意识形态

联邦党的形成经过三个历史时期，立宪之前为松散的联盟组织，并没有形成强大的政党组织和机器。1787年到1788年宪法制定时期拥护新宪法，而汉密尔顿作为极端的"国家主义者"，主张国家绝对至上，在制宪中曾主张取消州的主权地位。早期联邦党成员多为支持汉密尔顿的人员，

---

① 参见张立平：《美国政党与选举政治》，中国社会科学出版社2002年版，第135—141页。
② 美国政历史上由总统"关键选举"而建立的政党体制有五次：(1)1800—1824年第一政党体制时期；(2)1824—1856年为第二政党体制时期；(3)1856—1896年为第三政党体制时期；(4)1896—1932年第四政党体制时期；(5)1932—1968年为第五政党体制时期。

"主要包括债权人、商人、债券持有者、航运业和制造商等资产阶级,代表了资本主义工商业的利益"。①

尽管联邦党对于新国家有许多重要的目标,但建立一个拥有广泛权威的,能够直接对"人民"进行管理的中央政府是最重要目标,这个目标代表了联邦党宪法和国家理念。联邦党人促使宪法获得通过,联邦政府拥有广泛权力,某种意义上宪法是联邦党人的作品。宪法诸多条款都体现了联邦党人构建一个权威中央政府的政治意图,例如,宪法授予全国政府征税、管制州际贸易、铸币和发行货币、缔结条约、宣战等诸多权力,而且赋予全国政府对公民直接行使这些权力,并确立"联邦最高"原则。

1790 年,华盛顿当选总统,联邦党形成了以汉密尔顿为核心的政党组织体系,核心目标也得到进一步的细化,即"主张对宪法从宽解释,加强联邦权威,建立国家银行,实行高关税,保护国内制造业发展,加强同英国联系"等。② 这些核心目标可以从"建国"之初汉密尔顿的《关于公共信用的报告》《关于国家银行的报告》和《关于制造业的报告》等报告中得到具体呈现。

2. 詹姆斯·威尔逊的激进国家主义

詹姆斯·威尔逊作为联邦党人,其《美国宪法释论》是《联邦党人文集》之外又一理解联邦党人宪法观的重要文献。在制宪会议代表中,威尔逊参与撰写了宪法初稿,"且很可能是宪法草稿的主要执笔人"。③ 在制宪会议期间,威尔逊全程参加了宪法制定过程,亲身经历了宪法的辩论过程,"他发言 168 次,仅次于伦道夫的 173 次,多于麦迪逊的 161 次"。④ 因此,威尔逊的言论在一定程度上代表了联邦党人某种声音。

威尔逊主张:"扩大联邦政府的权力,议会实行两院制,行政分支采取一元元首制,建立独立的、强有力的司法",并且必须在宪法中增加"必要

---

① David B. Magleby, Paul C. Light, *Government by the People*, New York: Pearson Education Inc., 2009, p.189.

② 张立平:《美国政党与选举政治》,中国社会科学出版社 2002 年版,第 17 页。

③ 〔美〕麦迪逊:《辩论:美国制宪会议记录》,尹宣译,辽宁教育出版社 2003 年版,第 536 页。

④ 〔美〕凯瑟琳·德林克·鲍恩:《民主的奇迹:美国宪法制定的 127 天》,郑明萱译,新星出版社 2013 年版,第 43 页。

和适当条款",强化"联邦最高"条款。① 1787 年 10 月 6 日,威尔逊在费城发表了著名的"州议会庭院演说",宣扬新宪法的优点并对反联邦党人的攻击进行回应,"威尔逊是联邦制宪会议的参加者中第一个公开为宪法辩护的人,他的演说很快成为所有联邦党人思考的基础",②包括汉密尔顿在内的拥护新宪法的人都从这里获取了力量。

在宪法批准阶段,威尔逊领导宾夕法尼亚州迅速批准了宪法,成为即特拉华州之外第一个批准宪法的大州。在第一个重要的判决"奇泽姆诉佐治亚州案"(Chisholm v. Georgia)中,威尔逊大法官论证了"美国的主权在于'人民',而非政府,无论州还是联邦政府"。③ 上述这些言论体现了威尔逊"是一个激进的国家主义者,坚决主张建立一个具有崇高权威的中央政府"。④

3. 华盛顿国家主义实践

独立战争胜利时,华盛顿就主张建立一个强大的中央政府。在制宪会议期间,华盛顿主持大局。任职总统期间,华盛顿使宪法的总统成为具有生命力的职位,⑤他开创了一项重要的先例,即行政机构权威本质上属于总统,总统拥有权力任命和罢免本部门官员。华盛顿主张扩大总统权力,这与联邦党人主张的"大政府"是相符合的,但这与宪法规定的总统任命权必须得到参议院的批准或同意原则相违背。在麦迪逊和亚当斯支持下,国会支持了华盛顿主张。第一届国会通过《1789 年决议》将免职权授予总统,国会最终承认总统对于行政部门的至高权威。

华盛顿在任期间还主导了外交权,这和总统与参议院之间的沟通渠道有关。根据宪法规定,总统在缔约问题上必须寻求参议院建议和同意,

---

① James Wilson, *Commentaries on the Constitution of the United States of America, 1792*, Cambridge, Mass.: Harvard University Press, 2013.

② See: Bernard Bailyn, *The Ideological Origins of the American Revolution*, Cambridge, Mass.: Harvard University Press, 1992, p. 328; Gordon Wood, *The Creation of the American Republic, 1776 - 1787*, Chapel Hill: The University of North Carolina Press, 1969, pp.530 - 540.

③ See *Chisholm v. Georgia*, 2 U.S. 419(1793).

④ 王希:《原则与妥协——美国宪法的精神和实践》(增订版),北京大学出版社 2014 年版,第 85 页。

⑤ 岳西宽:《美国 1774—1824:弗吉尼亚王朝兴盛史》,红旗出版社 2013 年版,第 32 页。

但华盛顿认为与另一个国家进行条约谈判开始之前就需要参议院同意会破坏外交事务的"秘密性"和"即时性",从而使总统在条约问题上寻求参议院"建议和同意"的规定从此搁置,坚定了总统在外交事务上的最高地位。

除此之外,华盛顿还在国会发表施政纲领,平息国家财政危机,并同意汉密尔顿设立国家银行,化解经济和金融危机的建议,1791年第一银行正式成立。在任职期间内,为了国家统一和中央政府的威信,华盛顿还在南部和北部各州进行巡视,通过巡视树立了新的国家主义理念:"联邦政府高于加入联邦的各州政府,合众国总统理所当然应该居于州长之上。"[①]在军事方面,华盛顿以自己独立战争的经历,力主联邦政府建立自己的常备国防军,只有这样才能保卫国家,保护"人民"自由。

(二)"第一政党体制"时期"民主共和党"的国家主义

1800年到1824年是历史上的"一党体制"时期,这个时期联邦党逐步退出政治舞台,以杰斐逊为首的"民主共和党"主导国家内外政策,控制国会和行政部门。1800年总统选举宪政危机最终以宪法第12修正案收场,并开启了"民主共和党"一党长期执政的历史。通过这次"关键选举",联邦政府权力依照宪法程序以和平方式从联邦党人手中转移到"民主共和党"人手中,这种权力转移体现了政党对民主政治的贡献,而且也使得忠诚的反对党成为美国宪政体制中合法存在的反对派。

杰斐逊的获胜并不意味着国家发展方向的改变。尽管存在党派斗争,但他强调:"意见的不同不等于原则的不同……我们都是共和党人,我们也是联邦党人",这次选举说明"在安全的丰碑之下的错误的意见是可以容忍的,而同时也会被自由存在的理智所改正"。[②] 尽管他上台后废除了亚当斯政府时期的《客籍法》和《惩治叛乱发》,但"民主共和党"在执政过程中逐渐接受了联邦党的基本主张,继续扩大联邦政府权威,实行保护

---

① 参见岳西宽:《美国1774—1824:弗吉尼亚王朝兴盛史》,红旗出版社2013年版,第38—39页。
② See Thomas Jefferson, *First Inaugural Address* (4 March 1801), in Messages and Books, Vol. 1, pp. 309 - 312.

性关税,建立合众国第二银行。①

　　杰斐逊在任内还提出了"自由帝国"理念,"自由帝国"最重要体现就是"路易斯安那购买案",以及"的黎波里"战争。尽管宪法并没有授予总统有购买领土、宣战权,但杰斐逊为了国家利益却勇于购买和宣战,从而彰显了"民主共和党"执政理念并不是温情脉脉的"小农主义",而是具有大国气象的国家主义。

　　杰斐逊的遗产被麦迪逊和门罗继承,在这后两任总统任期内,"'民主共和党'人都有效地利用了总统部门的权力来扩大联邦政府的功能和利益范围"。② 麦迪逊被称为"宪法之父",他主持制宪会议并提出了"弗吉尼亚方案",并且成功说服了人们接受强大中央政府的观念,引导民意支持美国宪法批准。对于英国挑衅,麦迪逊勇于同英国开战,并支持联邦政府的"西进运动",领导"人民"向西部拓殖,兵进加拿大。在经济领域,尽管宪法没有规定联邦政府建立银行的权力,麦迪逊还是决定批准成立合众国第二银行。麦迪逊"在无意识条件下被迫做出的调整不是意识形态问题,而是一种历史现象——现代性,即现代化的动力技术、经济、持久和中央集权",其从另一中意义上实践着联邦党人的理念,"只不过这是一种更加精英化、更科学、更持久的联邦党人理念"。③

　　门罗上任后迅速抛下了党派斗争,亲自视察新英格兰,通过巡视创造"和睦"气氛消除党争,让全国更加紧密团结在一起。这一时期,"民主共和党"达到了全盛,其受到全国不同阶层的拥护。在内政领域,门罗主张对宪法进行"有限的宽泛解释",扩大联邦政府在"国内改进"中的权力,并致力于和联邦党和解。在外交领域,门罗与英国达成《拉什—巴格特协定》,以"行政协定"方式划定了与加拿大边界,并在 1819 年同西班牙签订《亚当斯—奥尼斯条约》,取得佛罗里达,并在此基础上提出了"门罗主义"。

　　在"第一政党体制"时期,总统选举的提名程序是国会党团会议提名

---

① A. H. Kelly, W. A. Harbison, H. Belz, *The American Constitution: Its Origins and Development*, New York: W. W. Norton &Company, Inc., 1983, p.153.

② 王希:《原则与妥协——美国宪法的精神和实践》(增订版),北京大学出版社 2014 年版,第 151 页。

③ [美]加力·威尔士:《美国宪法之父——麦迪逊传》,安徽教育出版社 2006 年版,第 166 页。

制,由国会内两党来提名自己政党候选人,这在宪法上首次实现了由政党创立非正式的选举总统提名程序,政党的总统候选人由该政党在国会中的议员来决定,国会领袖起的作用非常大,尤其是众议长和参议长,亚当斯、杰斐逊、麦迪逊和门罗都是国会党团会议中议员决定的候选人并最终当选总统。这一时期"民主共和党"在全国建立起了地方政党组织,俨然已经成为一个全国性的政党。

(三)"国家共和党"和"国民共和主义"

1824 年到 1828 年,是政党体制上的"过渡时期",①新的政党"国家共和党"产生,这个政党实际上是从"民主共和党"中分裂出来的。1812 年"英美战争"之后,"民主共和党"的国家主义得以实现。在"民主共和党"内部,出现了小亚当斯和亨利·克莱为代表的"国家共和党",他们抛弃了杰斐逊的以农业为主的立国方针,倡导以制造业为主的"美国体系",主张用国家的力量振兴工商业,建议联邦政府在"国内改进"等方面拥有更大权限,并整合东北部、西部和南部三大区域的经济发展,使其联结为更加紧密的全国市场。

为了实现"美国体系","国家共和党"建议实行保护性关税,保护国内的制造业和民族工商业,减少外国产品对国内产业的冲击,并要求恢复1811 年终止运行的合众国银行,主张扩大其发行货币和调控经济和金融的权力,联邦政府对国内工商业的发展应进行适当国家财政补贴。从当时历史发展来看,这些政策确实符合了国家发展战略的需要,某种程度上延续了"建国"时代联邦党人理念。

1816 年,在"国家共和党"努力下,国会通过了建立合众国第二银行决议,颁布《合众国银行法》,并为第二银行争取到了 20 年的运营期。在保护国内工商业的要求下,国会又通过了《关税法》。1824 年,国会又通过了一项全国性的《勘测法》,授权总统在全国范围内对"国内改进"涉及到的公路和运河进行勘测,以便国会拨款修建。1825 年,"国家共和党"的小亚当斯成功当选总统。至此,"国家共和党"和"民主共和党"两个新

---

① Gary B. Nash, Julie Roy Jeffrey, John R How, Peter J. Frederick, Allan F. Davis, and Allan M. Winkler, *The American People: Creating a Nation and Society*, New York: Pearson Education, Inc., 2003, p.462.

的政治利益集团已经形成,"这两个党派是美国第二政党体制——辉格党与民主党的对立——在 19 世纪 30 年代出现的前兆"。[1]

(四)"第二政党体制"和全国性民主的扩张

1830 年到 1856 年是历史上的"第二政党体制"时期,即"杰克逊民主"时期。1828 年,在总统"关键选举"中杰克逊的民主党获胜,他发展了杰斐逊时期的民主传统,并进行了一系列改革,扩大民主基础。在这个时期,与民主党相对是由国家共和党发展而来的辉格党,国家权力的交替是在民主党和辉格党之间进行的。

"第二政党体制"时期总统候选人提名方法发生了变化,总统候选人提名不再是国会党团核心会议提名,而是由州和地方政党组织提名。1832 年之后,总统候选人的提名产生和党的全国代表大会联系在一起,形成了自下而上的总统候选人提名方式。杰克逊在任内扩大"人民"民主权利,主张平民参政。在联邦与州之间关系上,主张联邦与州之间相互制约,"反对州权无限度扩大,而是强调州与联邦间相互制约,相互依存,互不逾越。中央政府能够捍卫国家免受外来的侵略,但它要在宪法的范围内行事,州既不可以高于中央政府,也不能拥有分离权"。[2] 在极端"州权主义者"卡尔霍恩的"联邦法令废止"事件中,杰克逊总统坚定地维护了中央权威,认为对联邦法令的废止就是分裂国家和叛国行为,并派联邦军队进入南卡罗来纳州,迫使南卡罗来纳州取消了"联邦法令废止法案",接受联邦的《强制法案》和征税义务。

在立法分支和行政分支关系上,杰克逊主张总统是"人民"真正代表者,"议会都是北方大资产阶级或南方大奴隶主的代表,不能代表'人民'利益",[3]因此他扩充了总统权力,摆脱国会控制,利用宪法赋予的"否决权",对国会不符合自己意愿的法律,以违宪名义进行否决,并且创立"口袋否决"先例,即通过搁置国会议案不予批准惯例,直到国会休会而作废。

---

[1] 王希:《原则与妥协——美国宪法的精神和实践》(增订版),北京大学出版社 2014 年版,第160 页。
[2] 陈海宏:《美国史专题研究》,山东教育出版社 2014 年版,第 56 页。
[3] 陈海宏:《美国史专题研究》,山东教育出版社 2014 年版,第 57 页。

另外他还扩大了总统对行政官员的任免权,以摆脱参议院制约。

杰克逊解散合众国银行的过程中,辉格党开始形成。辉格党在政治上主张"扩大联邦政府权力,促进工商业发展,将全国纳入统一的经济体系之中",①并提出与民主党一样的反权贵主张,在赢得民众支持其国家主义计划时同民主党如出一辙。在 1840 年,哈里森在"关键选举"中赢得总统大选,这为辉格党实施其国家主义计划提供了机会。1844 年,辉格党人波尔克再次赢得大选,在其任内主张兼并德克萨斯维护国家利益,至此辉格党影响力到达顶峰。

(五) 19 世纪 50 年代初政党政治的削弱和"第三政党体制"建立

1850 年,联邦政府兼并德克萨斯和"美墨战争"引起的"奴隶制"宪政危机通过"大妥协"得以解决,但这体现了政党化解政治危机能力的弱化。1850 年到 1854 年,两党道德观和经济政策差异变得模糊不清,政党"忠诚度"受到损害,辉格党和民主党都力图使"人民"相信《1850 年妥协案》,有若干州在 50 年代早期修订宪法和法律,使得政治程序和经济程序向联邦政府的标准化靠拢,直接后果是执政党任命官员职位的不断减少,这些因素加上 30 年代开始的特许权减少和立法机关权力的缩小,冲淡了政党在公民生活中的重要性。50 年代早期经济发展也削弱了政党影响力,政府作用在缩减,"在 50 年代经济繁荣时期的铁路特许热潮中,地区联系比起国家党派政治更为重要"。② 1852 年的总统大选是政党政治削弱的重要体现,"两党几乎没有提供可供选择的替代人物,双方都有意减少问题,以避免扩大政党内部的分裂,选民的兴趣逐渐减少"③。

1853 年到 1854 年,内布拉斯加领土建州问题使"奴隶制"危机再次

---

① Alan Brinkley, *American History With Study Guide*, New York: McGraw-Hill Education, 1999, p.260.

② Gary B. Nash, Julie Roy Jeffrey, John R How, Peter J. Frederick, Allan F. Davis, and Allan M. Winkler, *The American People: Creating a Nation and Society*, New York: Pearson Education, Inc., 2003, p.461.

③ Gary B. Nash, Julie Roy Jeffrey, John R How, Peter J. Frederick, Allan F. Davis, and Allan M. Winkler, *The American People: Creating a Nation and Society*, New York: Pearson Education, Inc., 2003, p.462.

出现。为了满足南部利益的需要,民主党员道格拉斯提出了"内布拉斯加议案",目的在于寻求南北之间妥协,并为 1856 年总统大选捞取政治资本。1854 年,道格拉斯提出将内布拉斯加分成堪萨斯和内布拉斯加两部分,每州的建州原则遵从"人民主权"原则,即由当地"人民"自己决定是否实行"奴隶制",这就是著名的《堪萨斯-内布拉斯加法案》,该法案主张"住民自决"和"占地为先"原则,从而取代了《1820 年密苏里妥协》中的禁止"奴隶制"原则,虽然化解了宪政危机,却将国家推向了分裂边缘。

在《堪萨斯-内布拉斯加法案》的刺激下,北方自由州和南部蓄奴州的"人民"都纷纷涌入堪萨斯并最终酿成冲突,国会面对冲突却无法决定接受哪一派制定的堪萨斯州宪法。《堪萨斯-内布拉斯加法案》暴露了民主党和辉格党在解决宪政危机上的无能,也最终促使了两党内部的分化和组合,这为"第三政党体制"的民主党和共和党两党制的建立奠定基础。

(六)"内战"和"重建"阶段共和党的国家主义

"内战"和"重建"处于"第三政党体制"时期,[1]新成立的共和党主张废除奴隶制,在全国推行自由资本主义工商业;在联邦和州之间关系上,主张联邦权威,而新成立的民主党则由原来支持州的权力转变为支持奴隶制,其势力主要存在于南部各州。这一时期,共和党的"人民"基础得以扩大和强化,新英格兰以及由新英格兰开拓的西部是共和党力量最为强大的地区。[2]

在 1860 年大选中新成立的共和党获胜,林肯当选体现了民心所向。而南方蓄奴州则展开了蓄谋已久的脱离联邦行动,联邦政府决定打击南部分裂行为,维护国家统一。在"内战"中,林肯扩大了宪法赋予的总统权力,并首次创立了"紧急状态权",主张在国家危急时刻,总统拥有独立的不受限制的决断权;而国会也通过众多法案支持总统行为,这有力地保证了联邦政府能够集中国家力量打击南方分裂行为。

林肯去世之后,约翰逊继续"重建"计划。从 1865 年 5 月开始,约翰逊宣布了一系列总统"重建"具体方案,"要求南部效忠联邦的人数提高到

---

① 1856—1896 年是美国第三政党体制阶段,在此历史阶段,共和党开始成为多数党,并开始了长达 32 年的执政时期。

② [美]小阿瑟·施莱辛格:《美国共和党史》,上海人民出版社 1977 年版,第 151 页。

50%,允许来被林肯计划排除的邦联高级官员中的大有产者(财产在 200 万美元以上)申请特赦,在批准特赦的同时,恢复这些人的财产权"。[①] 除此之外,约翰逊还要求南部各州废除退出联邦的决议,批准宪法第 13 修正案,免除南部邦联政府的战争债,并要求南方各州制定新宪法,但黑人却被排除在"重建"之外。但是,这些"重建"方案却遭到南部各州激烈反对,"南卡罗来纳州和密西西比州拒绝取消邦联债务,后者甚至拒绝批准宪法第 13 修正案。更有甚者,南部各州的'重建'政府还相继通过了一系列限制黑人自由的法案,统称为《黑人法典》"。[②] 总统的"重建"计划为此遭受重大挫折。

约翰逊的"重建"计划显然达不到共和党要求,《黑人法典》的实行使南方重新回到白人至上时代。国会中的共和党认为总统"重建"方案过于软弱,主张将黑人权利置于联邦政府保护之下。在此情形下,国会根据第 13 修正案第 2 款,制定了《自由民局法案》和《民权法案》来代替总统"重建"方案。1866 年,共和党在国会中期选举中获得了国会两院中 2/3 以上席位,激进的共和党掌控"重建"主动权,这反映了"人民"巩固"内战"胜利成果和彻底废除奴隶制的愿望。1867 年,在国会激进"重建"的背景下,国会先后通过了四部法案,给予哥伦比亚特区、内布拉斯加准州、科罗拉多州和首都哥伦比亚特区黑人选举权。尽管这些法案遭到了约翰逊的否决,但国会又以 2/3 多数通过了上述法案,黑人选举权在北方实行,同时也为国会将黑人选举权扩张至南部各州奠定了法律基础。

1867 年 3 月 2 日,国会通过了《1867 年(军事)重建法》,否定了总统"重建"方案,宣布"重建"必须按照国会的《重建法》进行,"国会《重建法》的实施被认为是激进'重建'的开始",[③]目的在于将南部"重建"控制在联邦政府之下,其与总统"重建"的最大不同在于将南部被解放的黑人奴隶纳入到"重建"计划中,这是国会主导"重建"的贡献。与此同时,共和党控制下的国会迅速批准了宪法第 14 和第 15 修正案,并在 1870 到 1872 年之间通过了五部与实施第 14 修正案和第 15 修正案相关的《实施法令》,用于保护南部公民平等权,并对"重建修正案"的原则作了激进解释和运用。国会认

---

① 王希:《原则与妥协——美国宪法的精神和实践》(增订版),北京大学出版社 2014 年版,第 271 页。
② 王希:《原则与妥协——美国宪法的精神和实践》(增订版),北京大学出版社 2014 年版,第 273 页。
③ 王希:《原则与妥协——美国宪法的精神和实践》(增订版),北京大学出版社 2014 年版,第 285 页。

为联邦政府对公民权利保护应该持积极和主动态度,联邦政府应在实施"重建修正案"和保护黑人公民权利方面掌控全局,体现联邦政府权威。

第五节　"重建修正案"巩固国家主义价值取向

从宪法修改和宪法变迁的关系来看,宪法修改是宪法变迁发展到一定阶段的必然结果。宪法变迁经过长时间的量变累积,必然会以宪法修改的质变方式体现出来。在此意义上,从"重建修正案"回溯"建国"到"重建"宪法变迁过程,可以得出"重建修正案"是宪法变迁国家主义价值取向发展的结果,同时又以制度形式巩固了国家主义。

一、"重建修正案"的内容和批准

"重建修正案"包括第 13 修正案、第 14 修正案和第 15 修正案。1865 年通过的宪法第 13 修正案规定禁止在美国实行奴隶制,国会有权以适当的立法来实施本修正案。第 14 修正案包括 4 款:一是确定了平等性全国公民身份;二是削减国会代表权的惩罚,敦促各州停止对公民选举权的剥夺;三是剥夺南部邦联政府高级官员的政治权利,并规定这些人的政治权利恢复由国会两院分别 2/3 的多数同意;四是保证"内战"期间联邦债务的有效性,但宣布南部邦联的一切债务均无效,此外还规定了国会可以通过适当的法律来实施上述条款。第 15 修正案规定合众国公民的选举权,不得因种族、肤色、或以前是奴隶而被合众国或任何一州加以拒绝和限制,并且国会有权通过法律来实施这一修正案。上述三条修正案一起被称之为"重建修正案",其内容、批准和生效执行时间可见下表 4－7:①

---

① Gary B. Nash, Julie Roy Jeffrey, John R How, Peter J. Frederick, Allan F. Davis, and Allan M. Winkler, *The American People: Creating a Nation and Society*, New York: Pearson Education, Inc., 2003, p.525.

表4-7　重建修正案条款

内容	批准过程	生效和执行
第13修正案：禁止在美国实行奴隶制	1865年1月国会通过,1865年12月包括南方8个州在内的27个州获得批准。	立即执行,但经济自由是逐步实现
第14修正案：(1)确定平等的全国性公民身份；(2)根据特定州被剥夺公民权的选民比例减少该州在国会的席位；(3)禁止前邦联高级官员担任公职；(4)邦联债务及对损失财产的索赔无效、非法。	1866年国会通过,1867年2月被12个南方和边境州拒绝,国会宣布以批准此修正案作为重新纳入联邦的条件,1868年7月获得批准。	《1964民权法案》 *The Civil Rights Act of 1964*
第15修正案：禁止因种族、肤色和前奴隶身份而剥夺选举权(性别差异仍未消除)。	1869年2月国会通过,弗吉尼亚、德克萨斯、密西西比、佐治亚为被重新接纳而批准,1870年3月获批准。	《1965选举法》 *The VotingRrights Act of 1965*

从表4-7来看,第13修正案是立即生效和实施的,但在经济领域实现较为缓慢；而第14修正案批准遇到阻力较大,并且第14修正案和第15修正案实施过程都花费了不少时间,大约一个世纪之后才逐渐执行。从这个层面看,公民权利不仅是一个法律问题,而且是一个政治问题。在党派政治、联邦和州的关系等问题影响下,以黑人权利为代表的公民权利仅靠司法途径是无法得到充分保护的,"司法审查"在宪法权利保护方面具有一定的局限性。从长远看,公民权利还需要在宪法框架内依靠民主进程才能从根本上解决。

二、"重建修正案"：宪法变迁国家主义价值取向的结果

公民权利体现了限制国家权力,保护公民自由的基本价值。公民权利对立面是国家权力,二者之间是此消彼长的关系。美国宪法是典型的"宪政型宪法",其指导思想是启蒙思想家所宣扬的自由和平等价值,也就是《独立宣言》和《权利法案》中表达的理念。但是,美国宪法在公民权利

领域却存在天生缺陷。由于制宪者的阶级局限性,公民权主体仅特定范围之内,即一部分拥有适度财产的白人男性公民身上,而非裔黑人、土著印第安人和妇女等少数族裔的公民权得不到宪法应有的保护。

宪法《权利法案》指涉的权利主体范围是有限的,仅限于男性白人的有产阶级,这正是查尔斯·A. 比尔德一直试图证明的观点。[①] 制宪者们都是拥有大量财产的白人资产阶级,以全国"人民"名义制定的宪法当然首先会维护他们利益。而《独立宣言》所宣扬的"人人生而平等"只是一种革命精神的抽象表达,杰斐逊本人就知道所有人在智力、天赋和其他方面都不必然平等,在这里他强调的是作为个体的人应该享有平等权,在法律面前人人是平等的,并不是所有的种族一律平等。[②]《独立宣言》宣示的只是有一定财产的白人男性的民权,并不包括印第安人、黑人和妇女等群体。因此,殖民地时期的民权本身就具有历史局限性,而后续的联邦宪法也秉承了《独立宣言》精神,继续将民权限定在一定财产的男性白人阶级身上。在"奴隶制"问题上,宪法并没有明确禁止"奴隶制"存在,也没有通过法律手段赋予国会拥有禁止"奴隶制"的权力。"人民"的普选权有明确的财产、性别和肤色限制,联邦政府无权赋予全体"人民"普选权,而是将公民选举资格认定权力留给了各州。

除此之外,联邦政府和州政府的关系也始终困扰着"建国"到"重建"阶段国家的发展。尽管宪法对联邦权力进行了列举规定,并通过第 10 修正案将未赋予联邦的权力保留给州和"人民",但在权力划分不明确的区域,联邦和州之间的冲突不断出现。尽管,最高法院可以通过司法方式解

---

① 参见[美]查尔斯·A. 比尔德:《美国宪法的经济观》,何希奇译,商务印书馆 2010 年版。

② "种族平等"有两种含义:"第一,种族平等意味着,正如所有的人类应该被平等对待一样,所有的种族也应该被平等对待。这是一种不合逻辑的看法,由于各种族并不是有自我意识的集体代理人,也不是其集体利益的承载者,其并不能彼此表达集体要求,并且由于它们并不是独立其他成员而存在的,因此平等对待他们的观点除非作为一种意指成员平等的方式,否则是没有意义的。第二,种族平等意味着给予个人平等的对待而与其种族无关,这是一个有条理的观点。"对于第一意义,种族平等与种族差别并无分别,而第二含义注重种族之间的区分和差异性上的平等,主要是从个体意义上来讲的,这种平等才是宪法所需要保护的。(See Glenn C. Loury, Tariq Modood, and Steven M. Tales, *Ethnicity, Social Mobility, and Public Policy: Comparing the U.S.A. and U.K.*, New York: Cambridge University Press, 2005, pp.664 - 665.)

决中央和地方的权力纠纷,但这并不能彻底解决联邦主权和州主权之间的结构性难题。当国家结构问题与"奴隶制"问题相互交织在一起时,联邦政府与州政府之间的矛盾被大大激化了。

联邦主权和州主权之间的关系,不仅关系到国家统一,而且还关系到公民权利的实现。宪法中"奴隶制"和州主权的合法存在,使得公民权利在很大程度上得不到联邦政府的保护,大部分关于公民权利问题是由州政府解决的,联邦政府在这个领域并没有大的话语权。而随着领土扩张引起的"奴隶制"宪政危机不断考验着联邦宪法,自由州和蓄奴州之间的对立实际上反映了代表国家发展方向的自由工业资本主义与落后的"奴隶制"资本主义的全面对立,托克维尔早就预见到了这两种经济形态之间必然会引发"内战"。[①] 在"内战"之前的《1820密苏里妥协》《1850年大妥协》和《堪萨斯-内布拉斯加法案》等数次妥协只不过延迟了"内战"爆发时间,而无法彻底解决"奴隶制"问题。因此,彻底解决"奴隶制"宪政危机,不能仅依靠原有的宪法框架,必须在武力摧毁南部保守势力的基础上重构宪法,重塑共和国精神,方能赢得合众国新生。

宪法在规范层面蕴含了最为广泛的价值空间,这是确保宪法稳定性、权威性和适应性基础,但宪法在应对"奴隶制"等结构性难题上却显得力不从心,"人民"提出的规范需求却无法给予充分满足。而当这种需求的实际必要性超过了宪法规范价值空间,而司法解释等宪法变迁机制又无法弥合事实与规范之间裂痕的时刻,宪法修正就是必然的事情。从这种意义上讲,"重建修正案"是宪法变迁长期发展的必然结果,而这种结果是对"建国"以来宪法变迁国家主义价值取向的最终确认,这种确认又在某种程度上巩固了国家主义价值取向。

三、"重建修正案"与国家重塑

"重建修正案"是一场宪法革命。第13修正案以联邦名义禁止"奴隶制"的存在,彻底否定了州层面"奴隶制"存在的合法性,取消了州在这个

---

① 〔法〕托克维尔:《论美国的民主》,董国良译,商务印书馆2004年版,第423页。

问题上的主导地位,确立了联邦解决"奴隶制"的领导权,解决了长期以来联邦与州在"奴隶制"问题上的争论,确立了联邦的最高权威。在此意义上,可以说宪法 13 修正案真正实现了《独立宣言》中的自由和平等价值,这种价值是通过拓展了"人民"范围,重塑了宪法政治价值达到的。此外,"在机制上,第 13 修正案还为国会建立后来的第 14 修正案和 15 修正案作了必须和重要法律铺垫。它从宪法上承认了已经存在的废奴事实,将林肯的《解放奴隶宣言》所宣示的废奴原则推广到全国范围之内,使之成为一条具有最高性和永久性的宪法原则"。①

第 14 修正案是"重建修正案"中最为重要的条款,其确定平等的全国性公民身份扩展了联邦政府对公民权利最高保护原则,强调了联邦政府对于公民权利救济的至上性,"这也是美国联邦制从'二元联邦'向联邦主权崇高性转化的最重要标志"。② 至此之后,"州权主义"受到彻底打击,尽管可能还有个别挑战联邦的行为,但影响力已经不能与战前相提并论。而第 15 修正案所涉及的对黑人选举权的保护,是民主制度的重要进步,再一次扩大了"杰克逊民主"以来的民主基础,修正了美国民主的内涵和规则,实现了"权利宪政"和"权力宪政"具体历史阶段的统一。此外,"重建修正案"中的第 13 修正案、第 14 修正案和第 15 修正案都赋予"国会有权以适当法律来实施本条规定",③从而将"重建"权力牢牢掌控在联邦政府手中,有力地支持了战后"重建"工作以及公民权利的保护力度。

总之,"重建修正案"进一步明确了联邦政府和州的权力界限,建立了联邦政府保护公民权利的宪政机制,强化了"联邦最高"原则。从过程看,这个机制的建立是国内不同政治力量相互之间妥协的结果,真正体现了政党对民意的广泛代表性,实现了宪法的革新。"第 13、14 和 15 修正案的制定并没有脱离原宪法的立宪原则,如我们看到的,它们是基于传统宪政原则基础上的创建。共和党人借助原宪法原则(如'共和政体'条款等)

① 王希:《原则与妥协——美国宪法的精神和实践》(增订版),北京大学出版社 2014 年版,第 270 页。
② 王希:《原则与妥协——美国宪法的精神和实践》(增订版),北京大学出版社 2014 年版,第 279 页。
③ 参见《美利坚合众国宪法》,第 13 修正案、第 14 修正案和第 15 修正案。

制定出的新的宪法原则。重建时期的三条宪法修正案开创了美国宪政实践的一个新的进程,赋予了美国宪法新的生命力,因而被历史学家称之为美国的'第二个联邦宪法'。"[1]在这个宪法的带领下,美国历史迎来了一个新的发展阶段。

本章小结

本章对宪法变迁的价值取向的实现机制进行研究,重点阐释了宪法解释这种实现机制,目的在于揭示宪法变迁价值取向实现的一般原理。美国形成了以"司法解释"为中心的多元宪法变迁实现机制体系。"建国"到"重建"的"司法国家主义"是国家主义价值取向最重要的实现方式。此外,总统树立的惯例是宪法变迁国家主义价值取向实现的重要机制,其中总统外交事务权变迁则是实现国家主义价值取向的重要途径。政党体现民意,两党政治围绕总统"关键选举"而发生的政党变迁也是实现国家主义价值取向的机制。从宪法修正这个结果回溯宪法变迁过程,"重建修正案"是"建国"到"重建"时期宪法长期变迁积累的结果。从这个意义上讲,"重建修正案"一方面集中体现了宪法变迁国家主义价值发展过程,另一方面又巩固了宪法变迁的国家主义价值取向成果。

---

[1] 王希:《原则与妥协——美国宪法的精神和实践》(增订版),北京大学出版社 2014 年版,第295 页。

第五章

"建国"到"重建"宪法变迁国家主义价值取向评价论

杜威认为价值哲学的核心是价值判断所产生的评价问题,评价的最终目的是为了创造一个新价值。[①] 实践活动中评价实际上是主体根据自己的认识能力对客观价值关系进行认识,并进而形成判断的过程。评价活动由主体和客观,以及一定的评价标准构成,其中确定评价标准是关键。"建国"到"重建"宪法变迁的国家主义价值取向本质上是一种宪法价值现象,其也需要根据一定的标准来进行评价。

第一节　"二重性"评价标准:价值标准和历史标准

宪法变迁价值取向体现了一定历史阶段"人民"这个主体与宪法之间的效应和意义关系,表达了"人民"在认识和把握历史发展规律的基础上对宪法提出的规范要求,并通过宪法变迁实现这种要求所体现出来的价值倾向性。这种价值倾向性不仅要受到宪法正义价值和宪法基本价值标准的评价,而且要受到历史标准的评价,内外二重标准对国家主义价值取向的评判,确保了其"善"的维度。

---

① ［美］约翰·杜威:《评价理论》,冯平译,上海译文出版社 2007 年版,第 9 页。

一、价值标准：价值评价的内在标准

评价标准离不开主体的价值标准，且最终是为了价值标准服务。评价标准具有客观性，但不能离开主体的价值标准，离开主体的价值标准，评价标准就会失去主体的内在规定性而成为一种与评价无关的活动。评价本质上是主体的价值认识和判断活动，与主体的生存和发展具有紧密关联。"作为主体的内在尺度，价值标准本身是与主体存在直接同一的，在主体的客观存在之外，价值标准不需要其他的客观前提"，[①]这意味着价值标准与人的存在具有同等意义。

主体作为实践性存在，通过"对象化"活动改造外部世界，使得这个世界越来越人化，而这个过程实际上就是"主体客体化"和"客体主体化"的过程。从这个过程看，主体本身就具有标准的性质和功能。主体"对象化"活动使得客体对主体的意义和效应是以主体需要和能力为基础的，价值标准就是对这种价值关系的客观呈现，因此是一种客观存在的关系。"我们判断一个人不能以他对自己的看法为依据，同样，我们判断这样一个变革时代也不能以它的意识为根据；相反，这个意识必须从物质生活的矛盾中，从社会生产力和生产关系之间的现存冲突中去解释。"[②]因此，评价标准和价值标准的奥秘在于主体的实践性存在，其本身也是一种价值关系。价值关系的客观性决定了价值评价有正面和负面之分，正面的价值评价就是符合价值标准的评价，而负面价值评价就是偏离价值标准的评价。

价值标准是评价活动的首要和固有标准，"它由一定社会确立的具体价值理想、价值原则、价值规范等构成。只有符合这些标准的言行才是有价值的，值得正面肯定；反之，则是无价值或有负价值的，应该予以否定。只有趋向于这些价值标准的变化，才是价值上的'进步'；反之，则是'落后'、'退步'，甚至'反动'"。[③] 价值标准是评价标准的内在标准，它主要解决的是一个社会形态中价值评价的尺度，只有解决了一个社会形态中

---

① 李德顺：《价值论》，中国人民大学出版社 2013 年版，第 177 页。

② 《马克思恩格斯选集》（第 2 卷），人民出版社 1995 年版，第 33 页。

③ 孙伟平：《价值哲学方法论》，中国社会科学出版社 2008 年版，第 184 页。

价值标准,才能对现存的价值关系进行评价。在不同的社会形态中,由于生产力发展的不同,主体的价值标准也不同,因此就无法进行价值评价。

从奴隶社会到封建社会,从封建社会到资本主义社会,从资本主义社会到社会主义社会,不同的社会形态生产力水平具有很大差异性,这决定了价值标准的不同。甚至在同一社会的不同发展阶段,价值标准也呈现出不同差异性。"在社会价值状况发生质变的时候,若依旧根据既有的价值标准进行评价,就会产生过时、落伍、不同等效果",①用封建社会的价值标准来衡量资本主义和社会主义,就会得出"恶"的效果。因此,对于特定历史阶段价值关系的评价,必须明确时空场域,用当时的价值标准去进行评价。由于具体社会形态都有其产生、发展和消亡的过程,用价值标准衡量某个历史阶段的价值关系,其就具有纵向可比度,即在相当长的社会发展历史过程中,被评价的价值关系是否促进了当时社会发展,是否符合了社会"人民"的利益就是必须注意问题。

宪法变迁的价值取向本质上也属于价值关系,与一般价值关系不同的是,此种价值关系具有规范性,其评价标准也应该从宪法价值内部产生。从宪法价值的内部来讲,能够充当评价标准的只能是正义和其衍生出来的宪法基本价值体系。正义是指一种特定的道德评价,"就是给予每个人他(或她)所应得的东西"。② 从宪法上讲,正义意味着每个主体都享有法律规定的权利,且能够通过宪法机制予以实现。"正义"之所以能够充当宪法价值的评价标准,关键在于其表征的是一种"优良和善"的社会。

亚里士多德将正义分为"分配正义"和"矫正正义",前者指的是社会的利益、责任、社会地位等在每个成员之间的平等分配;后者指的是对"分配的正义"进行矫正,以解决形式平等的不足,实现实质平等。罗尔斯在《正义论》中所阐述的正义"二原则",其中第一个"一般原则"实际上指的就是"分配正义",第二个"差别原则"则是弥补"分配正义"不足产生的"矫正正义"。

从上述看出,正义作为法律终极价值具有规范性属性,其决定了宪法的基本框架。法律意义上的正义包括两种,程序正义和实体正义,前者与

---

① 孙伟平:《价值哲学方法论》,中国社会科学出版社 2008 年版,第 185 页。
② Andrew Heywood, *Political Theory: An Introduction*, New York: Palgrave Macmillan, p. 163.

规范制定和实施有关,也就是朗·富勒所谓的"法律的内在道德性";后者涉及到规范自身的正义和非正义的问题。正义的两种意义都关系到合法性问题,人们认为法律是有效力的,并为此承认和遵守的前提就是法律的正义属性。如果法律不按照正义标准进行实施,或者说,法律制定和实施是非正义的,公民就可能会认为法律本身是"恶"的,从而不会遵守法律或者为违法行为进行辩护。正义作为法治检验标准成为法律事业基本尺度,可以确保法治的"善"相。宪法作为根本法、高级法,作为实证法最根本法律,一切宪法现象也必然要接受正义标准的检验。

在遵守正义的标准之外,宪法价值关系还需要接受宪法基本价值的评判。宪法的基本价值是内化在宪法中稳定的、恒久的和根本的政治价值,其产生于宪法制定过程。按照"政治宪法学"的观点,宪法是制宪权主体对政治共同体存在形式的一次政治决断,这个决断权掌握在"人民"手中,[①]"人民"通过政治决断将整体意志"对象化"在宪法文本中,进而确定了宪法基本价值体系。宪法基本价值体系是"人民"追求"自治"、"自由"和"自尊"生活的根本政治价值,它决定了政治共同体的存在形式。宪法的基本价值结构主要有民主、自由、法治和地方自治等构成。如果基本价值发生变化,宪法肯定也会发生根本性革命。宪法变迁在本质上属于最弱意义上的宪法变化形态,其本质上不同于宪法革命,也不同于宪法修正等宪法价值实现形式,其在遵循宪法基本价值体系的基础上协调宪法规范与社会现实的张力关系,因此是宪法基本价值范围内的一种价值变化关系。

从宪法规范内部视角看,宪法变迁的价值取向必须要接受正义价值标准和宪法基本价值体系的检验和调控,这种检验和调控从规范层面保证了宪法变迁价值实现的合法性和正当性。从这个意义上讲,正义和宪法基本价值体系是宪法变迁价值取向的内在价值标准,或者说是一种政治价值标准。

[①] 卡尔·施米特认为制宪权主体除了"人民"之外,还包括"君主",因此,制宪权主体有两种类型,即"人民"和"君主","人民"和"君主"都可以利用制宪权来进行政治决断,创制"绝对宪法"。然而,以英国革命以来的现代宪法,制宪权主体的类型只能定格在"人民"手中,这是"人民主权"原则的根本要求。

二、历史标准:价值评价的"元标准"

价值标准是价值哲学内部标准,是评价活动的内在尺度。除了内部标准之外,价值关系的评价还必须考虑外部标准。外部标准将价值关系评价纳入到了历史实践的角度,利用实践标准来对价值关系进行评判,这就是价值评价的历史标准。历史标准建立在一定的生产力和生产关系基础上,因此也称为"元标准"。

从历史实践来看,"'元标准'归根结底只能是社会历史和人类社会生活实践本身。因为,一切价值归根到底都是一定的社会经济状况和人的生存发展状况的产物,人们归根到底是自觉或不自觉地从他们的实际关系、生活方式和发展的需要中提炼自己的价值理想、价值原则、价值规范。主体间生存发展中共同、普遍、一贯的前提条件和生活实践内涵,产生了共同的基本价值;而主体各自的个性、差异、特殊、阶段性等,则产生各种时代性、地域性、主体性的特殊价值。从整个社会历史的高度来看,一套特殊的价值体系、价值标准是否合理,应该从其'根源'上进行考察,看它所依据和维护的'实际关系是否合理',是否具有生命力;看它的实际效果是否能够反映和维护合理先进的'实际关系'"。[1] 从这个意义上来讲,"元标准"指的是价值进步的历史标准。

历史标准不是抽象的而是具体历史的。在人类实践中,历史标准这个"元标准"的内容主要包括以下方面:"是否适合生产力的、生产关系的状况和发展要求,从而有助于人的彻底解放、有助于人与社会的自由全面发展为标准。"[2]生产力和生产关系是衡量社会历史发展的最高指标,人的一切活动必须维护和生产力相适应的生产关系,只有这样才能实现人的全面解放和自由发展,从必然王国迈向自由王国,只有这样的实践活动才是符合历史发展要求的。因此,历史标准评判活动必须将其放在特定的历史情境中,从具体的生产力和生产关系出发。

---

[1] 孙伟平:《价值哲学方法论》,中国社会科学出版社 2008 年版,第 186 页。
[2] 孙伟平:《价值哲学方法论》,中国社会科学出版社 2008 年版,第 186 页。

三、价值标准和历史标准的关系

历史标准与价值标准相比较而言,属于更高层次的评价标准。价值评价中的价值标准属于价值哲学的内部标准,其并不能判断一切价值关系。如果仅用价值标准可能导致"二律背反"困境,例如,对于特定历史形态道德评价,如果根据既定价值体系和价值标准来评价,主体所接受和认同的价值体系、价值标准可能恰恰是应该否定的糟粕,出现这种情况,主要是由主体的价值标准与历史标准出现了不协调的一面。在这种情形下,就必须根据历史标准这个"元标准"对主体接受和认同的价值体系和价值标准进行检验、评判和矫正,以此改善主体的实践活动。

历史标准和价值标准并不是相互对立的关系,它们属于不同层次的价值评价标准,在具体历史阶段有各自内在规定性、适用范围和层次,在某种程度上它们是相互补充、相互影响和相互统一的。但是,在一定历史情况下,这两个标准各自评价的侧重点是不同的。一般来讲,在具体社会发展阶段,价值标准集中体现了具体历史阶段"人民"主流的价值取向,且处于相对稳定状态,因此是主导性价值关系评判标准。但在社会处于动荡和改革时期,价值关系结构错综复杂且处于不断变化调整之中,这个时候价值标准在评价现存价值关系时就显得无能为力,而这就需要历史标准"出场"对现存价值关系进行检验、评判和矫正。

实践中历史标准的运用,要求主体能够采取历史批判精神,立足生产力和生产关系发展实际,正确把握具体历史阶段"人民"的实践需要,方能避免作出不切实际和不符合历史发展潮流的决策,而这都需要主体不断提高认识能力和实践能力,从根本上提高对价值关系的把握和判断水平。

第二节　正义和宪法基本价值对国家主义的评价

"建国"到"重建"宪法变迁国家主义价值取向,对其进行评价的首要标准是从规范的立场上展开的。从正义和宪法基本价值的立场来评价"建国"到"重建"国家主义价值取向,其是符合正义和宪法基本价值体系的,是进步的价值。

一、国家主义的正义维度:国家、社会和个人价值的统一

从正义价值标准来看,"建国"到"重建"宪法变迁国家主义价值取向实现了国家、社会和个人等不同宪法主体价值的统一。从政治维度来讲,国家代表的是整个政治共同体的利益,是"人民主权"构建的政治共同体存在形式。从国家产生基础来讲,宪法先于国家而又规定国家,国家是代替"人民"管理公共事务的组织,"国家包括各级各类的政府机构、官僚机构、军队、警察、法庭即社会保障体系等,它可以等同于一个整体的'人民'"。[1] 在此意义上,国家权力并不是无限的而是受控的,它只能享有宪法赋予的列举性权力,这在美国宪法里面表现的非常明显。[2] 国家作为公共管理的权威性组织,尽管权力来自"人民",但在行使公共管理活动时刻,它是有自己独立的意志和能力的"拟制性"法人。既然国家拥有独立的意志和能力,那么在管理国家事务中它就有追求自己利益和实现自己价值的需要。

"建国"到"重建"阶段,联邦政府运用宪法赋予权力,并通过变迁方式扩大权力,充分发挥国家能力实现国家构建。联邦政府的能力确保"工业立国"方针得以实现,"国内改进"交通革命顺利开展,全国统一市场得以形成,赢得"内战"胜利,彻底废除了"奴隶制",美利坚民族认同感得以强化。"重建"之后,一个更加具有凝聚力,更加团结的现代民族国家屹立于美洲大地,这些成就的取得都离不开联邦政府的国家能力。

联邦政府发挥国家能力,遇到的最大障碍就是"州权主义"。各州主

---

[1] Andrew Heywood, *Political Theory: An Introduction*, New York: Palgrave Macmillan, p. 73.

[2] 国家理论有众多学说,"自由主义的国家"和"马克思主义国家"是两种影响力大的理论。"自由主义国家理论"将国家建立在社会契约论基础上,而"马克思主义国家理论"从政治角度解释国家本质,认为国家是阶级社会产物,其本质是阶级统治工具。在本书中,为了论证需要采用了"自由主义国家理论",是"规范宪法学"意义上的。

权地位是由宪法明确规定的,体现在宪法第 1 条第 10 款和第十修正案中,这两项规定一方面明确了州不能行使的权力,另一方面又将大部分剩余权力留给了各州,从积极和消极两方面界定了州政府权力,维护了州的利益。但是,在宪法权力规定不明确领域,州就理所当然认为属于州的保留权项,联邦政府无权行使,这是"州权主义"的宪法基础。尽管,"州权主义"捍卫州的利益有一定合理性,但在大部分时间里却主要是"地方主义"心理作祟。在"奴隶制"问题上,南部蓄奴州也常以"州权"为幌子,维持落后的"奴隶制",这显然不符合美国"人民"利益,也不符合国家利益。

宪法中州的主权地位不能脱离整个国家来理解,否则州在"联邦主义"结构中就失去了意义。州的地位决定了其是整体国家的构成部分,它必须遵守联邦宪法,承认联邦的优越地位,这是宪法通过时让渡主权的结果。根据古典社会契约理论,不仅是个人,而且州也可以被看作能够缔结契约建立一个政治社会的"拟制法人",这种模型有时也被描述为邦联条例和联邦宪法之下的政府体制。汉密尔顿就把邦联条例认为是各州之间缔结契约的结果,正是由于邦联条例这种性质,使得邦联政府软弱无力,处处受制于各州,"现在组成的合众国没有权力通过罚金、停止或剥夺权利或以任何其他合法方式来强制'人民'服从决议或惩罚违反决议的人。没有明确授予他们对不尽职责的成员使用武力"[1]。为了对联邦宪法的最高原则做辩护,汉密尔顿同样认为联邦宪法是个人联合组成社会的重要形式,联邦宪法作为合众国最高法律,"这是一切政治联合产生的必然结果,如果个人参加一个社团,该社团的法律必然是他们行为的最高标准,如果几个政治社团加入一个较大的政治社团,后者按照宪法赋予它们的权力而制定法律,必然高居于这些团体和组成这些团体的个人之上,否则它只不过是一种有赖于双方诚意的盟约,而不是一个政府,政府不过是政治权力和最高权力的另一种说法罢了"[2]。

反联邦党人也将宪法看作是各州之间缔结的契约,他们认为就像在自然状态下的个人一样,为了自保从而将自己的一部分自由交给社会成为

---

① See *The Federalist* No. 21.
② See *The Federalist* No. 33.

其中一员,同样的,为了构建一个"联邦共和国",各州将自己的一部分主权交给普遍性全国政府,以便在内享受自由和幸福,在外享有保护和安全。杰斐逊明确主张:"合众国宪法是一部各州之间的契约……我想,指出在什么时候、以什么方式制定了这样一份契约是困难的。既不是各州以其主权者或者政治社会身份制定的宪法,也不是以这样的身份批准的宪法。它是由制宪会议起草的,由国会提交给各州的'人民'进行批准,并且得到了州制宪会议——'人民'的直接代表的批准。"①

由此可以看出,联邦党人和反联邦党人都认为联邦共和国建立在契约基础上。最重要的是,当宪法文本被送往各州立法机关进行批准的时候,各州也和个人一样作为缔约方进入到宪法中。在联邦宪法下,各州不能获得所有初始主权,这是因为联邦政府下的"州"不同于邦联政府下的"州",邦联政府下的"州"主权程度更高,联邦政府下的"州"只是作为联邦成员,其享有主权是受限和不充分的。之所以受限和不充分,主要在于各州作为地方政府并不能完全保护自己的安全和利益,它们必须将自己一部分主权交由联邦政府,以此换取安全和利益。因此,州享有完全主权是不现实的。

在古典社会契约理论上,个人为了进入政治社会,就必须让渡自己的一部分权利,牺牲一部分自由换取个人的安全和利益,放弃的幅度要根据具体的情况和情境,以及可获得的权利状况来确定。但是,在需要保留的权利和放弃的权利之间进行准确划分是困难的事情,尤其是各州处于不断发展之中,特别是利益差异性对这种划分显得更加困难。各州放弃一部分主权而组建的国家政府,这个行为本身就说明了各州无法保全自己,它必须在整体国家的保护下才能获得存在,否则其剩余权力也将无法得以存续。

在"建国"到"重建"时期,如果缺少联邦政府这个全国性政府,合众国在内外交困的局面中是无法得以存续的。尤其是"奴隶制"这个问题,如果任由"州权主义"要求使"奴隶制"在全国蔓延,合众国将会变成

---

① Joseph Story, *Commentaries on the Constitution of the United States*, North Carolina: Carolina Academic Press, 1987, p.129.

一个极其保守、松散和"肮脏"的国度,这在根本上是违反"人民"和国家利益的。

宪法建立的一切制度都在于限制权力的垄断,构建一个"有限政府",从根本上保护个体自由。为此,宪法通过纵向和横向分权,以多层次分权实现权力制约,保障个体权利。公民权利除了《权利法案》和相关修正案中的规定之外,还有诸多权利是通过最高法院的宪法解释来实现的。从这个角度来讲,最高法院宪法解释丰富了宪法的价值体系。在公民权利实现过程中,联邦政府扮演着重要角色。对于联邦公民来讲,首先在政治上他们是合众国"我们人民"范畴,"国民"身份为他们的权利保护增加了最强力度。

然而,在"建国"之后相当长的历史时期内,"国民"身份认同并不是很成功,这很大一部分原因在于"人民"对于各州的天然感情,州才是他们实际生活的真正场所,他们每天和州政府打交道,且绝大部分的权利是通过州层面进行救济的。由于各州发展差异性,实际上他们的权利在国家范围内是不同的,这就迫切需要联邦政府能够发挥国家能力,建立一个真正平等的国家。实践也证明,在联邦政府的努力下彻底解决了"奴隶制",扩大了公民权利的主体范围,在宪法层面实现了法律面前人人平等的"宪政革命"。

综上所述,"建国"至"重建"宪法变迁的国家主义价值取向,实现了国家、社会和个人价值具体历史的统一。从这个意义上讲,国家主义是符合正义的价值标准的。但是,这需要具体看待,国家主义价值取向也有"非正义"的一面,即对其他国家"人民"和土著印第安人等利益侵害,这是在评价国家主义价值取向时需要注意的地方。

二、国家主义与宪法基本价值的统一

美国宪法基本价值由民主、自由、共和、法治和联邦主义构成。宪法基本价值是宪法变迁必须遵守的价值准则,它不能破坏宪法基本价值结构而走向"恶性变迁"。从这个意义上讲,宪法基本价值构筑了宪法变迁不可逾越的屏障,是一种"客观的价值秩序"。

"建国"至"重建"宪法变迁的国家主义并不等于专制主义和极权主义，专制主义和极权主义已经脱离了宪法的基本价值结构，完全不受宪法基本价值调控和制约。美国国家主义主张在遵守宪法规范基础上，利用变迁方式适度扩充联邦政府权力，发挥国家能力，构建一个强大的民族国家，更好地实现"人民"自由。不管是最高法院"司法国家主义"，还是总统权的扩张，以及政党变迁，它们都没有突破宪法的民主、自由、共和、法治和联邦主义基本价值结构，而是紧紧围绕这个基本价值，在充分认识历史发展规律的基础上，准确把握"人民"实践需要，并适时将这种需要通过变迁方式进行宪法确认和实现。在这个过程中，"人民"对强大政治共同体和自由的需要实现了从事实性向有效性的转变，从而避免了价值取向无法实现带来的宪政。

从国家主义实现效果看，国家主义经受住了宪法基本价值的检验，是一种"民主的国家主义""自由的国家主义""法治的国家主义""共和的国家主义"和"联邦的国家主义"。这种"国家主义"以权威性为基础，在"建国"到"重建"阶段完成了民族国家和帝国"双重构建"历史任务的同时，维护了"人民"的利益。

第三节　国家主义符合历史发展要求

"建国"到"重建"国家主义价值取向，在价值标准进行评价之外，还需要通过历史标准进行评价。"一切价值都根源于人的具体历史的生活实践活动，一切价值都必须在历史中进行思考和评价，一切价值都必须在人的具体历史活动中进行创造，成为一种社会历史事实。"[1]价值的历史性决定了对一切价值关系的评价都必须采用历史方法，体现价值的历史维度。伽达默尔认为："价值概念是一个不得不历史地自我沉思的哲学困境的表达"，[2]这要求价值评价必须结合具体历史生活实践，方能得出科学

---

[1] 孙伟平：《价值哲学方法论》，中国社会科学出版社 2008 年版，第 150 页。

[2] 参见［德］伽达默尔：《价值的本体论问题》，载《伽达默尔集》，上海远东出版社 1997 年版，第 280—281 页。

结论。

一、共和国构建:"建国"到"重建"的历史任务

价值既是实践性范畴,又是历史性范畴,因此,价值评价也必须体现价值发展的历史维度。用历史标准来分析和评判价值关系,要求把价值评价看作是过程的,其中首要原则就是主体历史性,"不存在超越主体的历史活动的价值,价值是在人成为人的生活实践过程中产生的,也就是在'更是人'的历史过程中得到深化和升华的。离开了人,离开了历史的'做人'过程,离开了人的社会历史实践,也就无所谓意义和价值"[1]。只有深刻理解历史发展中主体的实践活动,才能深刻理解一切价值关系。

"建国"到"重建"是美利坚民族一起发挥主人翁精神创造一个伟大共和国的过程。在"建国"阶段,在诸如汉密尔顿等"民族主义者"的宣传和努力下,"人民"创制并通过了新宪法。新宪法将国家与"人民"建立起了直接联系,强化了国家权力,改善了政府品质,突出了国家能力,它是联邦党人和"人民"的胜利。"建国"之后,"人民"迅速加入到稳定国家政权、恢复国家经济浪潮中。在此过程中,联邦政府确立了"工业立国"根本发展战略,主张通过"工业化"建立一个先进的工业国家,摆脱内忧外患的历史困境。

"工业立国"战略的确定,顺应了新兴国家发展的一般规律,体现了"人民"的根本利益。但是,"工业化"面临的最大挑战来自两个方面:一是"州权主义"狭隘的"地方主义"利益观;二是"奴隶制"问题。这两个问题并不是独立的,而是相互交织在一起的,成为国家发展中的结构性难题,而打破狭隘的"州权主义"和"奴隶制",根本方法还在于通过国家政府以强有力方式推行"工业化"。事实也证明,联邦政府可以抛弃党派利益争端,能以国家大局为重,坚定地贯彻和落实"工业立国"方针,充分利用宪法赋予的权力,并采用多元变迁方式适度扩大国家权力,提高国家在现代化建设中的能力,顺利完成了"国内改进""西进运动"和"工业革命"等国

---

[1] 孙伟平:《价值哲学方法论》,中国社会科学出版社 2008 年版,第 187 页。

家行为,建立了一个疆域辽阔、强大富饶的"新罗马帝国"。而"内战"胜利,以及由共和党主导的"重建",彻底解决了困扰国家已久的"奴隶制"问题。奴隶制问题的解决,不仅破除了狭隘的"地方主义"对国家整体利益的破坏,而且将"工业立国"战略推行到南方地域,日益使国家连成一个紧密的整体,维护了国家统一,强化了民族的认同感。

"建国"到"重建"阶段国家"双重构建"的历史任务,离开联邦政府支持是不可能完成的。在内政方面,如果没有联邦政府的积极作为和协调,合众国就像邦联体制下一样可能会陷入狭隘的"州权主义"内斗,而无人关心国家和"人民"的公益。如果没有联邦政府的积极推进,"国内改进""西进运动"和"工业革命"等国家构建行为将会因缺少推力而走向失败。在"奴隶制"这个结构性难题所引起的历次宪政危机面前,如果没有联邦政府的积极斡旋,可能南北双方的"内战"就会提前展开,国家分裂的可能性就会大大提高。从这种意义上讲,宪法之中的共和美德再次发挥作用,共和主义政治哲学再次战胜了狭隘的地方主义,"人民"对共和国整体性美德的诉求得以彰显。

二、国家主义的合历史性

历史发展遵循客观规律,每个历史阶段都有不同的发展内容,而这种阶段性是由人们的生产实践水平决定的。在不同历史阶段,"人民"的实践水平,及其建立在其基础上的价值关系都不一样,"从实质内容看,价值思想、价值观体系从根本上是由具体的历史的社会实践决定的,表现为与社会实践的发展水平与状况(特别是以生产工具为标志的生产力发展水平与状况)、与社会形态的不断更替大致同步的'社会历史过程'",[1]这决定了宪法变迁价值取向也必须准确体现和实现具体历史阶段的价值关系。

美国的历史发展根据阶段性特征,基本上可以分为"建国"到"重建"时期,"重建"到"新政"时期,以及"新政"至今三个历史阶段,三个历史阶

---

[1] 孙伟平:《价值哲学方法论》,中国社会科学出版社 2008 年版,第 174 页。

段"人民"的实践需要决定了历史任务的不同。"建国"到"重建"时期,历史任务主要是国家构建问题;"重建"到"新政"时期主要是经济发展问题;而"新政"至今主要关注的是公民权利发展问题。上述三个阶段的划分,以及相关历史任务的确定,并不是主观臆断的结果,而是根据"人民"的实践需要得出的必然结果。

"历史从哪里开始,思想进程也应当从哪里开始",[①]有什么样的社会实践,就会产生什么样的价值关系。马克思认为社会存在决定社会意识,建立在实践基础上的价值关系是一种客观关系,其体现了主体和客体之间的意义和效用关系。在不同的历史阶段,主体实践的层次和水平决定了价值关系的差异性。主体实践水平的高低是由一定历史阶段的生产力和生产关系的矛盾运动决定的,而价值认识活动不仅与外在客体有关,而且还与主体的认识能力有关。主体认识能力能够洞察主流的价值取向,主流价值取向反映了历史发展规律,它来自"人民"生产实践。因此,符合历史发展规律的价值取向,实际上就是符合"人民"根本利益的价值取向,历史发展规律与"人民"的根本利益在实践基础上实现了具体和历史的统一。

"建国"到"重建"时期,"人民"的根本利益就是构建一个强大的具有凝聚力的共和国,这是历史赋予"人民"的重任。"人民"利益要求代表"人民"的政府必须利用宪法赋予的权力来完成这个任务。如果联邦政府不能完成这个历史任务,那么"人民"就会通过革命方式废除这样的政府,进而再次利用制宪权进行全新的政治决断产生新的能够代表其利益的政府。实践证明,联邦政府并没有辜负"人民"期望,而是在遵循宪法基本价值的前提下,利用宪法赋予的广泛权力,并通过多元的宪法变迁方式将"人民"对强大国家的诉求转化为宪法规范,在不断丰富宪法价值体系的同时,消解了由激烈的宪法革命或频繁的宪法修改带来的社会震荡,使事实与规范之间的协调找到最佳结合点。

从整个历史发展进程看,"建国"到"重建"国家主义价值取向同"重建"到"新政"的经济自由主义,以及和"新政"以来的公民权利价值取向一

---

① 《马克思恩格斯全集》(第13卷),人民出版社1962年版,第532页。

样,都是"人民"实践基础上价值关系的客观反映,从根本上是符合"人民"根本利益的。从这个意义上讲,国家主义价值取向坚持了历史标准这个"元标准",联邦政府利用国家权力实现了"人民"的历史需要,完成了民族国家的现代构建,解放和发展了生产力,维护与生产力相适应的生产关系,为个体和社会全面发展提供了制度基础。

本章小结

本章主要对"建国"到"重建"宪法变迁的国家主义价值取向进行评价,通过评价对国家主义进行评判,明确是非善恶。评价的关键在于确定评价标准,价值标准和历史标准是两个最重要的标准。价值标准从内部角度对既定价值关系进行评价,国家主义必须受到正义和宪法基本价值这两个价值标准的检验和评判。从评价结果来看,国家主义符合正义和宪法基本价值体系。历史标准是价值评价的"元标准",这个"元标准"建立在具体历史阶段生产力和生产关系发展的基础上,以是否有利于国家团结、是否有利于促进生产力发展、是否以利于维护与生产力相适应的生产关系、是否有利于个体和社会全面的发展等内容为评判标准。从历史标准来看,国家主义符合"建国"到"重建"历史发展的规律,符合美国"人民"根本利益。

第六章

"建国"到"重建"宪法变迁国家主义价值取向意义论

美国宪法变迁的价值取向研究对中国宪治发展具有理论和实践意义。在理论层面可以创新宪法学研究新范式,构建"价值宪法学"研究体系,开拓宪法学研究新领域。在实践层面,可以立足中国宪治实践,完善中国的宪法变迁实现机制和确立"后改革宪法"时代宪法变迁价值取向方向。

第一节　"价值宪法学":宪法学研究新范式

宪法学研究必须开创新范式,开拓新境界。政治和法律属性是理解宪法的两个最重要维度,从规范视角和政治视角研究宪法是必要途径。但是,这两种方法的研究范式和立场都缺乏从主体和客体价值关系的维度来揭示宪法现象,且容易产生无端论战。"价值宪法学"认为,"政治宪法学"和"规范宪法学"都是主体与宪法之间的一种价值关系,这种价值关系的差异取决于主体存在的"情境",主体生存"情境"不同,主体和宪法之间的意义和效应就不同。

一、价值哲学:宪法学研究的根本方法

一切科学只有上升到价值学高度,才能深刻揭示主体和客体之间的关系。如果忽视主体而去抽象谈论宪法就会失去正确方向,一切法律现

象都只能从主体身上得到"澄明"。按照存在主义的说法,人的存在(即"此在")必须选择成为自己,存在就是选择成为自己的可能性,每个人都是一个"此在",这个"此在"不可能不存在,而是要经过不断选择成为自己。"此在"选择成为自己并不是抽象的,而是通过具体实践完成,这个实践必定是主体不断"对象化"充分显示主体性,不断"澄明"和"开显"的过程。[①] 实践本性决定了主体必须承担社会角色,享受一定权利和履行相应义务,即主体是一个不断获取身份和地位而承担相应权利和义务的主体,这就是人的存在本质。

主体的实践性存在决定了其行为必须遵守集体实践规范才能获得共同体承认,这是其行为有效性的前提。宪法作为主体实践的结果,是主体实践发展到政治社会的必然产物。宪法它通过规定不同主体权利和义务关系,尤其是国家权力和公民权利关系来保护个体实践,体现人类实践规范的最高形式。从这个意义上讲,宪法是人本身的一种"自为"存在,其显示了主体的规定性,主体规定性的实践规范向度是理解宪法的关键。

价值论以实践方式来处理人与外在世界的关系。在人与世界关系中,人通过实践同外在客体发生关系,并将自己本性"对象化"客体身上,进而对人存在产生意义。这种意义或效应是具体的,"人作为价值的存在,不是抽象的存在,而存在于具体的价值活动中;也不是事实上的'已是',而是基于人的超越性的'应是'"。[②] 因此,人的本质是在不断实践和创造中得到"澄明"的,是一种价值的存在。

宪法体现了人的自我规定性,是为了克服人性弱点而存在的制度。从法哲学上讲,人的权利并不是个体所拥有的属性,而是由于"在我之外"存在另一个"他者","他者"存在才产生了权利的需要。因此,个体权利只有与"他者"发生关系的时候才会有充分理由。而社会是由每个具体利益的个体组成的,为了"自我"权利实现就必须对自己权利进行规定,而这个

---

① "澄明"和"开显"是存在主义的术语,该术语的出现与海德格尔存在主义哲学紧密相关。海德格尔认为人本真的存在不能像认识论一样作为认识客体进行把握,而应该是对这种存在进行揭示,即通过现象学方法对人一系列存在方式进行描绘和解释,这个过程就是人的本质不断被"澄明"和"开显"的过程。

② 孙伟平:《价值哲学方法论》,中国社会科学出版社 2008 年版,第 118 页。

规定不能由"自我"来设限,而只能"对象化"到社会力量身上,依靠共同体制度来满足所有社会成员的权利,这才产生了宪法。因此,"在一定意义上,民主、法治与权力制衡等,都是为实现自由目的而服务的"。[①] 宪法不是一个事实范畴,而是一个价值范畴,宪法只有在价值中才能得到"澄明"。

二、"价值宪法学"、"政治宪法学"和"规范宪法学"

"价值宪法学"确立了宪法学研究的"阿基米德支点",即人的问题。作为主体的人,他享有何种宪法价值,如何实现这种价值是"价值宪法学"关注的核心。在此意义上,"价值宪法学"超越了"政治宪法学"和"规范宪法学",[②]建立起了宪法和主体之间的直接和现实的关系。

(一)"规范宪法学":"司法宪政主义"

规范宪法的概念来自 K. 罗文斯顿,指的是为政治权力所能适应并服从的立宪主义意义上的宪法,规范宪法是与语义宪法、名义宪法相区别的概念。[③]"规范宪法学"主要有两层含义:"首先是必须让宪法学返回规范,确切的说就是返回到适度接近规范主义,但又不至于完全退到法律实证主义的那种立场。其次是'规范宪法学'必然倾向于重视既定的、实在的宪法规范的保障",[④]从这两层含义来看,"规范宪法学"是一种理性的"法律实证主义",而不是完全的"法律实证主义",即能高度接近规范主义,又不能完全退至"法律实证主义"的意蕴;其次就是"规范宪法学"注重

---

① 陈嘉明:《现代性与后现代性十五讲》,北京大学出版社 2006 年版,第 19 页。

② 实际上,在目前宪法学研究领域,除了"规范宪法学""政治宪法学"和"价值宪法学"之外,还存在"宪法社会学"和"宪法解释学",其中"宪法社会学"主要运用社会学方法研究宪法,"宪法解释学"运用解释学方法研究宪法规范,可将其归入"规范宪法学"。本书为论证需要,主要提到了"规范宪法学"和"政治宪法学",但不能就此认为其他学派不存在,或者没有影响力。

③ 林来梵认为语义宪法指即使被使用,也是掌握权力者的宣言手段或点缀品的那种宪法,而名义宪法指名义上存在,但现实中不能发挥其规范性的宪法。(参见林来梵:《从宪法规范到规范宪法——规范宪法学的一种前言》,法律出版社 2001 年版,第 261—266 页。)

④ 参见林来梵:《从宪法规范到规范宪法——规范宪法学的一种前言》,法律出版社 2001 年版,"绪论"第 4—8 页。

法律体系研究,注重司法方式来实现公民权利。因此,"规范宪法学"是方法论和目的论的结合,即规范主义的方法论和宪法实施目的论的统一。

宪法规范的认识手段主要包括:"根本方法、普通方法和具体方法,其采取这种方法倾向是把政治问题法律问题化,把法律问题技术问题化",①根本方法指的是"宪法学应用社会科学之方法论意义上的那种方法,其在终极意义上乃涉及到宪法学研究的哲学立场、价值取向等根本问题",②即事实与价值或存在与当为相对分离的研究方法。普通方法主要包括理论宪法学和实用宪法学。具体方法指的是"将宪法学根本方法和普通方法贯彻到宪法学研究过程中所体现出来的具体手法或技巧,直观地呈现出学术的风格、品味和特色",③即中立和客观化立场,重视对宪法概念、规范和结构的逻辑分析和论证。

"规范宪法学"是经过理性化修正注入正当性的"法律实证主义",但基本上沿袭了"法律实证主义"的方法论和目的论。由于理性化修正,"规范宪法学"不会堕落为纯粹"法律实证主义",其力图构建的仍然是一个以宪法规范为核心的规范世界,并以宪法司法化来保障宪法实效性,目的在于消解宪法政治性和道德性,将宪法变为一门纯粹的以司法力量来实施的技术学科。尽管"规范宪法学"也涉及到了宪法规范价值,也认为宪法权利维护和实现要依靠宪法保障机制,但这里所说的宪法价值更多是从规范层面本身来讲的。不可否认,"规范宪法学"立场对于"日常政治"之下宪政秩序存续具有关键性作用,这也是它被称之为"司法宪政主义"的原因。但是,"规范宪法学"对政治的消解,以及政治问题、法律问题的技术化倾向会走向与"法律实证主义"一样的命运,即看不到主体的逻辑主义和条文主义。

(二)"政治宪法学":"政治宪政主义"

"政治宪法学"是在批判"规范宪法学"并结合中国宪治基础上而兴起

---

① 林来梵:《宪法学的方法与谋略》,载《公法研究》2007年卷,第492页。
② 林来梵:《从宪法规范到规范宪法——规范宪法学的一种前言》,法律出版社2001年版,第5页。
③ 林来梵:《从宪法规范到规范宪法——规范宪法学的一种前言》,法律出版社2001年版,第48页。

的,其发起者是陈端洪教授。"政治宪法学"兴起的背景在于"改革宪法"以来的中国宪治实践,思考重点在于宪法和相关政治体制所依存的政治基础及其运行机制背景,"其关涉的根本问题是介于政治学与宪法学之间的,是从政治现实主义到宪法规范主义的历史演进"。① 重点关注的是宪法的政治维度。

中国"政治宪法学"与西方"政治宪法学"有一定联系但也有不同。西方的"政治宪法学"是建立在资产阶级民主制度基础上,其产生是为了强化或者修正原有的民主宪政,主要包括"英美系"和"德国系"两种理论形态。② 而中国"政治宪法学"是在"改革宪法"背景下,围绕中国共产党这个中心展开的。例如,陈端洪认为中国宪法学除了关注司法实施之外,更应该"在原则问题、价值问题、政治问题、意识形态问题上走应有的中国特色的宪治发展道路",并认为中国宪法制宪权主体是"中国共产党领导下的中国'人民'",并通过 1982 年序言分析概括了宪法五个"根本法",即"中国共产党的领导、社会主义、民主集中制、社会主义现代化建设和基本权利和人权保障"。③

中国"政治宪法学"核心观点在高全喜的"政治宪法学"系统理论中得以集中体现。高全喜认为"政治宪法学"应该围绕"建国、制宪、立宪时刻、宪法的政治基础、宪法变迁和宪法精神以及内在的动力机制"等展开,④强调制宪权和立宪时刻,即对"例外状态"或"非常政治"的重视。宪政的关键不在于"日常政治"的"法律宪政主义",而在于"从'非常政治'到'日常政治'的过渡,亦即从革命到宪政的过渡",⑤因革命而建立起来的宪政是一种"革命的反革命",目的在于建立起一个稳定的"日常政治"秩序,并以此来规范国家权力。

---

① 高全喜:《政治宪法学纲要》,中央编译出版社 2014 年版,第 19 页。
② "英美系"的"政治宪法学"以英国理查德·贝拉米(Richard Bellamy)和美国的布鲁斯·阿德诺·阿克曼(Bruce·Arnold·Ackerman)为代表,其理论主要体现在《政治宪政主义》《我们人民》等之中;"德国系"的"政治宪法学"以卡尔·施密特(Carl Schmitt)为代表,其理论主要体现在《宪法学说》中。
③ 参见陈端洪:《论宪法作为国家的根本法与高级法》,载《中外法学》2008 年第 4 期,第 485—486 页。
④ 高全喜:《政治宪法学的兴起与嬗变》,载《交大法学》2012 年第 1 期,第 24 页。
⑤ 高全喜:《政治宪法学的兴起与嬗变》,载《交大法学》2012 年第 1 期,第 26 页。

　　"政治宪政主义"的目的并不是建立一个无限政府,而是建立一个受控政府,但这种有限的政府必须放在"人民民主"之前的革命时期来理解,这就是政治决断对宪法的前置性决定力。"宪政的秘密在于'利维坦时刻'(即民族国家的建立)和'洛克时刻'(即用以规范和驯服这个'利维坦'和它的政治权力的宪政秩序的建立)之间的关系。当'政治宪政主义'完成其任务,国家从'非常政治'过渡至'日常政治'后,'司法宪政主义'才有其用武之地。"①

　　显然,"政治宪法学"并不排斥宪法规范的地位和作用,但与之相比较而言,更加重视政治对宪法的前置影响。制宪权显示了宪法的高度政治张力,制宪权主体的政治决断创制了宪法,这是"人民民主"之前时刻,是比"规范宪法学"更高的力量对共同体存在形式的根本决断,这个决断的结果就是制宪权主体价值目标的规范化和固化,而这是构建一个稳定的"日常政治"秩序,实行"法律宪政主义"的根本条件。

(三)"价值宪法学":整全性宪法学说

　　"价值宪法学"是以宪法价值为核心范畴,以价值哲学方法分析宪法规范并进而解释不同主体与宪法之间意义和效应的学科,其研究内容包括宪法价值产生、宪法价值的结构、宪法价值实现和宪法价值评价等。"价值宪法学"研究以主体性为基点,以主体实践的规范向度为脉络,从主体和宪法关系入手来理解一切宪法现象的学科。因此,"价值宪法学"也可以称之为以主体为中心来理解宪法现象的学科,主体内在规定性决定了其一定要通过"对象化"过程来体现其本质,建立一个符合自己需要的政治共同体。在此过程中,主体创造出实践规范,为其行为提供有效性,有效性的获得是主体在实践中的地位和身份关系决定的,这是确认其行为有效性的前提,也是作为社会中主体的必备条件。当所有主体实践迈向政治共同体的时刻,就必须需要一种能确定共同体实践有效性的规范,来界定共同体及其组成主体的权利和义务关系。

　　从社会规范的构成看,道德规范、伦理规范和其他宗教规范等可以给

---

① 参见高全喜:《从非常政治到日常政治》,中国法制出版社2009年版,第22—39页。

共同体实践提供规范基础,但这些规范由于缺少公共权力支持和"公意"基础,使得上述实践规范无法真正确保共同体实践的有效性。由于有效性阙如,人类社会就永远在自然状态下徘徊,无法借助公共权力克服单个主体实践缺陷的无效性。在这种境遇之下,主体制定了宪法来克服自然状态下的无效实践,并进而把保护共同体实践的任务交给了公共权力代表的国家,国家通过行使宪法赋予的权力,为共同体实践行为提供公共服务,以满足全体主体共同实践的需要。而国家为了完成宪法赋予的任务,就通过立法权制定了更加具体的法律,并依靠行政机关执法和司法机关适用法律确保主体实践有效,最终使得全体主体实践逐渐趋向于共同体要求的方向发展。从这个意义上讲,宪法作为主体实践规范的最高形式,是主体规定性的一种必然体现和结果,是主体在实践中的"自为"存在。

综上所述,宪法制定和实施都是主体对实践规范需要的一种结果,实践规范"供给"体现了社会关系中主体与主体之间的权利和义务关系,宪法以规范属性满足了人们对于共同体实践的需要,立宪时刻的"宪法政治"和宪法实施的"日常政治"是主体在不同情景中对于共同体样态的不同选择,前者创制一个共同体,后者是维护这个共同体,它们在主体实践中得到具体历史的统一,而这两个过程都是一个价值存在过程。宪法创制是制宪权主体的"人民"对共同体存在形式的一次政治决断,通过决断"人民"应然的价值目标转化为规范,从应然价值到规范价值,这是"人民"价值形态的一次大"跃迁",无数个单个"人民"价值经过同质化实现价值共识,而规范价值要想得到具体实现,就必须借助"日常政治"法治实施体系来实现。从这个意义讲,"人民"规范需要决定了政治状态的不同。"价值宪法学"整全了"政治宪法学"和"规范宪法学"的两种政治状态,有利于深刻揭示宪法现象。

三、"价值宪法学"的前景

从目前学术研究看,"规范宪法学"是宪法学研究的主流范式,而"政治宪法学"作为"规范宪法学"之外的宪法学研究范式,也在不断成长之中,对学术界也产生了较大影响。但是,"价值宪法学"与"政治宪法学"和

"规范宪法学"相比,在学术力量和学术成果,以及学术影响力方面都比较薄弱,这主要是多方面因素造成的:

一是宪法学科性质决定的。宪法学本质上属于法学学科范畴,这决定了宪法学必定是以规范为中心的,其研究也必然会采用概念分析、逻辑论证和法律解释等方法,力求实现价值中立,力图建立一种科学的宪法学。因此,"价值宪法学"很难从规范主义的王国进行突围,并进而建立自己的学术领地。

二是宪法学政治属性决定的。宪法学是高度政治性的,也被称之为"国家法学",宪法与政治的紧密关系为"政治宪法学"的发展提供了机会。尤其是在中国这样的国家,社会主义宪法学产生就受到苏联的影响,此后在建设和改革时期,我们也一直以马克思主义为指导来构建中国特色社会主义宪法学体系。因此,宪法与政治的天然联系也为"政治宪法学"发展提供了肥沃的土壤。

三是价值哲学的抽象性和深奥性。中国价值哲学复兴和改革开放同步进行,自上世纪末中国开始进行改革开放,价值哲学也开始复兴。价值哲学复兴体现了改革开放以来社会主体性的觉醒,其是对时代精神的表达。但是,价值哲学具有高度抽象性,对主体性的认识也是一个复杂的理论工作。因此,尽管价值哲学具有重要的理论价值和实践价值,但与其他学科的结合并没有达到完善程度。宪法学本身就是一门关于"人"的学问,与价值哲学具有内在关系。在宪法学界,尽管也有人研究"价值宪法学"问题,但并没有形成系统的理论体系。

四是学术团队的培养方面。"规范宪法学"在中国形成了较好的学术团体,在学界具有很大话语权,其基本上代表了中国宪法学的研究方向。"政治宪法学"相对要弱一些,但也基本上形成了自己的学术代表人物,例如,北京大学的陈端洪和强世功,上海交通大学高全喜等为代表的学院派,逐渐建立起自己的地位和影响力。① 而"价值宪法学"也有一些学术

---

① "政治宪法学"相对于"规范宪法学"学术影响可能相对要小,但影响力却与日俱增。"政治宪法学"以"改革宪法"为背景,契合了中国宪法发展的规律,在当前中国可能比"规范宪法学"更加有解释力,其代表性观点集中在高全喜先生《政治宪法学纲要》这本著作之中。(参见高全喜:《政治宪法学纲要》,中央编译出版社 2014 年版。)

贡献,①但力量薄弱、分散,影响力有限。

总体上看,"价值宪法学"与"规范宪法学"和"政治宪法学"相比,还没有建立起相应的学术地位和学术影响力,但作为一种新的研究范式具有后发优势。从长远看,"价值宪法学"科学性和深刻性,决定了其会在"政治宪法学"和"规范宪法学"学科格局中赢得发展机会。尤其是其方法论和实践哲学立场对开拓宪法学研究新境界,拓展宪法学研究新领域具有重要价值。在未来,随着学界同仁的不断努力,"价值宪法学"的前景一定会更加辉煌。

第二节　中国宪法 70 年:同一性和变迁

迪特尔·格林(Dieter Grimm)认为德国《基本法》的成功有赖于其同一性和变迁之间的平衡。尽管《基本法》经过多次变迁,但《基本法》确立的法治国、民主制、共和制、社会国和联邦制等基本价值却得到存续,而宪法法院能够"确定价值并联系实际",通过判决使宪法发挥实效。宪法法院对保持《基本法》的同一性发挥了至关重要的作用,其通过解释宪法保持宪法适应性。② 1954 年宪法之后的中国宪法,经历了多次修改和变迁,其宪法中的人民民主、社会主义、共产党的领导和单一制等同一性得到保持,显示出独具特色的中国宪法变迁实践。

一、中国宪法 70 年的同一性

新中国宪治从"建国"之后开始。1949 年《中国人民政治协商会议共

---

① 参见:吴家清:《论宪法权利价值理念的转型与基本权利的宪法变迁》,载《法学评论》2004 年第 6 期;吴家清:《论 21 世纪我国宪法变迁的价值取向》,载《江汉论坛》2001 年第 6 期;吴家清:《论宪法价值发生的人性基础》,载《广东商学院学报》2001 年第 1 期;吴家清:《论宪法价值的本质、特征与形态》,载《中国法学》1999 年第 2 期;吴家清:《国家与社会:法治的价值选择》,载《法律科学(西北政法学院学报)》1999 年第 2 期;吴家清:《论宪法价值关系的要素》,载《河北法学》1999 年第 3 期等。
② 参见[德]迪特尔·格林:《德国宪法 60 年:同一性与变迁》,喻文光译,载许崇德等主编:《中国宪法年刊 2010》,法律出版社 2011 年版,第 236—245 页。

同纲领》具有根本法地位，但仅是一个建国性宪法文件，构建的是多元势力联合的宪治秩序。1954 年宪法是中国共产党领导"人民"行使制宪权进行政治决断的结果，其开启了新中国宪治新局面。1975 年宪法、1978 年宪法都是在 1954 年宪法基础上进行全面修改的产物，体现了"革命宪法"时代特征。而 1982 年宪法继承和发展了 1954 年宪法的原则和精神，适应了改革时代"人民"的需要。从 1954 年到 1982 年宪法，中国宪法经过不断修改和变迁，但人民民主、社会主义、共产党的领导和单一制等同一性得到保持。

（一）中国宪法 70 年的同一性

1954 年宪法确立社会主义宪法秩序之后，经过了 70 年的修改和变迁，但人民民主、社会主义、共产党的领导和单一制等同一性得到保持，这体现了社会主义宪治秩序的连续性，也是中国宪法变迁的基础。

1. 人民民主

人民民主是宪法"人民主权"原则在中国宪法原则中的体现。"人民主权"原则是宪法基本原则，其主要表现在国体、政体和权利三个方面，分别体现了"民有""民治"和"民享"的政治哲学。

在 1954 年宪法中，人民民主贯穿了宪法始终。在序言部分，宪法界定了国家性质是"人民民主专政的中华人民共和国"，也就是新民主主义制度。此时开始，《共同纲领》确立的政权形式已经转变为中国共产党领导的"各民主阶级、各民主党派、各人民团体的广泛的人民民主统一战线"。[①] 在国体方面，宪法第 1 条确立了"以工人阶级为领导的、以工农联盟为基础的人民民主国家"，第 2 条规定"中华人民共和国的一切权力属于人民"，"人民行使权力的机关是全国人民代表大会和地方各级人民代表大会"，"全国人民代表大会、地方各级人民代表大会和其他国家机关，一律实行民主集中制"。在民族关系中也体现了民主原则，即"中华民族是统一的多民族国家"，各民族实行平等和民族区域自治原则；在公民基本权利领域，规定了诸如选举权、言论、出版、集会、结社、游行、示威、宗教

---

① 参见《中华人民共和国宪法》(1954 年)，序言。

信仰、人身自由、迁徙等广泛的权利。[①]

1975 年宪法,人民民主主要体现为"无产阶级专政"和"以工农兵代表为主体的各级人民代表大会",[②]以及公民享有的选举权、劳动权、教育权、言论、出版、集会、结社、游行、示威、宗教信仰、人身自由等基本权利。[③] 1978 年宪法继承了 1975 年宪法的基本精神,但进行了修改,例如,在政体方面,第 3 条确立了"人民行使国家权力的机关是全国人民代表大会和地方各级人民代表大会",不同于 1975 年宪法"以工农兵为主体的各级人民代表大会",而且公民基本权利范围得到扩张。1978 年宪法经过 1979 年和 1980 年两次修正,1979 年修正案决定在县和县级以上的地方各级人民代表大会设立常务委员会,将地方各级革命委员会改为地方各级人民政府,将县级人民代表大会改为选民直接选举,将检察院的上级监督关系改为领导关系。1980 年修改涉及第 45 条,取消了公民有"大鸣、大放、大辩论、大字报"权利的规定。

1982 年宪法在继承之前宪法基础上,使人民民主原则表述更加科学,内涵也更加符合时代要求。例如,在国家性质上,第 1 条规定:"中华人民共和国是工人阶级领导的、以工农联盟为基础的人民民主专政的社会主义国家";第 2 条关于政体规定:"中华人民共和国的一切权力属于人民","人民行使国家权力的机关是全国人民代表大会和地方各级人民代表大会","人民依照法律的规定,通过各种途径和形式,管理国家事务,管理经济和文化事业,管理社会事务"。在民族关系上,建立了处理民族关系的"平等、团结、互助、和谐"政策。在公民的基本权利层面,规定了平等权、政治权利、宗教信仰自由、人身自由、社会经济权利、文化教育权利、监督权与请求权等广泛权利,并在 2004 年宪法修正案中将"尊重和保护人权"写入宪法。

[①] 参见《中华人民共和国宪法》(1954 年),第 85 条、第 86 条、第 87 条、第 88 条、第 89 条和第 90 条。

[②] 《中华人民共和国宪法》(1975 年)第 1 条规定:"中华人民共和国是工人阶级领导的以工农联盟为基础的无产阶级专政的社会主义国家。"第 3 条规定:"中华人民共和国的一切权力属于人民。人民行使权力的机关,是以工农兵代表为主体的各级人民代表大会。"

[③] 参见《中华人民共和国宪法》(1975 年),第 27 条、第 28 条。

综上所述,1954 年宪法到 1982 年宪法,人民民主的同一性得到维护。尽管宪法经历数次修改和变迁,人民民主的表述有所不同,但其实质都体现了对"人民"实行民主,对敌人实行专政的国家性质。在政体方面,人民民主体现为人民代表大会制度,这是中国根本的政治制度,体现了"民治"意蕴。但"人民"是一个历史性范畴,在 1954 年到 1982 年之间,"人民"范围是不同的,但工人和农民一直是"人民"结构的主体。人民民主体现了国体、政体和权利的统一,体现了新中国民主宪治实践。

2. 社会主义

社会主义词根来源于拉丁语"Sociare",指的是"合作或分享"的意思。[1] 作为一种现代政治意识形态,社会主义发端于中世纪的"空想社会主义"思想,并在 19 世纪早期随着欧洲工人阶级运动逐渐成为无产阶级的意识形态。马克思主义经典作家建立了系统的科学社会主义理论体系,而 19 世纪 70 年代的"巴黎公社"和国际共产主义运动,以及 20 世纪的"苏俄革命"和中国的新民主主义革命则是科学社会主义的实践,它们都是在马克思主义理论指导下的一种社会主义运动。

社会主义作为一种理论、制度和运动相统一的意识形态,有许多内在规定性,例如,在政治上主张无产阶级领导权,经济上实行公有制和思想领域的马克思主义化。社会主义作为一种制度形态,是在批判资本主义的过程中诞生,目的在于消灭一切剥削,实现每个人自由全面发展。因此,"社会主义意味着符合人的尊严和正义的生活关系秩序,意味着共同体权威能够对经济进行公平的统治,意味着消除阶级差别,还意味着绝对平等","'社会主义'本质的最终支撑在于社会正义之理念,在于建立互相帮助和正义的共同体的意愿,在于我们之间的相互关系进行道德上的重塑。社会主义表达的是一种深切的、在人类中尚未付诸实践的追求,即把人与人之间的关系内化于心,社会主义的最终愿望是,把外在的社会转变为内在的共同体"。[2]

---

[1] Andrew Vincent, *The Modern Political Ideologies*, Oxford: Blackwell Publishing Ltd., 2010, p.83.

[2] [德]赫尔曼·黑勒:《国家学的危机:社会主义与民族》,刘刚译,中国法制出版社 2010 年版,第 58 页。

中国作为社会主义国家,宪法之中诸多规定都体现了社会主义原则。例如,1954 年宪法明确规定进行生产资料改造建立社会主义经济基础。[①] 在政治上实行"工人阶级的领导下的人民民主"。[②] 1975 年宪法规定中华人民共和国是社会主义国家,"社会主义社会是一个相当长的历史阶段";中国共产党是中国人民的领导核心,马克思主义、列宁主义、毛泽东思想是国家的指导思想;在经济上实行公有制,即"全民所有制和集体所有制";在基层农村政权方面,借鉴了"巴黎公社"和"苏联农庄"制度,实行"政社合一"的农村人民公社。[③]

1978 年宪法也强调"中华人民共和国是工人阶级领导的以工农联盟为基础的无产阶级专政的社会主义国家",经济制度实行公有制,在农村实行人民公社;在意识形态领域,"国家坚持马克思主义、列宁主义、毛泽东思想在各思想文化领域的领导地位。各项文化事业都必须为工农兵服务,为社会主义服务"。[④] 但与 1975 年宪法不同的是,1978 年宪法提到了发扬社会主义民主原则,保障人民参加管理国家、管理各项经济事业和文化事业,监督国家机关和工作人员。[⑤]

从 1975 年和 1978 年宪法规定看,这两部宪法中关于社会主义规定具有一定程度的古典色彩,社会主义制度构建力图与马克思主义经典作家的设想保持一致。之所以会出现这种情形,主要受到了当时政治局势的影响,马克思主义与中国具体实际相结合方面出现了偏差,而这在 1982 年宪法中得到了改正。

1982 年宪法规定我国是"工人阶级为领导的、以工农联盟为基础的人民民主专政的社会主义国家",而且明确"社会主义制度是中华人民共和国的根本制度。中国共产党的领导是中国特色社会主义社会主义最本质的特征"[⑥],增加了社会主义法治国理念,[⑦]在经济上坚持"公有制为主

---

① 参见《中华人民共和国宪法》(1954 年),序言。

② 参见《中华人民共和国宪法》(1954 年),第 1 条。

③《中华人民共和国宪法》(1975 年),第 1 条、第 2 条、第 5 条和第 7 条。

④《中华人民共和国宪法》(1978 年),第 1 条、第 2 条、第 6 条、第 7 条和第 14 条。

⑤《中华人民共和国宪法》(1978 年),第 17 条。

⑥ 参见《中华人民共和国宪法》(1982 年),第 1 条。

⑦ 参见《中华人民共和国宪法》(1982 年),第 5 条。

体、多种所有制经济共同发展的基本经济制度,以按劳分配为主体、多种分配方式并存的分配制度",并建立与基本经济制度相配套的"社会主义市场经济"管理体制。[①] 除此之外,在文化领域规定"国家发展社会主义教育事业","为社会主义服务的文学艺术事业"和"为社会主义服务的各种专业人才"等。[②] 1993 年对 1982 年宪法的第 2 次修正过程中,将"我国正处于社会主义初级阶段"明确写入宪法,1999 年第 3 次修正的时候,对社会主义发展阶段的认识更加科学,认为"我国将长期处于社会主义初级阶段"。

从这里可以看出,1954 年宪法以来,我国的宪法基本上都坚持了社会主义原则,历部宪法都体现了共产党的领导、公有制和马克思主义指导地位,在制度层面都规定了社会主义国家性质、人民代表大会的政权组织形式和马克思主义在意识形态领域内的指导地位,体现了社会主义原则的同一性。

3. 中国共产党领导

中国共产党领导地位的确立是历史发展和"人民"选择的结果。1840 年以来的中国民主革命(旧民主主义革命)由于缺少先进阶级领导,无法完成反帝反封建的历史任务,也无法改变半殖民地半封建社会性质。"五四运动"以来,中国无产阶级在马克思主义武装下登上了历史舞台,显示了巨大力量。1921 年中国共产党的建立,使得民主革命有了新的领导阶级、指导思想和前途,中国革命面貌焕然一新。

在中国共产党领导下,以毛泽东为代表的第一代领导集体把马克思主义普遍原理和中国革命实践相结合,取得了新民主主义革命的胜利,建立了新中国。建国之后,又迅速完成了工业化和"三大改造",建立了社会主义制度。在建设时期,党的第二代领导集体又把马克思主义与中国建设实践相结合,取得了社会主义建设胜利,开创了中国特色社会主义道路。党的第三代、第四代和第五代领导集体领导中国人民继续把马克思主义与中国的改革实践相结合,发展了中国特色社会主义理论,推动中国特色社会主义事业迈向新时代。中国共产党不仅是中国工人阶级的先锋

---

① 参见《中华人民共和国宪法》(1982 年),第 6 条第 2 款、第 15 条。
② 参见《中华人民共和国宪法》(1982 年),第 19 条、第 22 条和第 23 条。

队,而且是中华民族的先锋队,它的先进性体现在代表了中国先进生产力的发展要求,代表了中国先进文化的前进方向和代表了中国最广大人民的根本利益,先进性决定了它的政治领导地位和宪法地位。从这个意义上讲,中国共产党领导地位的确立由他的阶级属性和历史使命而奠定。

1954 年宪法到 1982 年宪法确立的国体都是以工人阶级领导的,以工农联盟为基础的人民民主专政的国家。1975 年宪法第 2 条明确规定中国共产党是全中国人民的领导核心,工人阶级经过自己的先锋队中国共产党实现对国家的领导。1978 年宪法沿袭了 1975 年宪法对党的领导的表述,强调了中国共产党领导核心地位。1982 年宪法序言用了很长篇幅讲述了中国共产党领导中国人民取得革命、建设和改革胜利的事实,再次确认了中国共产党的合法性地位,并且在 2018 年宪法修改中在第 1 条增加"中国共产党的领导是中国特色社会主义最本质的特征"的表述。中国共产党的领导,中国人民才取得了革命、建设和改革的胜利,这是 70 年来中国宪法能够保持同一性的关键。

4. 单一制国家结构

从宪法角度来讲,"单一制是拥有一个国家政府或中央政府的政府类型,中央政府之下的地方政府的建立是为了提高行政效率,但是这些地方政府由于没有获得宪法的界定,其也没有相应的宪法地位和权威。地方政府组成单位的变化通常仅需要获得国家立法机关这个决策机关的同意,或者有时是中央行政机关的支持。个人行为的规制是由中央政府通过立法进行的"。① 单一制国家结构的中心是中央政府,其在权力权重上占有绝对比例,而地方权力比重小,其不能制定对公民自由、财产等基本权利进行限制的法律,这通常认为是中央政府权力保留的权项。中央和地方的关系是服从和被服从、统治与被统治的关系。单一制存在于拥有中央集权传统的国家,优势在它的权威性、效率性和执行性,尤其在国家紧急时刻和"例外状态"下,这种体制优势就很明显。

中国在历史上一直是统一的多民族国家,这个传统对于国家结构具

---

① Marcia Lynn Whicker, Ruth Ann Strickland, and Raymond A. Moore, *The Constitution Under Pressure: A Time for Change*, Westport, Conn.: Greenwood Press, Inc., 1987, p. 49.

有很大影响。1954 年宪法到 1982 年宪法都确立了单一制国家结构,例如,1954 年宪法规定:"中华人民共和国全国人民代表大会是最高国家权力机关","全国人民代表大会是行使国家立法权的唯一机关",①并赋予了全国人民代表大会在国家事务上的广泛职权。1982 年宪法规定:"中央和地方职权的划分,遵循在中央的统一领导下,充分发挥地方主动性、积极性的原则。"②在民族地方,把马克思主义民族政策与中国民族实践相结合,确立了民族区域自治制度,赋予民族地方一定的自治权。除此之外,在香港和澳门实行特别行政区制度,并坚定台湾是中国领土的一部分。③ 言下之意,包括香港、澳门和台湾在内的地方都属于地方政府,要接受中央政府的统一领导。

综上所述,尽管中国的宪法经过了 70 年的发展变化,但人民民主、社会主义、共产党的领导和单一制等基本原则得到保持,这使得 1954 年宪法政治决断的共同体存在形式得以存续,宪法的同一性为宪法变迁提供了前提。

二、中国宪法 70 年的变迁 *

1954 年宪法制定之后,1975 年宪法、1978 年宪法和 1982 年宪法对 1954 年宪法进行了全面和部分修改,且每一部宪法本身又进行了修改,例如,1978 年宪法经过 2 次修改,1982 年宪法经过了 5 次修改。除此之外,在 70 年的宪法发展中,宪法还以变迁的方式来满足"人民"规范需求,这主要是以中国共产党宪法惯例形式体现出来。

(一) 宪法修改:形式上的宪法变化

从 1954 年宪法以来,中国宪法在规范层面进行了 3 次大的修改,以

---

* 本节有部分内容发表于《法学论坛》2016 年第 3 期,原文标题为《中国宪法变迁实现机制存在的问题及其完善》,出版时章节安排和内容进行了相应调整和变动。

① 参见《中华人民共和国宪法》(1954 年),第 21 条、第 22 条。

② 参见《中华人民共和国宪法》(1982 年),第 3 条第 4 款。

③ 参见《中华人民共和国宪法》(1978 年),《中华人民共和国宪法》(1982 年),序言。

及 7 次小的修改。① 其中 1982 年宪法为了应对改革需要,已经修改了 5次。相对而言,中国宪法在 70 年里的变化相对频繁。从"规范宪法学"视角来看,1954 年宪法并不比西方国家宪法逊色,它确立了民主、自由和法治等宪法基本价值。但是,1954 年宪法是一部过渡宪法。② 1956 年社会主义革命完成之后,1954 年宪法的历史命运就结束了。1957 年"反右派"斗争扩大化之后,国家对社会矛盾的分析出现了偏差,认为社会主义与资本主义的矛盾还没有消失,党内资本主义倾向还很严重,国家的主要任务是阶级斗争,因此,阶级斗争逐渐走向扩大化。

国家生活层面的出现的新情况,1954 年宪法却无能为力。社会生活中出现了大量脱离宪法原则与程序的现象,"公民的基本权利和自由也遭到严重的破坏,人民代表大会制度脱离了宪法程序,国家重大决策的合宪性基础遭到质疑,司法原则也开始受到破坏"。③ 从这里看出,1957 年之后,1954 年宪法基本上退出了历史舞台,宪法的权威性、稳定性和适应性出现了较大问题,整个国家重新转向了以阶级斗争为主的政治叙事,这与1954 年宪法立宪目的政治意图有很大关系。

1975 年宪法是对 1956 年社会主义革命取得胜利之后宪治秩序的反

---

① 1954 年宪法制定之后,1975 年宪法、1978 年宪法和 1982 年宪法在 1954 年宪法基础上进行了3 次大的修改,7 次小的修改包括 1978 年的 2 次,1982 年的 5 次。

② 毛泽东对 1954 年宪法的过渡性说道:"我们这个宪法,是社会主义类型的宪法,但还不是完全的社会主义的宪法,它是一个过渡时期的宪法。"这里过渡性主要体现:国家政权中,虽然是共产党领导,但其他阶级都可以参加政权,即资产阶级不能占据领导地位,但可以参加领导机构;在经济制度上,全民所有制、集体所有制、个体劳动者所有制和资本家所有制共存。当时,以毛泽东为首的国家领导人预计 1954 年宪法可以管的时间大约是 15 年左右。(《毛泽东文集》(第 6 卷),人民出版社 1999 年版,第 329 页。)

③ 例如,《中华人民共和国宪法》(1954 年)第 87 条规定:"中华人民共和国公民有言论、出版、集会、结社、游行、示威的自由。国家供给必需的物质上的便利,以保证公民享受这些自由。"第85 条规定:"中华人民共和国保障公民进行科学研究、文学艺术创作和其他文化活动的自由。国家对于从事科学、教育、文学、艺术和其他文化事业的公民的创造性工作,给以鼓励和帮助。"但是,"反右派"之后,公民言论自由和学术自由被高度政治化,任意上纲上线,国家生活处于法律虚无主义之中。在人民代表大会制度方面,人民代表大会制度遭到破坏。例如,1954 年宪法规定人民代表大会的任期是 4 年,然而由于政治局势影响,第二届人大任期从1959 年的 4 月到 1964 年的 12 月长达五年多,而第三届全国人大任期从 1964 年 12 月到 1975年 1 月长达十年。(参见韩大元:《1954 年宪法与中国宪法实践》,武汉大学出版社 2008 年版,第 371—382 页。)

映。按照历史要求,1956 年社会主义建立之后,就应该根据 1954 年宪法第 27 条第 1 款和第 29 条的规定进行修改宪法,"早在我国社会主义改造完成之初,就有人提出修改宪法的建议",①但由于党的八大之后"左倾化"思想泛滥,后来又陷入"文化大革命"漩涡之中,使得 1975 年宪法才制定出来,这次制定可以说是对 1954 年宪法一次较大修改,第一次完整地规定了四项基本原则,但 1975 年宪法是一部比较"左倾"的宪法,它反映了 1957 年"反右派"斗争和"文化大革命"的政治实践。

1978 年宪法是"文化大革命"之后制定的一部宪法。1976 年"文化大革命"结束,国家处于转折期和徘徊期,党内对于"后文革"时代国家发展方向还处于酝酿阶段,此时"制定宪法的目的原本是清除'文化大革命'中的错误,但在 1978 年初,观念分歧依然存在,阶级斗争思想未能得到彻底的扭转,在这样的大背景下,宪法本身也不可能从实质意义上有所变革"。② 因此,政治上的"左倾化"和经济上的冒进主义依然严重,"两个凡是"还钳制着人们的思想。1979 年,随着"真理标准问题讨论"、对"两个凡是"的批判和"十一届三中全会"的召开,党中央决定对 1978 年宪法进行第 1 次修改。1980 年,在邓小平的建议下,1978 年宪法进行第 2 次修改,把宪法第 45 条规定的公民"大鸣、大放、大辩论、大字报"权利取消。1978 年宪法的两次修改为其向 1982 年宪法发展提供了前期准备。

1980 年,党中央开始对 1978 年宪法进行全方位修改。在总结 1978 年宪法经验教训和 1954 年宪法以来的宪治实践,以及结合改革开放实践基础上,1982 年宪法随之出台,后随着社会发展进行了 5 次修改,以此满足了改革时代国家政治、经济和文化发展的需要。总体看,经过修改"宪法的文本规范性得到增强",③"正确总结了历史经验",④"通过修正案不断完善自身以适应时代需要"。⑤

---

① 参见文正邦等:《共和国宪法实践历程》,河南人民出版社 1994 年版,第 95—96 页。
② 参见周叶中,江国华:《在曲折中前进——中国社会主义立宪评论》,武汉大学出版社 2010 年版,第 473 页。
③ 参见胡锦光,韩大元:《中国宪法发展研究报告》,法律出版社 2004 年版,第 30—31 页。
④ 韩大元:《新中国宪法发展史》,河北人民出版社 2000 年版,第 87 页。
⑤ 周叶中,江国华:《在曲折中前进——中国社会主义立宪评论》,武汉大学出版社 2010 年版,第 593 页。

(二) 宪法变迁：实质上的宪法变化

中国宪法在形式上变化同时，在实质上也发生了变化，主要以宪法变迁的形式体现出来，例如，全国人大常委会以法律的形式对宪法的解释和一些宪法惯例，以及实质上改变宪法含义的"不成文宪法"，[①]但以全国人大常委会宪法解释为主的宪法变迁在中国并不占主导地位，处于非典型地位，而中国共产党执政实践创造的宪法惯例却是中国宪法变迁的主要类型。

1. 中国宪法非典型性变迁

在 1982 年宪法颁布实施以来，中国的宪法实际上已经存在宪法变迁的现象，这类现象有人将其称之为"良性违宪"，[②]"良性违宪"实际上指的就是宪法变迁，但是其本质上与古典宪法变迁具有不同的意蕴，其是极具中国化的宪法变迁，该概念主要在于为一些宪法之外的规范行为进行论证，提供其正当性基础。郝铁川所讲到"良性违宪"事例主要针对的是立法机关、行政机关和国家领导人等主体的违宪行为，这些行为实际上是中国的宪法变迁表现形式和实现机制，但并不占主流，处于非典型性地位。

古典宪法变迁最重要表现形式和实现机制主要是宪法解释，而宪法解释在中国处于非典型性地位。1982 年宪法第 67 条规定，全国人大常委会有解释宪法的权力，但"全国人大常委会至今没有针对具体案件以宪法解释的程序与名义解释宪法，通常通过制定相关法律、决定或行使违宪审查时解释宪法"。[③] 也就是说，全国人大常委会宪法解释权通常以立法形式解释宪法来呈现，例如，全国人大常委会通过制定相关法律解释宪法精神及有关条款，《中华人民共和国集会游行示威法》对现行宪法第 35 条

[①] 强世功认为："成文宪法和不成文宪法是任何宪政制度两个基本特征，对宪法理解不仅要从规范主义立场来理解，而且要从历史和经验主义视角来理解。对中国宪法来讲，不仅存在形式上成文宪法，而且还存在实质上的不成文宪法。"(See Jiang Shigong, *"Written and Unwritten Constitutions: A New Approach to the Study of Constitutional Government in China,"* Modern China, 2010,36(1):12-46.)

[②] 郝铁川认为："良性违宪"指"国家机关的一些举措虽然违背当时宪法的个别条文，但却有利于发展社会生产力、有利于维护国家和民族的根本利益，是有利于社会的行为。"(参见郝铁川：《论良性违宪》，载《法学研究》1996 年第 4 期。)

[③] 夏泽祥：《宪法学》，山东人民出版社 2011 年版，第 324 页。

公民言论、出版、集会、结社、游行和示威自由的解释；全国人大常委会通过决定、决议和答复的形式对宪法的解释，此种形式的典型案例是全国人大常委会对1986年江西省罢免省长过程中对于罢免程序采取的决定形式的解释。① 另外，根据宪法第67条和《立法法》第97条第2款的规定，②在全国人大常委会对"对象法规"进行违宪审查撤销时所作出的关于撤销的解释，也属于此列。但是，全国人大常委会至今没有针对具体案件或直接对某个宪法条文以宪法解释的程序与名义解释宪法，而这却是宪法解释的本身意蕴。

除此之外，在中国宪法里面也存在宪法惯例，这主要包括宪法公布的惯例，全国人民代表大会和中国人民政治协商会议同时召开会议惯例、"三位一体制度"等。③ 全国人大及其常委会在立法时，除吸收专家参加外，对已经起草完的交由全国人大及其常委会讨论并通过的法律草案要征求专家意见，以及在选举问题上对候选人名额的分配倾向于照顾各阶层、各方面人士都属于宪法惯例范畴，这些宪法惯例也属于中国非典型性变迁表现形式和实现机制。

在中国宪法变迁中，还有一类非典型变迁就是宪法字面含义的自然变更，此种主要体现在现行宪法第8条"国有经济"变迁上。1954年宪法规定"国营经济"和其他的所有制经济一起构成国家的基本经济结构，并规定"国营经济"是社会主义全民所有制经济，是国民经济主导力量。后来1975年宪法、1978年宪法和1982年宪法基本上保留了"国营经济"的表述，直到1993年对1982年宪法进行第2次修正的时候，"国营经济"才

① 乔晓阳，张春生：《中华人民共和国全国人民代表大会和对地方各级人民代表大会选举法的释义及问题解答》，中国民主法制出版社2011年版，第330页。

② 《中华人民共和国宪法》（1982年）第67条第7款和第8款规定"（全国人大常委会有权）撤销国务院制定的同宪法、法律相抵触的行政法规、决定和命令"，"撤销省、自治区、直辖市国家权力机关制定的同宪法、法律和行政法规相抵触的地方性法规和决议"。《中华人民共和国立法法》（2015年）第97条第2款规定："全国人民代表大会常务委员会有权撤销同宪法和法律相抵触的行政法规，有权撤销同宪法、法律和行政法规相抵触的地方性法规，有权撤销省、自治区、直辖市的人民代表大会常务委员会批准的违背宪法和本法第七十五条第二款规定的自治条例和单行条例。"

③ "宪法公布""全国人大和全国政协会议同时召开"和"三位一体制度"（即党的总书记、国家主席、中央军委主席由同一人担任）在宪法中都没有明确规定，主要是宪法惯例形式存在的。

被修改为"国有经济"。但是,从 1954 年到 1993 年之间,"国营经济"的含义实际上发生了变化,尤其是党的"十一届三中全会"之后实行改革开放以来,"国营经济"的内涵和实现方式已经发生了实质变化,其不仅指完全由国家出资的经济,而且还指国家控股的股份制等各种国有经济形式,可见,"国营经济"随着社会发展其含义已经发生自然变化。

2. 中国共产党主导的典型宪法变迁

在宪治实践中,宪法解释、宪法惯例、宪法语义自然变更构成中国非典型宪法变迁表现形式和实现机制。但是,在长期宪治实践中还存在一类非常重要的宪法变迁表现形式和实现机制,这就以中国共产党的政治实践为主的宪法变迁表现形式和实现机制,它在形式主义宪法修改之外,实质上改变了宪法的含义,发挥了特定的实效性,这类宪法变迁就包括"中国共产党和全国人民代表大会的关系,三位一体的领导体制和中央和地方关系"等。① 这类宪法变迁的存在,从侧面印证了"改革宪法"时期"政治宪法学"兴起的合理性。在宪治实践中,成文宪法在形式主义上无法适应社会实际必要性提出的规范需要,宪法与改革实践之间的张力无法通过宪法修改彻底化解,"规范宪法学"对此无法提供建设性方案。而"解释宪法学"派主张以宪法文本为中心的解释方法,通过解释来消除政治现实与规范之间张力,但由于其方法和立场脱离了中国政治实践,注定会陷入理想的"司法宪政主义"泥潭。反观中国宪治实践,真正具有生命力的宪法和"真正的宪法"并不是成文宪法实践,而是以中国共产党政治实践为中心的"政治宪法学"。

宪法不仅存在于成文宪法之中,而且更存在于不成文的政治事件中。K. C. 惠尔就认为:"在一般的政治事务讨论中,宪法通常至少在两种意义上使用。第一,它被用来描述国家的整个政府体制,即确立和规范或治理政府规则的集合体,这些规则部分是法律,也就是说法院承认和适用它们,部分不是法律或处于法律之外,主要形式有习惯、风俗、默契或惯例,法院并不承认它们是法律,但在规范政府方面,它们与严格意义上的法律

---

① Jiang Shigong, *"Written and Unwritten Constitutions: A New Approach to the Study of Constitutional Government in China,"* Modern China, 2010,36(1):12.

规则至少同等有效。"①惠尔在这里强调了不成文宪法的重要地位和实效性,A. V. 戴雪对此也持同样的观点。尽管他们的观点代表了英国普通法传统的宪法观,但不成文宪法思想对于包括中国在内的成文宪法国家具有重要的实践意义。

宪法之外的政治实践行为产生的宪法变迁,必须紧紧围绕中国共产党领导这个根本政治中心展开。在此前提下,"日常政治"实践中的中国共产党领导的多党合作和政治协商的"政治主权"和全国人民代表大会制度所代表的"人民主权"之间的互动才能得到高度统一,这个统一实现了党的政治意志的法律化和国家化。2018 年宪法修改,"中国共产党领导是中国特色社会主义最本质的特征"写入宪法第 1 条,②赋予党的领导于规范性和国家意志性,党的领导同时也成为一项根本的宪法基本原则。③ 本条款从社会主义制度本质属性角度对坚持和加强党的全面领导进行规定,确立了党的领导最高法律地位和最高政治主权地位。郑永年认为:"这次修宪的主要意义在于实现了中共和政府在制度安排上的一致性和合理性,体现中国政治体制从'党政分开'到'党政一体'的思路转变。"④但这种思路转变实际上在 1992 年就已经开始,只不过当时仍未协调起来。

"党政一体"意味着中国共产党"以党领政"局面的形成,这主要体现在"三位一体"制度上。1954 年宪法以来,中国共产党的总书记、国家主席和中央军委主席三个职位在相当长的时间里实行"分离制",即党、政、军分别由三个不同的人担任。1992 年之后,"分离制"逐渐向"统合制"转变,即由一个人同时担任党、政、军这三个最高国家领导职位,⑤这个宪法惯例是由江泽民第三代领导集体创立的。"统合制"的形成正是"党政一体"的缩影,该制度实际上已经改变了 1982 年宪法确立的国家领导体制,

① [英]K. C. 惠尔:《现代宪法》,翟小波译,法律出版社 2007 年版,第 1 页。
② 参见《中华人民共和国宪法》(1982 年),第 1 条。
③ 中国宪法基本原则包括:坚持党的领导原则、人民主权原则、社会主义法治原则、尊重和保障人权原则、权力监督与制约原则、民主集中制原则。(参见《宪法学》编写组:《宪法学》,高等教育出版社 2020 年版,第 91—107 页。)
④ 郑永年:《修宪是深度改革体现党政一体思路》,载《联合早报》2018 年 3 月 12 日。
⑤ 《江泽民文选》(第 3 卷),人民出版社 2006 年版,第 603 页。

只不过直到 2018 年宪法修改才正式予以确认,这主要是通过国家主席的任期的修改而实现的。经过本次修改,国家主席的任期和党的总书记和中央军委主席的体制保持同一,进而使得"以党领政"体制的最终形成。

在国家结构层面,宪法对中央政府和地方政府的权力义务关系有明确规定,但实际上"中央地方关系的核心不是全国人大与地方人大的关系,也不是中央政府与地方政府的关系,而是党中央与地方党委的关系",①即党中央通过党的各级地方委员会,以及党的中央组织领导地方组织实现中央对地方的领导。而且,大多数的地方党委书记同时又兼任本级人大常委会主任,实现党对立法的领导。这种政治现象"大大减少了地方党委领导下的地方人大和政府与党中央直接领导的全国人大及其常委会和国务院发生冲突的可能性",②此种解决中央和地方关系的途径也使得宪法解释无用武之地,从而处于非典型地位。

除了上述现象之外,中共中央在宪法修改、人事任免、依法治国的领导方面等都是以宪法惯例形式存在的,以此补充了形式宪法的不足。因此,宪法之外以党的领导为中心的"政治宪法学"就成为一种普遍现象,其从实质主义宪法立场弥补了形式主义宪法的不足,是典型的宪法变迁表现形式和实现机制。

三、国家主义:中国宪法 70 年变迁的价值取向

中国共产党的政治实践是理解宪法变迁的关键维度,这种变迁体现了政治行为产生的"事实规范力",其之所以能获得法的效力,这来源于中国共产党领导赢得了"人民"的支持和心理认同,这是它获得规范力而没有违宪的基础。但从根源上讲,这主要是由中国共产党的利益和"人民"利益的同质性决定的。

从 70 年的宪法变迁实践来看,中国共产党主导的宪法变迁体现了国

---

① Jiang Shigong, *"Written and Unwritten Constitutions: A New Approach to the Study of Constitutional Government in China*," Modern China, 2010, 36(1):32.

② Jiang Shigong, *"Written and Unwritten Constitutions: A New Approach to the Study of Constitutional Government in China*," Modern China, 2010, 36(1):33.

家主义的价值取向,即建设一个强大国家,实现中华民族伟大复兴。自1840年以来,中国沦为半殖民地半封建社会,中国人民在封建势力和帝国主义双重统治下,生活在水深火热之中。于是,先进的中国人开始不断学习西方,经历过无数次抗争,但都以失败告终。[①] 究其根源,在于封建地主阶级、农民阶级和民族资产阶级的阶级局限性,他们无法领导中国"人民"取得旧民主主义革命胜利。"五四运动"之后,随着工人阶级登上历史舞台,他们在马克思主义指导下成立中国共产党,并结合中国具体国情制定了切合实际的革命政策,最终推翻了帝国主义、封建主义和官僚资本主义的统治,建立了"人民"当家做主的新中国。"建国"之后,中国共产党领导又带领"人民"建立了社会主义制度,并通过不断探索建立了中国特色社会主义道路,发展了社会主义理论,并逐步向中华民族伟大复兴迈进。

在中国人民实现伟大复兴过程中,宪法和事实之间必然会出现不协调,宪法变迁也就是必然的现象。中国共产党针对宪法与事实之间的不协调,在立足"人民"利益基础上进行了各种深化改革的实践,以此解决改革中遇到的体制和机制难题。由于中国共产党和"人民"根本利益的一致性,决定了中国共产党主导的宪法变迁不会沦落为"恶性变迁",这种变迁以不成文宪法的形式发挥作用,从而丰富和完善了中国的宪法价值体系,强化了国家能力。

第三节　中国宪法变迁存在问题和完善[*]

中国宪法为了满足"人民"规范需求,通过宪法修改和宪法变迁的方式进行规范"供给"。但中国宪法变迁实现机制与美国的司法解释不同,其主要是通过执政党的宪法惯例来实现的。美国宪法变迁的实现机制也

---

[*] 本节有部分内容发表于《法学论坛》2016年第3期,原文标题为《中国宪法变迁实现机制存在的问题及其完善》,出版时章节安排和内容进行了相应调整和变动。

[①] 1840年近代化以来,中国人民为了实现国家独立和民族富强,先后进行过洋务运动、太平天国运动、戊戌变法、义和团运动和辛亥革命等自强运动,但基本上都失败了。

包括宪法惯例,但司法解释是宪法变迁最重要的实现机制。中国宪法也规定全国人大常委会有解释宪法的权力,[①]但这项权力却处于"休眠"状态。在"改革宪法"时代,宪法的稳定性、适应性和权威性要求"激活"宪法解释这个"休眠"条款,并建立多元宪法变迁实现机制,满足"人民"在改革时代的利益需求,实现宪法和具体历史阶段"人民"价值取向的统一。

一、"改革宪法"的"消极回应型"

中国宪法变化规范层面体现为两个方面:一是宪法修改程序"刚性"不足,宪法修改相对频繁;二是以中国共产党主导的宪法惯例的大量存在,宪法解释处于非典型地位。上述现象出现的根源还在于宪法规范本身,一方面是宪法规范性不足,宪法规范本身充斥着大量的政策性内容;二是立宪语言具体,宪法适应性不足,这些因素使宪法呈现出"改革宪法"特有的"消极回应型"。

(一)"积极回应型"和"消极回应型"

根据规范对事实的反应和应激状态,可以将宪法分为"积极回应型"和"消极回应型"两种形态,前者指宪法能够积极主动适应事实发展需要,通过相应机制满足事实对规范的需要,实现事实性向有效性转换;后者指宪法在事实面前,不能通过自身机制满足事实对规范需要,或者自身机制缺乏足够应变能力,而只能被动对事实作出反应。

"积极回应型"宪法和事实之间是双向互动关系,当事实提出规范要求的时候,宪法以自身机制对宪法作出了积极反应,它能够将事实提出的规范要求通过相应机制进行转化,从而提高宪法应对事实变化的能力,形成的是以宪法规范为中心的"积极回应型"宪法。而"消极回应型"宪法和事实之间是一种单向的"应激"回应关系,事实向规范提出要求,宪法只能通过修改来满足这样要求,事实不断变化,宪法也就不断修改来满足规范"供给",这样就形成了以事实为中心的"消极回应型"宪法。

---

① 参见《中华人民共和国宪法》(1982 年),第 67 条第 1 款。

"积极回应型"宪法对事实提出的规范需要,能够通过自身机制积极作出能动反应,实现规范与事实之间的良性互动关系,"活的宪法"观就恰当表达了此种意蕴。美国宪法是典型的"积极回应型",宪法规范高度抽象和原则,"刚性"的修改程序、"弹性条款",以及司法解释机制造就了宪法的积极能动品质。此外,美国宪法的立宪语言也相当简洁和原则,文本宪法内容仅包括联邦权力和公民权利两个部分,"从这个角度去理解,一部标准的宪法应该包括且只包括对个人基本权利和国家权力结构的规定"。① 除了这些内容之外,其他一切都是不需要规定的,太多不切实际的内容会降低宪法"应对能力"。

中国宪法属于"消极回应型",这使得宪法只能对事实作出"应激"的被动反应,宪法自我更新力和适应力不足。在宪治实践中,一旦社会事实变化,宪法只能通过修改来解决与事实的张力关系。这种情况的出现,主要还在于现行宪法规范性还不尽人意。② 在宪法里面,除了规定国家权力和公民权利之外,还有许多政策性内容,这些内容加重了宪法"负担",反而会影响到宪法实施的效果和权威性。此外,在立法技术上,中国宪法的弹性不足,虽然一些语言文字使用也很概括,但总体适应力还不够。尽管宪法也存在解释机制,但几乎并没有用过。再加上宪法修改程序"刚性"不足,修改就是很频繁的现象。

(二)"改革宪法"的"政治宪法学"品性

1982 年宪法的颁布和实施实现了中国宪治从"革命宪法"到"改革宪法"的转变,"标志着中国的宪治建设取得不小进步,并酝酿着重大的社会转折但其仍然带有浓厚的政治色彩"。③ 一方面,1982 年宪法在"文革"结束背景下制定的,其目的在于肃清政治灾难和重塑国家秩序,立宪政治意图过于明显,宪法规范性、完整性和前瞻性能力不足。另一方面,由于政治局势影响,"宪法的规定并没有彻底放开手脚,只是应政策转向的需要作

---

① 张千帆:《宪法不应该规定什么》,载《华东政法学院学报》2005 年第 3 期,第 26 页。
② 参见胡锦光,韩大元:《中国宪法发展研究报告》,法律出版社 2004 年版,第 30—31 页。
③ 周叶中,江国华:《在曲折中前进——中国社会主义立宪评论》,武汉大学出版社 2010 年版,第595 页。

了不得已而为之的部分修改",①这决定了 1982 年宪法的"政治宪法学"。

"改革宪法"体现了对现存宪治秩序的整合,执政的中国共产党尝试与社会整合,宣布阶级斗争结束,并提高国家机构(有别于党组织)的地位,在此意义上关信基将此种宪法称之为"包容性宪法"(the Inclusion Constitution)。② 1982 年宪法进行了 5 次修改,尽管涉及到的是经济领域,"但又反映出中国共产党指导思想和意识形态的逐步演化"。③ 1993 年宪法的第 2 次修正反映了党的十四大的意识形态,将中国特色社会主义、社会主义初级阶段理论、改革开放、社会主义市场经济等执政党意识形态宪法化。1999 年第 3 次修正则是党的十五大意识形态的体现,将"邓小平理论"确定为宪法指导思想,并进一步明确了中国将长期处于社会主义初级阶段和实行社会主义经济制度。2004 年宪法第 4 次修改则是对党的十六大意识形态的反应,其最重要的是将"三个代表"重要思想确立为党的指导思想,"三个代表"重要思想的宪法化"标志着中国共产党从革命党转变为有意在中国'和平崛起'的时代长期执政政党的过渡的完成,也是中国共产党作为执政党合法性和正当性理论基础的重建"。④

2018 年宪法第 5 次修改则是对党的十九大意识形态的反映,其将"习近平新时代中国特色社会主义思想"写入宪法序言,正文部分将党的领导是中国特色社会主义最本质的特征写入第 1 条,并修改了国家主席的任期和建立国家监察委员会。本次修改标志着中国特色社会主义进入新时代,同时也意味着"党政一体"和"以党领政"的体制得以正式确立,中国特色社会主义迎来了新的历史发展时期。

二、中国宪法变迁实现机制存在的问题

宪法变迁的逻辑结构主要由规范要素和事实要素构成,规范层面包

---

① 周叶中,江国华:《在曲折中前进——中国社会主义立宪评论》,武汉大学出版社 2010 年版,第 596 页。

② Kuan Hsin-chi, *"Chinese Constitutional Practice"*, in Peter Wesley-Smith and Albert Chen eds., *The Basic Law and HongKong's Future*, HongKong: Butterworths, 1988, p.57.

③ 陈弘毅:《宪法学的世界》,中国政法大学出版社 2014 年版,第 36 页。

④ 陈弘毅:《宪法学的世界》,中国政法大学出版社 2014 年版,第 39 页。

括实质宪法观、"刚性"修改程序和变迁机制等要素,事实因素由宪法事实构成。因此,宪法变迁的重点在于规范层面。"改革宪法"的"政治宪法学"品性决定了它一定会坚持实质主义宪法观,注重实效性的宪法规范。宪法修改的"刚性"是保持其稳定性和权威性的前提,"刚性"程序必然会产生宪法变迁。中国宪法修改程序"刚性"不足,同时又存在大量宪法惯例,而最主要的宪法变迁表现形式和实现机制的宪法解释却又长期处于"休眠"状态,这些都是中国宪法变迁实现机制存在的问题。

(一)宪法修改程序方面的问题

中国宪法在修改程序方面存在两个问题,一是修改程序的"刚性"相对不足,修正案提出和通过相对比较容易;二是修改程序规范性不足,受到政治程序的影响。

1. 宪法修改程序"刚性"不足

宪法第 64 条规定"宪法的修改,由全国人民代表大会常务委员会或者五分之一以上的全国人民代表大会代表提议,并由全国人民代表大会以全体代表的三分之二以上的多数通过","法律和其他议案由全国人民代表大会以全体代表的过半数通过"。① 从这个规定可以看出,宪法修改实行简单相对多数的原则,即宪法修正案提出有两种方式:一是全国人大常委会提出;二是由 1/5 以上的全国人民代表大会代表提出。上述两种方式提出的修正案,只需要全国人民代表大会全体代表的 2/3 以上多数通过就可以了。

从上述可以看出,中国宪法修改程序与美国宪法修改程序相比而言,"刚性"就要弱一些。美国宪法第 5 条规定,宪法修正案提出有两种方式,一是国会两院 2/3 以上多数提出;二是 2/3 以上州议会提出,而宪法通过需要 3/4 州议会同意或者 3/4 的州修宪大会批准。可见,美国宪法修正案提出本身就很困难,达到宪法规定的"2/3 标准"不是一件容易的事情;另外,上述两种方式提出的修正案需要符合宪法规定的"3/4 标准"才能通过。当然,这很大程度上是由美国的联邦体制决定的。但是,法国与中

---

① 参见《中华人民共和国宪法》(1982 年),第 64 条。

国一样也属于单一制国家,然而法国的宪法修改必须在公民投票通过后才最后确定,就算不需要公民公决,也需要获得两院联席大会有效投票的3/5 才能通过。① 从宪法规定的修正程序看,法国的"3/5 标准"还是比中国要更加"刚性"一些。

2. 宪法修改程序的政治性

宪法修改程序的政治性,指的是宪法修改法定程序之前的政治程序。纵观历次宪法修改,首先由中国共产党提出,然后在党中央主持下经过协商讨论形成宪法修改草案,然后在党的全国代表大会审议,形成修宪建议,最后提交给全国人大常委会,人大常委会在召开全国人民代表大会期间,对该宪法修正案进行表决和通过。从这个过程看,在宪法修改法定程序之前还有一个前置的"党内程序",这个"党内程序"实际上决定了宪法修改的内容。一般而言,可以从宏观和微观两个维度来观察这个"党内程序"。

从宏观层面看,中国宪法 70 年发展历程中,中国共产党的"党内程序"往往是宪法修改的前置程序。宪法修改的"党内程序"由两个部分构成,一是修正案由党提出来;二是修正案草案也是在党的组织内部形成,然后再提交给全国人大常委会,最后全国人大进行表决。例如,1978 年,"十一届三中全会"将改革开放确立为基本国策,随后 1982 年宪法中将此进一步明确化;1987 年,党的十三大提出社会主义初级阶段理论,后来通过宪法修正入宪;1992 年,邓小平提社会主义市场经济理论,在 1993 年宪法第 2 次修改中被写进宪法;1997 年党的十五大提出"依法治国,建设社会主义法治国家"理念,1999 年在宪法第 3 次修正时写入宪法。

从微观层面看,2018 年宪法修改,首先是 2017 年 9 月 29 日成立宪法修改小组,后在 11 月 13 日和 12 月 12 日分别进行第一轮征求意见和第二轮征求意见,以及 12 月 15 日党外征求意见。2018 年 1 月 2 日至 3 日,在进一步广泛征求意见基础上,于 18 日至 19 日中央全会通过《中共中央关于修改宪法部分内容的建议》,最后于 26 日由中共中央向全国人大常委会提出《中国共产党中央委员会关于修改宪法部分内容的建议》。

---

① 参见《法兰西共和国宪法》(1958 年),第 89 条。

（二）宪法解释机制的"休眠"

根据现行宪法第 67 条规定，全国人民代表大会常务委员会享有解释宪法和监督宪法的权力。[①] 从规范角度来讲，宪法解释属于宪法自我更新机制，即对于改革实践需求，宪法可以通过解释方式来化解规范与事实之间张力。宪法解释机制设立，一方面可以避免花费过多政治成本频繁进行修改宪法，有利于维护宪法稳定性和权威性，以及政治秩序的稳定；另一方面，加强了宪法自我更新能力，提高了宪法适应力，强化了宪法变迁的规范"底色"。但是，在中国 70 年的宪治实践中，宪法解释却长期处于"休眠"状态，仅有解释也是针对规范性文件作出的抽象解释，或者以立法形式对宪法进行解释，直接针对具体宪法事例、案例和宪法条文的解释没有，而后者才是宪法解释的关键。

宪法解释作为宪法变迁最重要的实现机制，其在保持宪法文本稳定性下通过释宪权化解规范与事实之间的张力。在大多数国家，由于宪政传统和现实政治需要不同，宪法解释主体、权力和程序等存在不同。美国建立的是普通法院解释体制，德国和法国建立的是专门机关宪法解释体制，德国是宪法法院，而法国则是宪法委员会。宪法解释目的在于"阐明宪法规范的含义，保证宪法的准确适用；维护法制的统一和宪法尊严；弥补宪法因时代变迁而产生的不足，以便宪法以合宪的形式较好的发展"。[②] 因此，宪法解释的优势使得诸多国家采用此种宪法变迁实现机制。

我国宪法建立的是立法机关宪法解释体制，但运行效果却差强人意，其主要原因是其运行基础的违宪审查制度出了问题。宪法解释作为宪法监督的手段，其是附着在违宪审查活动中的一项活动。在我国宪法实施活动中，违宪审查制度主要表现为合宪性审查（Constitutional Review），即为了确保宪法最高法地位，由全国人大常委会对国家公权力机关的规范和行为的合宪性进行判断。[③] 我国合宪性审查包括两种形态：一是事前审查，即由相关机关和主体提出审查要求和建议启动对规范性文件的

---

① 参见《中华人民共和国宪法》（1982 年），第 67 条第 1 款。
② 刘茂林：《中国宪法导论》，北京大学出版社 2005 年版，第 68 页。
③ 王锴：《合宪性审查的百年历程与未来展望》，载《环球法律评论》2022 年第 3 期，第 69 页。

审查,①具体由全国人大宪法和法律委员会负责;二是事后审查,即"备案审查",这是一种立法备案制度与合宪性审查制度相结合的制度,具体工作主要由全国人大常委会专门委员会负责进行。上述两种审查过程中都会涉及到合宪性解释(宪法解释)的运用,其难点在于对全国人大及其常委会通过的法律进行的合宪性审查。②

然而,我国的合宪性审查机关和立法机关的重合性,使得合宪性审查变为立法机关的自我审查,审查对象主要是法律之下位阶较低的规范,而为合宪性审查最重要对象的法律并不在审查之列,再加上事前审查前置性程序的"过滤",③以及中央到地方的"以党领政"体制下的地方党委书记兼任人大常委会主任制度,④许多事前审查的"对象法律"必然要经过"党内程序"检验以此消除违宪风险,使得"对象法规"根本就不需要走正式的审查程序,很多审查还未进入解释环节就已经终止,尤其是启动解释的程序往往是"备而不用",当然更进入不了宪法解释程序。

(三)宪法变迁实现机制相对单一

在宪法解释这种最重要的宪法变迁机制"休眠"之外,中国宪法变迁

---

① 《中华人民共和国立法法》第 99 条规定:"国务院、中央军事委员会、最高人民法院、最高人民检察院和各省、自治区、直辖市的人民代表大会常务委员会认为行政法规、地方性法规、自治条例和单行条例同宪法或者法律相抵触的,可以向全国人民代表大会常务委员会书面提出进行审查的要求,由常务委员会工作机构分送有关的专门委员会进行审查、提出意见。""前款规定以外的其他国家机关和社会团体、企业事业组织以及公民认为行政法规、地方性法规、自治条例和单行条例同宪法或者法律相抵触的,可以向全国人民代表大会常务委员会书面提出进行审查的建议,由常务委员会工作机构进行研究,必要时,送有关的专门委员会进行审查、提出意见。"
② 王锴:《合宪性审查的百年历程与未来展望》,载《环球法律评论》2022 年第 3 期,第 69 页。
③ "过滤"指的是全国人大常委会专门委员会和宪法和法律委员会认为"对象法规"确实违反宪法时,并不会马上作出违宪判断,而是建议"对象法规"的制定机关对其进行修改,或者要求制定机关对会说明情况,只要修改或者说明达到要求就不会做出违宪的建议。实践中只有"对象法规"的制定机关不修改或者说明未达到既定要求,全国人大常委会才会基于专门委员会和宪法和法律委员会的建议启动违宪审查程序并做出撤销"对象法规"的决定。然而这种情况非常少见,"对象法规"的制定机关不会冒这样的政治风险不按照其要求在规定时间内做出相应行为。因此,这在很大程度上弱化了违宪审查的实际效果,而作为违宪审查附带权力的宪法解释当然没有用武之地了。
④ 地方各级党委书记兼任人大常委会主任是常态,但北京、上海、天津、重庆、广东、新疆和西藏等七个省、自治区、直辖市以及个别地级市除外,这主要基于特殊的政治考虑和安排。

主要是以中国共产党的政治实践形式广泛存在。例如,中国共产党对国家领导采取的是"重大事项请示报告制度",①以及由中共中央就重大问题向最高国家权力机关提出建议的方式。例如,宪法历次修改均是由党中央向全国人民代表大会提出修改建议,全国人大接受党中央建议而对宪法进行修改;中国共产党与其他民主党派的合作方式也已经形成惯例,一般是由中国共产党就重大问题事先同民主党派进行协商,形成统一意见后再按照法律程序交由国家权力机关决定执行。为了在行使国家权力时便于同各民主党派进行有效民主协商,"全国两会"同时举行时政协委员列席全国人大会议。上述这些都体现了以中国共产党为主导的相对单一的宪法变迁实现机制,这种单一的机制意味着中国共产党承担了绝大多数的化解事实与规范之间张力的任务,有可能造成治理成本过高和宪法修改的频繁,甚至是合法性和正当性危机。

从古典宪法变迁理论看,宪法变迁至少包括立法分支、行政分支和司法分支的解释,政治必要性(即由必要政治行为引起的变迁),宪法惯例,国家权力不行使等多种机制。② 当然还包括政党行为引起的变迁,以及政府三大分支因"固有权力"而发展出来的新权力。宪法变迁多元实现机制降低了宪法出现危机的风险,有利于以不同方式消解事实与规范之间张力,将"人民"需要及时通过变迁方式进行规范确认和实现,不断丰富和完善宪法价值体系。从现实层面看,宪法变迁多元机制可以降低治理成本,提高宪法的稳定性、权威性和适应性。

三、中国宪法变迁实现机制的完善

中国宪法变迁实现机制完善要立足于宪法文本,从规范入手完善公民基本权利体系和保障制度。同时,构建更加"刚性"的修改程序,"激活"宪法解释条款,将中国共产党主导的宪法变迁实践宪法化,通过宪法修正案、立法和司法途径增强其规范"底色"。除此之外,在准确认识、把握"人

---

① 参见《中国共产党重大事项请示报告条例》(中共中央 2019 年 1 月 31 日印发)。
② [德]格奥尔格·耶利内克:《宪法修改与宪法变迁论》,柳建龙译,法律出版社 2012 年版,第 3 页。

民"改革实践需要基础上,构建以宪法解释为中心的多元宪法变迁机制化解"人民"需要与宪法之间的紧张关系,实现宪法与"人民"需要具体历史的统一。

(一)完善公民基本权利体系和保障机制

公民基本权利体系和保障机制可以为宪法变迁实现提供正当性价值内核,防止宪法变迁沦落为"恶性变迁"。中国现行宪法公民基本权利体系相对完善,尤其是 2004 年"人权"入宪,对中国宪法基本权利体系和保障具有重要作用。但是,"中国宪法基本权利体系在结构体系、价值体系、规范体系和运行体系方面都存在较大的问题,都有进一步完善的空间"。[①]

1. 基本权利是宪法价值体系的核心

公民基本权利体系是宪法结构最重要部分,"基本"意味着"不可缺乏性,不可取代性,不可转让性,稳定性和普适性"。[②] 之所以重要,主要在于"基本权利是个体抵抗国家权力的权利体系,体现宪法体制和权利体系存在的核心价值",[③]构建了公民自由的保护阀。作为宪法上最高价值规范,基本权利在体系上具有综合性特点,统一调整政治领域、经济领域、文化领域与社会领域,既包括调整公法领域,也调整部分私法领域。

宪法中公民基本权利体系越是完善,就越能从功能上限制国家权力。当然,这里的完善不能认为基本权利越多越好,越具体越好,而是指能够最大限度的发挥对公权力限制功能。例如,德国《基本法》的尊严,尽管只有两个字,但却是整个《基本法》"主观权利"和"客观价值秩序"的根基,它最大限度地体现了对公民主体地位的承认和尊重。因此,一切国家权力都不能违反尊严这个"元价值"和从其衍生出来的基本价值体系,并且有义务遵守和实现尊严及其衍生出来的基本价值体系。另外,美国宪法中没有列举具体的权利,而是以自由囊括之,以此发挥整体限制公权力的功能。从这里看出,基本权利体系不在于多和具体,而在于是否能够最大限

---

① 参见刘茂林,杨贵生,秦小建:《中国宪法权利体系的完善——以国际人权公约为参照》,北京大学出版社 2013 年版。

② 参见徐显明:《"基本权利"析》,载《中国法学》1991 年第 6 期,第 25—27 页。

③ 韩大元:《中国宪法学上的基本权利体系》,载《中国法学》2009 年第 6 期,第 85 页。

度地发挥限权功能。

宪法上的基本权利不仅要求国家权力的有限性,而且要求其他主体的宪法权利也必须接受基本权利的调控,紧紧围绕基本权利构建的宪法价值体系,一起为宪法变迁提供正当基础。从"规范宪法学"立场来看,宪法确立的公民基本权利体系和保障机制目的在于对抗公权力,为国家权力划定边界,公权力边界确定是建立"有限政府"和保障人权的关键。公民基本权利的存在,使得政府不能干涉公民自由,且必须提供相关制度来保障公民自由。对于一些个体公民不能实现的自由,国家还应该通过各种手段来帮助他们实现这些自由。因此,公民基本权利体系和保障机制从积极方面和消极方面国家权力设定了门阀,使其不能走向专断和暴虐。

2. 宪法基本权利体系和保障机制问题

1999年,宪法第3次修改将"依法治国,建设社会主义法治国家"写入宪法。2004年,第4次修改将"国家尊重和保障人权"写入宪法。法治和人权入宪不仅从宪法高度宣示了人权的最高价值目标,而且为国家设定了相应的人权保护义务,为保障人权奠定了坚实的法律基础。"此外,人权入宪也将全面地启发和端正中国人的人权观念,进而从制度上、法律上、程序上不断完善对于人权的现实保障"。[①] 从法治价值看,"将'人权'这个政治概念上升为宪法观念,以原则性规定提升和整合宪法权利体系,并顺应了世界人权保护的时代潮流,是中国人权保护事业发展的里程碑事件"。[②]

从总体上看,1982年宪法经过5次修改,基本权利体系基本形成,结构相对合理。从规范层面看,现行宪法基本权利内容更加充实、具体和符合实践发展,更富有操作性。而且宪法更加注重对公民基本权利的保障,要求国家在政治、经济和文化对公民基本权利提供可靠的保障措施,并承担一定的义务,"有一些公民基本权利和自由,在宪法国家机构中有国家

[①] 周叶中,江国华:《在曲折中前进——中国社会主义立宪评论》,武汉大学出版社2010年版,第595页。

[②] 刘茂林,杨贵生,秦小建:《中国宪法权利体系的完善——以国际人权公约为参照》,北京大学出版社2013年版,第41页。

机关的具体职权与之相对应",①体现了积极人权的保障立场。

但是,1982 年宪法的基本权利保障机制还存在一定问题,"中国人权保障状况对经济发展的依赖仍然要远远多于公共权力的努力程度或宪法的安排和推动"。② 一些与公民紧密相关的权利选项并没有纳入权利体系,权利设定方式也存在欠缺。例如,1954 年宪法之中类似迁徙自由和劳工基本权等重要权利没有纳入基本权利体系。这种现象的出现,"一是该部宪法对公民基本权利的规定基于中国社会转型之初、旧有的政治体制和计划经济体制的背景,它无法反映转型社会激烈的剧变,相当一部分内容已经滞后于实际,导致其滞后于社会现实,并与社会现实发生冲突;二是中国公民基本权利过于强调人权的阶级性和民族差异性,而漠视甚至否定人权的一致性和普遍性"。③ 这在相当程度上影响了基本权利规范构建及其保障。

另外,在基本权利保障方面,由于各种复杂原因,尤其是宪法诉讼制度的缺乏,使得现有违宪审查的宪法监督功能也徒具形式。与此相关的是,公民基本权利的救济范围和程序方面都存在先天不足,建立健全宪法全面实施的体制和机制还存在完善空间。

3. 基本权利体系完善和保障对宪法变迁的意义

宪法变迁必须坚持正当维度。耶利内克将"无人表示异议或主张违宪"作为判断宪法变迁标准,在实践中会走向强权政治主导的"恶性变迁",最终造成宪法的"抛弃"或"废弃"。因此,宪法变迁实现机制需要正当的道德标准,而这个标准就是由基本权利为内核的基本价值体系,经受基本价值体系检验的宪法变迁才是正当的。

从"价值宪法学"角度来讲,公民基本权利体现了"人民"与宪法之间的价值关系。基本价值不仅有着宣示性作用,其还有建构性和调控性功能。这里的宣示性是指宪法将人权和优良共同体标准进行确认;建构性

---

① 刘茂林:《中国宪法导论》,北京大学出版社 2005 年版,第 271 页。
② 周叶中、江国华:《在曲折中前进——中国社会主义立宪评论》,武汉大学出版社 2010 年版,第596 页。
③ 韩大元、王世涛:《两个人权公约与我国人权宪法实践体制的整合》,载《法律科学》2001 年第 2期,第 28 页。

指对整个宪法价值体系的"统摄",这种"统摄"将基本权利作为"辐射"到宪法实施的所有方面,并通过宪法评价来完成对法治体系的证成;调控性指宪法基本价值可以对宪法价值体系进行动态调整,并通过调整实现宪法价值体系优化,使各主体权利和义务实现和谐共存。从这个意义上讲,公民基本权利体系和保障机制的完善,有利于强化宪法变迁正当维度,防止宪法变迁走向"恶性变迁",确保宪法变迁的"善"相。

(二) 构建更加"刚性"的宪法修改程序

中国宪法变迁实现机制中的修正程序"刚性"不足,以及修宪程序的政治性是两个重要问题。针对修宪程度"刚性"不足,可从两种途径上优化:一是在原有修正程序的基础上,提高宪法修正案提出的门槛;二是增加宪法修正案通过的"刚性"水平。

宪法第 64 条规定的修正案提出有两种方式,即全国人大常委会提出和 1/5 以上的全国人民代表大会代表提出。全国人大常委会提出修正案的方式可以保留,但可以提高全国人民代表大会代表提出的比例,将其提高到 2/3。这个比例的优点在于:一方面充分体现修正案提出的民意代表性。尽管以前的 1/5 比例也具有代表性,但是这个比例涉及代表范围相对来说还是比较小的,不能从更大范围内代表"人民"意愿,也不能真正体现社会发展的价值取向;另一方面是"2/3 标准"相当于小型化的全国人民代表大会,可以促使相关代表积极活动起来,进行广泛民主辩论和协商,提出更有建设性的修正案。

第二种途径可以增加修正案通过的"刚性"水平。宪法修正案由全国人民代表大会以全体代表的 2/3 以上的多数通过,这个比例相对来说还不够高,可将其提高到 3/4 比例,以通过难度来限制频繁修改,从而将化解事实与规范之间的任务留给宪法解释。宪法修改程序"刚性"的提高目的在于减少频繁修改对宪法变迁空间的挤压,维护宪法的稳定性和权威性,同时又能给宪法解释留下充足的空间,增强宪法适应力,以克服形式宪法的不足。

宪法修改法定程序之前的"党内程序",集中体现了修改程序政治性,这种政治性是党对法治工作领导的需要。但是,宪法修改本质上属于规范的政治决断过程,是修改权的法定行使过程。从这里可以看出,我国的宪法修改是"党内程序"和"法定程序"共同作用的结果,这里"党内程序"以宪法惯例形式完成与"法定程序"的衔接。但从程序结构看,这种衔接一般由中国共产党启动且决定后续的"法定程序",实践中就会以"党内程序"为中心形成"程序卡特尔主义"。① "程序卡特尔主义"的形成,以宪法第 1 条"党的领导"为基础,集中体现了中国共产党对宪法修改程序的终端领导。

从政治现实主义立场看,宪法修改上"程序卡特尔主义"是一个无法回避的客观事实,对此我们必须予以承认和尊重。但是,这个事实的存在一定程度上会限制或压缩宪法解释的存在空间。尽管,"党内程序"体现的"程序卡特尔主义"作为宪法惯例也是宪法变迁的实现机制,但与宪法解释相比而言其规范"底色"不足,在宪法变迁实现机制结构中也只能处于补充地位。因此,为了释放宪法解释的空间,构建以宪法解释为中心的宪法变迁实现机制,可以考虑在宪法 64 条中将中共中央增加为宪法修正案的提起主体,具体表述为:"宪法的修改,由中国共产党中央委员会、全国人民代表大会常务委员会或者五分之一以上的全国人民代表大会代表提议,并由全国人民代表大会以全体代表的四分之三以上的多数通过。"中共中央成为修宪主体之后,"党内程序"就会转向"法定程序",其以宪法惯例形式进行的宪法变迁实现机制也就不存在,这就极大程度上释放了宪法解释的空间。

(三)宪法解释机制的"激活"

党的十九届四中全会通过《中共中央关于坚持和完善中国特色社会主义制度、推进国家治理体系和治理能力现代化若干重大问题的决定》,《决定》强调:"加强宪法实施和监督,落实宪法解释程序机制,推进合宪性审查工作,加强备案审查制度和能力建设,依法撤销和纠正违宪违法的规范性文件。"②宪法解释程序是宪法解释的运行体现出来的时空连续性,

---

① See Steven S. Smith, *Party Influence in Congress*, New York: Cambridge University Press, 2007, pp. 114 - 145.
② 《中共中央关于坚持和完善中国特色社会主义制度 推进国家治理体系和治理能力现代化若干重大问题的决定》,载《新华网》2019 年 11 月 5 日。(http://www.xinhuanet.com/politics/2019-11/05/c_1125195786.htm.)

是合宪性审查的核心议题。但是,在目前现存立法中并没有专门关于宪法解释程序的规定,宪法解释程序主要是根据《立法法》第 100 条等相关法律规定归纳总结出来的结果,而且这种程序主要是依附于备案审查或合宪性审查程序,属于"附随型宪法解释程序",而并不是"独立型宪法解释程序"。① 但是,"附随型宪法解释程序"和"独立型宪法解释程序"都是宪法解释权行使步骤的一种动态呈现,都必须以"激活"宪法解释机制为前提。

首先,宪法解释机制"激活"的核心在于构建"独立型宪法解释程序",发挥其对宪法监督的实质功能。列宁认为:"当法律同现实脱节的时候,宪法是虚假的,当它们是一致的时候,宪法便不是虚假的。"②宪法是否虚假关键在于宪法监督是否有实效,而宪法监督是否有效则取决于宪法是否能够通过解释主动适应事实需要,协调规范与事实之间的张力,满足具体历史阶段"人民"需要。

宪法解释作为宪法变迁最重要的实现机制,其与宪法修改相比具有显著优势,即"宪法解释较为温和,演进程度小一些;而宪法修改较为激烈,演进程度大一些",③"演进程度小"决定了宪法解释能够在保持宪法文本稳定的前提下,以自我更新方式强化适应力和权威性,避免了频繁修改带来的社会震荡。同时,宪法解释还能够强化宪法变迁的规范"底色",以渐进方式实现宪法含义的与时俱进。例如,对于宪法中的基本权利条款,如果内涵和外延不适应人权发展趋势,就可以通过解释扩展其内涵和外延,以使其符合人权的发展趋势。当宪法解释还无法实现基本权利的更新时,再通过宪法修改才是比较合适的。

在宪治实践中,"人民"需要是通过个体公民权利诉求来体现的,宪法解释通过对个体公民权利拓展来实现"人民"需要。就像托克维尔说的:"法律只要不以民情为基础,就总要处于不稳定的状态。民情是一个民族

---

① "独立型宪法解释程序"相对于"附随型宪法解释程序"而言,指的是宪法解释程序的启动独立,并不需要依附于合宪性审查或备案审查程序,只要满足宪法解释的法定条件和事由,便可以启动解释要求或建议,然后根据程序完成解释活动。

② 《列宁全集》(第 15 卷),人民出版社 1959 年版,第 309 页。

③ 刘茂林、杨贵生、秦小建:《中国宪法权利体系的完善——以国际人权公约为参照》,北京大学出版社 2013 年版,第 135 页。

的唯一的坚强持久的力量。"①宪法通过解释可以不断更新完善基本权利体系,并强化"人民"对宪法的认知和认真对待,提升其对宪法的信仰,"从而为公民基本权利的宪政实践获得合理的民众理解和支持"。②

在宪法全面实施的背景下,"激活"宪法解释机制,首先要健全全国人大常委会的宪法解释制度,以全国人大常委会的宪法解释权为核心进行规范构建,统合合宪性审查和备案审查制度,实现宪法解释制度系统化。这里面关键在于构建"独立型宪法解释程序",可尝试制定以专门《宪法解释程序法》为主导的解释程序制度体系。

其次,尝试构建符合中国特色社会主义国情的宪法解释主体。宪法解释主体一般同宪法监督主体具有同一性,这是由宪法监督的本质所决定的。我国宪法明确规定全国人大常委会是宪法解释的主体,但是其专业性、中立性等让其负责具体的宪法解释工作存在诸多不便。在综合衡量基础上,有两种方案可以考虑:一是在全国人大常委会享有解释权基本面上,由"宪法和法律委员会"负责一切宪法解释活动,解释结果以全国人大常委会名义公布;二是在借鉴西方国家宪法监督制度,以及历史实践中社会主义国家宪法监督制度基础上,建立符合人民代表大会制度的"宪法监督委员会",在保持独立性基础上使其在全国人大领导下专门负责宪法解释工作,并强化该机构人员的专业性,制定合理的人员任职、薪俸和退休制度,以确保"宪法监督委员会"能够真正发挥监督宪法实施的功能。

再次,还可以借鉴英国的以议会为主导的,法院为辅的"弱司法审查"方式,构建以全国人大常委会为主,法院为辅助的宪法解释模式,让法院分担一部分解释宪法的任务,这样可以在不违背人民代表大会制度这个根本政治制度的前提下,又可以释放全国人大常委会的解释负担,还可以充分发挥法院的专业性。但是,此种模式下的法院宪法解释权范围的界定是其关键,尤其是法院应该享有什么样的解释权和享有多大的解释权

① [法]托克维尔:《论美国的民主》(上卷),董果良译,商务印书馆1993年版,第315页。
② 刘茂林、杨贵生、秦小建:《中国宪法权利体系的完善——以国际人权公约为参照》,北京大学出版社2013年版,第138页。

是一个关键问题。

最后，在提请宪法解释的主体方面，将公民作为启动宪法解释的主体。为了与"独立型宪法解释程序"之下的《宪法解释程序法》相适应，必须将宪法解释的主体从之前国家机关转移到公民身上，因为对于宪法实施而言最重要莫过于基本权利问题，而在这个问题上也许公民个人才具有发言权。因此，在既有制度基础上，将公民列入提出审查要求权主体的范围之内也许是"激活"宪法解释权的另一个关切点。

（四）宪法变迁实现机制的多元化

中国宪法变迁的实现机制是以中国共产党政治实践行为产生的宪法惯例为主导的，宪法惯例体现了哈耶克式"进化式法治理念"。宪法惯例的广泛存在为不断发展的社会事实提供了规范"供给"，缓解了宪法与社会实际必要性之间的紧张关系。但是，宪法惯例的事实性色彩比较浓厚，规范性"底色"不足。

然而，对于中国共产党政治实践这种相对单一的变迁而言，由于党和"人民"利益的同质性，宪法变迁不会蜕变为"恶性变迁"，但单一的变迁实现机制不利于应对快速发展的社会现实，同时也会增加党的执政负担。因此，宪法变迁机制从"单一化"向"多元化"转变是必须要正视的问题。为此，可以考虑构建以宪法解释为主导，以宪法惯例和其他方式为补充的"多元化"宪法变迁机制，从多维途径化解宪法与事实之间的冲突，实现"人民"具体历史阶段实践需要。

（五）准确把握"人民"实践需要

宪法变迁作为一个规范与事实之间的范畴，其实现机制的完善不仅需要从规范层面优化宪法文本，而且还要从事实角度来准确把握具体历史阶段"人民"的实践需要，只有准确认识和把握具体历史阶段主体的实践活动，特别是作为历史发展主体"人民"的实践需要，才有可能将这种需要通过适当的变迁方式转化为现实利益，这是历史发展客观规律对宪法提出的重要任务。如果宪法不能顺利完成这个任务，或者说完成任务的方式存在不妥当，都有可能会遭到历史惩罚。

在宪治实践中,社会实际必要性这个事实因素是引起宪法变迁的"应激"条件,或者外部条件,这种因素或条件可以称之为宪法事实,其主要包括一切能够引起宪法关系产生、变化和消灭的现象。宪法关系的产生、变化和消灭必然会对现存宪法规范提出挑战,这才会引起宪法变迁现象。而在一切事实因素里面,最重要是"人民"物质生产实践活动基础上的利益需要关系,即"人民"在改革实践过程中因地位和身份而形成或即将形成的权利和义务关系。"人民"的改革实践活动决定了利益诉求的复杂性和多样性,面对复杂性和多样性的"人民"利益需求,形式主义的宪法注定无能为力,这就需要实质主义的宪法变迁"出场"来弥补形式主义宪法的不足。宪法变迁在保持宪法稳定性前提下,通过宪法解释为中心的多元实现机制来化解宪法与"人民"利益需要之间的张力,实现"人民"需要与宪法规范之间具体历史的统一,这种统一必然会体现为具体历史阶段宪法变迁的价值取向。

马克思主义历史唯物主义认为,"人民"是历史发展的创造者和最终推动力量,"人民"是宪法价值中最重要和最核心的主体。"人民"实践的不断变化使得在认识和把握其实践规律上增加了无形难度。但是,"人民"作为历史主体随着时代要求进行实践,并以具体主体实践行为体现出来,这为认识和把握他们的总体实践需要提供了路径。例如,在革命时代,"人民"的实践就是发挥自己主动性和革命热情打碎旧法统,利用制宪权对政治共同体存在形式进行全新的政治决断,这时候"人民"的需要就体现为"制宪建国"。在建设时代,"人民"的实践就是发挥国家主人翁精神投入到社会主义建设之中去,以经济建设为中心大力发展生产力,这个时期"人民"的实践需要就是"国家富强"。在改革时代,"人民"的实践就是不断改变不适应国家发展的体制机制,沿着中国特色社会主义道路奋勇前进,实现中华民族伟大复兴。

在"人民"积极参与的这些实践活动中,准确认识和把握"人民"的实践需要,并进而实现这些需要对于宪法变迁来说具有重大现实意义。从这种角度上讲,"人民"作为实践主体是宪法变迁中应特别关注的关键性主体要素。"人民"作为实践主体是通过具体主体实践行为体现出来的,并呈现出与特定历史阶段相符合的时代特征,这为准确认识和把握"人民"实践需要提供了可能性。在宪法变迁中,只有准确认识和把握"人民"的实践需要发展规律,才能从根本上提高宪法变迁实现质量。

中国宪法变迁来源于改革实践,尤其是"改革宪法"时代实现中华民族伟大复兴这个历史任务。在"改革宪法"阶段,"人民"的实践需要紧紧围绕改革主题展开,这种相对确定性的历史主题为准确认识和把握"人民"实践需要提供了契机。在中国共产党领导"人民"在实现这个任务的过程中,逐渐形成了以执政党实践为主导的宪法变迁实现机制,以此来消解"人民"需要与改革实践的张力关系,而处于规范层面的宪法解释机制却长期处于"休眠"状态,这构成了中国宪法变迁的时代特色。

宪法变迁是一个规范与事实之间的范畴,这决定了宪法变迁实现机制必须从规范和事实两个层面进行补强,实现规范与事实之间的平衡。针对中国宪法变迁实现机制存在的规范性不足,以及"单一化"问题,从规范层面构建更加"刚性"的宪法修改程序,"激活"宪法解释机制,完善宪法基本权利体系和保障机制,构建以宪法解释为主的多元宪法变迁实现机制是其关键。此外还必须深入认识和把握"人民"实践需要发展规律,不失时机把这种需要以宪法变迁的方式进行体现和实现,只有这样才能实现"人民"需要和宪法具体历史的统一,发挥宪法实效性。

第四节　"后改革宪法"时代宪法变迁价值取向展望

现行宪法颁布于建设迈向改革阶段,这个阶段的总体特征是改革仍处于试水期,"人民"对改革前景还没有形成稳定预期,直到2018年宪法第5次修改才终于形成实现中华民族伟大复兴的价值共识。宪法以国家根本法形式,确立了改革开放的基本国策,开始了改革开放的伟大征程。如果说现行宪法序言和总纲部分引领了改革开放的基本精神,那么"人民"实践则构成了改革开放不断深化的内在动力。现行宪法以改革开放为时代使命,彰显了"改革宪法"品性。但在"后改革宪法"时代,宪法变迁的价值取向应该转向公民权利,这是中国社会发展的时代要求。

一、"改革宪法"时代"人民"的价值取向

"改革时代"在中国共产党领导下,其根本目的在于通过不断完善体制和机制,推动改革开放向深入的方向发展,最终实现中华民族伟大复兴。不同于"革命宪法"时代"人民"的"制宪建国"实践,"改革宪法"时代"人民"的实践需要是建设一个强大的社会主义现代化国家,实现中华民族的伟大复兴,这大概需要 100 年时间,基本上与美国"建国"到"重建"历史阶段大致期限相同,也经过了大约 100 年左右。在这 100 年里,美国"人民"进行"制宪建国",并在联邦政府领导下充分发挥国家能力,实现了民族国家构建。

中国民族伟大复兴与美国民族国家构建具有相同意义,即实现国家富强,而实现国家富强当然必须大力发展经济。在时代历史任务背景下,自党的十一届三中全会以来,中国"人民"在中国共产党领导下,实行以经济建设为中心的国家构建活动,确立了改革开放的基本国策。40 多年来,中国共产党领导"人民"开创了中国特色社会主义理论体系,开辟了中国特色社会主义道路,坚持四项基本原则,坚持改革开放,不断完善公有制实现方式,实行中国特色的社会主义市场经济体制,大幅度提高国家综合国力和"人民"生活水平,实现了全面建设小康社会的历史重任。

中国改革开放能够取得这样伟大的成就,在于中国共产党领导下的"人民"创造力。"人民"的创造力激发了巨大的力量,他们以主人翁精神积极参与这场伟大的历史实践,千方百计解放和发展生产力,解决了人民群众日益增长的物质文化的需要同落后的社会生产之间的矛盾,改变了自 1840 年以来国家积贫积弱的历史面貌,实现了百年以来"人民"希冀的国家富强。

国家富强百年奋斗目标的实现,除了"人民"充分发挥历史主体性作用之外,其中最关键的还离不开宪法的支持和保障。因此,为了适应改革时代"人民"实践需要,中国现行宪法经历了 5 次修改,并以宪法为核心逐渐形成了中国特色社会主义的法律规范体系和法治实施体系。此外,为了化解"人民"需要与宪法之间的紧张关系,实现"人民"需要和宪法协调,

中国还形成了以党的领导为核心的宪法变迁实践。在中国共产党领导下,"人民"生活总体上实现了由温饱到小康的历史性跨越,①这是"改革宪法"时代一个伟大的经济成就。

综上所述,"改革宪法"时代"人民"的价值取向体现为国家经济主义,这种经济主义肇始于党的十一届三中全会,核心目标是以宪法经济规范为框架实现经济现代化。为了实现核心目标,中国共产党领导"人民"进行改革开放、建立健全社会主义市场经济体制、全面推进依法治国等伟大实践,并顺利完成了建党100年目标和国家发展"第二步走战略",将中国特色社会主义事业推向"新时代"。

二、"后改革宪法"时代"人民"的实践需要

"改革宪法"中的基本权利体系,以及2004年人权入宪表明,宪法内含有一股从"改革宪法"向"后改革宪法"转变的力量,这股力量就是"人民"的实践需要。1982年宪法的基本权利体系彰显了对人的重新发现和认识,革命是解放生产力,改革是为了发展生产力,发展生产力的根本动力来源于"人民"实践,实践结果是为了满足"人民"物质文化需要。

改革之中发展生产力,核心在于以人为本和体现人的尊严,目的在于实现人的自由和全面发展。在此意义上,"改革开放是对十年'文化大革命'压抑许久的人性的一种释放,更是对作为'人的自由全面发展'的人性的一种发展"。② 人性解放和发展释放了"人民"改革动力和激情,并被作为一种宪法基本价值以人权形式予以确认。在改革实践中,经过多次修改,基本权利体系不断丰富,财产权和人权保护被纳入宪法。就此而言,"改革开放作为当下时空背景下国家长远利益与'人民'整体福祉的基本国家'策略',成就了现行宪法的'良宪'美誉"。③

---

① 《中国近现代史纲要》,高等教育出版社2010年版,第301页。
② 刘茂林,杨贵生,秦小建:《中国宪法权利体系的完善——以国际人权公约为参照》,北京大学出版社2013年版,第53页。
③ 刘茂林,杨贵生,秦小建:《中国宪法权利体系的完善——以国际人权公约为参照》,北京大学出版社2013年版,第54页。

现行宪法的"良宪"美誉打上了改革时代烙印,满足了改革时代"人民"的实践需要,但是,"人民"实践是不断发展的,"改革宪法"终究会与"人民"实践需要出现不协调的一面。从现有宪法基本权利看,其已经呈现出某种不适应:"权利体系的基础价值尚待进一步明确,无法发挥作为改革终极目标的价值指引作用;从权利体系结构来看,宪法权利体系未能综合协调改革期各个群体的利益诉求;从宪法权利的运行来看,现实权利制度框架因无明确的价值指引,而有时与文本规定相脱节,甚至可能因改革本身的复杂性而损及权利本身,权利的虚置化倾向比较明显,导致变革的成果最终无法与公众分享,'人民'参与改革的动力和热情不断流失",①尤其在当下改革逐渐进入深水区,基本权利体系与"人民"实践需要之间更加不协调。这种不协调对"改革宪法"提出了更高的立宪主义要求,为其发展完善提供了方向。

改革40多年来,"改革宪法"经过变迁满足了国家经济建设活动的需要,中国共产党领导中国"人民"以经济建设为中心,不断完善社会主义市场经济体制,国家经济总量和均量都有质的提升。实践证明,"改革宪法"总体上较好地完成了历史赋予的重任,同时也开启了"后改革宪法"时代历史帷幕。"后改革宪法"时代意味着国家经济构建行为已经完成,"人民"实践需要从之前的经济领域转向了权利领域,②这意味着"权利宪法"将会诞生。根据林来梵的观点,"权利宪法"是规范宪法时代,是法治高度发达的社会,这个时代将会以公民权利为价值取向。因此,"后改革宪法"时代宪法变迁也应该体现和实现这个价值取向。

---

① 刘茂林,杨贵生,秦小建:《中国宪法权利体系的完善——以国际人权公约为参照》,北京大学出版社2013年版,第54页。
② 历史发展的规律表明,"人民"实践活动主要表现为物质生产活动,不同阶段生产力水平不同,"人民"的利益也不同,这主要通过特定价值关系体现出来。但从较长时间看,以物质生产为基础"人民"总体价值关系呈现出一定的稳定倾向性,集中反映了那个阶段的"人民"整体的利益需要。但要注意的是,这种稳定的倾向性也仅是一种发展的总体趋势,或者说体现了占统治地位生产关系的利益要求,而绝不是说不存在其他超前或滞后价值关系,只是说这种价值关系短时间内并不占主导地位,这主要是由其生产关系地位所决定的。

三、公民权利:"后改革宪法"时代宪法变迁的价值取向

从实践哲学立场看,"人民"实践基础上的宪法变迁价值取向历史形态具有相似性,美国宪法变迁价值取向形态经过了三个不同阶段,即国家主义、经济自由主义和公民权利三种形态。中国在革命、建设和改革阶段的宪法也经过了"革命宪法""改革宪法"和"后改革宪法"等不同阶段。在价值取向层面,宪法变迁价值取向的历史形态也呈现出与美国相同趋势,即经过了国家主义、经济自由主义和公民权利三个阶段。宪法变迁价值取向历史形态的趋同性,体现了"人民"实践活动的合规律性,以及人类实践与宪法之间的一种普适性价值关系。

在"后改革宪法"时代,在"革命宪法"和"改革宪法"构建的政治秩序基础上,国家的政治稳定、经济繁荣,文化昌盛、社会和谐和生态良好,中华民族的伟大复兴基本完成。在国家政治和经济构建已经基本完成的前提下,按照历史发展规律,宪法中心任务也应该转移到对个体"人民"的关切之上。美国宪法历史发展基本上也是在国家构建完成,政治稳定和经济繁荣的基础上才开始关注公民权利的。

在"建国"到"重建"阶段,"人民"要求联邦政府充分利用宪法赋予权力,并积极通过多元变迁方式扩大联邦政府权力,强化国家能力构建一个拥有高度民族认同感和凝聚力的政治共同体。为了实现"人民"的要求,宪法以"积极回应型"方式来进行规范"生产",进而以多元变迁机制实现国家主义价值取向。在国家构建完成后,美国才能在"重建"到"新政"阶段进行自由主义宪法经济学实践。"新政"之后,从 20 世纪中期开始,民权运动迫使"沃伦法院"开始了以"公民权利"为中心的宪法革命。[1] 从这个过程可以看出,个体权利发展遵循一定的发展规律,其必须建立在政治

---

[1] "民权运动"核心是种族权利冲突问题,其源头可以追溯到"内战"之后的"重建修正案"。尽管"重建修正案"解决了黑人公民身份以及附带的权利问题,但从根源上解决该问题的各种条件还没有达到适宜程度,"重建修正案"的法律效果被大大削弱。而经过"镀金时代"和"进步时期"经济发展,黑人政治势力有所增强,他们以实质民主参与方式争取平等权实现,并促使最高法院废除了"隔离但平等"原则。

条件和经济条件成熟的基础上,然后才能从宪法层面进行确认和实现。

中国宪法变迁价值取向历史形态也必须遵循历史发展规律。在"改革宪法"时期,随着国家经济领域建设的成功,国家政权也日益稳固,内政领域和外交领域国家能力显著增强。在不久的将来,宪法确立的富强、民主、文明、和谐和美丽"五位一体"的发展战略,以及构建人类命运共同体也会实现,在此基础上中华民族的伟大复兴也必然实现。这种实现宣告了"改革宪法"历史使命的结束,以及"后改革宪法"时代的开启。

"后改革宪法"时代承接"改革宪法",其历史使命必然会发生根本性转变,这种转变以"后改革时代"的"人民"实践为基础,宪法关注的中心也会转向个体权利的关切上面。因此,在"后改革宪法"时代,宪法变迁的价值取向肯定是以公民权利的历史形态呈现出来的。公民权利的价值取向不仅符合中国特色社会主义宪法发展规律,也符合一般意义上宪法变迁价值取向发展的历史形态。

本章小结

本章研究美国宪法变迁国家主义价值取向意义,是本书研究的目的和落脚点。美国宪法变迁价值取向的意义体现在理论层面和实践层面,在理论上可以拓展中国宪法学研究新领域,推动"价值宪法学"发展;在实践上可为中国宪法变迁实现机制完善和"后改革时代"宪法变迁价值取向的确定提供借鉴,这种完善必须从基本权利体系、"刚性"宪法修改程序、宪法解释机制"激活"、以宪法解释为主的多元宪法变迁机制构建,以及"人民"实践需要把握等层面展开,而方向确定则指向了公民权利。

结　语

　　宪法如同一个生命有机体一样,有其本身的成长历史。对于成文宪法而言,立宪之后的成长充满挑战。宪政实践表明,宪法的成长必须以优良的文本为基础,成熟的立宪技术可以确保宪法在保持稳定性前提下,面对社会事实变化时能够以自我生长机制完成更新。从规范层面看,这种自我生长机制主要包括宪法修改和宪法解释两种。然而,由于宪法修改会在一定程度上破坏宪法的稳定性,因此这种机制并不是保持宪法适应力的最佳方法。宪法变迁作为一个规范与事实之间的范畴,其形成了以宪法解释为核心的表现形式和实现机制,其能够在保持宪法稳定性基础上,化解社会事实与宪法之间的紧张关系,实现社会实际必要性与宪法规范价值性之间的协调。从这种意义上讲,以宪法解释机制为核心的宪法变迁应该是保持宪法适应力的较佳方式,也是实现具体历史阶段"人民"需要与宪法统一的有效方式。

　　美国宪法在长达200多年的成长历程中保持了高度稳定性,同时又实现了适应性和权威性的统一,这一切都归功以宪法解释为核心的宪法变迁自我成长机制,而这种机制与"司法审查"的结合,造就了"司法宪政主义"的传统。在"建国"到"重建"阶段,美国"人民"的历史任务是进行民族国家和帝国"双重构建",建立一个有高度凝聚力和高度整合性的政治共同体,因此,国家主义成为这个阶段"人民"的价值取向。为了实现国家主义价值取向,美国构建了以司法解释为中心的宪法变迁多元实现方式。在多元实现机制的运用下,联邦政府充分发挥国家能力构建了强大国家,国家主义的"权力宪政"紧紧围绕民主、法治、共和、自由和联邦主义等宪法基本价值,在遵循历史发展要求的基础上,实现了"权力宪政"和"权利宪政"的统一。但是,以司法解释为中心的宪法变迁机制也并不是全能的。例如,在"奴隶制"问题上,司法解释就没有成功解决这个宪政危机,而是通过"内战"和"重建修正案"解决的,这说明宪法变迁在价值实现方面具有一定优势,但并不是"毕其功于一役",而是应该和宪法修改一起才能发挥应有最佳效应。因此,在美国宪法变迁实现国家主义价值取向问题上应当坚持应有的辩证态度和科学态度。

中国和美国有着不同的宪法文化,遵循着两种不同的宪法发展模式。但是,美国宪法变迁国家主义价值取向对中国宪法学研究具有重要理论和实践意义。在理论层面,可以尝试建立"价值宪法学"研究范式,拓展宪法学研究新领域新境界。在实践层面,在完善中国宪法变迁实现机制的同时,还可以为"后改革宪法"时代宪法变迁的公民权利价值取向的确立提供借鉴。

1949 年"建国"之后,中国与美国面临相同的民族国家构建历史任务,这是宪法变迁国家主义价值取向赖以存在的客观基础。为了实现民族国家构建,中国经历了"革命宪法"和"改革宪法"时代,最终目的在于实现中华民族伟大复兴。在这个过程中,宪法为了满足民族国家构建需要,经过了多次大大小小的修改,呈现出"消极回应型"特征,而中国共产党领导形成的宪法惯例得以从实质主义宪法角度积极弥补形式主义宪法规范"生产"的不足。但是,由于立宪技术以及宪法实施存在的问题,再加上宪法基本价值对宪法变迁调控能力的弱化,使得中国宪法变迁机制在实现"人民"需要这个方面还存在诸多问题。因此,在全面推进依法治国的新时代,为了适应深化改革阶段社会实际必要性提出的规范要求,化解"人民"需要与宪法之间的紧张关系,中国必须立足宪治发展实践,强化宪法基本权利体系和保障机制,建立符合"人民"实践需要的基本价值体系,构建以宪法解释为主的多元变迁实现机制,建立更加"刚性"的宪法修改程序,以此完善中国宪法变迁实现机制。除此之外,还必须加强对"人民"实践需要规律的认识和把握,充分了解"人民"在深化改革时期的具体利益诉求,通过多元机制实现"人民"利益诉求,实现宪法与"人民"利益具体历史的统一。

在新时代背景下,中国共产党领导"人民"进行中华民族伟大复兴的"中国梦"一定会实现。在"后改革宪法"时代,中国的宪法变迁肯定会走向以公民权利为价值取向的时代,这是中国历史发展规律的客观要求,也是宪法发展的必然结果,更是中国"人民"在党的领导下实现当家作主的必然逻辑。假以时日,随着全面推进依法治国的完成,宪法全面实施的实现,公民权利也必然会成为宪法变迁的价值取向,这也宣告了公民权利时代的来临。公民权利时代的来临,意味着中国法治真正进入了成熟期,也意味着补齐了"中国式现代化"的最后一块短板,中国也将会从大国迈向世界强国。

参考文献

一、外文部分

(一) 外文著作

［1］ C. I. Lewis, *An Analysis of Knowledge and Valuation*, Illinois: the Open Court Publishing Co., 1946.

［2］ D. W. H. Parker, *The Philosophical of Value*, Ann Arbor: University of Michigan Press, 1957.

［3］ A. Meinong, *Philosophical Studies*, 2nd Ed. London: Routledge and Kegan Paul, 1958.

［4］ M. Scheler, *Man's Place in Nature*, New York: The Noonday Press, 1962.

［5］ R. Frondizi, *The Nature of the Self*, New Haven: Yale University Press, 1965.

［6］ R. S. Hartman, *The Structure of Value*, Carbondale: Southern Illinois University Press, 1967.

［7］ Sotirios A. Barber, *On What the Constitution Means*, Baltimore: Johns Hopkins University Press, 1984.

［8］ Alexander M. Bickel, *The Supreme Court and the Idea of Progress*, New Haven: Yale University Press, 1970.

［9］ Edward J. Eberle, *Dignity and Liberty: Constitutional Visions in Germany and the United State*, Connecticut: Praeger Publisher, 2002.

［10］ Harrry H. Wellington, *Interpreting the Constitution: The Supreme Court and the Process of Adjudication*, New Haven: Yale University press. 1990.

［11］ Bernard H. Siegan, *The Supreme Court's Constitution: An Inquiry into Judicial Review and Its Impact on Society*, New Jersey: New Brunswick, 1987.

［12］ Marcia Lynn Whicker, Ruth Ann Strickland, and Raymond A. Moore, *The Constitution Under Pressure: A Time for Change*, Westport, Conn.:

Greenwood Press, Inc. , 1987.

[13] Robert H. Bork, *The Tempting of America: The Political Seduction of the Law*, New York: Simon and Schuster Inc. , 1990.

[14] Gary L. McDowell, *Equity and the Constitution: Supreme Court, Equitable Relief and Public Policy*, Chicago: University of Chicago Press, 1982.

[15] Morgan Marietta, *A Citizen's Guide to the Constitution and the Supreme Court: Constitutional Conflict in American Politics*, London: Routledge, 2013.

[16] Dennis Goldford, *The Amercian Constitution and the Debate Over Originalism*, New York: Cambridge University Press, 2005.

[17] David P. Currie, *The Constitution in the Supreme Court: First Hundred Years, 1789-1888*, Chicago: University of Chicago Press, 1992.

[18] David P. Currie, *The Constitution in the Supreme Court: Second Century, 1888-1986*, Chicago: University of Chicago Press, 1993.

[19] Stephen L. Wasby, *The Supreme Court in the Federal Judicial System*, New York: Holt, Rinehart, and Winston, 1978.

[20] James West Davidson, Michael Castillo, *The American Nation*, New Jersey: Prentice-Hall, Inc. , 2000.

[21] L. M. Fridman, *The Legal System: A Social Science Perspective*, New York: Russell Sage Foundation, 1975.

[22] Gerald J. Postema, *Bentham and the Common Law Tradition*, New York: Oxford University Press, 1986.

[23] Charles H. Sheldon, *Essentials of the American Constitution: The Supreme Court and the Fundamental Law*, Boulder: Westview Press, 2001.

[24] Samuel A. Francis, *Good Behaviour: The Supreme Court and Article III of the United States Constitution*, Santa Fe: Sunstone Press, 2001.

[25] John V. Orth, *How Many Judges Does It Take to Make a Supreme Court? and Other Essays on Law and the Constitution*, Lawrence, Kansas: University Press of Kansas, 2006.

[26] Joseph Goldstein, *The Intelligible Constitution: The Supreme Court's Obligation to Maintain the Constitution as Something We the People Can Understand*, New York: Oxford University Press, 1992.

[27] Gary L. McDowell, *Equity and the Constitution: Supreme Court, Equitable Relief and Public Policy*, Chicago: University of Chicago Press, 1982.

[28] Peter Evans, *Embedded Autonomy: States and Industrial Transformation*, Princeton, NJ: Princeton University Press, 1995.

[29] Robert D. Cooter, *The Strategic Constitution*, Princeton, New Jersey: Princeton University Press, 2000.

[30] Robert G. McCloskcy, Revised by Sanford Levinson, *The American Supreme*

Court, Chicago: University of Chicago, 2000.

[31] George Bancroft, *History of the Formation of the Constitution of the United States of America,* In 2 Volumes, New York: D. Appleton and Company, 1982.

[32] Martin Shapiro, *The European Court of Justice, in Sbragia, Alberta(ed.), Europolitics-institutions and Policymaking in the "New" European Community,* Washington, D.C.: The Brookings Institution, 1992.

[33] Andrew Vincent, *The Modern Political Ideologies,* Oxford: Blackwell Publishing Ltd., 2010.

[34] Michael Parenti, *The Constitution as An Elitist Document,* in *How Democratic Is the Constitution?* Robert A. Goldwin and William A. Schambra, eds., Washington, D.C.: American Enterprise Institute, 1980.

[35] Robert E. Brown, *Charles Beard and the Constitution: A Critical Analysis of an Economic Interpretation of the Constitution,* Princeton, New Jersey: Princeton University Press, 1956.

[36] Deniel J. Elazar, *Exploring Federalism,* Tuscaloosa: The University of Alabama Press, 1987.

[37] Deil S. Wright, *Understanding Intergovernmental Relations,* 2nd ed., Calif.: Brooks-Cole Publishing Co., 1982.

[38] David B. Walker, *Toward a Functioning of Federalism,* Cambridge, Mass.: Winthrop Publishers, Inc., 1981.

[39] Gordon S. Wood, *The Creation of the American Republic, 1776 – 1787,* Chapel Hill: University of North Carolina Press, 1998.

[40] Laurence H. Tribe, *American Constitutional Law,* 3rd ed., New York: New York Foundation Press, 2000.

[41] David M. Oshinsky, *Capital Punishment on Trial: Furman v. Georgia and the Death Penalty in Modern America,* Lawrence, Kansas: University Press of Kansas, 2010.

[42] Bernard Crick, *The Political Education and Political Literacy,* London: Longman, 1987.

[43] Calvin Jillson, *Constitution Making: Conflict and Consensus in the Federal Convention of 1787,* New York: Agathan Press, Inc., 1988.

[44] Bernard Bailyn, *The Ideological Origins of the American Revolution,* Cambridge, Mass.: Belknap Press of Harvard University Press, 1992.

[45] Richard E. Ellis, *The Union at Risk: Jacksonian Democracy, States's Rights and Nullification Crisis,* New York: New York Press, 1987.

[46] Joel S. Migdal, *State in Society: Studying How States and Societies Transform and Constitute One Another,* New York: Cambridge University Press, 2001.

[47] John Brewer, *The Sinews of Power: War, Money and English State, 1688 – 1783*, Quoted from Gordon S. Wood, *Revolutionary Characters, What Made the Founders Different*, New York: The Penguin Press, 2006.

[48] Andrew Lenner, *The Federal Principle in American Politics, 1790 – 1833*, Lanham, MD: Rowman and Littlefield Publishers, Inc., 2001.

[49] Alfred Kelly et al., *The American Constitution, Its Origins and Development*, 6th ed., New York: W. W. Norton & Company, 1983.

[50] Bernard Schwartz, *Behind Bakke: Affirmative Action and the Supreme Court.*, New York: New York University Press, 1988.

[51] Marie Jeanne Rossignal, *The Nationalist Ferment: The Origins of U. S. Foreign Policy, 1789 – 1812*, Translated by Lillian A. Parrott, Columbus: The Ohio State University Press, 2004.

[52] Terence Ball, J. G. A. Pocock, *Conceptual Change and the Constitution*, Lawrence, Kansas: University Press of Kansas, 1988.

[53] Richard H. Timberlake, Jr., *The Origin of Central Banking in the United States*, Cambridge, Mass.: Harvard University Press, 1978.

[54] Richard Current, John Garraty, ed., *Words That Made the American History, Colonial Times to 1870s*, New York: Little, Brown and Co., 1965.

[55] Gray Wills, *Explaining America: The Federalist*, New York: Penguin Books, 1982.

[56] Paul A. Freund, ed., *The Oliver Wendell Holmes Devise History of the Supreme Court of the United States*, Vol. V, Carl B. Swisher, *The Taney Period, 1836 – 64*, New York: Macmillan, 1971.

[57] David Strauss, *The Living Constitution*, New York: Oxford University Press, 2010.

[58] William A. McClenaghan, *Magruder's American Government*, New Jersey: Prentice-Hall Press, 2001.

[59] Paul Eidelberg, *The Philosophy of the American Constitution: A Reinterpretation of the Intentions of the Founding Fathers*, New York: Free Press, 1968.

[60] George J. Jr. Graham, Scarlett G. Graham, *Founding Principles American Government: Two Hundred Years of Democracy on Trial*, Chatham, New Jersey: Chatham House Publishers, Inc., 1984.

[61] Arthur N. Holcombe, *Our More Perfect Union: From Eighteenth Century Principles to Twentieth Century Practice*, Cambridge, Mass.: Harvard University Press, 1950.

[62] Alfred H. Kelly, Winfred A. Harbison, *The American Constitution: Its Origin and Development*, 5th ed., New York: W.W. Norton & Co., 1976.

[63] Ferdinand Lundberg, *Cracks in the Constitution*, Secaucus, New Jersey: Lyle Stuart, Inc., 1980.

[64] Anthony Down, *An Economic Theory of Democracy*, New York: Harper & Row, 1957.

[65] Robert Allen Rutland, *The Ordeal of the Constitution: The Anti-federalists and the Ratification Struggle of 1787 - 1788,* Boston: Northeastern University Press, 1983.

[66] Arthur E. Southerlan, *Constitutionalism in America: Origin and Evolution of Its Fundamental Ideas,* New York: Blaisdell Publishing Co., 1965.

[67] Carl Brent Swisher, *American Constitutional Development*, 2nd ed., Cambridge, Mass., Houghton-Mifflin Co., 1954.

[68] Carl Von Doren, *The Great Rehearsal: The Story of the Making and Ratifying of the Constitution of the United States,* New York: Viking Press, 1948.

[69] Philip Bobbit, *Constitutional Interpretation,* Cambridge: Basil Blackwell, 1991.

[70] Leon P. Baradat, *Political Ideologies*, Englewood Cliffs, New Jersey: Prentice-Hall, Inc., 1979.

[71] Robert E. Brown, *Charles Beard and the Constitution: A Critical Analysis of an Economic Interpretation of the Constitution,* Princeton, New Jersey: Princeton University Press, 1956.

[72] James Macgregor Burns, J. W. Peltason, and Thomas E. Cronin, *Government by the People*, 12th ed., Englewood Cliffs, New Jersey: Prentice-Hall, Inc., 1985.

[73] Ronald Dworkin, *A Matter of Principle*, Cambridge, Mass.: Harvard University Press, 1985.

[74] John Kenneth Galbraith, *American Capitalism: The Concept of Countervailing Power*, Boston: Houghton Mifflin, 1956.

[75] Mark N. Hagopian, *Ideals and Ideologies of Modern Politics*, New York: Longman, Inc., 1985.

[76] Lwarence J. R. Herson, *The Politics of Ideas: Political Theory and American Public Policy*, Homewood: Dorsey Press, 1984.

[77] Keith E. Whittington, *Political Foundations of Judicial Supremacy: The Presidency, the Supreme Court, and Constitutional Leadership in U. S. History*, Princeton, New Jersey: Princeton University Press, 2007.

[78] Linda J. Medcalf, Kenneth M. Dolbeae, *Neo-politics: American Political Ideas in the 1980s*, New York: Random House, 1985.

[79] Bernard Schwartz, *Super Chief*, New York: New York University Press, 1983.

[80] Peter D. Sederberg, *Interpreting Politics: An Introduction to Political Science*, San Francisco, Calif.: Chandler and Sharp, 1977.

[81] Alan Stone, Richard P. Barke, *Governing the American Republic: Economics,*

Law, and Politics, New York: St. Martin's Press, 1985.

[82] Samuel H. Beer, Edward M. Kennedy, Helen F. Ladd, Norman Y. Mineta, Charles Royer, and Lester M. Salamon, *Federalism: Making the System Work,* Washington, D.C.: Center for National Policy, 1982.

[83] Ann O' M. Bowman, Richard C. Kearney, *The Resurgence of the States,* Englewood Cliffs, New Jersey: Prentice-Hall, Inc., 1986.

[84] Cynthia Cates Colella, *The United States Supreme Court and Intergovernmental Relations, in American Intergovernmental Relations Today: Perspectives and Controversies,* Englewood Cliffs, New Jersey: Prentice-Hall, Inc. 1986.

[85] Robert Jay Dilger, ed., *American Intergovernmental Relations Today: Perspectives and Controversies,* Englewood Cliffs, New Jersey: Prentice-Hall, Inc., 1986.

[86] Naniel J. Elazar, *American Federalism: A View From the States,* 3rd ed., New York: Harper and Row, 1984.

[87] Paul A. Varg, *United States Foreign Relations, 1820 - 1860,* East Lansing: Michigan State University Press, 1979.

[88] Robert B., Jr. Hawkins, ed., *American Federalism: A New Partnership for the Republic,* San Francisco: Institute for Contemporary Studies, 1982.

[89] Rhodri Jeffreys Jones, Bruce Collins, *The Growth of Federal Power in American History,* Edinburgh: Scottish Academic Press, 1983.

[90] Charles O., Jones, Robert D. Thomas ed., *Public Policy Making in a Federal System,* Beverly Hills, Calif.: Sage Publications, 1976.

[91] John Kincaid, ed., *Political Culture, Public Policy, the American States,* Philadelphia: Institute for the Study of Human Issue, 1982.

[92] Albert Weinberg, *Manifest Destiny: A Study of Nationalist Expansionism in American History,* Chicago: Quadrangle Books, 1963.

[93] Joseph A. Pechman, *Federal Tax Policy,* 3rd ed., Washington, D. C.: Brookings Institution, 1977.

[94] Albert J. Richter, *The President and Intergovernmental Relations, American Intergovernmental Relations Today: Perspectives and Controversies,* Robert Jay Dilger, ed., Englewood Cliffs, New Jersey: Prentice-Hall, Inc., 1986.

[95] Stephen L. Schechter, *Publius: Annual Review of American Federalism: 1981,* Lanham, MD: University Press of America, 1983.

[96] David B. Walker, *Toward a Functioning of Federalism,* Cambridge, Mass.: Winthrop Publishers, Inc., 1981.

[97] Aaron Wildavsky, ed., *American Federalism in Perspective,* Boston: Little, Brown and Co., 1967.

[98] Deil S. Wright, *Understanding Intergovernmental Relations,* 2nd ed., Monterey, Calif.: Brooks-Cole Publishing Co., 1982.

[99] Henry J. Abraham, *The Judiciary: The Supreme Court and the Governmental Process*, 6th ed., Boston: Allyn and Bacon, Inc., 1983.

[100] Henry J. Abraham, *The Judicial Process*, 4th ed., New York: Oxford University Press, 1980.

[101] Paul C. Bartholowmew, *American Constitutional Law (Volume II): Limitations on Government*, 2nd ed., Totowa, New Jersey: Littlefield, Adams and Co., 1978.

[102] Richard H. Fallon, Paul C. Weiler, *Firefighters v. Stotts: Conflicting Models of Racial Justice*, in *1984: the Supreme Court Review*, Philip B. Kurland, Gerhard Casper, and Dennis J. Hutchinson, ed., Chicago: University of Chicago Press, 1984.

[103] Fred W. Friendly, Martha J. H. Elliott, *The Constitution: That Delicate Balance*, New York: Random House, 1984.

[104] Lina A. Graglia, *In Defense of Judicial Restraint*, *in Supreme Court Activism An Restraint*, Stephen C. Halpern and Charles M. Lamb, eds. Lexington, Mass.: D.C. Heath and Co., 1982.

[105] Charles S. Hyneman, *The Supreme Court on Trial*, New York: Atherton Press, 1963.

[106] Charles A. Johnson, Bradley C. Canon, *Judicial Policies: Implementation and Impact*, Washington, D.C.: Congressional Quarterly Press, 1984.

[107] Philip B. Kurland, *Mr. Justice Frankfurter and the Supreme Court*, Chicago: University of Chicago Press, 1971.

[108] Forrest McDonald, *We the People: The Economic Origins of the Constitution*, Chicago: University of Chicago Press, 1958.

[109] Walter F. Murphy, Herman Pritchett, *Courts, Judges and Politics*, 4th ed., New York: Random House, 1986.

[110] Richard E. Neustadt, *Presidential Power: The Politics of Leadership With Reflections on Johnson and Nixon*, 2nd ed., New York: Wiley, 1976.

[111] Herman C. Pritchett, *Constitutional Civil Liberties*, Englewood Cliffs, New Jersey: Prentice-Hall, Inc., 1984.

[112] James MaCgreor Burns, *The Vineyard of Liberty: the American Experiment*, New York: Alfred A. Knopf, 1982.

[113] Robert K. Carr, *The Supreme Court and Judicial Review*, Westport, Conn.: Greenwood Press, 1970.

[114] Thomas Dye, *Politics, Economics, and the Public: Policy Outcomes in the American States*, Chicago: Rand Mcnally, 1966.

[115] Valerie A. Earle, *The Federal Structure, in Founding Principles American Government: Two Hundred Years of Democracy on Trial*, Chatham, New Jersey: Chatham House Publishers, Inc., 1984.

[116] Wilbur Edel, *A Constitutional Convention: Threat or Challenge?* New York: Praeger Publishers, 1981.

[117] John Hart Ely, *Democracy and Distrust: A Theory of Judicial Review*, Cambridge, Mass.: Harvard University Press, 1980.

[118] Robert S. Hirschfield, *The Constitution and the Court: The Development of the Basic Law Through Judicial Interpretation*, New York: Random House, 1962.

[119] William S. Livingston, *Federalism and Constitutional Change*, Oxford: Clarendon Press, 1956.

[120] Hugo A. Meier, *Thomas Jefferson and a Democratic Technology, Technology in America: A History of Individuals and Ideas*, Carroll W. Pursell, Jr., ed., Cambridge, Mass.: MIT Press, 1981.

[121] Arthur Selwyn Miller, *Democratic Dictatorship: The Emergent Constitution of Control*, Westport, Conn.: Greenwood Press, 1981.

[122] Wallace Mendelson, *The Constitution and the Supreme Court*, 2nd ed., New York: Dodd, Mead and Co., 1966.

[123] Richard B. Morris, William Greenleaf, and Robert H. Ferrell, *America: A History of the People*, Chicago: Rand McNally &Co., 1971.

[124] Paul L. Murphy, *The Constitution in Crisis Times 1918–1969*, New York: Harper &Row, Publishers, 1972.

[125] Arthur M. Schlesinger, ed., *The Almanac of American History*, New York: G.P. Putnam's Sons, 1983.

[126] John R. Schmidhauser, ed., *Constitutional Law in the Political Process*, Chicago: Rand McNally & Company, 1963.

[127] Josiah Strong, *Our Country*, Cambridge: The Belknap Press of Harvard University Press, 1963.

[128] C. F. Strong, *A History of Modern Political Constitutions*, New York: Capricorn Books, 1963.

[129] James L. Sundquist, *Constitutional Reform and Effective Government*, Washington, D.C.: The Brookings Institution, 1986.

[130] Rexford G. Tugwell, *The Compromising of the Constitution (Early Departures)*, Notre Dame, Ind.: University of Notre Dame Press, 1976.

[131] Clement E. Vose, *Constitutional Change: Amendment Politics and Supreme Court Litigation Since 1900*, Lexington, Mass.: D. C. Heath and Company, 1972.

[132] Ann O. Bowman, Richard C. Kearney, *States and Local Government*, Boston: Houghton Mifflin Company, 1993.

[133] J. C. Miller, *The Origin of American Revolution*, California: Stanford University Press, 1959.

[134] William H. Riker, *A Theory of Political Coalitions*, New Hanven: Yale

University Press, 1962.

[135] V. O. Key, *Politics, Parties, and Pressure Groups*, 5th ed., New York: Thomas Y. Crowell Company, 1964.

[136] David Broder, *The Party's Over*, New York: Harper & Row, 1971.

[137] Gray C. Jacobson, *The Politics of Congressional Elections*, 4th ed., New York: Longman, 1997.

[138] James MacGregor, Burns, *The Deadlock of Democracy: Four-party Politics in America*, Englewood Cliffs, New Jersey: Prentice-Hall, Inc., 1963.

[139] Carl P. Chelf, *Congress in the American System*, Chicago: Nelson-Hall, Inc., 1977.

[140] William Crotty, *The Party Came*, New York: W. H. Freeman and Co., 1985.

[141] Robert Dahl, *A Preface to Democratic Theory*, Chicago: University of Chicago Press, 1956.

[142] Neal Devins, *Shaping Constitutional Values,* Baltimore: The Johns Hopkins University Press, 1996.

[143] Murray Edelman, *The Symbolic Uses of Politics,* Urbana: University of Illinois Press, 1964.

[144] Morris P. Fiiorina, *Congress: Keystone of the Washington Establishment*, New Haven: Yale University Press, 1977.

[145] William H. Flanigan, Nancy H. Zingale, *Political Behavior of the American Electorate*, 5th ed., Boston: Allyn and Bacon, Inc., 1983.

[146] Carl J. Friedrich, *Constitutional Government and Democracy,* Boston: Gin and Co., 1950.

[147] Leroy Hardy, Alan Heslop, and Stuart Anderson, *Reapportionment Politics: The History of Redistricting in the 50 States,* Beverly Hills, Calif.: Sage Publications, 1981.

[148] Richard Hofstadter, William Miller, and Daniel Aaron, *The United States: The History of a Republic,* Englewood Cliffs, New Jersey: Prentice-Hall, Inc., 1967.

[149] Malcolm E. Jewell, *The Politics of Reapportionment*, New York: Atherton Press 1962.

[150] Larry Sabato, *The Rise of the Political Consultants: New Ways of Winning Elections,* New York: Basic Books, 1981.

[151] William J. Crotty, *American Parties in Decline*, Boston: Little and Brown, 1984.

[152] Theodore J. Lowi, *The End of Liberalism: The Second Republic of the United States*, 2nd ed., New York: W. W. Norton & Co., 1979.

[153] Robert B. Mckay, *Reapportionment: The Law and Politics of Equal*

Representation, New York: The Twentieth Century Fund, 1965.

[154] David R. Magleby, *Direct Legislation: Voting on Ballot Propositions in the United States*, Baltimore: The Johns Hopkins University Press, 1984.

[155] David R. Mayhew, *Congress: The Electoral Connection*, New Haven: Yale University Press, 1974.

[156] Alan D. Monroe, *Public Opinion in America*, New York: Dodd, Mead &. Co., 1975.

[157] Benjammin I. Page, *Choices and Echoes in Presidential Elections: Rational Man and Electoral Democracy*, Chicago: University of Chicago Press, 1978.

[158] Hanna Fnichel Pitkin, *The Concept of Representation*, Berkeley: University of California Press, 1967.

[159] Gerald M. Pomper, Susan S. Lederman, *Elections in America: Control and Influence in Democratic Politics*, 2nd ed., New York: Longman, 1980.

[160] Steven J. Rosenstone, Roy L. Behr, and Edward H. Lazarus, *Third Parties in America: Citizen Response to Major Party Failure*, Princeton, New Jersey: Princeton University Press, 1984.

[161] Nelson W. Polsby, Aaron Wildavsky, *Presidential Elections: Strategies and Structures of American Politics*, 10th ed., New York: Chatham House Publishers, 2000.

[162] Larry J. Sabato, *PAC Power: Inside the World of Political Action Committees*, New York: W. W. Norton &.Co., 1985.

[163] Wallace S. Sayre, Judith H. Parries, *Voting for President: The Electoral College and the American Political System*, Washington, D. C.: The Brookings Institution, 1970.

[164] Frank J. Sorauf, *Party Politics in America*, 5th ed., Boston: Little, Brown and Co., 1984.

[165] David J. Vogler, Sidney R. Waldman, *Congress and Democracy*, Washington, D.C.: Congressional Quarterly Press, 1985.

[166] Harold Barger, *The Impossible Presidency*, Glenview: Scott, Foresman and Company, 1984.

[167] Karl W. Deutsch, Jorge II Dominguez, and Hugh Heclo, *Comparative Government: Politics of Industrialized and Developing Nations*, Boston: Houghton Mifflin Co., 1981.

[168] David Easton, *The Political System: An Inquiry into the State of Political Science*, New York: Alfred A. Knopf, 1966.

[169] George C. Edwards, *Presidencial Influence in Congress*, San Francisco: W. H. Fressman &. Co., 1980.

[170] Richard Fenno, *Congressmen in Committees*, Boston: Little, Brown&. Co., 1973.

[171] Malcolm E. Jewell, Samuel C. Patterson, *The Legislative Process in the United States*, 4th ed., New York: Random House, 1986.

[172] Albert Lepawsky, *Reconstituted Presidency and Resurgent Congress, in the Prospect for Presidential-congressional Government*, Albert Lepawsky, ed., University of California, Berkeley: Institute of Governmental Studies, 1977.

[173] Paul C. Light, *The President's Agenda*, Baltimore: The Johns Hopkins University Press, 1983.

[174] Walter J. Oleszek, *Congressional Procedures and the Policy Process*, 2nd ed., Washington, D.C.: Congressional Quarterly Press, 1984.

[175] Robert L. Peabody, *House Party Leadership: Stability and Change*, in *Congress Reconsidered*, 3rd ed., Lawrence C. Dodd and Bruce I. Oppenheimer, eds., Washington, D.C.: Congressional Quarterly Press, 1985.

[176] Nelson W. Polsby, *Congress and the Presidency*, 4th ed., Englewood Cliffs, New Jersey: Prentice-Hall, 1986.

[177] Michael J. Malbin, *Unelected Representatives: Congressional Staff and the Future of Representative Government*, New York: Basic Books, 1980.

[178] Joseph P. Harris, *Congress and the Legislative Process*, New York: McGraw-Hill Co., 1972.

[179] Barbara Sinclair, *Coping With Uncertainty: Building Coalitions in the House and the Senate, in the New Congress*, Thomas E. Mann and Norman J. Ornstein, eds., Washington, D.C.: American Enterprise Institute for Public Policy Research, 1981.

[180] Steven S. Smith, Christopher J. Deering, *Committees in Congress*, Washington, D.C.: Congressional Quarterly Press, 1984.

(二) 外文论文

[1] Robert Poster, "*Constitutional Scholarship in the United States*," International Journal of Constitutional Law, 2009,7(3):416 – 423.

[2] Armin Von Bogdandy, "*The Past and Promise of Doctrinal Constructivism: A Strategy for Responding to the Challenges Facing Constitutional Scholarship in Europe*," International Journal of Constitutional Law, 2009,7(3):364 – 400.

[3] Robert C. Post, Reva B. Siegel, "*Roe Rage: Democratic Constitutionalism and Backlash*," Harvard Civil Rights-Civil Liberties Law Review, 2007,42(2): 373 – 433.

[4] Robert C. Post, Reva B. Siegel, "*Legislative Constitutionalism and Section Five Power: Polycentric Interpretation of the Family and Medical Leave Act*," Yale Law Journal, 2003,112(8):1943 – 2059.

[5] Donald P. Kommers, "*The Constitutional Jurisprudence of the Federal Republic of Germany*," Duke University Press, 2012,4(1):185 – 186.

[6] Peter E. Quint, "*Free Speech and Private Law in German Constitutional*

Theory," 48 Md. L. Rev. 247,(1989).

［7］ Donald P. Kommers, "*German Constitutionalism: A Prolegomenon*," 40 Emory L. J. 837(1991).

［8］ Walter F. Murphy, "*An Ordering of Constitutional Values*," Southern California Law Review, 1980,703(53):79 - 157.

［9］ Ian Bartrum, "*Constitutional Value Judgments and Interpretive Theory Choice*," Fla. St. U. L. Rev. Vol.40(2012).

［10］ Carmen M. Twyman, "*Finding Justice in South African Labor Law: the Use of Arbitration to Evaluate Affirmative Action*," 33 Case W. Res. J. Int'l L. 307(2001).

［11］ Stefan Voigt, "*Implicit Constitutional Change-Changing the Meaning of the Constitution Without Changing the Text of the Document*," European Journal of Law and Economics, 1999(7):197 - 224.

［12］ Robert A. Dahl, "*Decision-making in a Democracy: The Supreme Court as a National Policy-Maker*," 6 J. Pub. L. 279,(1957).

［13］ Dawn Olive, Carlo Fusaro, "*How Constitutions Change: A Comparative Study*," The Modern Law Review, 2012,75(5):945 - 950.

［14］ Brannon P. Denning, "*Means to Amend: Theories of Constitutional Change*," 65 Tenn. L. Rev. 155,(1997 - 1998).

［15］ Michael Les Benedict, "*Constitutional History and Constitutional Theory: Reflections on Ackerman, Reconstruction, and the Transformation of the American Constitution, Moments of Change: Transformation in American Constitutionalism*," Yale Law Journal, 1999,108(8):2011 - 2038.

［16］ Richard Albert, "*Nonconstitutional Amendments*," Canadian Journal of Law & Jurisprudence, 2015,22(1):5 - 47.

［17］ Dawn E. Johnsen, "*Ronald Reagan and the Rehnquist Court on Congressional Power: Presidential Influences on Constitutional Change*," Indiana Law Journal, 2003,78(1):363 - 412.

［18］ James W. Torke, "*Assessing the Ackerman and Amar Theses: Notes on Extratextual Constitutional Change*," Widener Journal of Public Law, 1994, 229(4):5 - 6.

［19］ Ron Levy, "*Breaking the Constitutional Deadlock: Lessons from Deliberative Experiments in Constitutional Change*," Melbourne University Law Review, 2011,34(3):805 - 838.

［20］ Ilya Somin, Neal Devins, "*Can We Make the Constitution More Democratic?*" Drake Law Review, 2007,55(4):971 - 1000.

［21］ Edward G. White, "*Constitutional Change and the New Deal: The Internalist/ Externalist Debate*," The American Historical Review, 2005, 110(4): 1094 - 1115.

[22] Reva B. Siegel, "*Constitutional Culture, Social Movement Conflict and Constitutional Change: The Case of the De Facto Era*," California Law Review, 2006, 94(5) : 1323 – 1419.

[23] Morton J. Horwitz, "*The Constitution of Change: Legal Fundamentality Without Fundamentalism*," Harvard Law Review Association, 1993, 107(1) : 30 – 117.

[24] Stephen M. Griffin, "*The Problem of Constitutional Change*," Tulane Law Review, 1996, 2121(70) : 7 – 10.

[25] Deborah Jones Merritt, "*The Guarantee Clause and State Autonomy: Federalism for a Third Century*," Columbia Law Review, 1988, 88(1) : 1 – 78.

[26] John A. Ferejohn, Barry R. Weingast, "*A Positive Theory of Statutory Interpretation*," International Review of Law and Economic, 1992, 12(2) : 263 – 279.

[27] Scott E. Gant, "*Judicial Supremacy and Non-judicial Interpretation of the Constitution*," 24 Hastings Const. L. Q. 359(1996 – 1997).

[28] Eugenia. Toma, "*Congressional Influence and the Supreme Court: The Budget as a Signaling Device*," Journal of Legal Studies, 1991, 20(1) : 131 – 146.

[29] Arend Lijphart, "*Non-majoritarian Democracy: A Comparison of Federal and Constitutional Themes*," Publius, Acoustics Speech & Signal Processing Newslette, 1985, 15(2) : 3 – 15.

[30] Gary Lawson, Patricia B. Granger, "*The 'Proper' Scope of Federal Power: A Jurisdictional Interpretation of the Sweeping Clause*," Duke Law Journal, 1993, 43(2) : 267 – 336.

[31] Douglas G. Smith, "*An Analysis of Two Federal Structures: The Articles of Confederation and the Constitution*," San Diego Law Review, Vol. 34, 1997.

[32] Dennis Rene Baker, "*Not Quite Supreme: The Courts and Coordinate Constitutional Interpretation*," MQUP, 2010, 36(3) : 402 – 403.

[33] Catherine L. Langford, "*A Matter of Interpretation: Justice Antonin Scalia's Textualist Approach to Constitutional Interpretation*," the Pennsylvania State University, 2005 ProQuest.

[34] Charles Rober, Venator Santiago, "*Constitutional Interpretation and Nation Building: The Territorial Clause and the Foraker Act, 1787 – 1900*," Caries Research, 1968, 2(1) : 1 – 9.

[35] S. Peltzman, "*Towards a More General Theory of Regulation*," Journal of Law and Economics, 1976, 19(2) : 211 – 240.

[36] Bernard Jackson, "*The Pragmatism, Constitutional Interpretation, and the Problem of Constitutional Change*," The University of Iowa, 2003 ProQuest.

[37] Nicholas Quinn Rosenkranz, "*The Subjects of the Constitution*," 62 Stan. L. Rev. 1209(2010).

[38] Rafael Gely, Pablo Spiller, *"A Rational Theory of Supreme Court Statutory Decisions With Applications to the State Farm and Grove City Cases,"* Journal of Law, Economics, and Organization, 1990, 6(6):263 - 300.

[39] David C. Williams, *"The Constitutional Right to 'Conservative' Revolution,"* 32 Harv. C. R. C. L. L. Rev. 413, (1997).

[40] Louis W. Hensler *III*, *"The Recurring Constitutional Convention: Therapy for a Democratic Constitutional Republic Paralyzed By Hypocrisy,"* Texas Review of Law and Politics, 2003, 7(2):263 - 371.

[41] Victor D. Quintanilla, *"Judicial Mindsets: The Social Psychology of Implicit Theories and the Law,"* Nebraska Law Review, Vol. 90, 2012.

[42] Nicholas S. Moe, *"Deference to Political Decision Makers and the Preferred Scope of Judicial Review,"* Northwestern University Law Review, 1993, 88 (1):296 - 371.

[43] Donald Boudreaux, A. C. Pritchard, *"Rewriting the Constitution: An Economic Analysis of the Constitutional Amendment Process,"* Fordham Law Review, 1993, 62(1):111 - 162.

[44] Lucian E. Dervan, *"Selective Conceptions of Federalism: The Selective Use of History in the Supreme Court's States' Rights Opinions,"* Emory Law journal, 2001, 50(4):1295 - 1329.

[45] Keith E. Whittington, *"Extrajudicial Constitutional Interpretation: Three Objections and Responses,"* 80 N. C. L. Rev. 773(2002).

[46] Everett S. Brown, *"The Ratification of the Twenty-first Amendment,"* American Political Science Review, 1935, 29(6):1005 - 1017.

[47] Richard E. Dawson, James A. Robinson, *"Inter-party Competition, Economic Variables, and Welfare Policies in the American States,"* Journal of Politics, 2001, 25(2):265 - 289.

[48] Walter Dellinger, *"The Process of Constitutional Amendment: Law, History, and Politics,"* News for Teachers of Political Science, 1999, 49(4):16 - 19.

[49] Richard Hofferbert, *"Socio-economic Dimensions of the American States: 1890 - 1980,"* Midwest Journal of Political Science, 1993, 12(1):414 - 418.

[50] Edward T. Jennings, *"Competition, Constituencies, and Welfare Policies,"* American Political Science Review, 1998, 73(2):414 - 429.

[51] Richard Winters, *"Party Control and Policy Change,"* American Journal of Political Science, 1976, 20(4):597 - 636.

[52] Jonathan R. MaCey, *"Separated Powers and Positive Political Theory: The Tug of War Over Administrative Agencies,"* Georgetown Law Journal, 1992, 80(3):671 - 703.

[53] James W. Dyson, John W. Soule, *"Congressional Committee Behavior on Roll Call Votes: the U. S. House of Representatives, 1955 - 1964,"* Midwest

Journal of Political Science, 1970,14(4):626 - 647.

[54] Leon D. Epstein, *"What Happened to the British Party Model?"* American Political Science Review, 1980,74(1):9 - 22.

[55] Roy Gregory, *"Executive Power and Constituency Representation in United Kingdom Politics,"* Political Studies, 1980,28(1):63 - 83.

[56] Alexander J. Groth, *"Britain and America: Some Requisites of Executive Leadership Compared,"* Political Science Quarterly, 1970,85(2):217 - 239.

[57] Terry M. Moe, *"Political Institutions: The Neglected Side of the Story,"* Journal of Law, Economics, and Organization, 1990,6(3):263 - 266.

[58] Warren Miller, Donald Stockes, *"Constituency Influence in Congress,"* American Political Science Review, 1963,57(1):45 - 56.

[59] Doran Ben Attar, *" Nationalism, Neo-mercantilism, and Diplomacy: Rethinking the Franklin Mission,"* Diplomatic History, 1998,22(1):101 - 114.

[60] James Campbell, Thomas E. Mann, *"Forecasting the Presidential Election,"* Brookings Review, 1996,14(4):26 - 31.

[61] Edward R. Tufte, *"Determinants of the Outcomes of Midterm Congressional Elections,"* American Political Science Review, 2006,100(4):686 - 687.

[62] Thomas M. Holbrook, *"Presidential Elections in Space and Time,"* American Journal of Political Science, 1991,35(1):91 - 109.

[63] Joseph A. Schlesinger, *"On the Theory of Party Organization,"* The Journal of Politics, 1984,46(2):369 - 400.

[64] Joseph A. Schlesinger, *"The New American Political Party,"* American political Science Review, 1985,79(4):1152 - 1169.

[65] Thomas Mann, Raymond E. Eolfinger, *"Candidates and Parties in Congressional Elections,"* American Political Science Review, 1980,74(3):617 - 632.

[66] Demetrios Carale, *" Elections and Dilemmas of American Democratic Governmance: Reflections,"* Political Science Quarterly, 1989,104(1):19 - 40.

[67] Charles H. Franklin, Jones E. Jackson, *"The Dynamics of Party Identification,"* American Political Science Review, 1993,77(4):957 - 973.

[68] John E. Jackson, *"Issues, Party Choices, and Presidential Voting,"* American Journal of Political Science, 1975,19(2):161 - 185.

[69] Walter F. Murphy, *"Who Shall Interpret? The Quest for the Ultimate Constitutional Interpreter,"* Review of Politics, 1986,48(3):401 - 423.

[70] Ryan Card, *"Can States 'Just Say No' to Federal Health Care Reform? the Constitutional and Political Implications of State Attempts to Nullify Federal Law,"* BYU L. Rev.1795(2010).

[71] Frederick Mark Gedicks, *"Conservatives, Liberals, Romantics: The Persistent Quest for Certainty in Constitutional Interpretation,"* Vanderbilt Law Review, 1997,50(3):613 - 646.

[72] Joshua J. Craddock, *"Protecting Prenatal Persons: Does the Fourteenth Amendment Prohibit Abortion?"* 40 Harv. J.L. &. Pub. Pol'y, 539(2017).

[73] Keith Dougherty, *"To Form a More Perfect Union: A New Economic Interpretation of the United States Constitution,"* Public Choice, 2006, 128 (3):503 - 550.

[74] E. James Ferguson, *"The Nationalists of 1781 - 1783 and the Economic Interpretation of the Constitution,"* Journal of American History, 1969, 56(2): 241 - 261.

[75] Robbie J. Totten, *"Security, Two Diplomacies, and the Formation of the U. S. Constitution: Review, Interpretation, and New Directions for the Study of the Early American Period,"* Diplomatic History, 2012, 36(1):77 - 117.

[76] Luis Alejandro Silva Irarrazaval, *"The Legalistic Scope of Constitutional Interpretation,"* Revista Chilena De Derecho, 2014, 41(2):437 - 471.

[77] Mark D. Walters, *"Dicey on Writing the Law of the Constitution,"* Oxford Journal of Legal Studies, 2012, 32(1):21 - 49.

[78] Mark Tushnet, *"Constitutional Interpretation Outside the Courts,"* The Journal of Interdisciplinary History, 2007, 37(3):415 - 422.

[79] Benjamin B. Saunders, Simon P. Kennedy, *"History and Constitutional Interpretation: Applying the 'Cambridge School' Approach to Interpreting Constitutions,"* Oxford Journal of Legal Studies, 2020, 40(3):591 - 618.

[80] Loren P. Beth, *"Mr. Justice Black and the First Amendment: Comments on the Dilemma of Constitutional Interpretation,"* The Journal of Politics, 1979, 41(4):1105 - 1124.

[81] John F. Manning, *"Federalism and the Generality Problem in Constitutional Interpretation,"* Harvard Law Review, 2019, 122(8):2004 - 2069.

[82] Debra Lyn Bassett, *"Statutory Interpretation in the Context of Federal Jurisdiction,"* 76 George Washington L. Rev., 2007.

[83] Howard Gillman, *"The Collapse of Constitutional Originalism and the Rise of the Notion of the 'Living Constitution' in the Course of American State-Building,"* Studies in American Political Development, 1997, 11(2), 191 - 247.

[84] Lee J. Strang, *"Originalism's Subject Matter: Why the Declaration of Independence is Not Part of the Constitution,"* Southern California Law Review, Vol. 89, 2016.

[85] Peter B. Knupfer, *"The Constitution in Congress: Descent into the Maelstrom, 1829 - 1861,"* Journal of American History, 2007, 93(4):1235 - 1236.

[86] Adam Carrington, *"A Constitution in Full: Recovering the Unwritten Foundation of American Liberty,"* Political Science Quarterly, 2020, 135(3):544 - 545.

[87] Robert P. George, *"Natural Law, the Constitution, and the Theory and Practice of Judicial Review,"* Fordham Law Review, 2001, 69(6):2269 - 2283.

［88］ Donna E. Childers, Sylvia Snowiss, *"Judicial Review and the Law of the Constitution,"* American Political Science Association, 1991,85(3):983－984.

［89］ James E. Fleming, *"Fidelity, Change, and the Good Constitution,"* The American Journal of Comparative Law, 2014,62(3):515－546.

［90］ Ellen Carol DuBois, *"Outgrowing the Compact of the Fathers: Equal Rights, Woman Suffrage, and the United States Constitution, 1820－1878,"* Journal of American History, 1987,74(3):836－862.

［91］ Claudia Geiringer, *"When Constitutional Theories Migrate: A Case Study,"* The American Journal of Comparative Law, 2019,67(2):281－326.

［92］ Alison L. LaCroix, *"The Interbellum Constitution: Federalism in the Long Founding Moment,"* Stanford Law Review, 2015,67(2):397－445.

［93］ Jorgen Aage Jensen, Ole Bredo, *"Constitution and Change of Cognitive Processes: Some Methodological Issues,"* Scandinavian Journal of Psychology, 2008,19(1):293－299.

［94］ Jo Eric Khushal Murkens, *"Preservative or Transformative? Theorizing the U.K. Constitution Using Comparative Method,"* The American Journal of Comparative Law, 2020,68(2):412－440.

［95］ Kenneth R. Janken, *"Race and the Making of American Liberalism,"* Journal of American History, 2007,93(4):1317－1318.

［96］ David Gauthier, *"Political Contractarianism,"* Journal of Political Philosophy, 1997,5(2):132－148.

［97］ Christopher R. Green, *"'This Constitution': Constitutional Indexicals as a Basis for Textualist Semi-originalism,"* Notre Dame Law Review, 2009,84(4):1607－1674.

［98］ Albertyn Catherine, *"(In)Equality and the South African Constitution,"* Development Southern Africa, 2007,36(6):751－766.

［99］ J. Pretorius, *"Fairness in Transformation: A Critique of the Constitutional Court's Affirmative Action Jurisprudence,"* South African Journal on Human Rights, 2010,26(3):536－570.

［100］ D. Bruce Black, Kara L. Kapp, *"State Constitutional Law as a Basis for Federal Constitutional Interpretation: The Lessons of the Second Amendment,"* New Mexico Law Review, 2016,46(2):241－281.

二、中文部分

（一）中文著作

［1］ 李德顺:《价值论:一种主体性的研究》,中国人民大学出版社 2013 年版。

［2］ 袁贵仁:《价值观的理论和实践》,北京师范大学出版社 2013 年版。

［3］ 王玉樑:《21 世纪价值哲学:从自发到自觉》,人民出版社 2006 年版。

［4］ 孙伟平:《价值哲学方法论》,中国社会科学出版社 2008 年版。

〔5〕李连科:《价值哲学引论》,商务印书馆2003年版。

〔6〕郭湛:《主体性哲学:人的存在及其意义》,云南人民出版社2002年版。

〔7〕司马云杰:《价值实现论》,安徽教育出版社2011年版。

〔8〕胡志刚:《价值相对主义探微》,上海世纪出版集团2012年版。

〔9〕石明:《价值意识》,学林出版社2005年版。

〔10〕张军:《价值与存在》,中国社会科学出版社2004年版。

〔11〕陈章龙等:《价值观研究》,南京师范大学出版社2004年版。

〔12〕张书琛:《探索价值产生奥秘的理论:价值发生论》,广东人民出版社2006年版。

〔13〕刘永福:《价值哲学的新视野》,中国社会科学出版社2002年版。

〔14〕邬焜等:《价值哲学问题研究》,中国社会科学出版社2002年版。

〔15〕李从军:《价值体系的历史选择》,人民出版社2008年版。

〔16〕李楠明:《价值主体性:主体性研究的新视域》,社会科学文献出版社2005年版。

〔17〕阮青:《价值哲学》,中共中央党校出版社2004年版。

〔18〕杨耕:《马克思主义哲学基础理论研究》,北京师范大学出版社203年版。

〔19〕熊晓红、王国银等:《价值自觉与人的价值》,人民出版社2007年版。

〔20〕阮青:《价值哲学》,中共中央党校出版社2004年版。

〔21〕周树智:《价值哲学的发展论》,陕西人民出版社2002年版。

〔22〕罗国杰:《马克思主义价值观研究》,人民出版社2013年版。

〔23〕高秉江:《胡塞尔与西方主体主义哲学》,武汉大学出版社2005年版。

〔24〕严存生:《法的价值问题研究》,法律出版社2011年版。

〔25〕卓泽渊:《法的价值论》,法律出版社2018年版。

〔26〕张文显:《法理学》,高等教育出版社2003年版。

〔27〕张恒山:《法理要论》,北京大学出版社2004年版。

〔28〕沈宗灵:《法理学》,北京大学出版社2009年版。

〔29〕周永坤《法理学》,法律出版社2004年版。

〔30〕陈金钊:《法理学》,北京大学出版社2004年版。

〔31〕孙国华:《法理学教程》,中国人民大学出版社1994年版。

〔32〕杨震:《法价值哲学导论》,中国社会科学出版社2004年版。

〔33〕乔克裕,黎晓平:《法的价值论》,中国政法大学出版社1991年版。

〔34〕张千帆:《宪法学导论》,法律出版社2014年版。

〔35〕董和平:《宪法》,中国人民大学出版社2010年版。

〔36〕周叶中:《宪法》,高等教育出版社2002年版。

〔37〕殷啸虎:《宪法学要义》,北京大学出版社2005年版。

〔38〕李龙:《宪法学理论》,武汉大学出版社1999年版。

〔39〕王云清:《宪法解释理论的困境与出路——以美国为中心》,清华大学出版社2017年版。

[40] 陈雄:《宪法基本价值研究》,山东人民出版社 2007 年版。

[41] 陈俊:《宪政的价值之维》,江西人民出版社 2008 年版。

[42] 谢鹏程:《从基本法律价值》,山东人民出版社 2000 年版。

[43] 陈新民:《公法学札记》,中国政法大学出版社 2001 年版。

[44] 许志雄:《宪法秩序之变动》,台北元照出版有限公司 2000 年版。

[45] 苏俊雄:《从整合理论之观点论个案宪法解释之规范效力及其界限》,载刘孔中,李建良:《宪法解释之理论与实务》,台北中央研究院社会科学研究所 1998 年版。

[46] 陈新民:《行政法学总论》,台北三民书局 1991 年版。

[47] 万绍红:《美国宪法中的共和主义》,人民出版社 2009 年版。

[48] 刘晨光:《自由的开端——美国立宪的政治哲学》,上海人民出版社 2012 年版。

[49] 潘弘祥:《宪法的社会理论分析》,人民出版社 2009 年版。

[50] 牟利成:《社会学视野中的法律》,法律出版社 2013 年版。

[51] 钱福臣:《宪政哲学问题要论》,法律出版社 2006 年版。

[52] 韩大元:《亚洲立宪主义研究》,中国人民公安大学出版社 1996 年版。

[53] 邹文海:《比较宪法》,台北正中书局 1982 年版。

[54] 荆知仁:《宪法变迁与宪政成长》,台北三民书局 2001 年版。

[55] 袁明:《美国文化与社会十五讲》,北京大学出版社 2005 年版。

[56] 秦前红:《宪法变迁论》,武汉大学出版社 2002 年版。

[57] 殷啸虎,王月明,朱应平:《宪法学专论》,北京大学出版社 2009 年版。

[58] 胡锦光:《宪法学》,北京大学出版社 2013 年版。

[59] 龚祥瑞:《比较宪法与行政法》,法律出版社 2012 年版。

[60] 汪全胜:《宪法变迁方式比较》,载何勤华主编:《全国外国法制史研究会学术丛书——20 世纪西方宪政的发展及其变革》,法律出版社 2004 年版。

[61] 林来梵:《宪法学讲义》,清华大学出版社 2018 年版。

[62] 韩大元,林来梵,郑贤君:《法学专题研究》,中国人民大学出版社 2008 年版。

[63] 陈新民:《德国公法学基础理论》,法律出版社 2010 年版。

[64] 季卫东:《宪政新论》,北京大学出版社 2005 年版。

[65] 夏勇:《人权概念起源》,中国社会科学出版社 2007 年版。

[66] 蔡定剑:《中国人民代表大会制度》,法律出版社 2003 年版。

[67] 韩大元:《宪法学基础理论》,中国人民大学出版社 2008 年版。

[68] 童之伟:《法权与宪政》,山东人民出版社 2001 年版。

[69] 林来梵:《宪法审查的原理与技术》,法律出版社 2009 年版。

[70] 马岭:《宪法权力解读》,北京大学出版社 2013 年版。

[71] 姜峰:《立宪主义与政治民主》,华中科技大学出版社 2013 年版。

[72] 张朋园:《中国民主政治的困境》,上海三联书店 2013 年版。

［73］韩大元，王建学：《基本权利与宪法判例》，中国人民大学出版社 2013 年版。

［74］张翔：《德国宪法案例选释》，法律出版社 2012 年版。

［75］钱穆：《中国历代政治得失》，生活·读书·新知三联书店 2012 年版。

［76］胡盛仪：《中外选举制度比较》，商务印书馆 2014 年版。

［77］周伟：《各国立法机关委员会制度比较研究》，山东人民出版社 2005 年版。

［78］何顺果：《美国历史十五讲》，北京大学出版社 2007 年版。

［79］何顺果：《美利坚文明论——美国文明与历史研究》，北京大学出版社 2008 年版。

［80］何顺果：《美国文明三部曲》，人民出版社 2011 年版。

［81］张弘等：《美国简史》，吉林摄影出版社 2004 年版。

［82］张友伦：《美国西进运动探要》，人民出版社 2005 年版。

［83］岳西宽：《美国 1774—1824：弗吉尼亚王朝兴衰史》，红旗出版社 2013 年版。

［84］李庆余：《美国的崛起与大国地位》，生活·读书·新知三联书店 2013 年版。

［85］董秀丽：《美国政治基础》，北京大学出版社 2010 年版。

［86］袁明：《美国文化与社会十五讲》，北京大学出版社 2005 年版。

［87］王希：《原则与妥协——美国宪法的精神和实践》（增订版），北京大学出版社 2014 年版。

［88］王绍光：《民主四讲》，生活·读书·新知三联书店 2008 年版。

［89］陈慈阳：《宪法学》，元照出版公司 2004 年版。

［90］吴庚：《宪法的解释与适用》，三民书局 2004 年版。

［91］许志雄等：《现代宪法论》，元照出版公司 2002 年版。

［92］张知本：《宪法论》，中国方出版社 2004 年版。

［93］许崇德：《中华人民共和国宪法史》，福建人民出版社 2003 年版。

［94］季卫东：《宪政新论》，北京大学出版社 2002 年版。

［95］韩大元：《外国宪法》，中国人民公安大学出版社 2000 年版。

［96］刘茂林，杨贵生，秦小建：《中国宪法权利体系的完善——以国际人权公约为参照》，北京大学出版社 2013 年版。

［97］周叶中，江国华：《在曲折中前进——中国社会主义立宪评论》，武汉大学出版社 2010 年版。

［98］张晋藩：《中国宪法史》，吉林人民出版社 2004 年版。

［99］陈弘毅：《宪法学的世界》，中国政法大学出版社 2014 年版。

［100］韩大元：《新中国宪法发展史》，河北人民出版社 2000 年版。

（二）中文译著

［1］［德］文德尔班：《哲学史教程》（下卷），罗达仁译，商务印书馆 1993 年版。

［2］［德］李凯尔特：《文化科学与自然科学》，涂纪亮译，商务印书馆 1996 年版。

［3］［阿］方迪启：《价值是什么——价值学导论》，黄蕾译，台北联经出版事业公司 1986 年版。

［4］［美］培里:《现代哲学倾向》,傅统先译,商务印书馆1962年版。

［5］［苏］A. M. 奥马洛夫:《社会管理》,浙江人民出版社1986年版。

［6］［英］摩尔:《伦理学原理》,长河译,商务印书馆1983年版。

［7］［德］石里克:《伦理学问题》,张图珍等译,商务印书馆1997年版。

［8］［英］罗素:《宗教与事实》,徐奕春等译,商务印书馆1982年版。

［9］［英］罗素:《意义与真理的探究》,贾可春译,商务印书馆2012年版。

［10］［奥］阿尔弗雷德·舒茨:《社会世界的意义构成》,游淙祺译,商务印书馆2012年版。

［11］［法］萨特:《存在于虚无》,陈宣良译,生活·读书·新知三联书店2014年版。

［12］［英］H. A. 梅内尔:《审美价值本性》,刘敏译,商务印书馆2001年版。

［13］［美］马斯洛:《动机和人格》,许金声等译,华夏人民出版社1987年版。

［14］［美］罗尔斯《正义论》,何怀宏等译,中国社会科学出版社1988年版。

［15］［英］卡尔·波普尔:《无穷的探索——思想自传》,邱仁宗译,福建人民出版社1987年版。

［16］［英］沃克:《牛津法律大辞典》,邓正来译,光明日报出版社1988年版。

［17］［德］魏德士:《法理学》,丁晓春译,法律出版社2005年版。

［18］［英］彼得·斯坦,约翰·香德:《西方社会的法律价值》,王献平译,中国法制出版社2004年版。

［19］［德］拉德布鲁赫:《法哲学》,王朴译,法律出版社2005年版。

［20］［美］E. 博登海默:《法理学——法哲学及其方法》,邓正来译,华夏出版社1987年版。

［21］［德］格奥尔格·耶利内克:《宪法修改与宪法变迁论》,柳建龙译,法律出版社2012年版。

［22］［德］迪特尔·格林:《现代宪法的诞生、运作和前景》,刘刚译,法律出版社2010年版。

［23］［英］K. C. 惠尔:《现代宪法》,刘刚译,法律出版社2007年版。

［24］［日］芦部信喜:《制宪权》,王贵松译,中国政法大学出版社2012年版。

［25］［德］卡尔·施米特:《宪法学说》,刘锋译,上海人民出版社2005年版。

［26］［法］莱翁·狄冀:《宪法论》,钱克新译,商务印书馆1959年版。

［27］［日］穗积陈重:《法律进化论》,黄尊三等译,中国政法大学2003年版。

［28］［美］卢瑟·S. 路德克:《构建美国——美国的社会与文化》,王波等译,江苏人民出版社2006年版。

［29］［法］托克维尔:《论美国的民主》,董果良译,商务印书馆2004年版。

［30］［美］理查德·霍夫施塔特:《美国政治传统及其缔造者》,崔永禄等译,商务印书馆1994年版。

［31］［英］约翰·洛克:《政府论》(下篇),叶启芳等译,商务印书馆1996年版。

［32］［美］斯托里:《美国宪法评注》,毛国权译,上海三联书店2006年版。

［33］［英］爱德蒙·柏克:《美洲三书》,缪哲选译,商务印书馆2003年版。

［34］［美］罗伯特·麦克洛斯基:《美国最高法院》,任东来等译,中国政法大学出版社

2005 年版。

[35] [美]卡尔·J. 弗里德里希:《超验正义:宪政的宗教之维》,周勇等译,生活·读书·新知三联书店 1997 年版。

[36] [法]孟德斯鸠《论法的精神》,张雁深译,商务印书馆 2005 年版。

[37] [英]M. J. C. 维尔:《宪政与分权》,苏力译,生活·读书·新知三联书店 1997 年版。

[38] [德]马克斯·韦伯:《经济与社会》,林荣远译,商务印书馆 2006 年版。

[39] [德]尼克拉斯·卢曼:《法社会学》,宾凯、赵春燕译,上海人民出版社 2013 年版。

[40] [英]戴雪:《英宪精义》,雷宾南译,中国法制出版社 2009 年版。

[41] [美]霍华德·津恩:《美国人民》,潘国良等译,上海人民出版社 2013 年版。

[42] [日]芦部信喜:《宪法》,林来梵等译,清华大学出版社 2018 年版。

[43] [法]卢梭:《社会契约论》,何兆武译,商务印书馆 2003 年版。

[44] [法]大卫·C. 惠特尼:《美国总统列传》,何东辉等译,天津人民出版社 1986 年版。

[45] [英]约翰·S. 密尔:《代议制政府》,汪瑄译,商务印书馆 1997 年版。

[46] [美]汉密尔顿,杰伊,麦迪逊:《联邦党人文集》,商务印书馆 1980 年版。

[47] [日]藤仓皓一郎,木下毅等:《英美判例百选》,段匡、杨永庄译,北京大学出版社 2005 年版。

[48] [英]马丁·洛克林:《公法与政治理论》,郑戈译,商务印书馆 2021 年版。

[49] [美]乔治·霍兰·萨拜因:《政治学说史》,邓正来译,上海人民出版社 2015 年版。

[50] [法]莱昂·狄骥:《宪法学教程》,王文利等译,春风文艺出版社 1999 年版。

[51] [日]阿部照哉:《宪法》,周宗宪译,中国政法大学出版社 2006 年版。

[52] [德]克劳斯·施莱希,斯特凡·科里奥特:《德国联邦宪法法院》,刘飞译,法律出版社 2007 年版。

[53] [德]康德:《法的形而上学原理》,沈叔平译,商务印书馆 1991 年版。

[54] [日]大沼保昭:《人权、国家与文明》,舒炜、王志安译,生活·读书·新知三联书店 2014 年版。

[55] [美]列奥·施特劳斯:《自然权利与历史》,彭刚译,生活·读书·新知三联书店 2021 年版。

[56] [日]大须贺明:《生存权论》,林浩译,法律出版社 2001 年版。

[57] [美]查尔斯·弗瑞德:《何谓法律:美国最高法院中的宪法》,胡敏洁等译,北京大学出版社 2008 年版。

[58] [美]小詹姆斯·R. 斯托纳:《普通法与自由主义理论:柯克霍布斯及美国宪政主义之诸源头》,姚中秋译,北京大学出版社 2005 年版。

[59] [美]乔治·P. 弗莱切:《隐藏的宪法:林肯如何重新铸定美国民主》,陈绪纲译,北京大学出版社 2009 年版。

[60] [日]芦部信喜,高桥和之:《宪法》,林来梵等译,北京大学出版社 2006 年版。

［61］［英］沃尔特·白哲特：《英国宪治》，李国庆译，北京大学出版社 2005 年版。

［62］［美］亚历山大·比克尔：《最小危险部门：政治法庭上的最高法院》，姚中秋译，北京大学出版社 2007 年版。

［63］［美］赫伯特·J. 斯托林《反联邦党人赞成什么》，汪庆华，北京大学出版社 2006 年版。

［64］［美］凯斯·R. 桑斯坦：《恐惧的规则：超越预防原则》，王爱民译，北京大学出版社 2011 年版。

［65］［美］阿奇博尔德·考克斯：《法院与宪法》，田雷译，北京大学出版社 2006 年版。

［66］［美］凯斯·R. 桑斯坦：《偏颇的宪法》，宋华琳、毕竟悦译，北京大学出版社 2005 年版。

［67］［英］威廉·葛德文：《政治正义论》，何幕李译，商务印书馆 1982 年版。

［68］［德］威廉·魏特琳：《和谐和自由的保证》，孙则明译，商务印书馆 1982 年版。

［69］［英］约翰·S.密尔：《论自由》，程崇华译，商务印书馆 1982 年版。

［70］［美］托马斯·潘恩：《潘恩选集》，马清槐译，商务印书馆 1982 年版。

［71］［美］威尔逊：《国会政体：美国政治研究》，熊希龄等译，商务印书馆 1989 年版。

［72］［英］托马斯·霍布斯：《利维坦》，黎思复等译，商务印书馆 1986 年版。

［73］［法］菲·邦纳罗蒂：《为平等而密谋》，陈叔平译，商务印书馆 1989 年版。

［74］［法］西耶斯：《论特权——第三等级是什么?》，冯棠译，商务印书馆 1991 年版。

［75］［美］桑德尔：《民主的不满》，曾纪茂译，江苏人民出版社 2008 年版。

［76］［英］霍布豪斯：《自由主义》，朱曾汶译，商务印书馆 1996 年版。

［77］［美］本杰明·卡多佐：《司法过程的性质》，苏力译，商务印书馆 2001 年版。

［78］［美］郎·富勒：《法律的道德性》，郑戈译，商务印书馆 2005 年版。

［79］［美］爱德华·S. 考文：《美国宪法的"高级法"背景》，强世功译，生活·读书·新知三联书店 1996 年版。

［80］［英］维尔：《宪政与分权》，苏力译，生活·读书·新知三联书店 1997 年版。

［81］［英］詹宁斯：《法与宪法》，龚祥瑞译，生活·读书·新知三联书店 1997 年版。

［82］［美］汤普森：《宪法的政治理论》，张志铭译，生活·读书·新知三联书店 1997 年版。

［83］［美］路易斯·亨金：《宪政与权利——美国宪法的域外影响》，邓正来译，生活·读书·新知三联书店 1997 年版。

［84］［美］埃尔金：《新宪论》，周叶谦译，生活·读书·新知三联书店 1997 年版。

［85］［美］路易斯·亨金：《宪政·民主·对外事务》，邓正来译，生活·读书·新知三联书店 1997 年版。

［86］［美］罗森鲍姆编：《宪政的哲学之维》，郑戈、刘茂林译，生活·读书·新知三联书店 1997 年版。

［87］［美］桑福德·列文森：《美国不民主的宪法》，时飞译，北京大学出版社 2010 年版。

［88］［美］杰弗瑞·西格尔，哈罗德·斯皮斯，莎拉·蓓娜莎：《美国司法体系中的最高法院》，刘哲玮、杨微波译，北京大学出版社 2011 年版。

[89] [美]杰弗瑞·A. 西格尔,哈罗德·J. 斯皮斯:《正义背后的意识形态:最高法院与态度模型》,刘哲玮译,北京大学出版社 2012 年版。

[90] [美]弗兰克·克罗斯:《美国联邦上诉法院的裁判之道》,曹斐译,北京大学出版社 2011 年版。

[91] [美]查尔斯·A. 比尔德:《美国宪法的经济观》,何希奇译,商务印书馆 1984 年版。

[92] [美]卡尔威因·帕尔德森:《美国宪法释义》,徐卫平等译,华夏出版社 1989 年版。

[93] [美]施米特等:《美国政府与政治》,梅然译,北京大学出版社 2011 年版。

[94] [美]克里斯托弗·沃尔夫:《司法能动主义——自由主义的保障还是安全的威胁?》,黄金荣译,中国政法大学出版社 2004 年版。

[95] [美]伯纳德·施瓦茨:《美国法律史》,王军译,法律出版社 2007 年版。

[96] [美]詹姆斯·安修:《美国宪法判例与解释》,黎建飞译,中国政法大学出版社 1999 年版。

[97] [美]布鲁斯·阿克曼:《我们人民:宪法的根基》,孙力、张朝霞译,法律出版社 2004 年版。

[98] [美]马克斯·法仑德:《美国宪法的制定》,董成美译,中国人民大学出版社 1987 年版。

[99] [美]拉里·克雷默:《人民自己:人民宪政主义与司法审查》,田雷译,译林出版社 2010 年版。

[100] [美]布鲁斯·阿克曼:《我们人民:宪法变革的原动力》,孙文恺译,法律出版社 2003 年版。

(三)中文论文

[1] 陈先达:《寻求科学与价值之间的和谐》,载《中国社会科学》2003 年第 6 期。

[2] 陈先达:《论普世价值与价值共识》,载《哲学研究》2009 年第 4 期。

[3] 李德顺,龙旭:《关于价值和"人的价值"》,载《中国社会科学》1994 年第 5 期。

[4] 李德顺:《"价值"与"人的价值"辨析》,载《天津社会科学》1994 年第 6 期。

[5] 李德顺:《面向生活实践的逻辑——关于价值和价值观念的理论研究》,载《开放时代》1996 年第 6 期。

[6] 李德顺:《价值论研究的意义》,载《求是学刊》2000 年第 6 期。

[7] 赖金良:《关于价值论研究的思考与辩驳》,载《人文杂志》1988 年第 2 期。

[8] 赖金良:《马克思主义哲学价值论研究中应该注意的几个问题》,载《浙江学刊》1995 年第 6 期。

[9] 赖金良:《哲学价值伦研究的人学基础》,载《哲学研究》2004 年第 5 期。

[10] 孙伟平:《论价值论研究的历史方法》,载《河北学刊》2007 年第 3 期。

[11] 韩东屏:《实然·应然·可然:关于休谟问题的一种新思考》,载《江汉论坛》2003 年第 11 期。

[12] 韩东屏:《从"人本"价值维度重释共产主义》,载《河北学刊》2005 年第 5 期。

[13] 韩东屏:《论终极价值》,载《河北学刊》2013 年第 1 期。

［14］刘奔：《把价值论研究提高到历史观的高度》，载《哲学动态》1994 年第 9 期。

［15］刘玉平，隋竹玉：《当代中国的价值论研究》，载《文史哲》1997 年第 4 期。

［16］陈新汉：《当代中国的价值论研究和哲学的价值论转向》，载《复旦学报（社会科学版）》2003 年第 5 期。

［17］马俊峰：《当代中国价值论研究的几个问题》，载《哲学研究》2007 年第 8 期。

［18］江畅：《德性论与伦理学》，载《道德与文明》2010 年第 4 期。

［19］王鲁军，李卫红：《对所谓"马克思的价值一般概念"的否定》，载《内蒙古社会科学》2008 年第 3 期。

［20］朱葆伟：《关于真理与价值哲学研究》，载《中国人民大学学报》1994 年第 1 期。

［21］朱葆伟：《关于技术与价值关系的两个问题》，载《哲学研究》1995 年第 7 期。

［22］王炳书：《关于价值尺度的若干思考》，载《贵州社会科学》1996 年第 1 期。

［23］李景源：《关于唯物史观与价值观关系的思考》，载《中国人民大学学报》2009 年第 6 期。

［24］杨小华：《技术哲学论——作为技术哲学范式的兴衰》，载《自然辩证法研究》2007 年第 1 期。

［25］强乃社：《价值的社会实践依赖性及其意义》，载《华中科技大学学报（社会科学版）》2007 年第 2 期。

［26］欧阳康：《价值论研究与人的价值追求断想》，载《甘肃社会科学》1992 年第 2 期。

［27］孙美堂：《价值论研究与哲学形态转换》，载《中国人民大学学报》2007 年第 1 期。

［28］李娟：《价值哲学中的价值界定》，载《内蒙古社会科学》1999 年第 5 期。

［29］蒋桂芳：《论价值和人的价值》，载《中共福建省委党校学报》2005 年第 7 期。

［30］陈依元：《论价值主体》，载《社会科学战线》1992 年第 4 期。

［31］余在海：《马克思主义价值论研究的存在论基础》，载《哲学动态》2011 年第 3 期。

［32］夏文斌：《马克思主义真理观与价值观的统一》，载《北京大学学报（哲学社会科学版）》2003 年第 4 期。

［33］魏敦友，江畅：《评价活动论——价值论研究的新进展》，载《哲学动态》1995 年第 5 期。

［34］汪信砚：《普世价值·价值认同和价值共识》，载《学术研究》2009 年第 11 期。

［35］沈亚生，李瑾：《人学价值论与人的价值的三个维度》，载《学术与探索》2012 年第 8 期。

［36］方军，刘奔：《实践·历史必然性·价值》，载《哲学研究》1993 年第 11 期。

［37］竹立家：《需要·活动与价值》，载《中国人民大学学报》1994 年第 6 期。

［38］张丽清：《走向成熟的价值论研究》，载《中国人民大学学报》2008 年第 1 期。

［39］费多益：《作为哲学范畴的"价值"》，载《自然辩证法研究》2000 年第 12 期。

［40］阮青：《价值取向：概念、形成与社会功能》，载《中共天津市委党校学报》2010 年第 5 期。

［41］徐贵权：《论价值取向》，载《南京师大学报（社会科学版）》1998 年第 4 期。

［42］周如俊，苏云升：《论社会价值取向的偏离与归正》，载《中国矿业大学学报（社会科学版）》2005 年第 3 期。

[43] 马雁:《宪法价值的社会实践意义》载《学术探讨》2011年第11期。

[44] 陈德顺,普春梅:《论西方宪政的价值维度》,载《云南行政学院学报》2009年第5期。

[45] 魏武:《宪法价值分析》,载《广东行政学院学报》2004年第5期。

[46] 谢维雁:《宪政价值的特点》,载《社学科学研究》1998年第6期。

[47] 朱福惠:《宪法价值与功能的法理学分析》,载《现代法学》2002年第3期。

[48] 吴家清:《论宪法价值的本质、特征与形态》,载《中国法学》1999年第2期。

[49] 吴家清:《国家与社会:法治的价值选择》,载《法律科学》1999年第2期。

[50] 吴家清:《公民权利与国家权力的宪法学定位》,载《法商研究》1999年第3期。

[51] 吴家清:《论宪法价值关系要素》,载《河北法学》1999年第3期。

[52] 吴家清:《论21世纪我国宪法变迁的价值取向》,载《江汉论坛》2001年第6期。

[53] 吴家清:《论社会转型与宪法价值理念的变迁》,载《法学评论》2005年第1期。

[54] 吴家清:《论宪法价值发生的人性基础》,载《广东商学院学报》2001年第1期。

[55] 吴家清:《论我国宪法变迁的价值取向——从价值视角进行的回溯性研究》,载《武汉冶金科技大学学报(社会科学版)》1999年第1期。

[56] 叶俊荣:《美国宪法变迁的轨迹:司法解释与宪法修正的两难》,载《美国月刊》1989年第9期。

[57] 占美柏:《经济全球化与宪法变迁》,载《江汉论坛》2004年第2期。

[58] 贺鉴:《北非阿拉伯国家的宪法变迁》,载《湖南科技大学学报(社会科学版)》2011年第2期。

[59] 贺鉴:《北非阿拉伯国家宪法变迁与政治发展及其启示》,载《当代世界与社会主义》2014年第1期。

[60] 贺鉴:《宪法变迁的几个基本理论问题》,载《湘潭大学学报(哲学社会科学版)》2013年第3期。

[61] 张明新:《从宪法变迁视角看法治的发展》,载《清华大学学报(哲学社会科学版)》2006年第6期。

[62] 汪进元,符健敏:《从西方宪法变迁理路看中国宪法变迁的路径选择》,载《湖北社会科学》2008年第8期。

[63] 周永坤:《中国宪法的变迁——历史与未来》,载《江苏社会科学》2000年第3期。

[64] 郭道晖:《论宪法演变和修改》,载《法学家》1993年第1期。

[65] 韩大元:《宪法变迁理论评析》,载《法学评论》1997年第4期。

[66] 李海平:《论宪法变迁的立论基础及其界限》,载《长白学刊》2005年第4期。

[67] 刘国:《论宪法文本及其变迁方式》,载《广东社会科学》2009年第2期。

[68] 李忠夏:《作为社会整合的宪法解释——以宪法变迁为切入点》,载《法制与社会发展》2013年第2期。

[69] 王锴:《宪法变迁:一个事实与规范之间的概念》,载《北京航空航天大学学报》2011年第3期。

[70] 林来梵,郑琪:《有神论的政治宪法学——对施米特的解读之一》,载《同济大学学报(社会科学版)》2006年第2期。

[71] 陈端洪:《论宪法作为国家的根本法与高级法》,载《中外法学》2008年第4期。

［72］高全喜：《政治宪法学的兴起与嬗变》，载《交大法学》2012 年第 1 期。

［73］杨陈：《论宪法中的人民概念》，载《政法论坛》2013 年第 3 期。

［74］李剑鸣：《"人民"定义与美国早期国家构建》，载《历史研究》2009 年第 1 期。

［75］郝铁川：《论良性违宪》，载《法学研究》1996 年第 4 期。

［76］韩大元、王世涛：《两个人权公约与我国人权宪政体制的整合》，载《法律科学》2001 年第 2 期。

［77］徐显明：《"基本权利"析》，载《中国法学》1991 年第 6 期。

［78］韩大元：《中国宪法学上的基本权利体系》，载《中国法学》2009 年第 6 期。

［79］张千帆：《宪法不应该规定什么》，载《华东政法学院学报》2005 年第 3 期。

［80］范进学：《"运用宪法"的逻辑及其方法论》，载《政法论丛》2019 年第 4 期

［81］刘连泰：《中国合宪性审查的宪法文本实现》，载《中国社会科学》2019 年第 5 期。

［82］张翔：《"合宪性审查时代"的宪法学：基础与前瞻》，载《环球法律评论》2019 年第 2 期。

［83］韩大元：《加强合宪性审查机构建设》，载《华东政法大学学报》2018 年第 4 期。

［84］秦前红：《合宪性审查的意义、原则及推进》，载《比较法研究》2018 年第 2 期。

［85］胡锦光：《论推进合宪性审查工作的体系化》，载《法律科学（西北政法大学学报）》2018 年第 1 期。

［86］林来梵：《转型期宪法的实施形态》，载《比较法研究》2014 年第 4 期。

［87］苗连营：《宪法实施的观念共识与行动逻辑》，载《法学》2013 年第 11 期。

［88］王崇英：《中国现代化与宪法价值转换》，载《政治与法律》2002 年第 3 期。

［89］张千帆：《宪法实施的概念与路径》，载《清华法学》2012 年第 6 期。

［90］莫纪宏：《宪法实施状况的评价方法及其影响》，载《中国法学》2012 年第 4 期。

［91］童之伟：《宪法适用应依循宪法本身规定的路径》，载《中国法学》2008 年第 6 期。

［92］蔡定剑：《宪法实施的概念与宪法施行之道》，载《中国法学》2004 年第 1 期。

［93］王磊：《宪法实施的新探索——齐玉苓案的几个宪法问题》，载《中国社会科学》2003 年第 3 期。

［94］范进学：《宪法价值共识与宪法实施》，载《法学论坛》2013 年第 1 期。

［95］胡伟：《宪法价值论》，载《法律科学》1997 年第 2 期。

［96］韩大元：《试论宪法修改权的性质与界限》，载《法学家》2003 年第 6 期。

［97］夏勇：《权利哲学的基本问题》，载《法学研究》2004 年第 3 期。

［98］徐显明：《人权研究无穷期》，载《政法论坛》2004 年第 2 期。

［99］范毅：《公平：宪法的基本价值取向》，载《中国人民大学学报》1999 年第 1 期。

［100］董和平：《论宪法的价值及其评价》，载《当代法学》1999 年第 2 期。

图书在版编目(CIP)数据

美国宪法变迁的价值取向研究:以"建国"到"重
建"国家主义为视角/李晓波著.—上海:上海三联
书店,2023.8
ISBN 978-7-5426-7787-7

Ⅰ.①美… Ⅱ.①李… Ⅲ.①宪法-研究-美国
Ⅳ.①D971.21

中国版本图书馆 CIP 数据核字(2022)第 138921 号

美国宪法变迁的价值取向研究
——以"建国"到"重建"国家主义为视角

著　　者 / 李晓波

责任编辑 / 郑秀艳
装帧设计 / 一本好书
监　　制 / 姚　军
责任校对 / 王凌霄

出版发行 / 上海三联书店
　　　　　 (200030)中国上海市漕溪北路 331 号 A 座 6 楼
邮　　箱 / sdxsanlian@sina.com
邮购电话 / 021-22895540
印　　刷 / 上海惠敦印务科技有限公司

版　　次 / 2023 年 8 月第 1 版
印　　次 / 2023 年 8 月第 1 次印刷
开　　本 / 640 mm×960 mm　1/16
字　　数 / 390 千字
印　　张 / 27
书　　号 / ISBN 978-7-5426-7787-7/D·542
定　　价 / 108.00 元

敬启读者,如发现本书有印装质量问题,请与印刷厂联系 021-63779028